My Witch

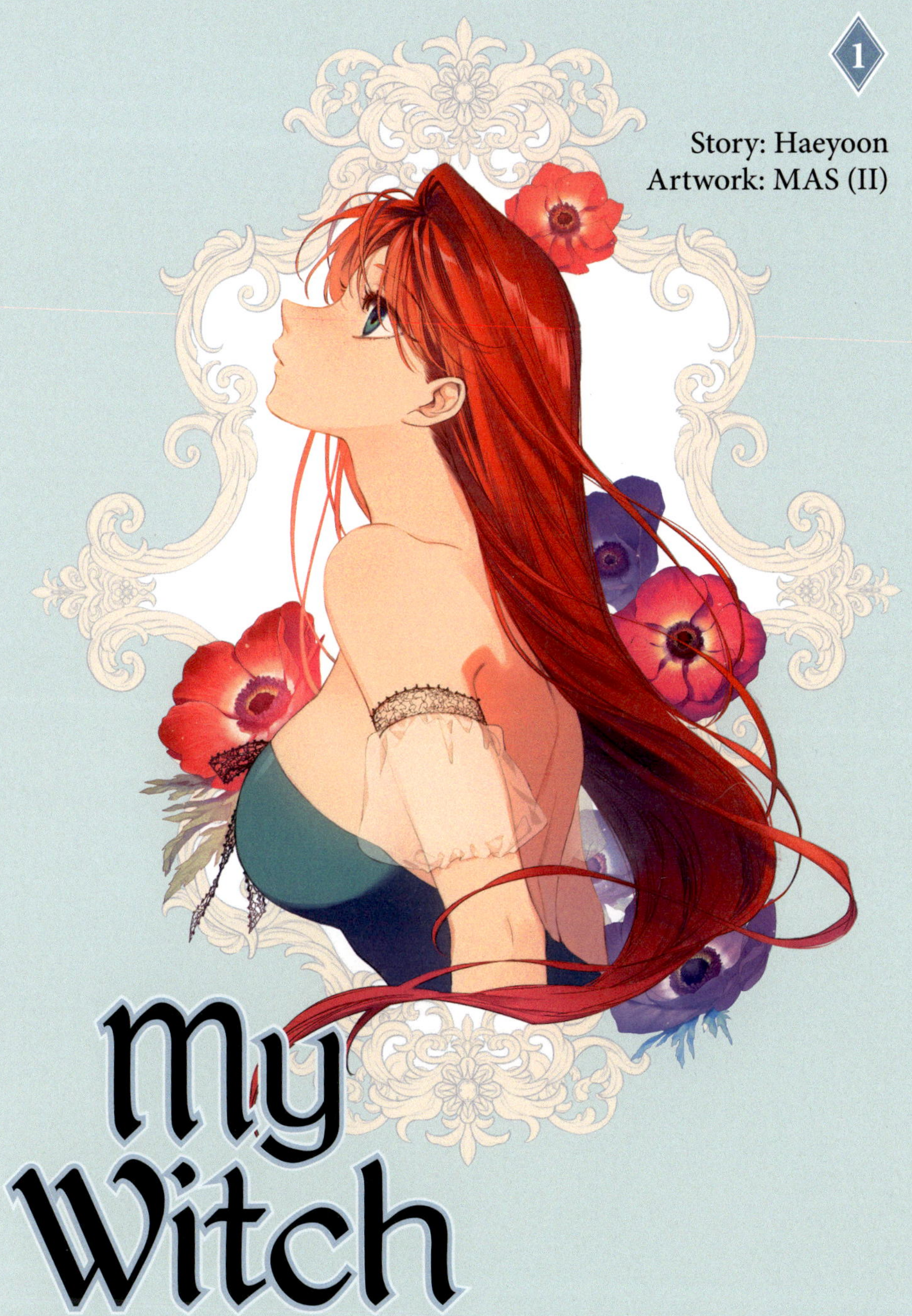

1

Story: Haeyoon
Artwork: MAS (II)

My Witch

Lied des Herbstes

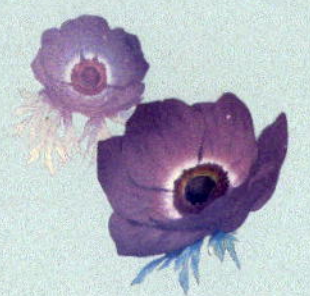

Inhalt

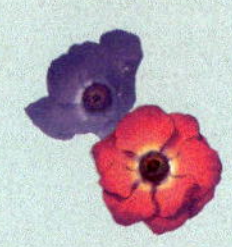

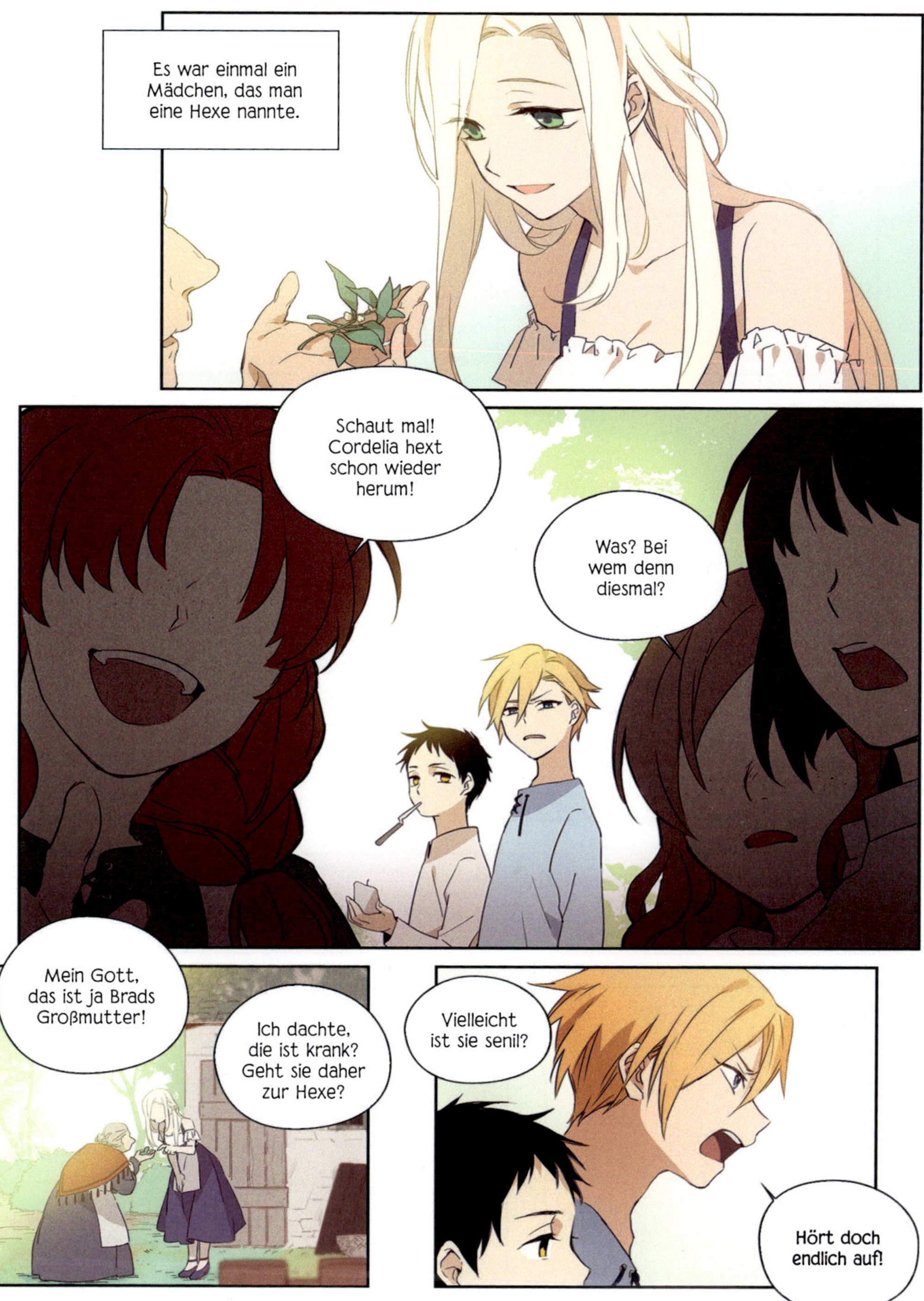

Es war einmal ein Mädchen, das man eine Hexe nannte.
Schaut mal! Cordelia hext schon wieder herum!
Was? Bei wem denn diesmal?
Mein Gott, das ist ja Brads Großmutter!
Ich dachte, die ist krank? Geht sie daher zur Hexe?
Vielleicht ist sie senil?
Hört doch endlich auf!

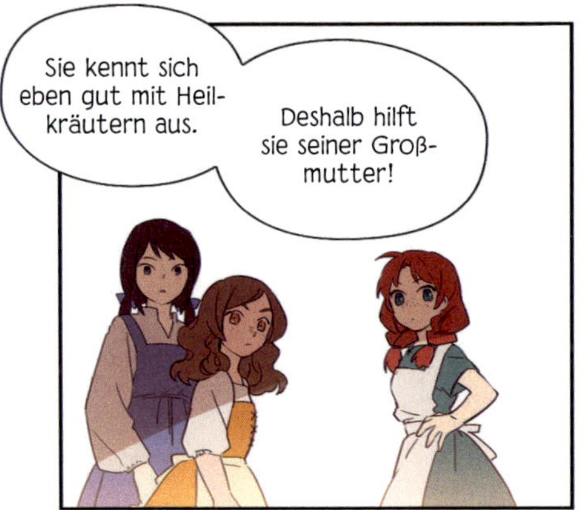
Sie kennt sich eben gut mit Heilkräutern aus.
Deshalb hilft sie seiner Großmutter!

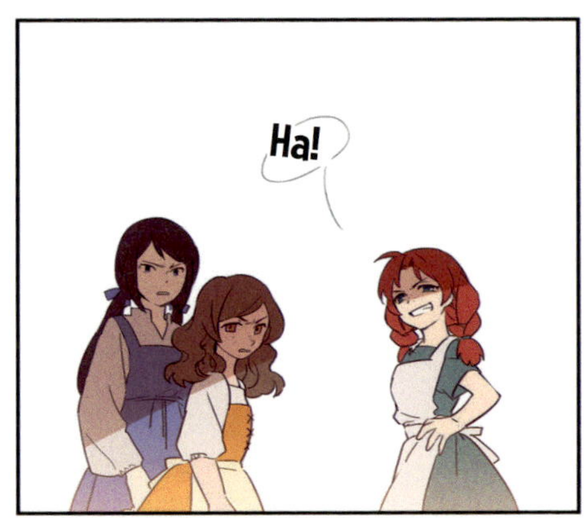
Ha!

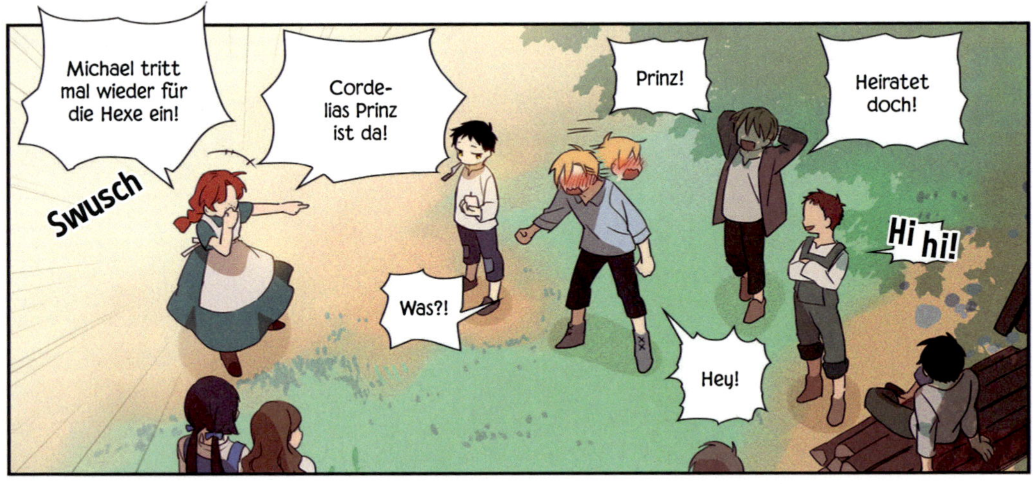
Michael tritt mal wieder für die Hexe ein!
Swusch
Cordelias Prinz ist da!
Was?!
Prinz!
Heiratet doch!
Hi hi!
Hey!

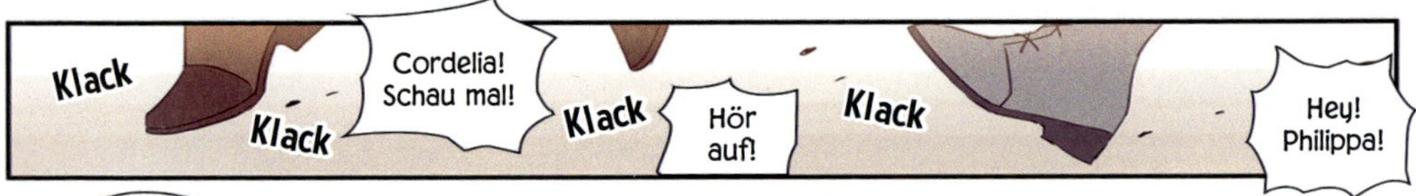
Klack
Klack
Cordelia! Schau mal!
Klack
Hör auf!
Klack
Hey! Philippa!

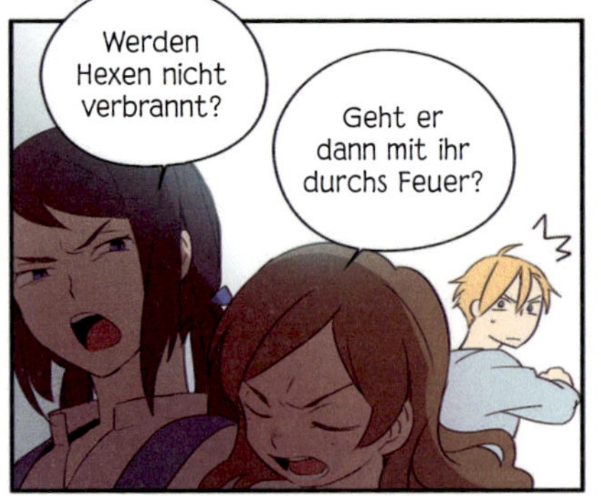
Werden Hexen nicht verbrannt?
Geht er dann mit ihr durchs Feuer?

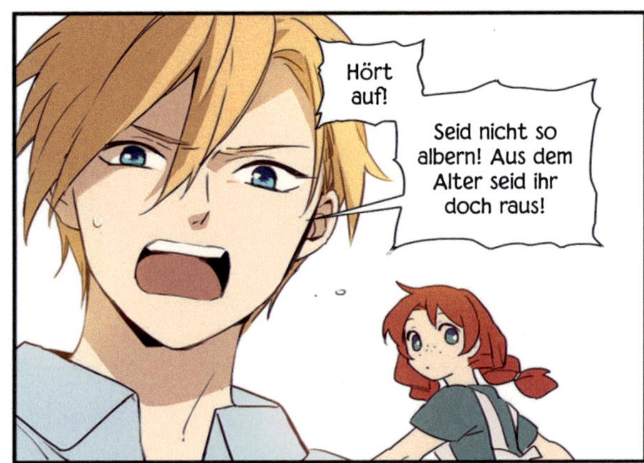
Hört auf!
Seid nicht so albern! Aus dem Alter seid ihr doch raus!

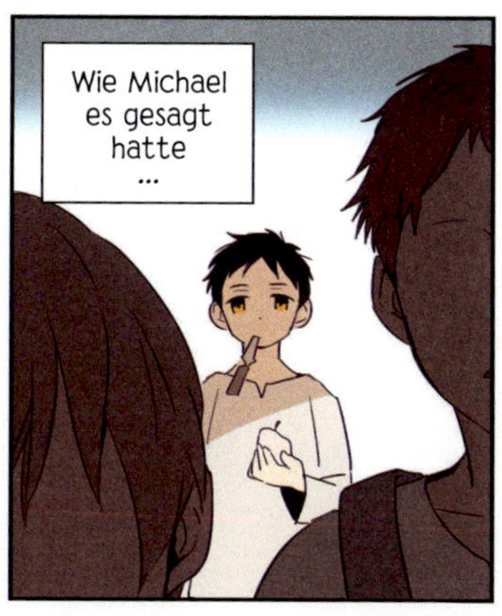

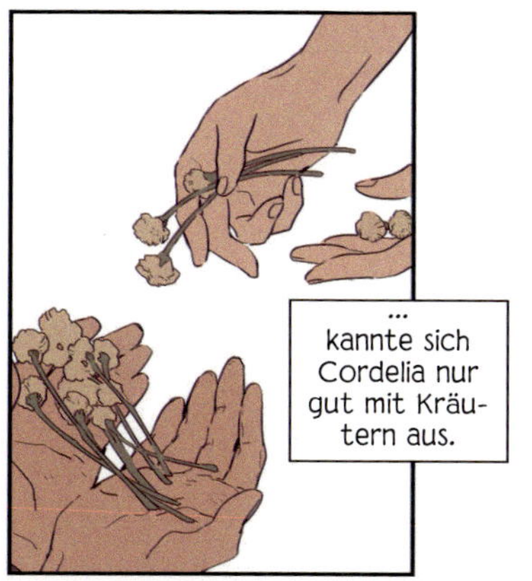

Aber zu jener Zeit wur-den all jene, die ein wenig ...

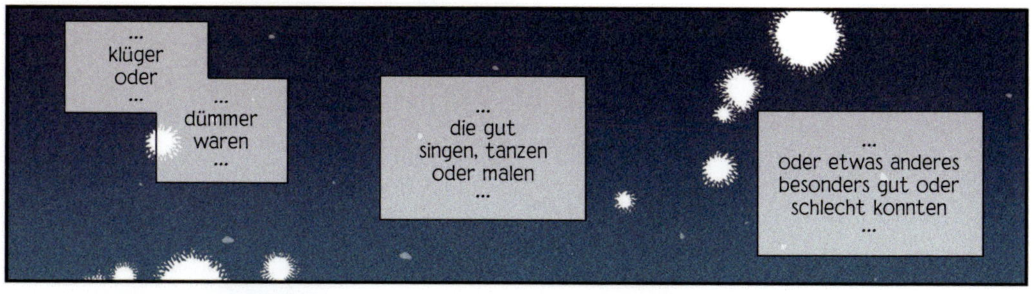

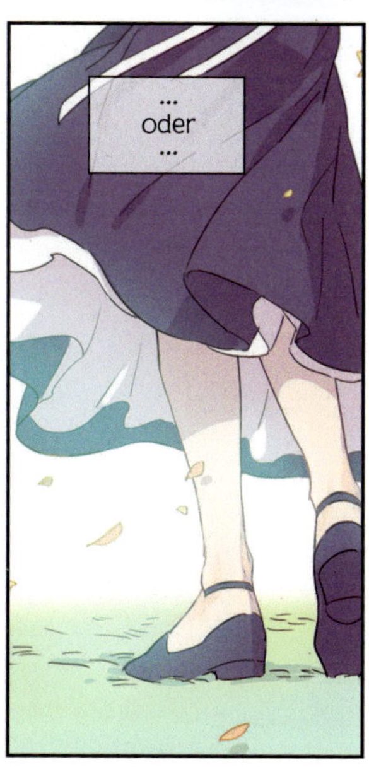

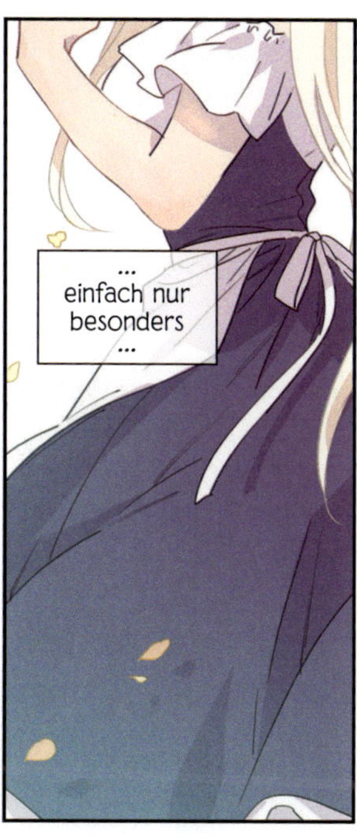

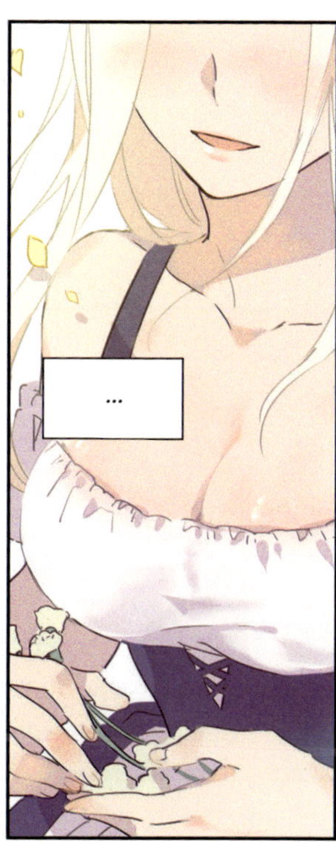

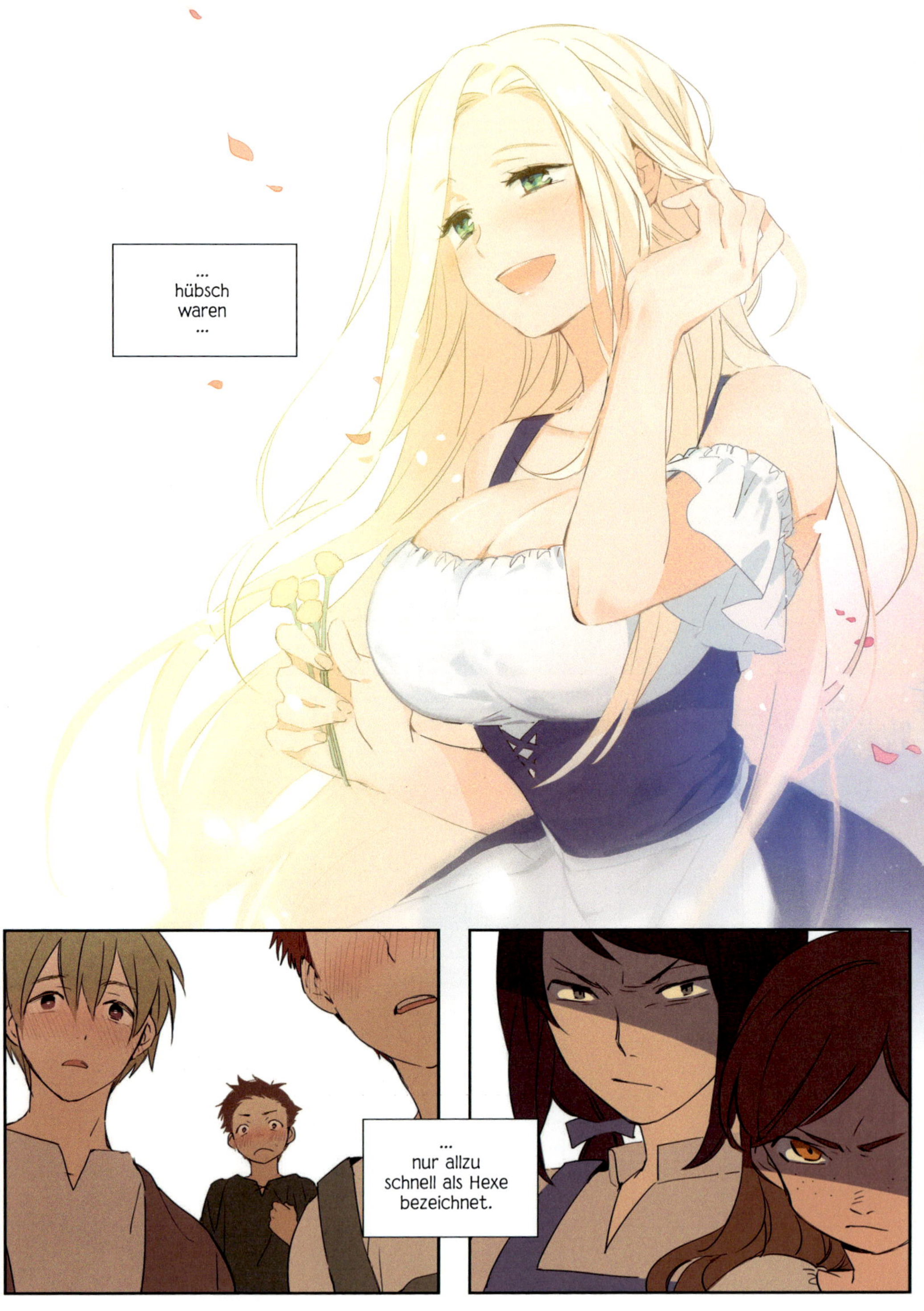

... hübsch waren ...
... nur allzu schnell als Hexe bezeichnet.

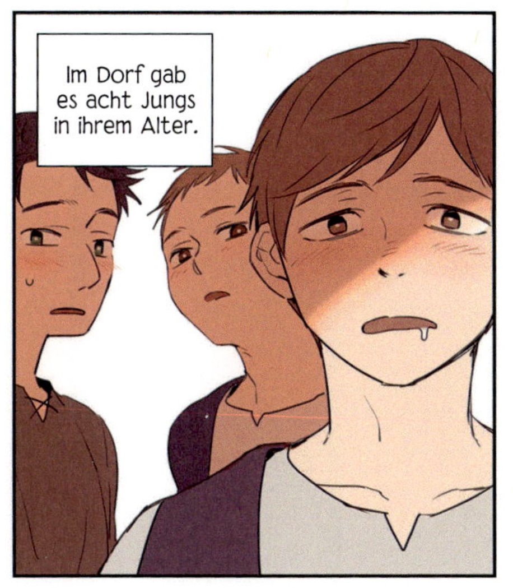
Im Dorf gab es acht Jungs in ihrem Alter.

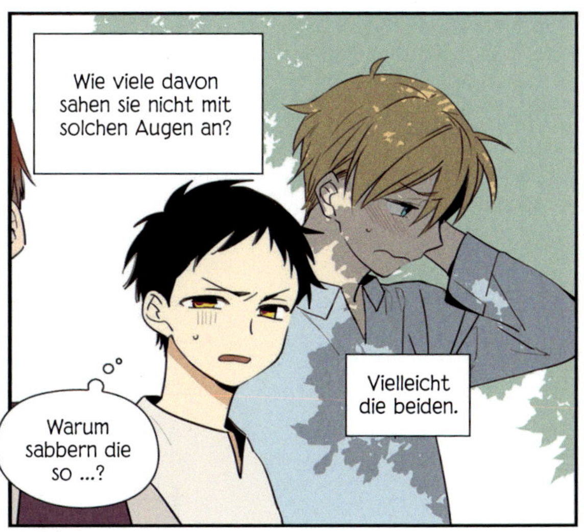
Wie viele davon sahen sie nicht mit solchen Augen an?
Warum sabbern die so ...?
Vielleicht die beiden.

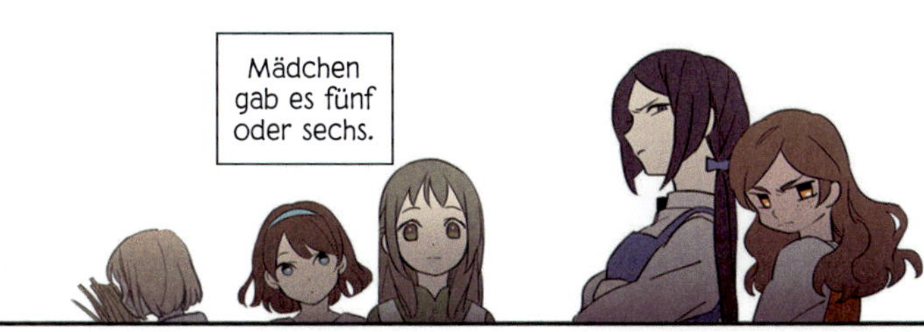
Mädchen gab es fünf oder sechs.
Drei von ihnen konnten ihren Neid nur schwer verbergen.

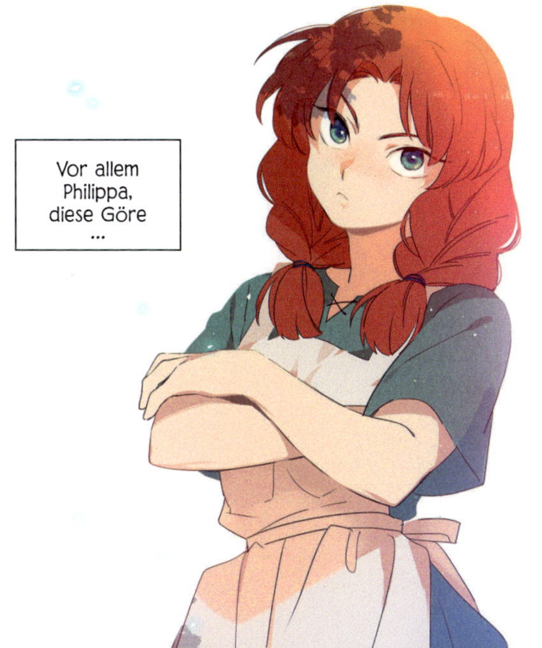
Vor allem Philippa, diese Göre ...
... war so gemein, dass man sie für eine Hexe hätte halten können.

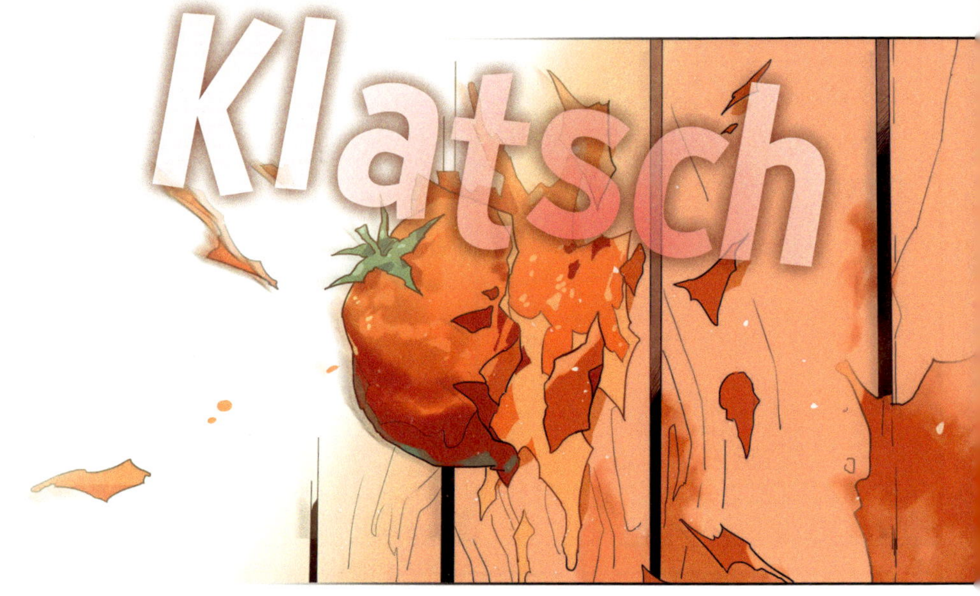
Klatsch

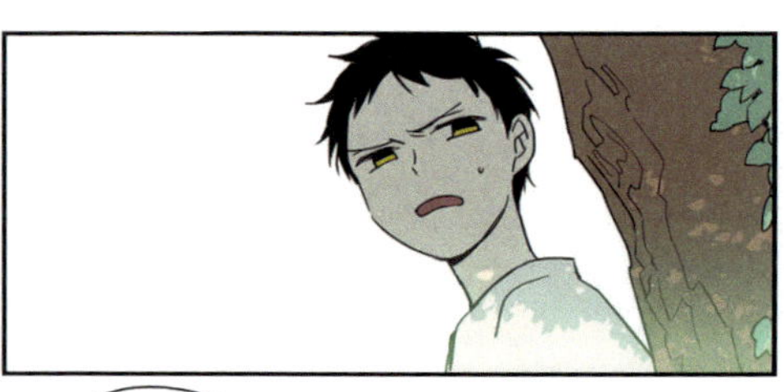

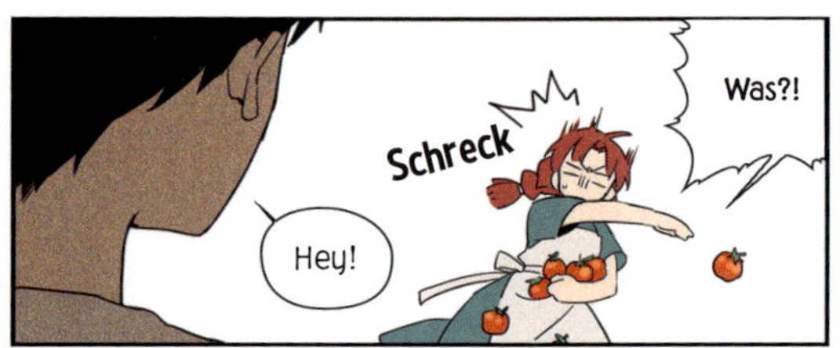
Was?!
Schreck
Hey!

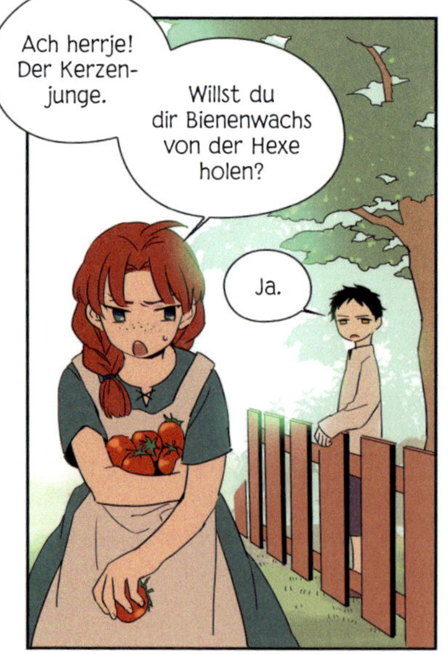
Ach herrje! Der Kerzen-junge.
Willst du dir Bienenwachs von der Hexe holen?
Ja.

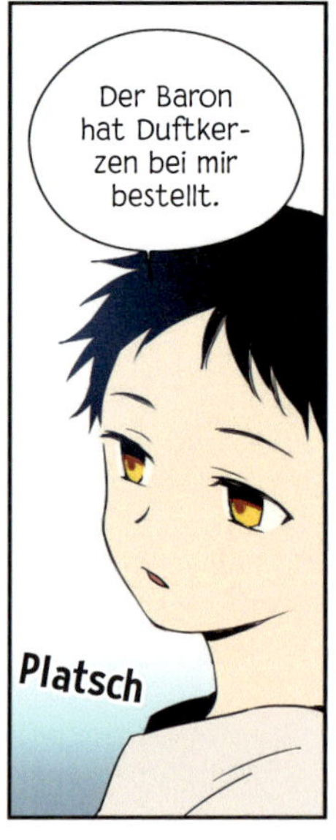
Der Baron hat Duftker-zen bei mir bestellt.
Platsch

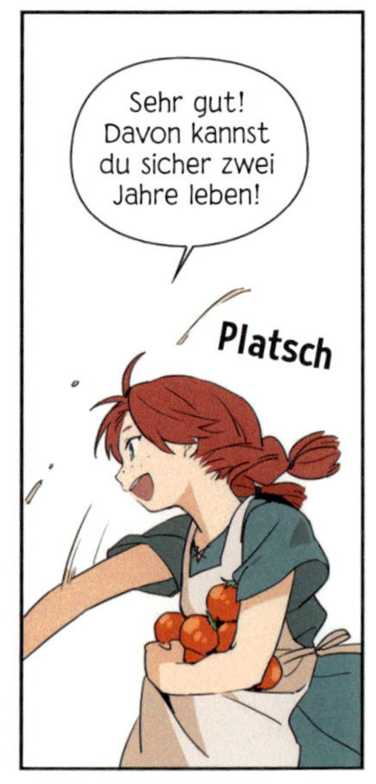
Sehr gut! Davon kannst du sicher zwei Jahre leben!
Platsch

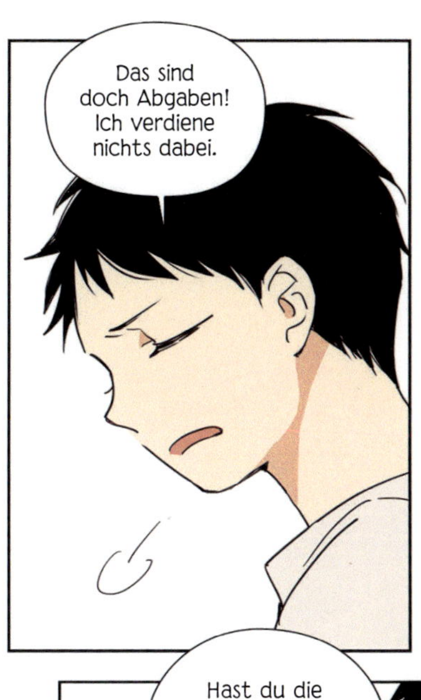
Das sind doch Abgaben! Ich verdiene nichts dabei.

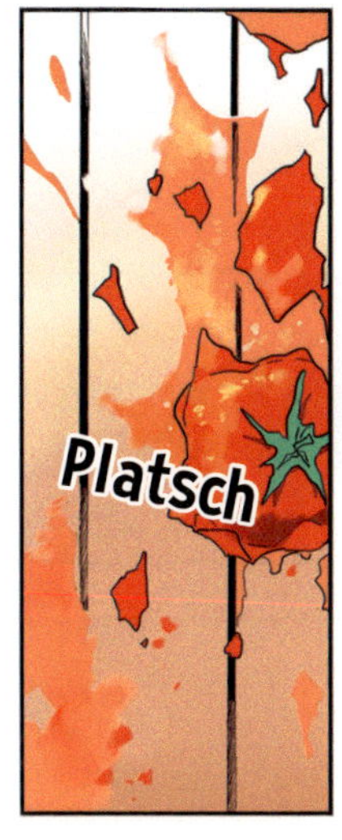
Platsch
Pack
Pack
Pack
Plaaaaatschhh

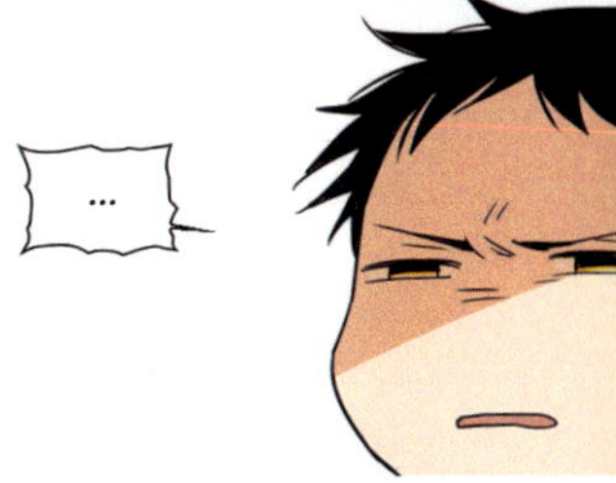
...

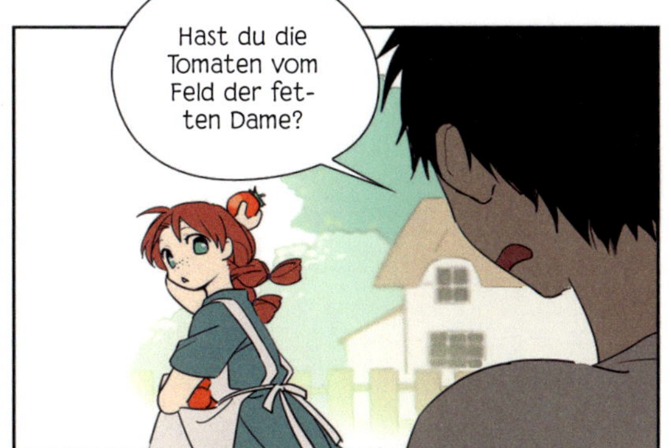
Hast du die Tomaten vom Feld der fet-ten Dame?

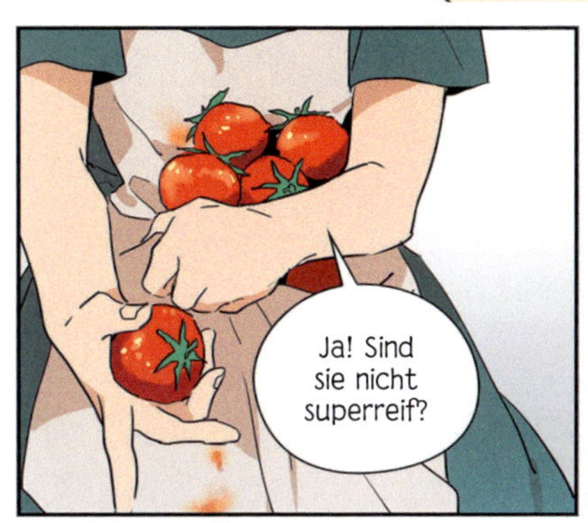
Ja! Sind sie nicht superreif?

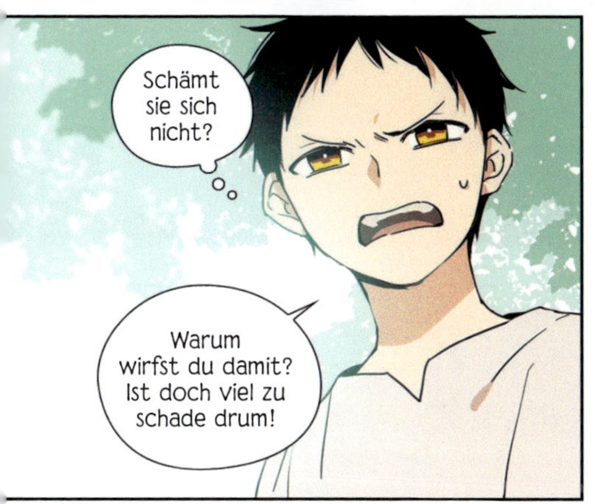
Schämt sie sich nicht?
Warum wirfst du damit? Ist doch viel zu schade drum!

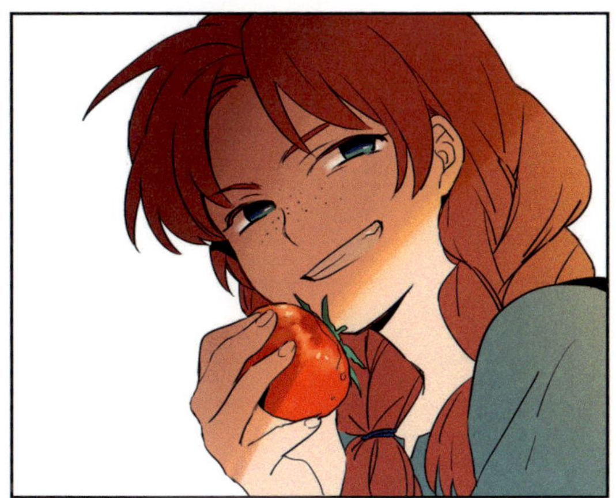

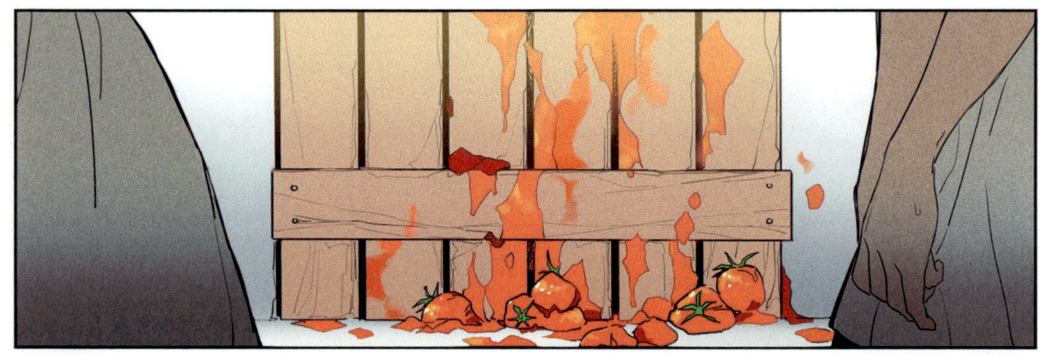

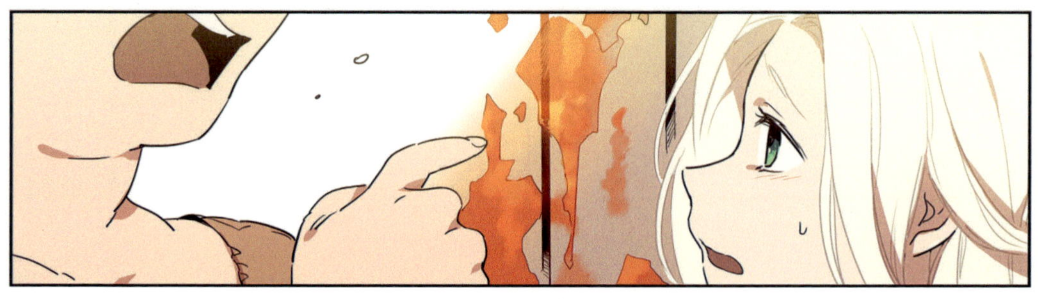

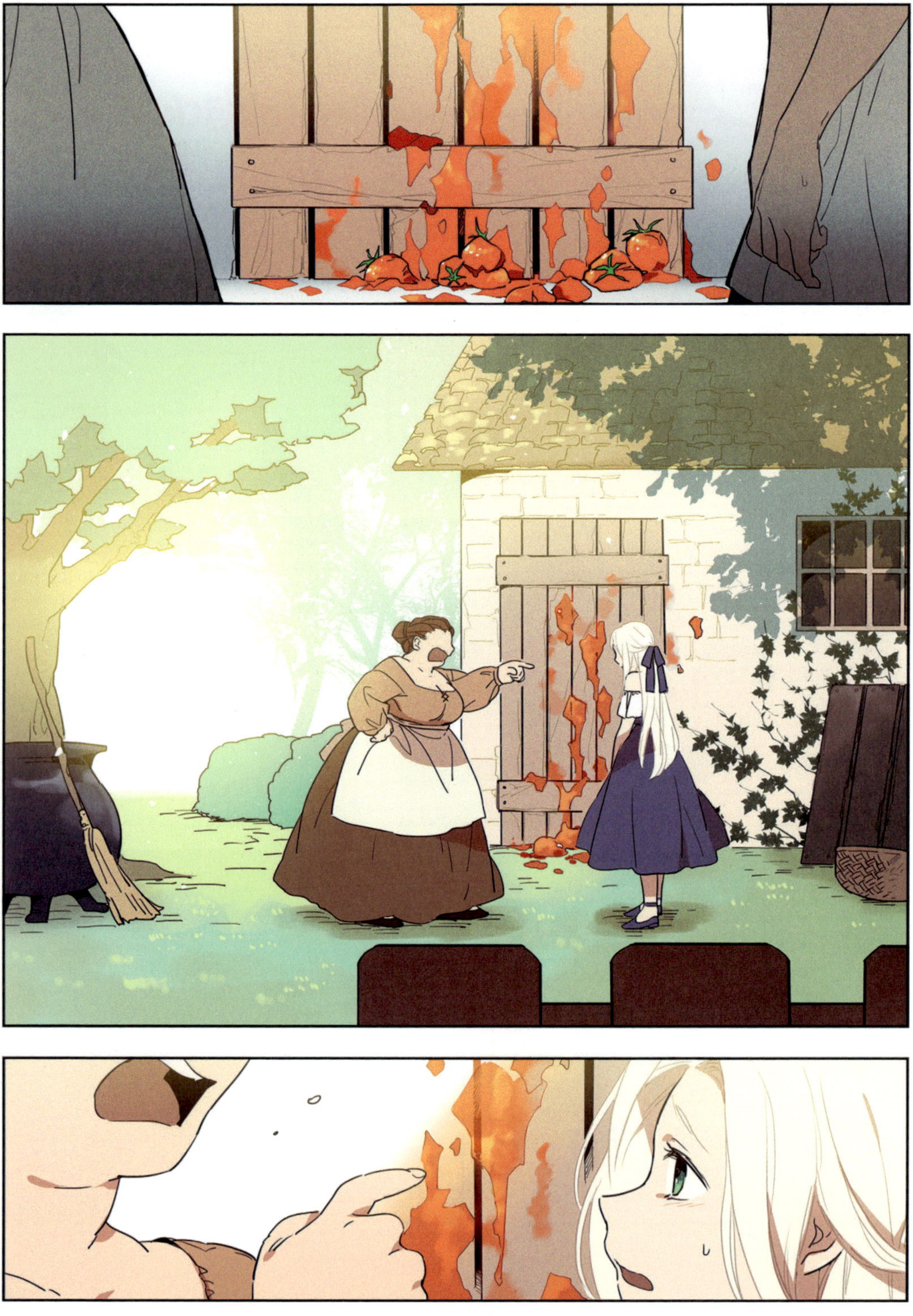

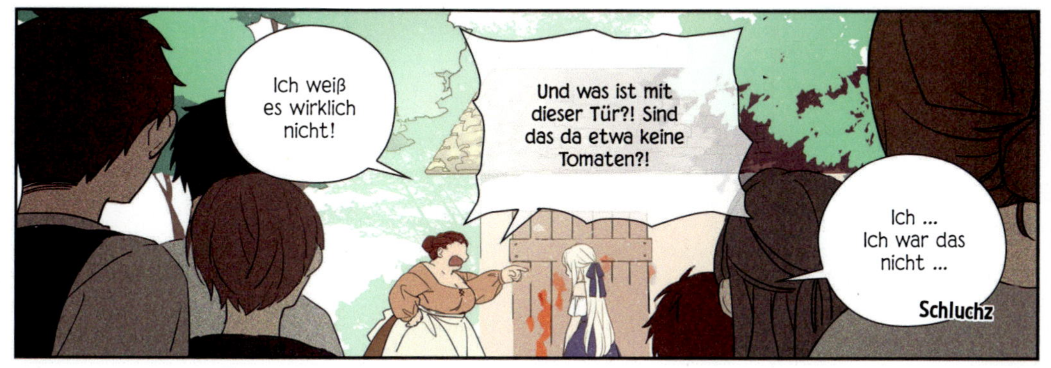

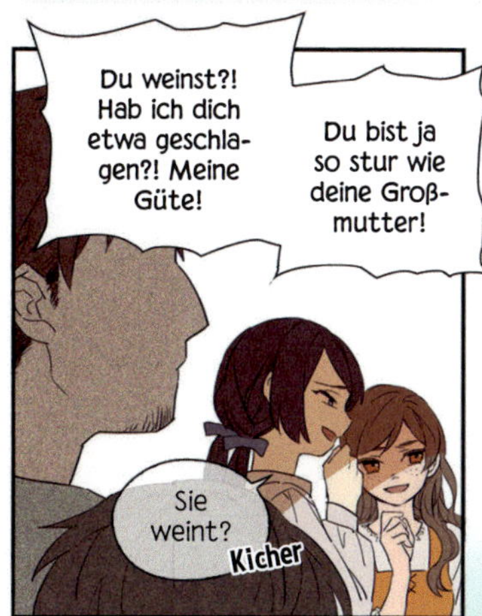

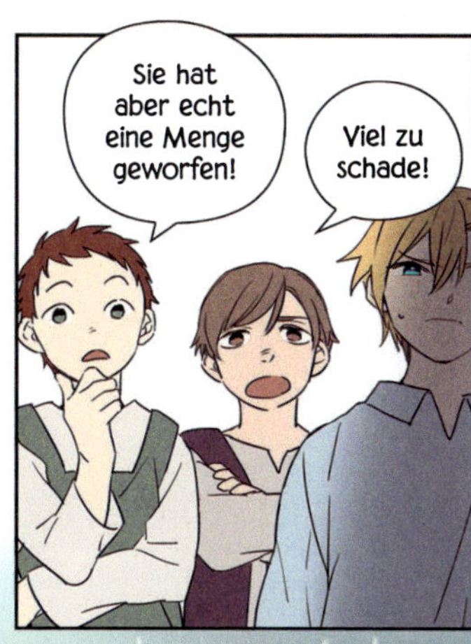

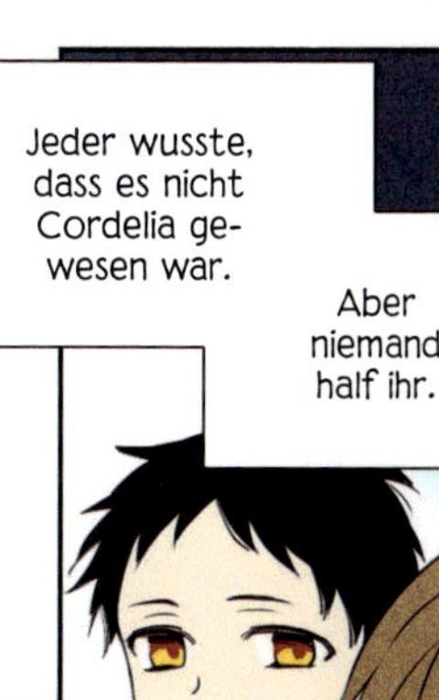

Sie war für
alle nur der
Sündenbock.

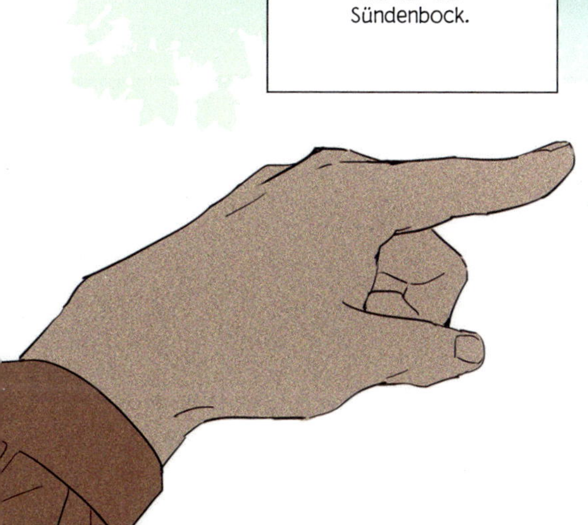

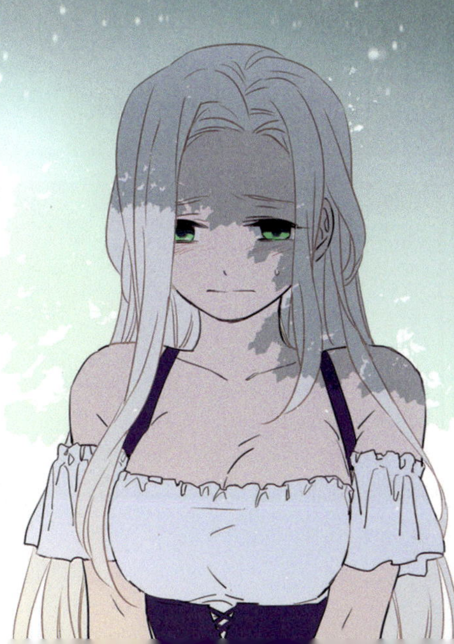

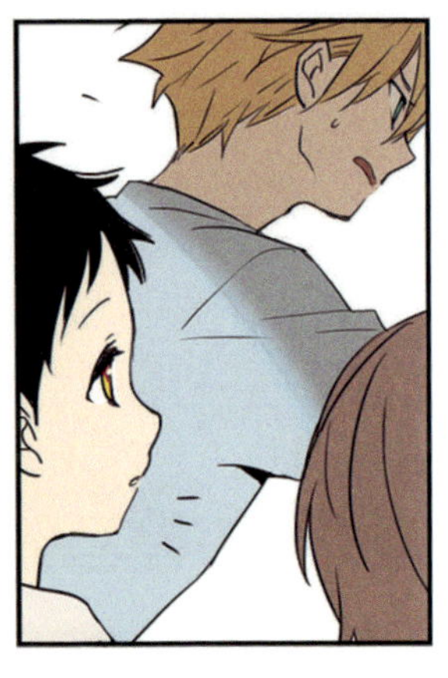
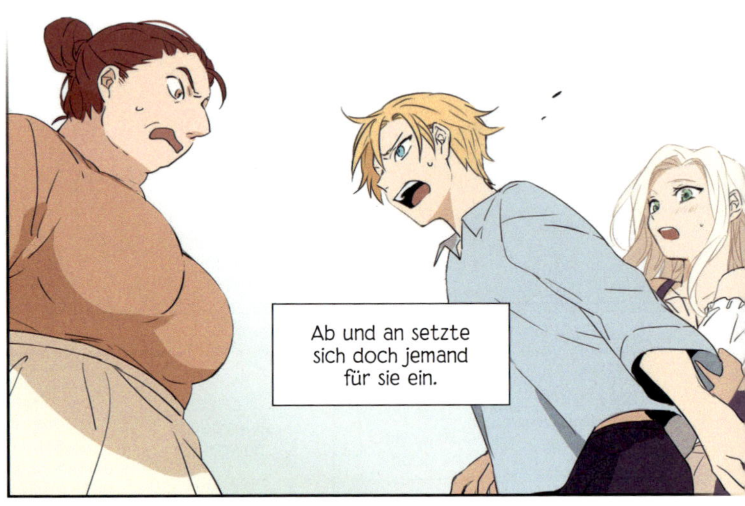
Ab und an setzte
sich doch jemand
für sie ein.
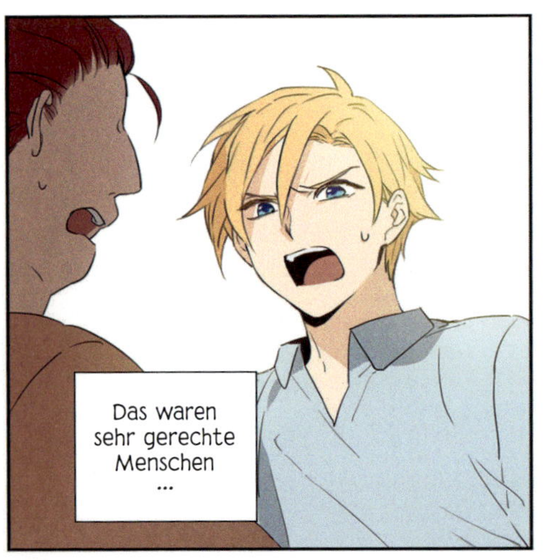
Das waren
sehr gerechte
Menschen
...
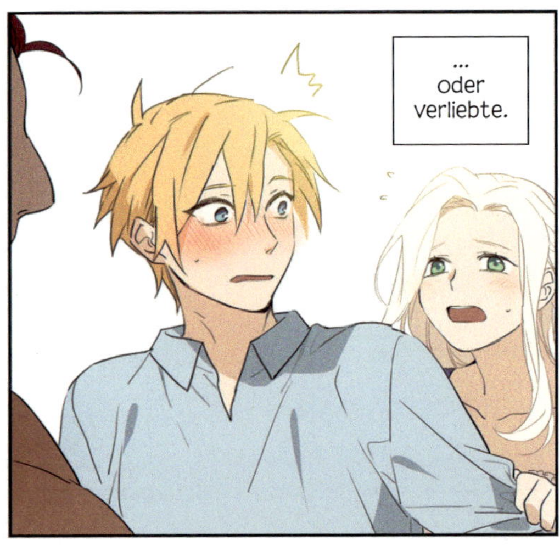
...
oder
verliebte.
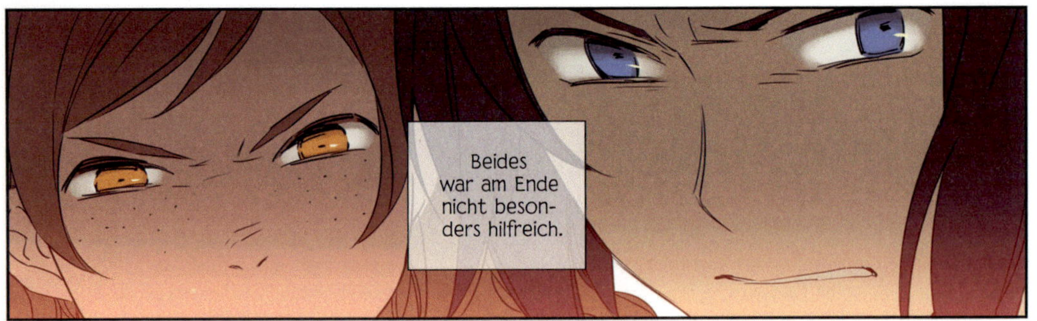
Beides
war am Ende
nicht beson-
ders hilfreich.

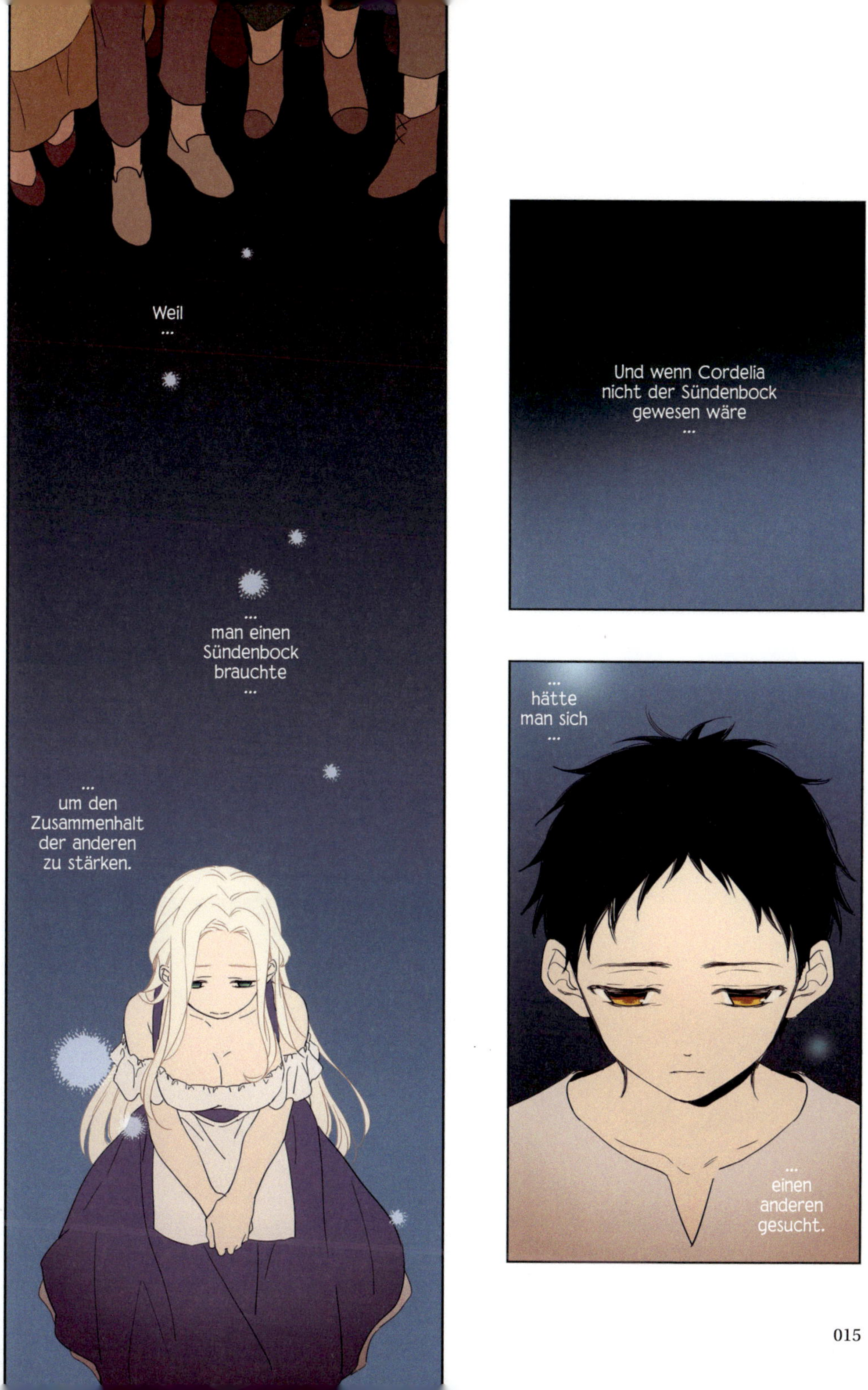

Weil
...

...
man einen
Sündenbock
brauchte
...

...
um den
Zusammenhalt
der anderen
zu stärken.

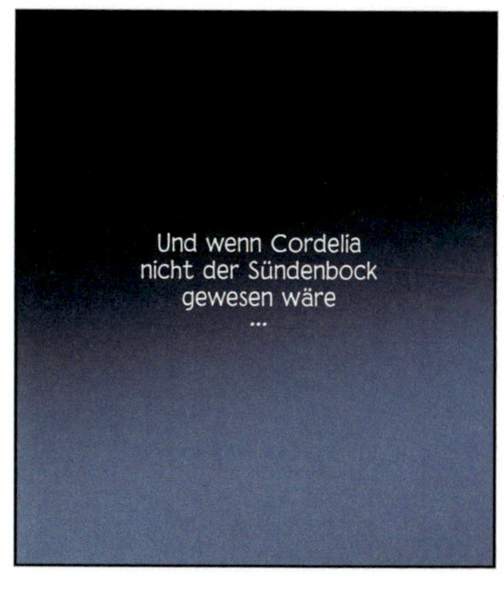

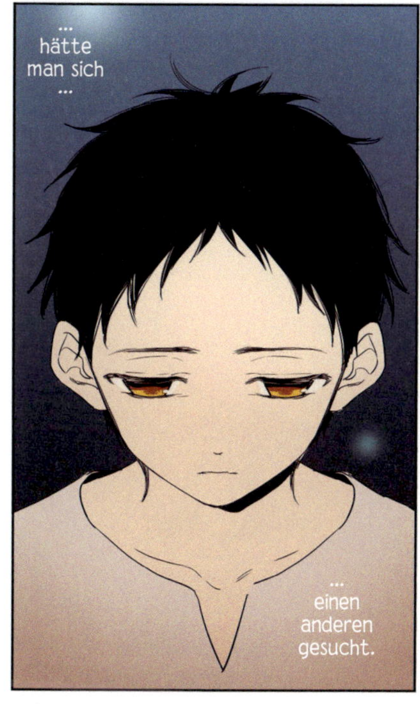

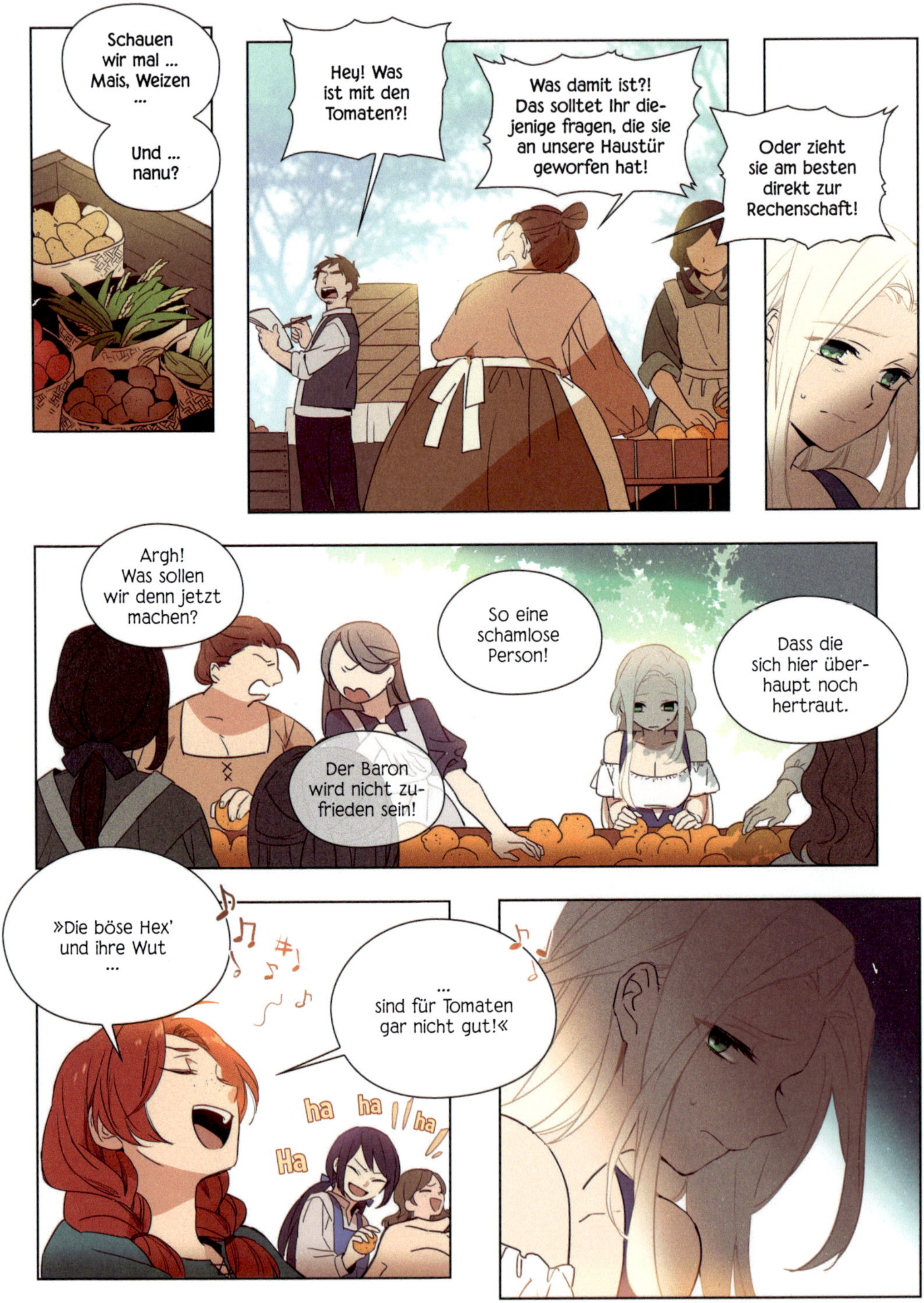

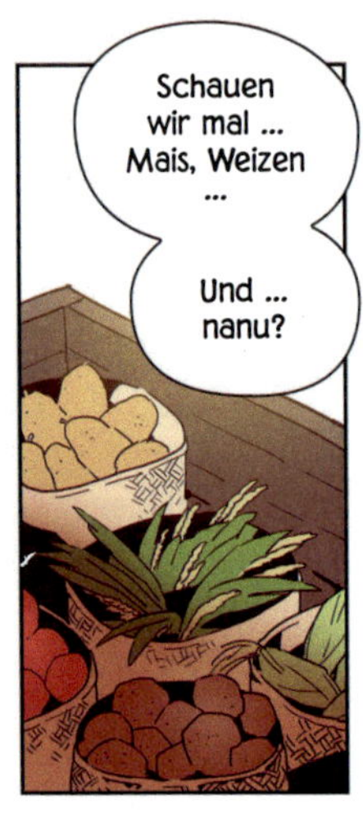
Schauen wir mal ... Mais, Weizen ...
Und ... nanu?

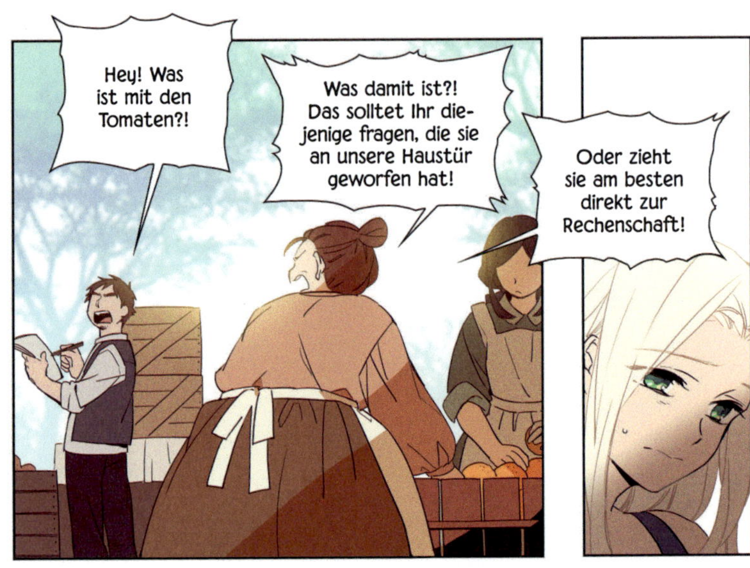
Hey! Was ist mit den Tomaten?!
Was damit ist?! Das solltet Ihr diejenige fragen, die sie an unsere Haustür geworfen hat!
Oder zieht sie am besten direkt zur Rechenschaft!
Argh! Was sollen wir denn jetzt machen?
So eine schamlose Person!
Dass die sich hier überhaupt noch hertraut.
Der Baron wird nicht zufrieden sein!
»Die böse Hex' und ihre Wut ...
... sind für Tomaten gar nicht gut!«
ha ha ha
Ha

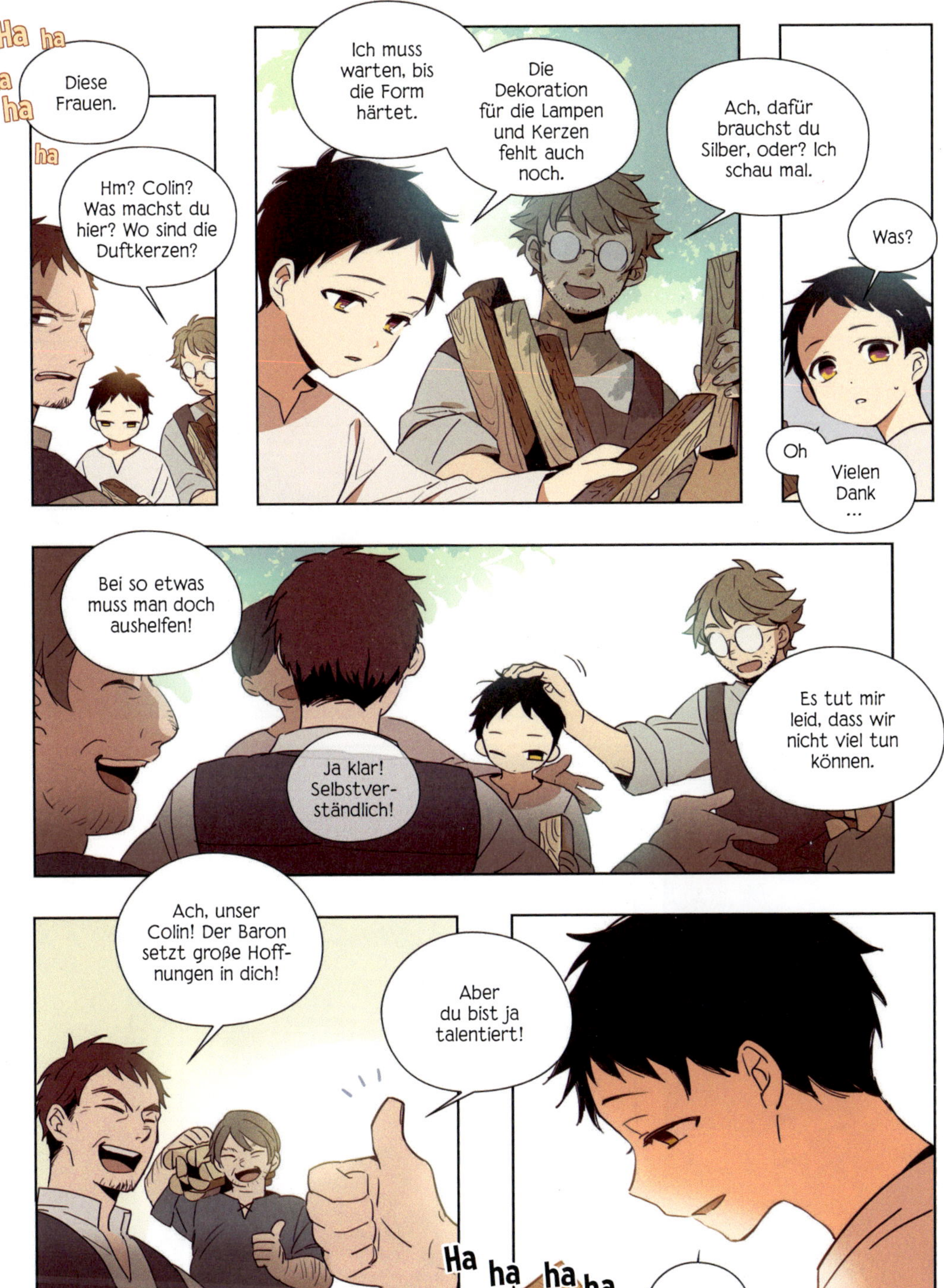
Ha ha ha ha ha
Diese Frauen.
Hm? Colin? Was machst du hier? Wo sind die Duftkerzen?
Ich muss warten, bis die Form härtet.
Die Dekoration für die Lampen und Kerzen fehlt auch noch.
Ach, dafür brauchst du Silber, oder? Ich schau mal.
Was?
Oh
Vielen Dank ...
Bei so etwas muss man doch aushelfen!
Ja klar! Selbstverständlich!
Es tut mir leid, dass wir nicht viel tun können.
Ach, unser Colin! Der Baron setzt große Hoffnungen in dich!
Aber du bist ja talentiert!
Ha ha ha ha
He he ...

»Unser«?

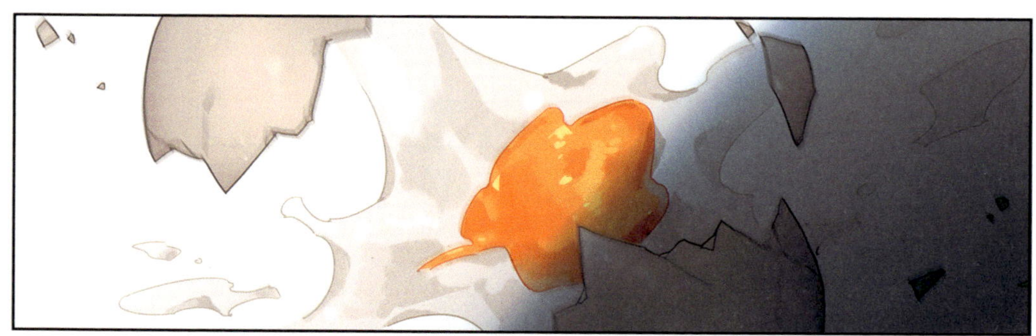

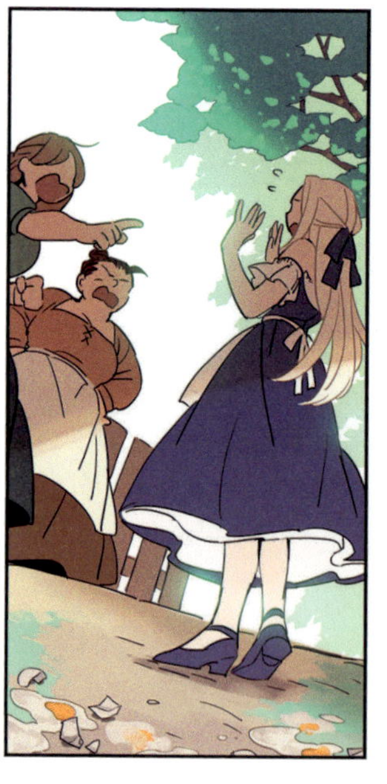

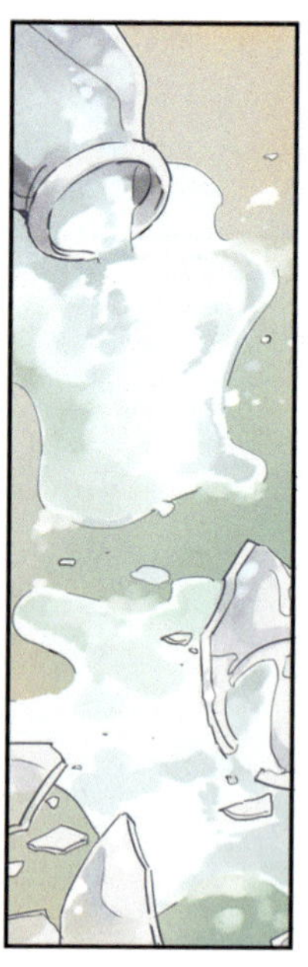

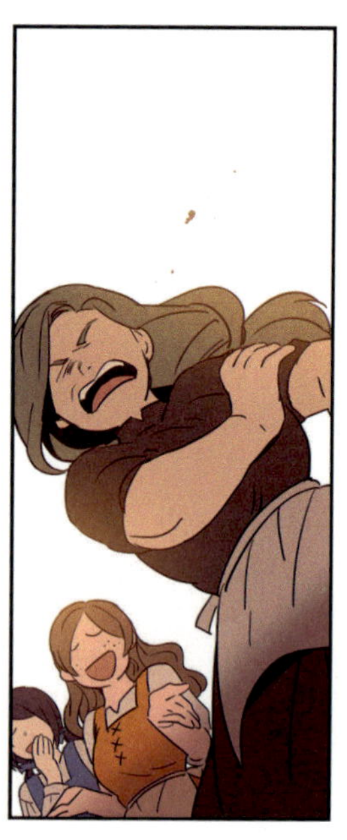

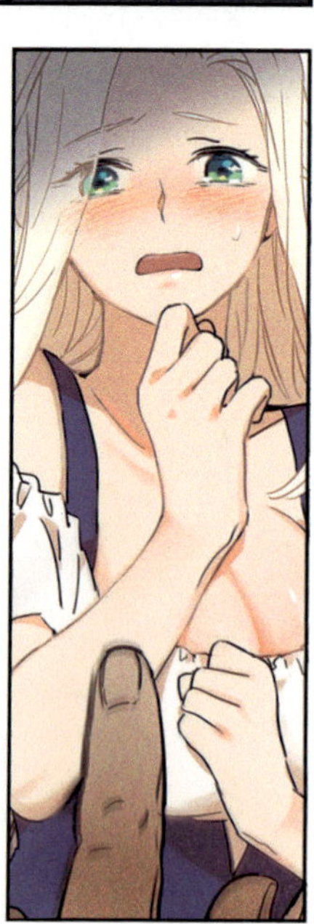

Wie lächerlich und kindisch.

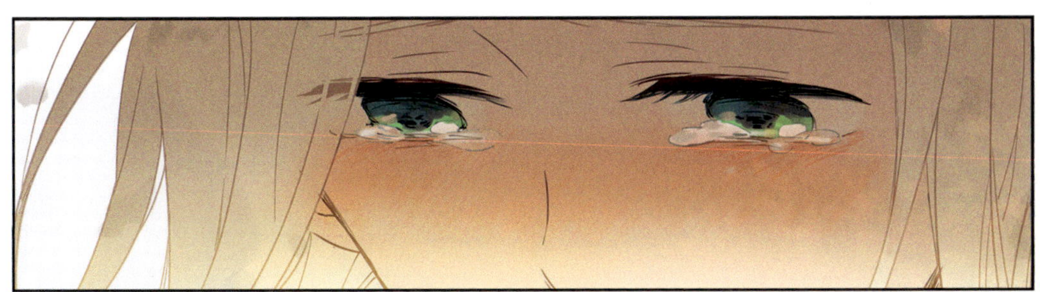

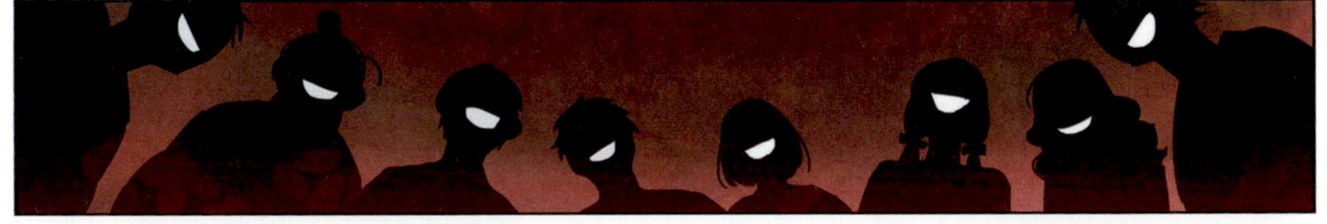

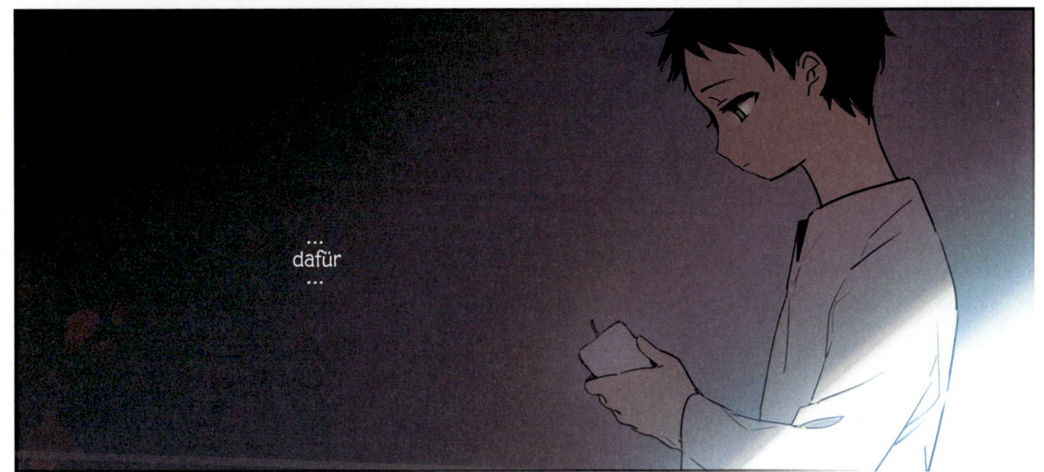

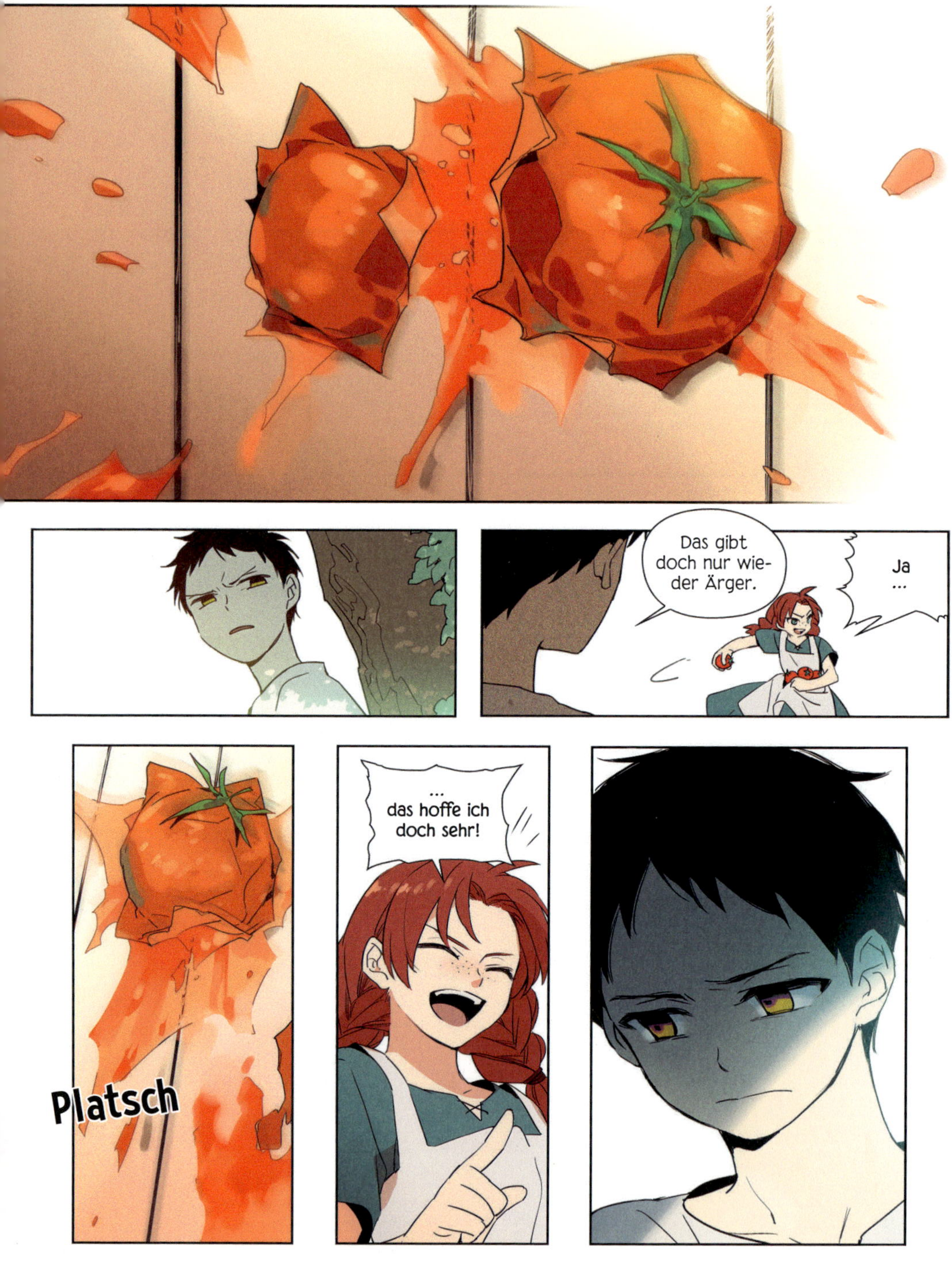

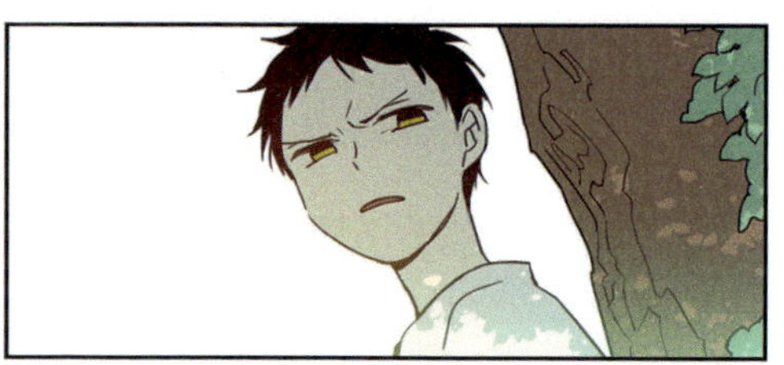

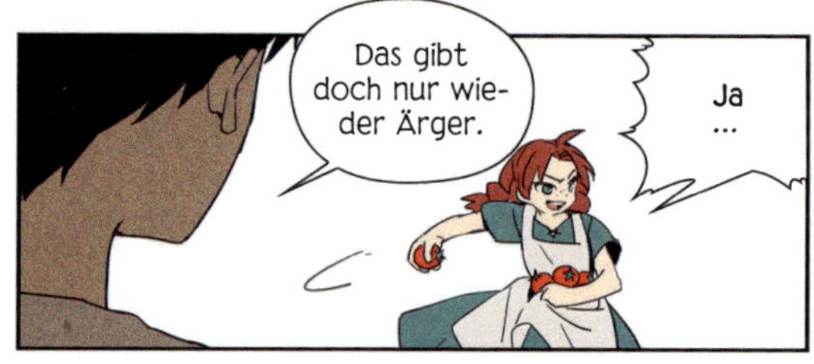
Das gibt doch nur wieder Ärger.
Ja ...

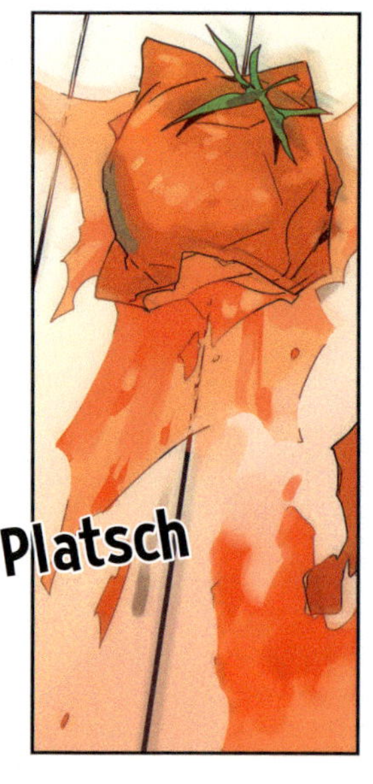
Platsch

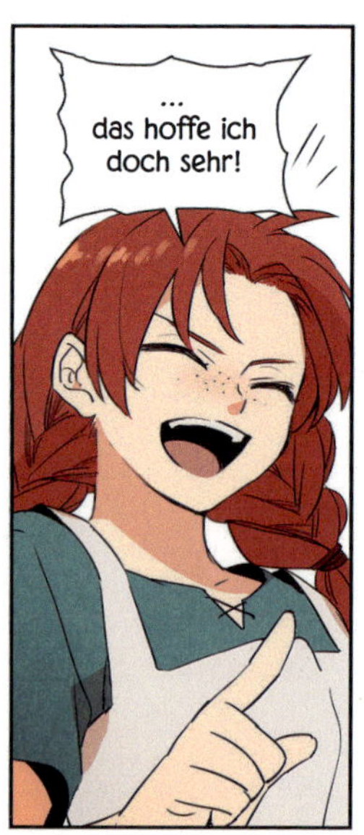
... das hoffe ich doch sehr!

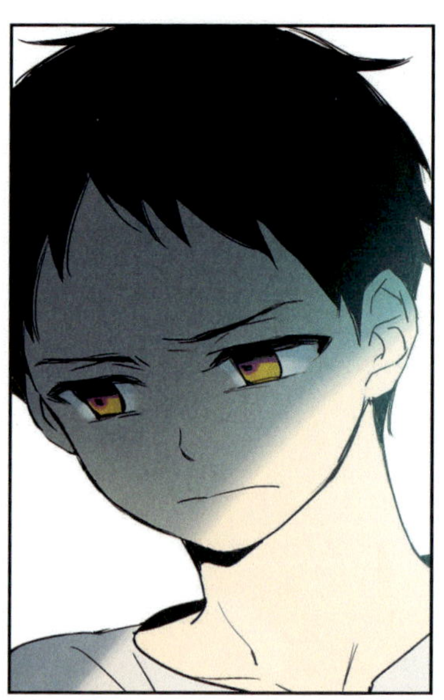

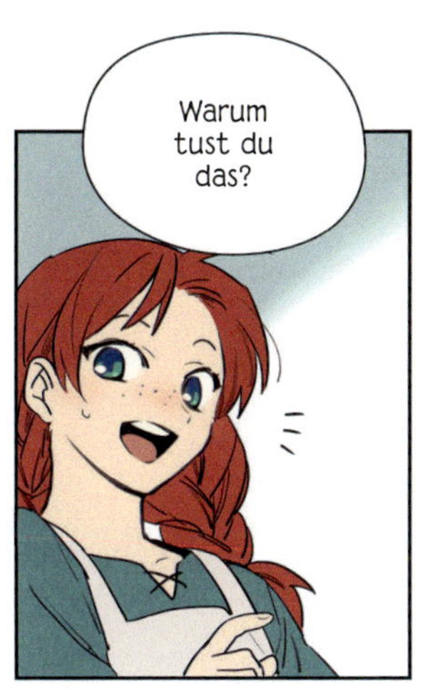
Warum tust du das?

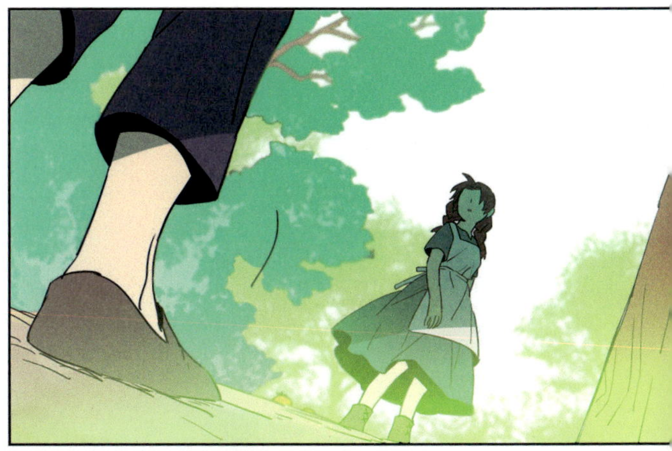

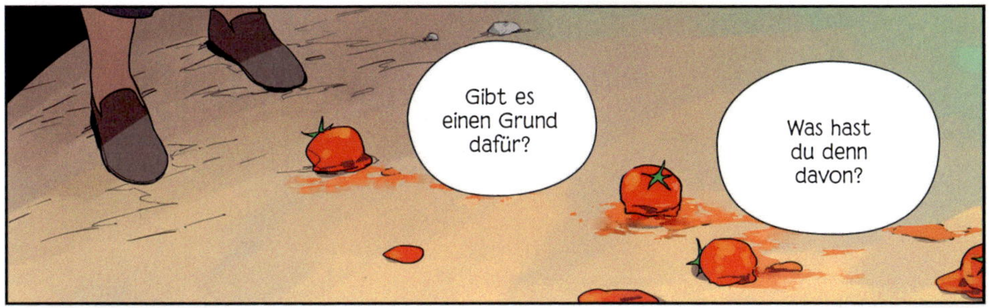
Gibt es einen Grund dafür?
Was hast du denn davon?

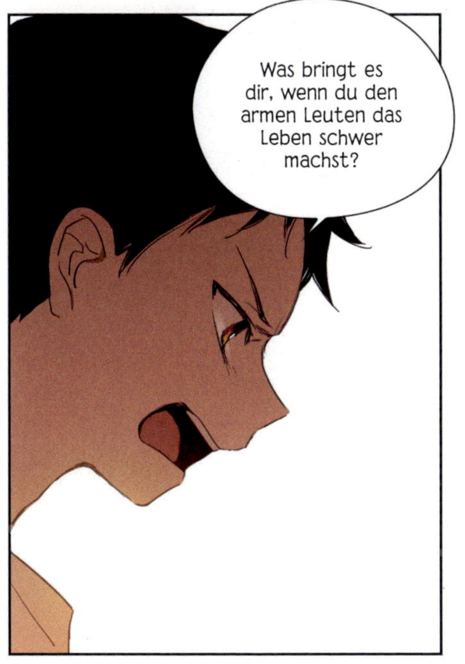
Was bringt es dir, wenn du den armen Leuten das Leben schwer machst?

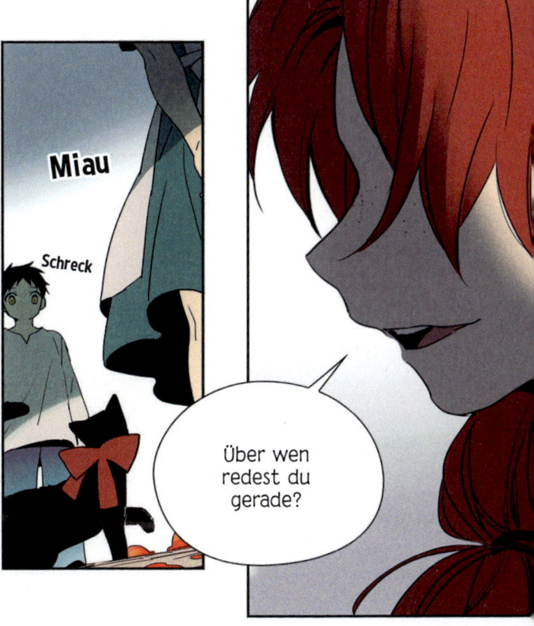
Miau
Schreck
Über wen redest du gerade?

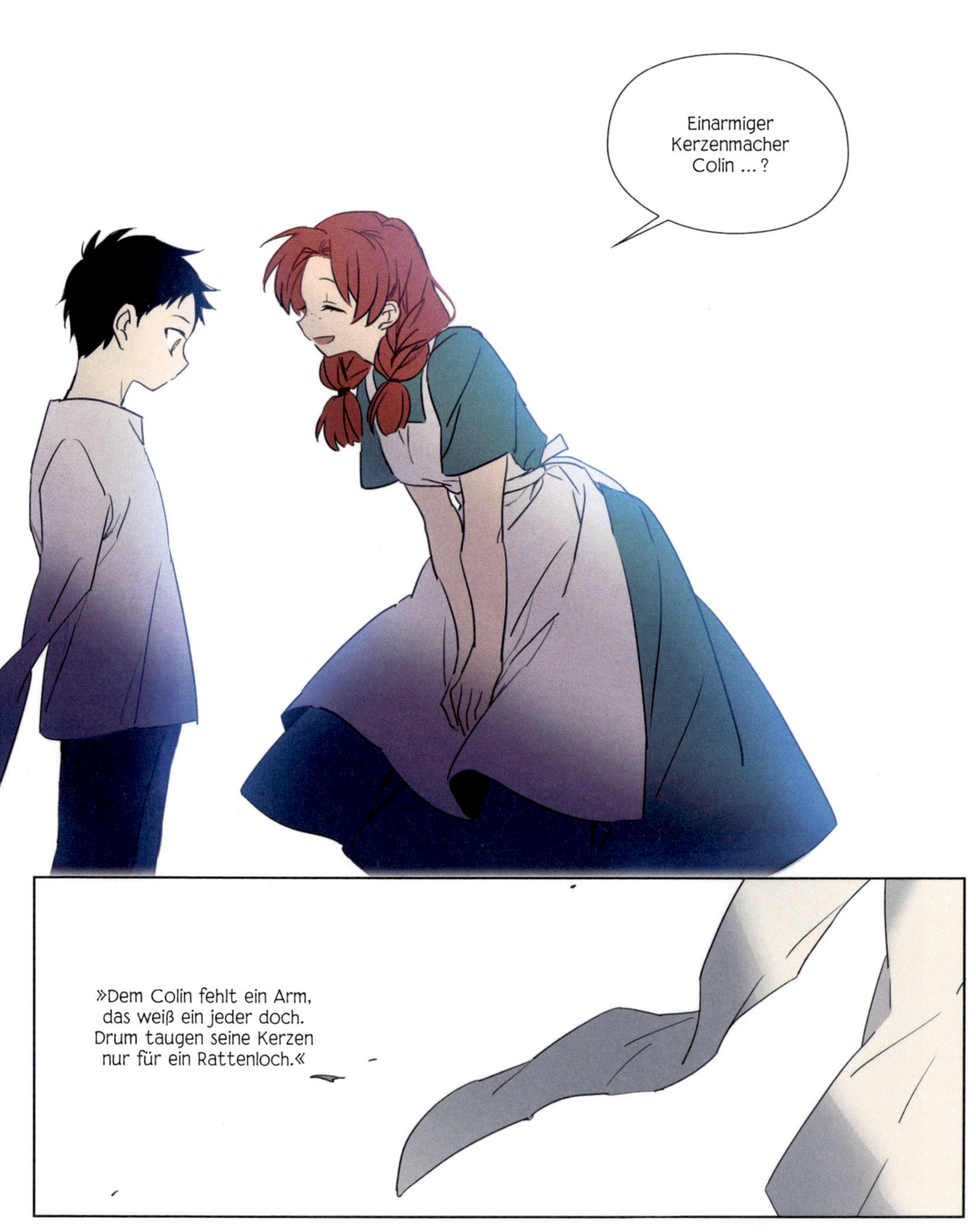
Einarmiger Kerzenmacher Colin ...?
»Dem Colin fehlt ein Arm, das weiß ein jeder doch. Drum taugen seine Kerzen nur für ein Rattenloch.«

Alle Dorfbewohner sangen dieses Lied.

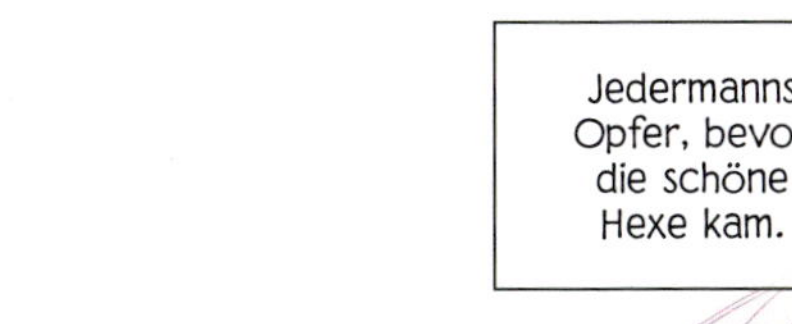

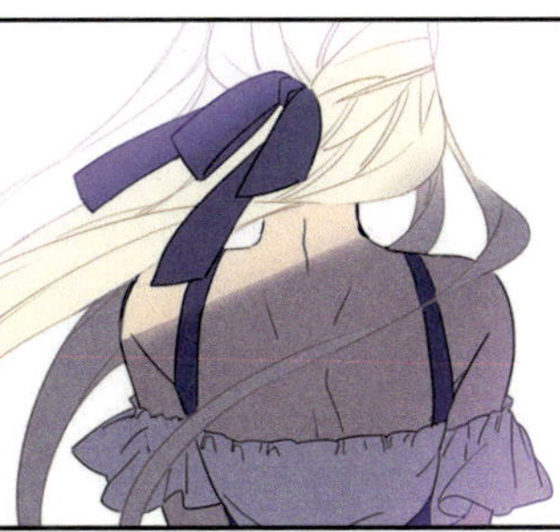

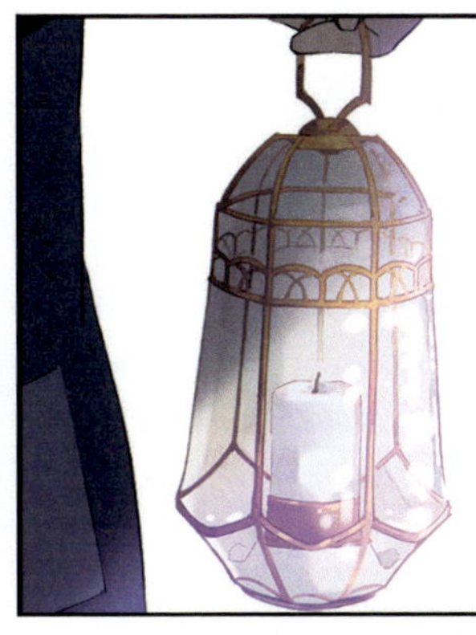

Der Sündenbock, der von der schönen Hexe gerettet wurde.

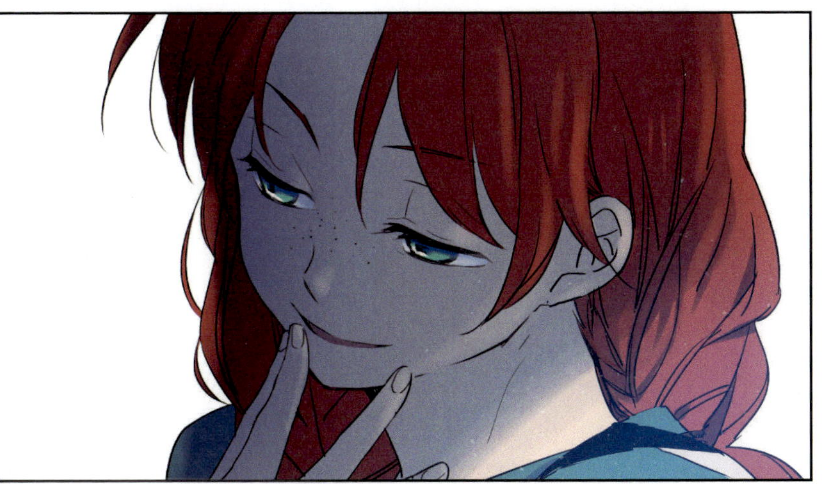

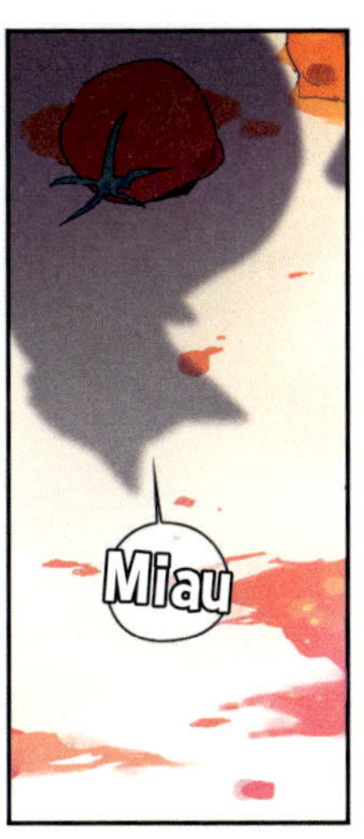

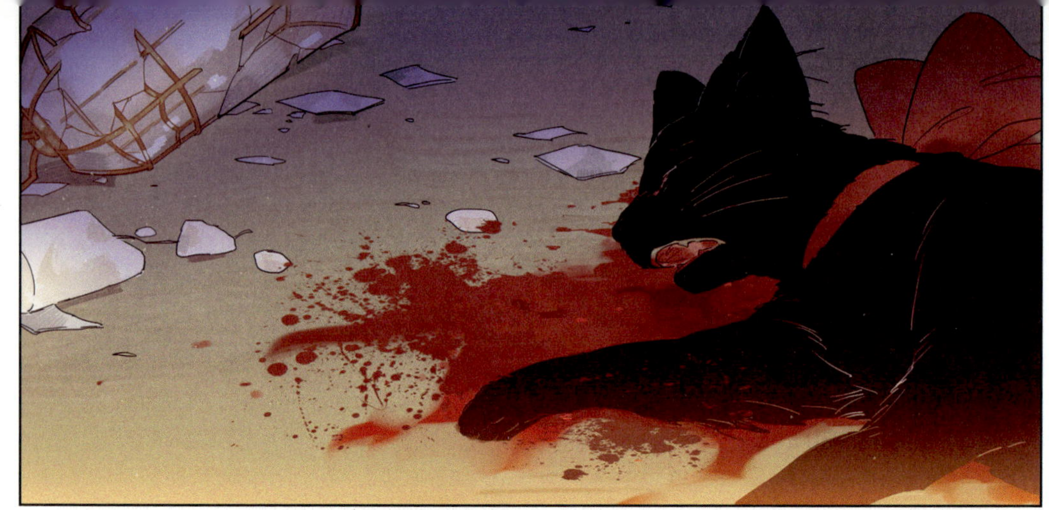

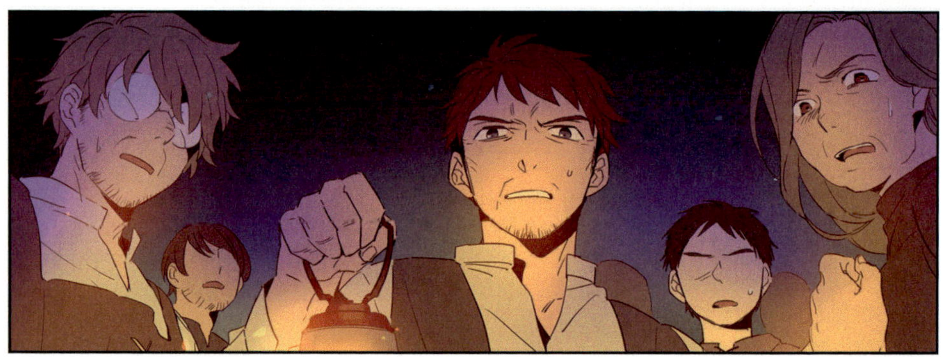

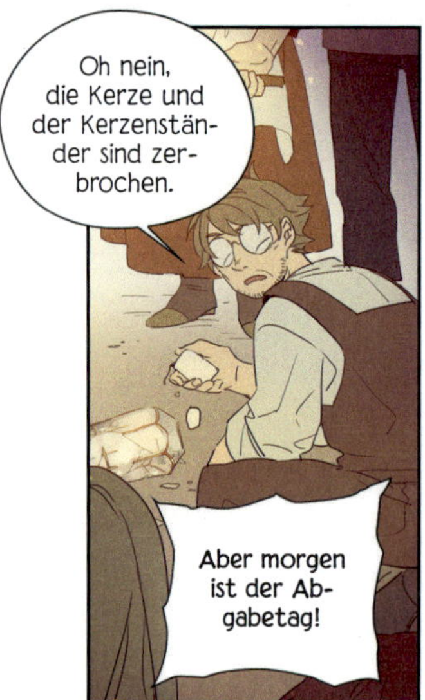
Oh nein,
die Kerze und
der Kerzenstän-
der sind zer-
brochen.
Aber morgen
ist der Ab-
gabetag!

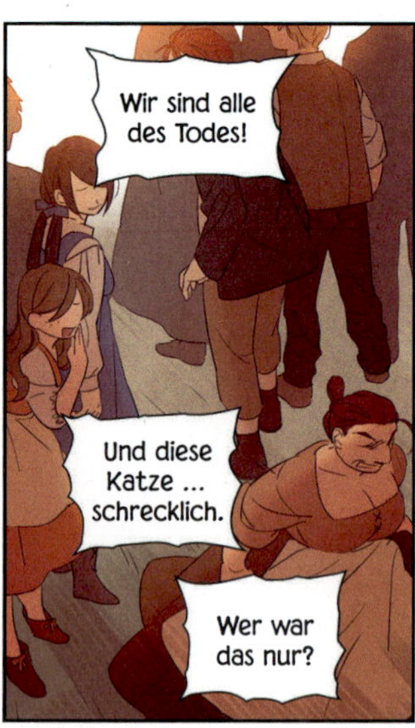
Wir sind alle
des Todes!
Und diese
Katze ...
schrecklich.
Wer war
das nur?

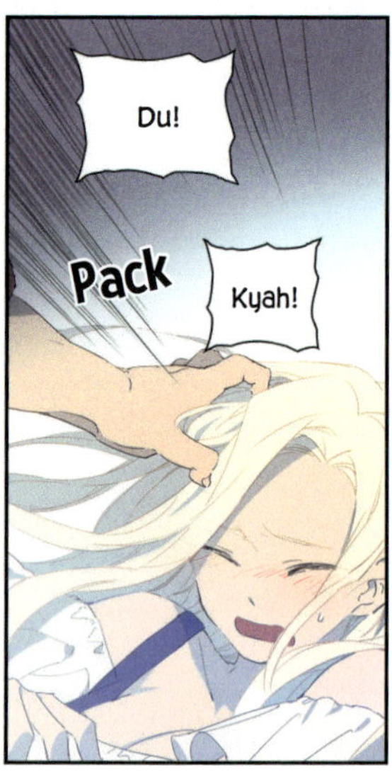
Du!
Pack
Kyah!

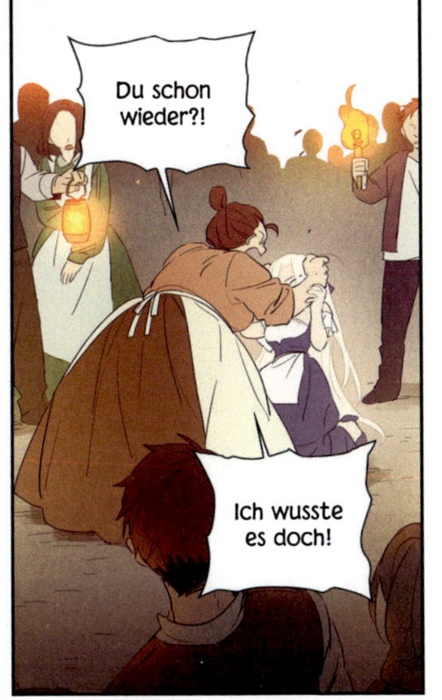
Du schon wieder?!
Ich wusste es doch!

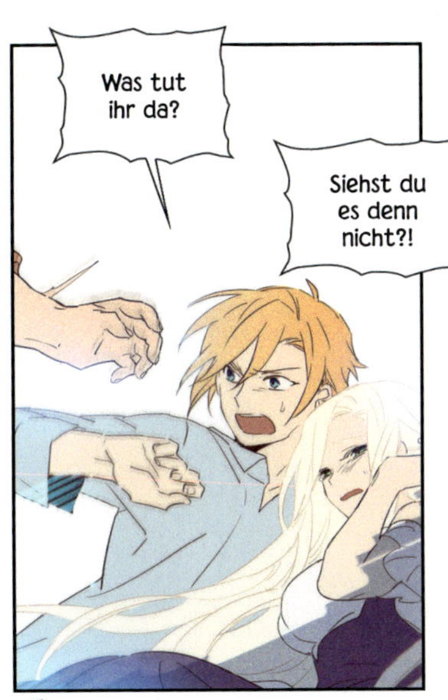
Was tut ihr da?
Siehst du es denn nicht?!

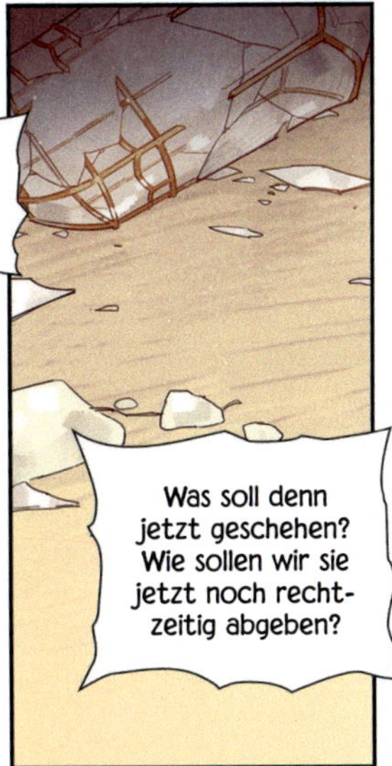
Was soll denn jetzt geschehen? Wie sollen wir sie jetzt noch recht-zeitig abgeben?

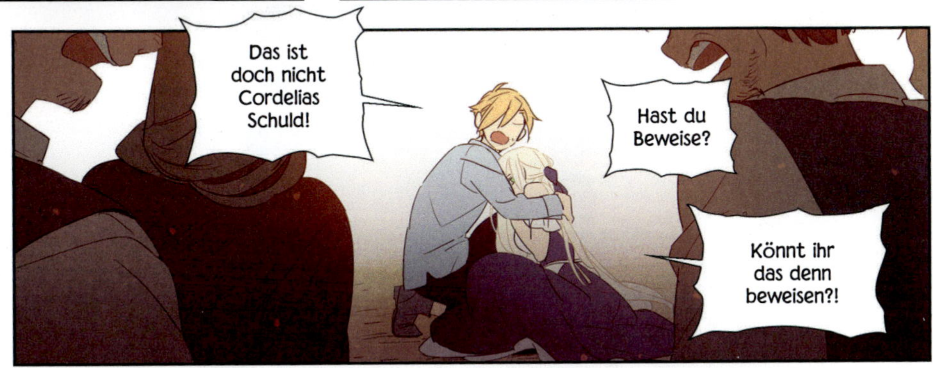
Das ist doch nicht Cordelias Schuld!
Hast du Beweise?
Könnt ihr das denn beweisen?!

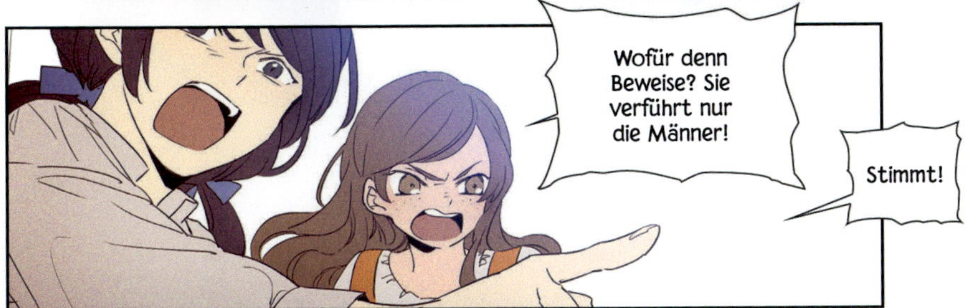
Wofür denn Beweise? Sie verführt nur die Männer!
Stimmt!

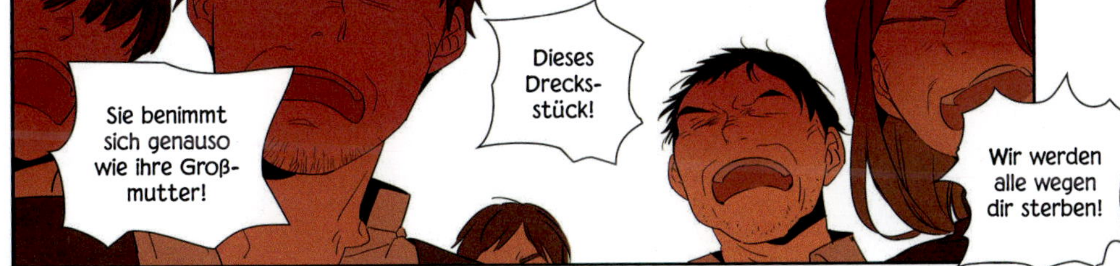
Sie benimmt sich genauso wie ihre Groß-mutter!
Dieses Drecks-stück!
Wir werden alle wegen dir sterben!

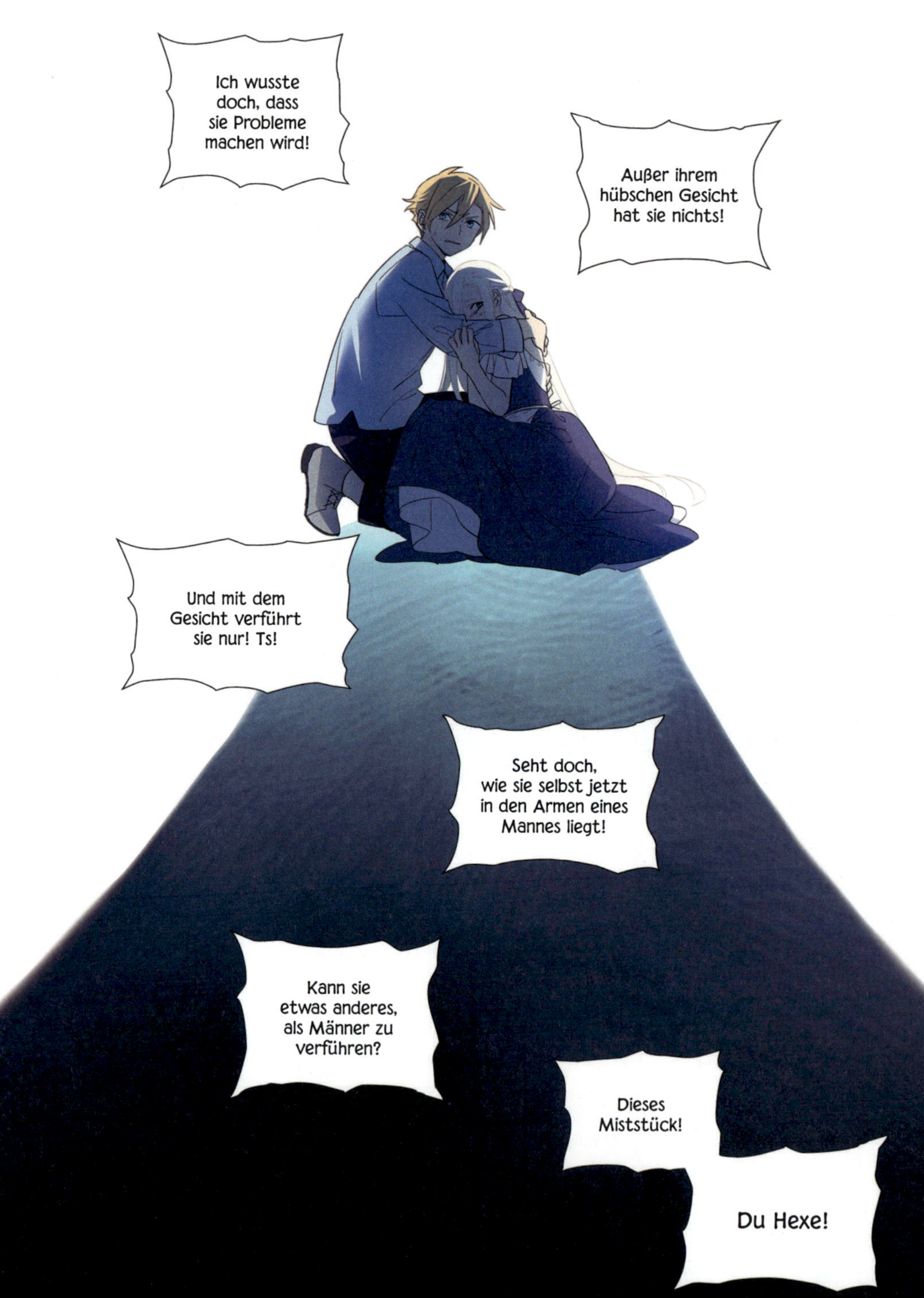
Ich wusste doch, dass sie Probleme machen wird!
Außer ihrem hübschen Gesicht hat sie nichts!
Und mit dem Gesicht verführt sie nur! Ts!
Seht doch, wie sie selbst jetzt in den Armen eines Mannes liegt!
Kann sie etwas anderes, als Männer zu verführen?
Dieses Miststück!
Du Hexe!

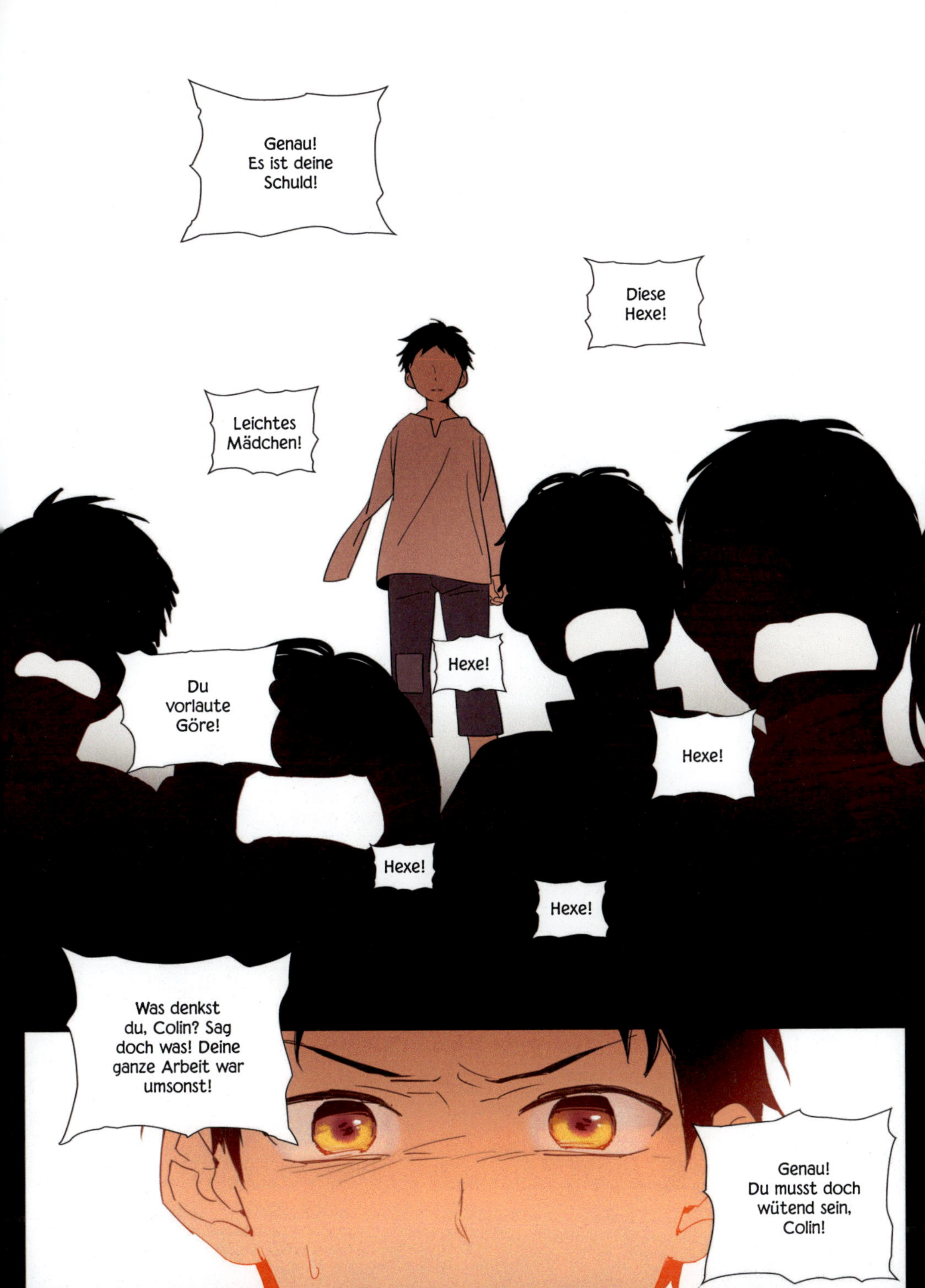
Genau! Es ist deine Schuld!
Diese Hexe!
Leichtes Mädchen!
Du vorlaute Göre!
Hexe!
Hexe!
Hexe!
Hexe!
Was denkst du, Colin? Sag doch was! Deine ganze Arbeit war umsonst!
Genau! Du musst doch wütend sein, Colin!

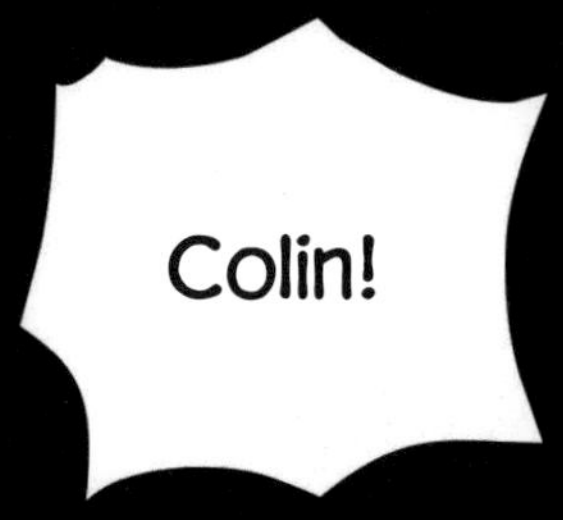

Alle wussten, dass es nicht Cordelia war.

Wer hatte Cordelia denn zur Hexe gemacht?

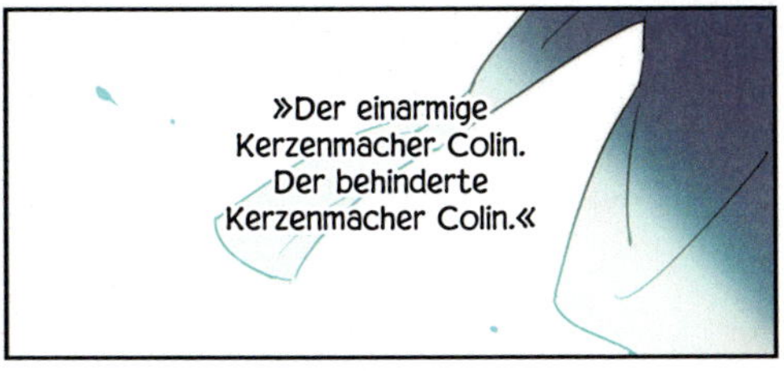
»Der einarmige Kerzenmacher Colin. Der behinderte Kerzenmacher Colin.«

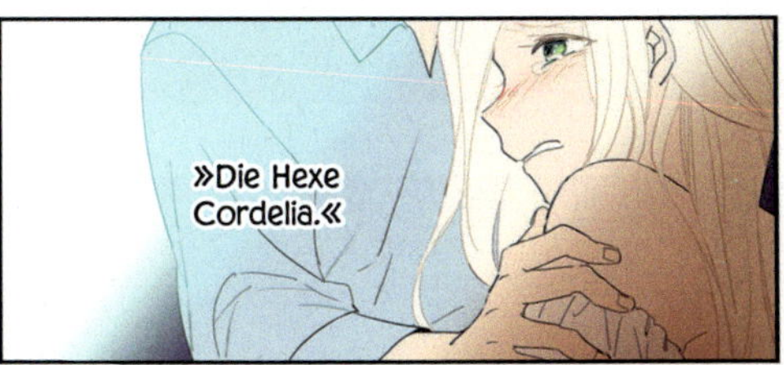
»Die Hexe Cordelia.«

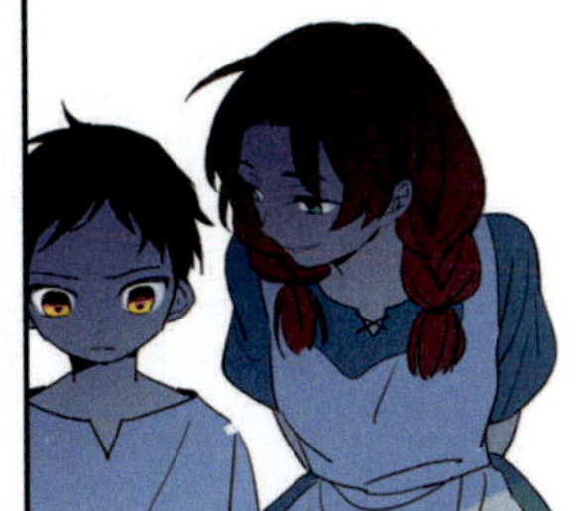
Wer war denn wirklich die Hexe?

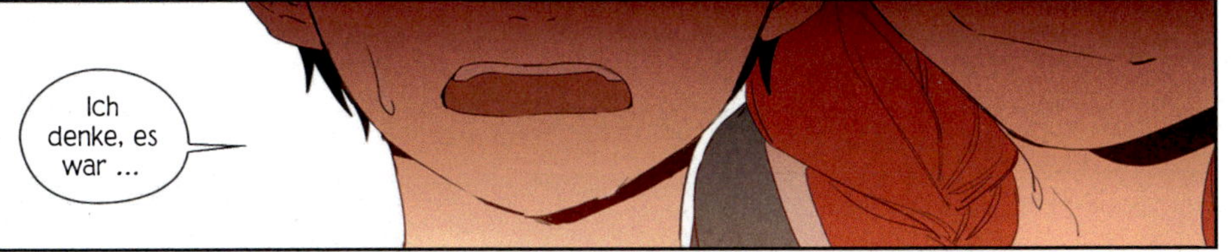
Ich denke, es war …

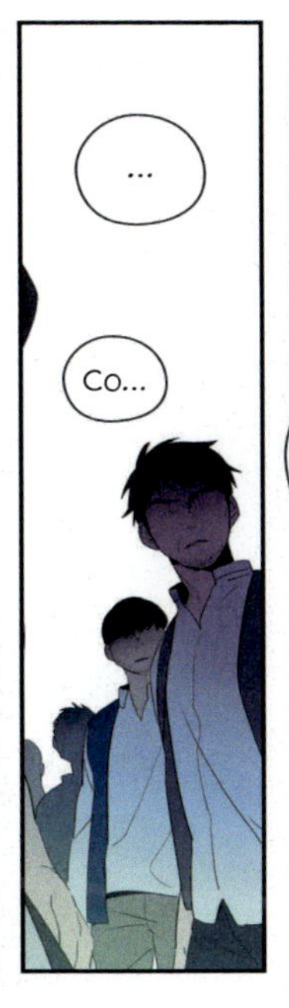
…
Co…

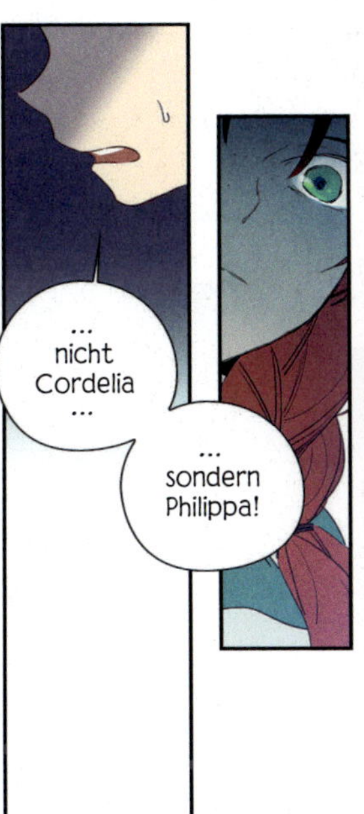
… nicht Cordelia …
… sondern Philippa!

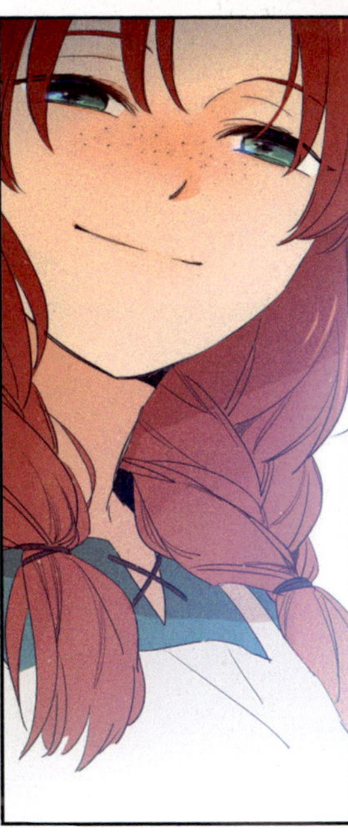

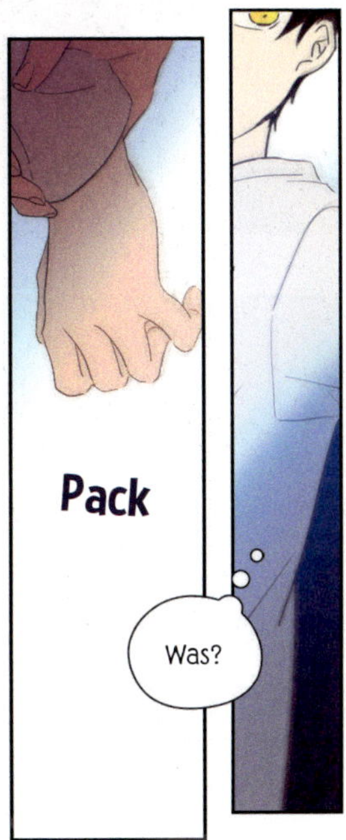
Pack
Was?

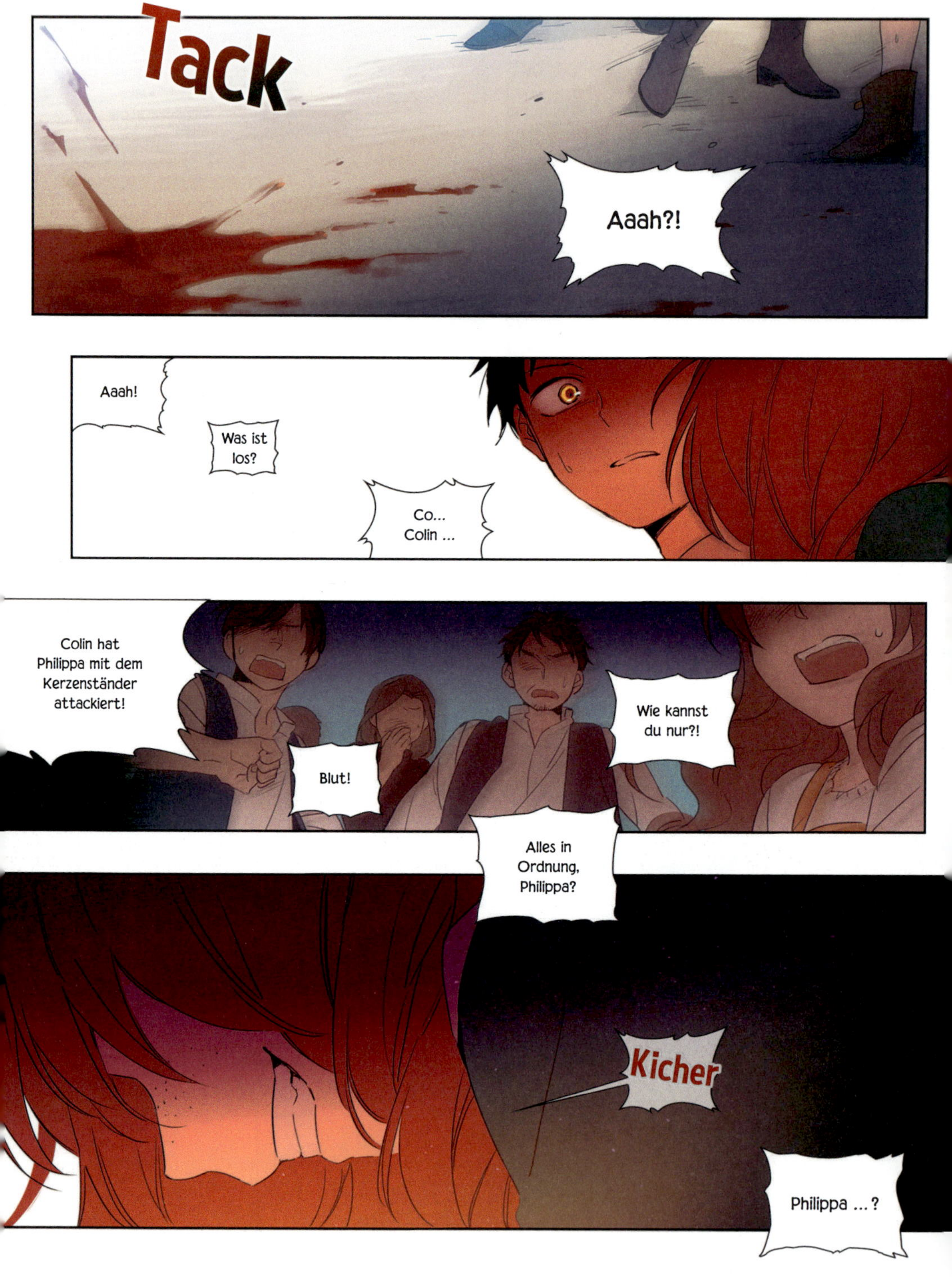

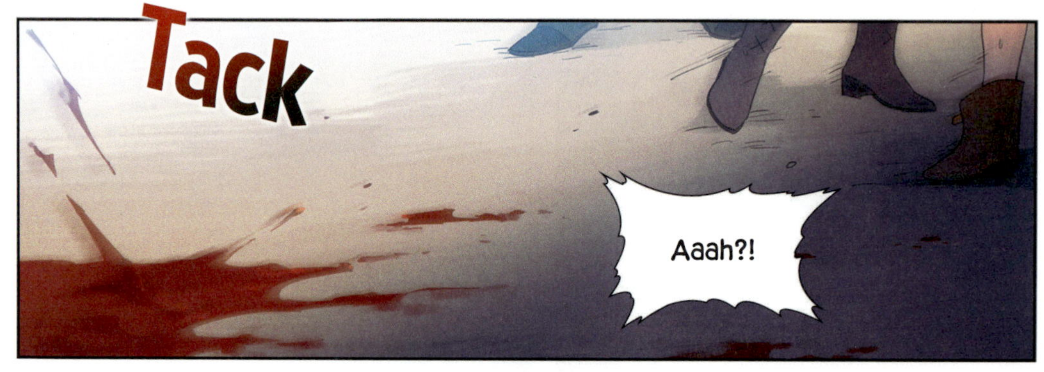

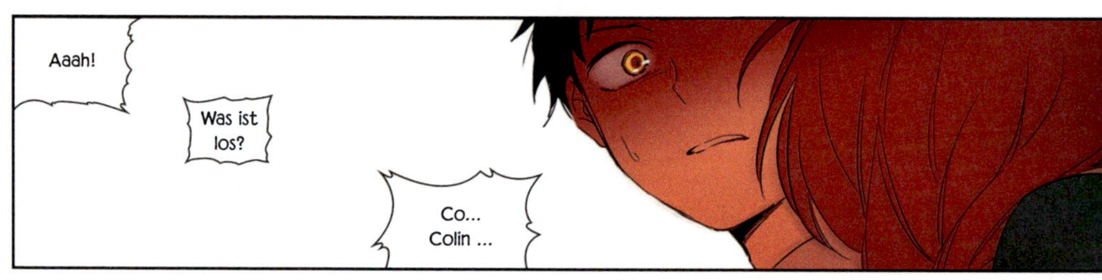

Colin hat Philippa mit dem Kerzenständer attackiert!

Blut!

Wie kannst du nur?!

Alles in Ordnung, Philippa?

Kicher

Philippa ...?

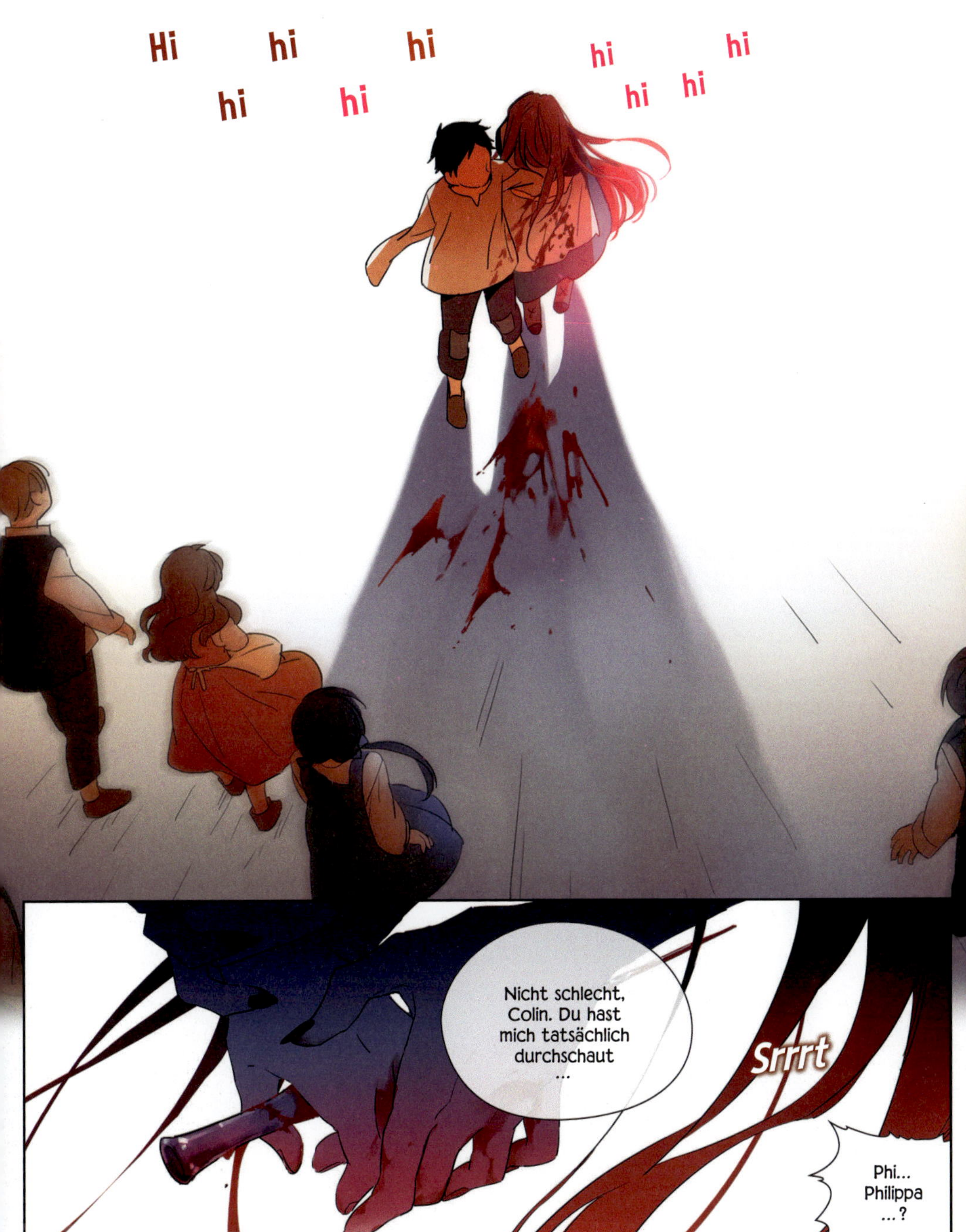
Hi hi hi
hi hi
hi hi
hi hi
Nicht schlecht, Colin. Du hast mich tatsächlich durchschaut ...
Srrrt
Phi... Philippa ...?

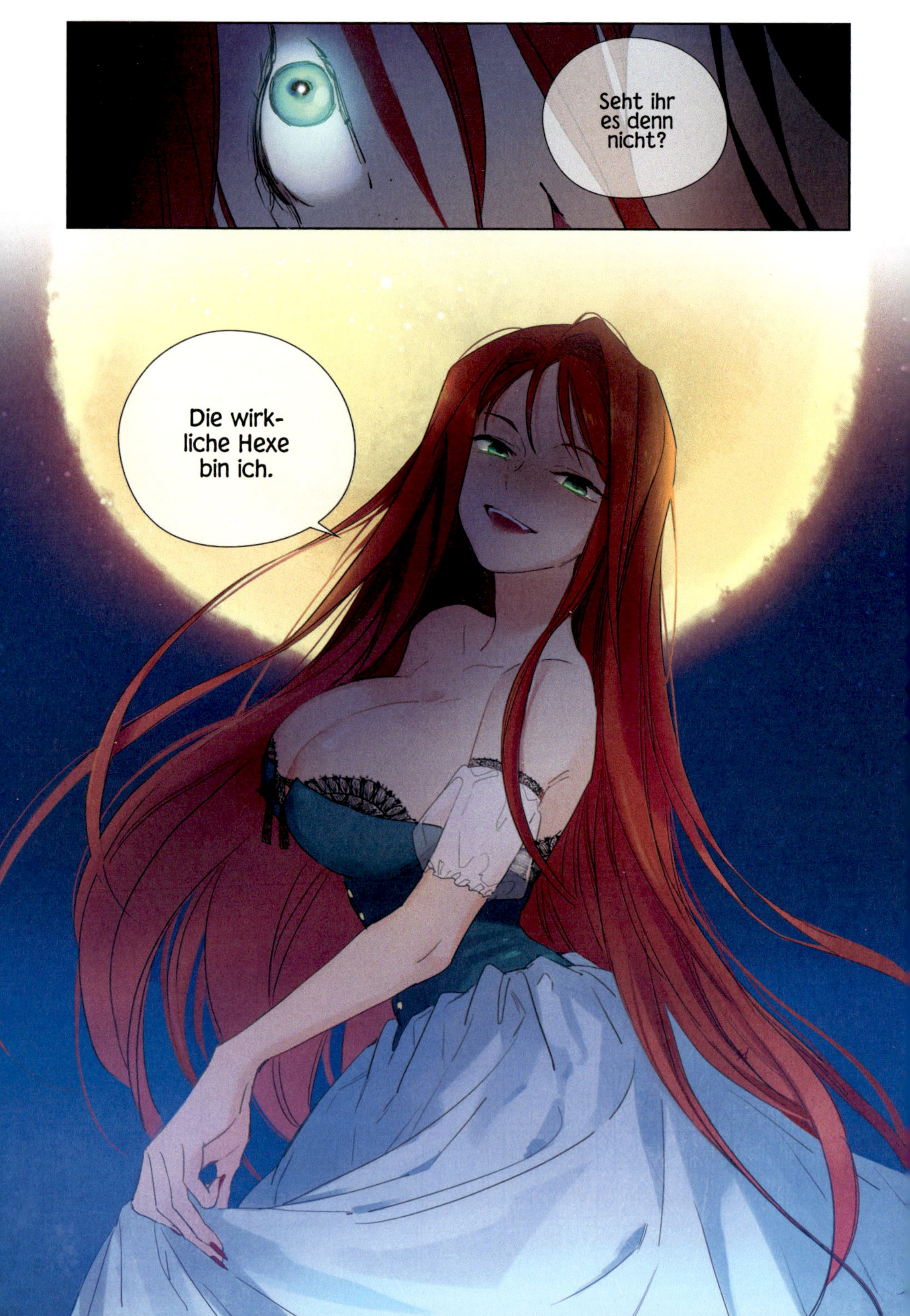
Seht ihr
es denn
nicht?
Die wirk-
liche Hexe
bin ich.

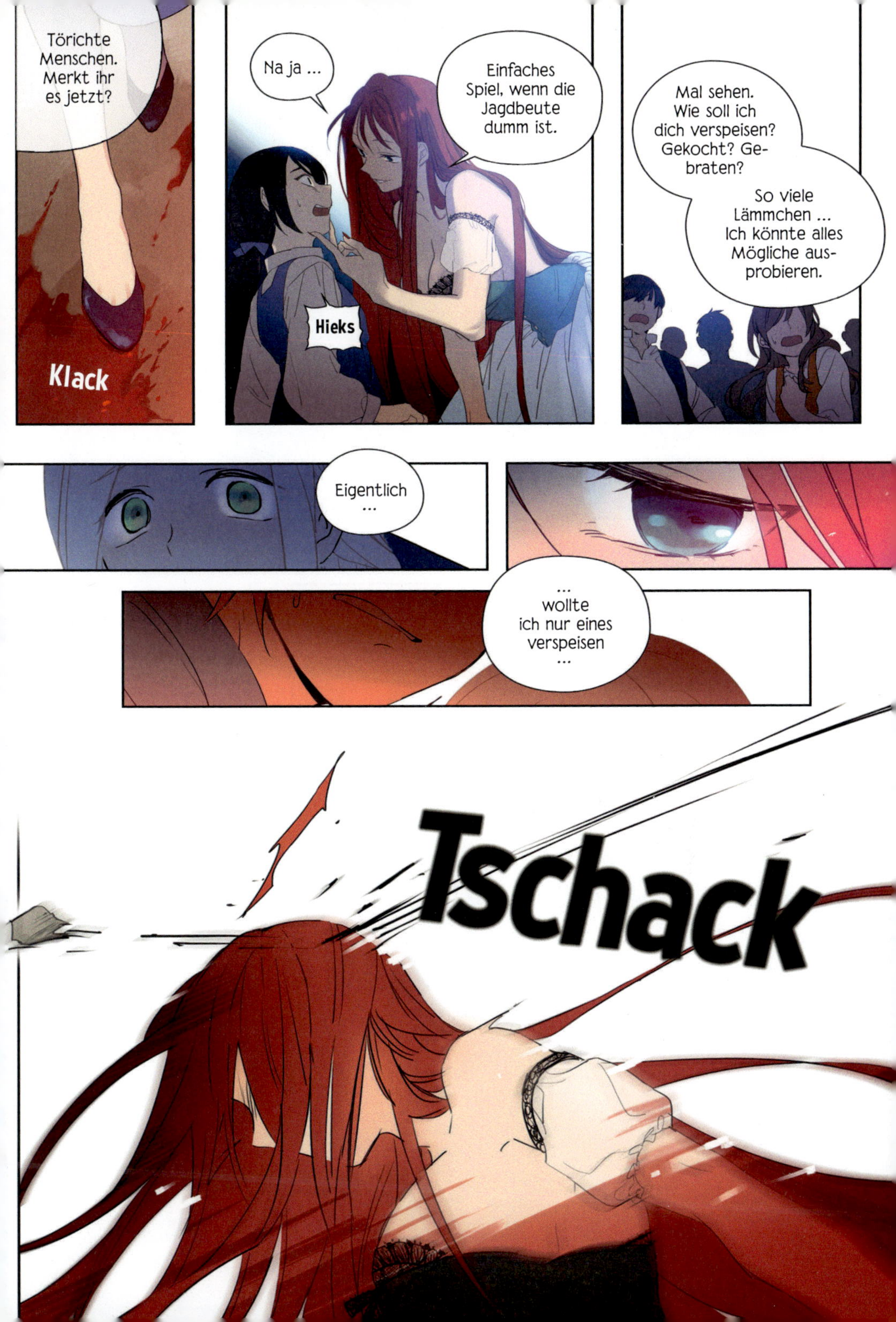

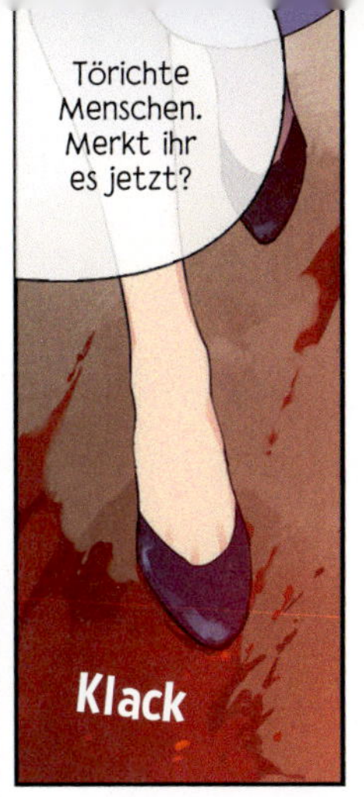
Törichte Menschen. Merkt ihr es jetzt?
Klack

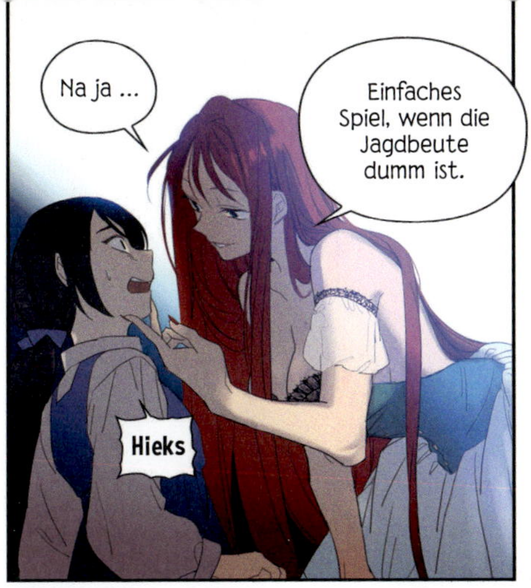
Na ja ...
Einfaches Spiel, wenn die Jagdbeute dumm ist.
Hieks

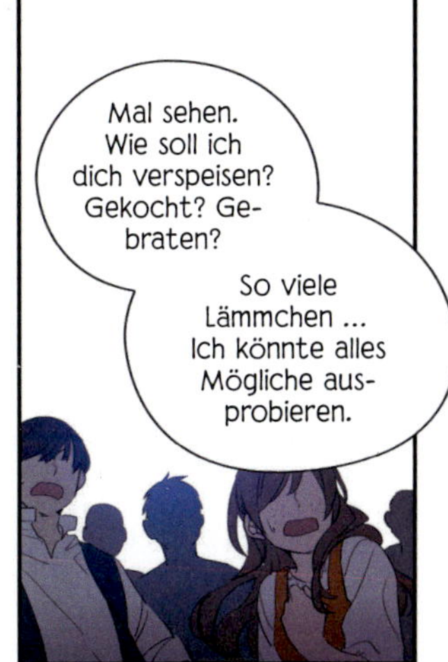
Mal sehen. Wie soll ich dich verspeisen? Gekocht? Gebraten?
So viele Lämmchen ... Ich könnte alles Mögliche ausprobieren.

Eigentlich ...
... wollte ich nur eines verspeisen ...
Tschack

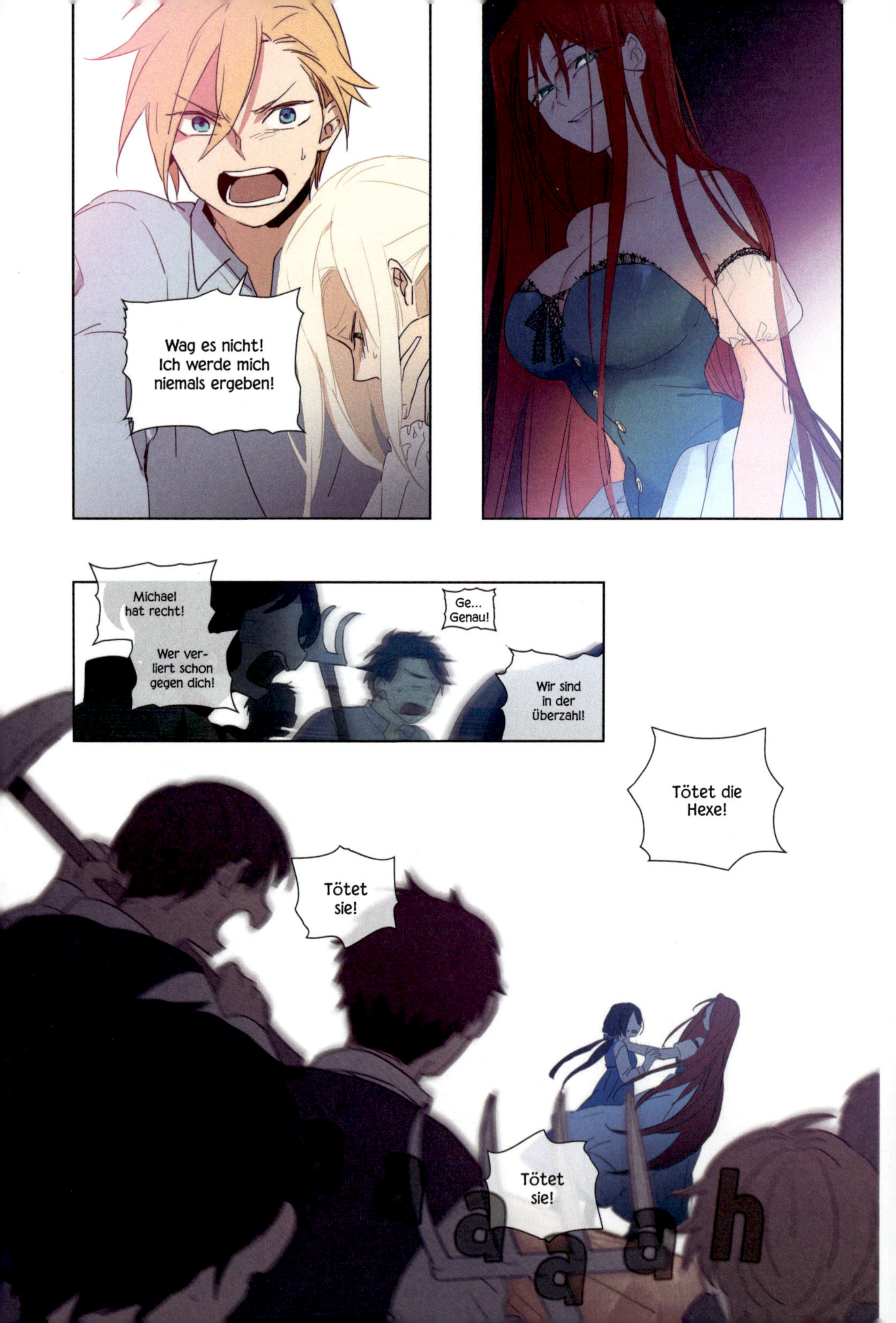

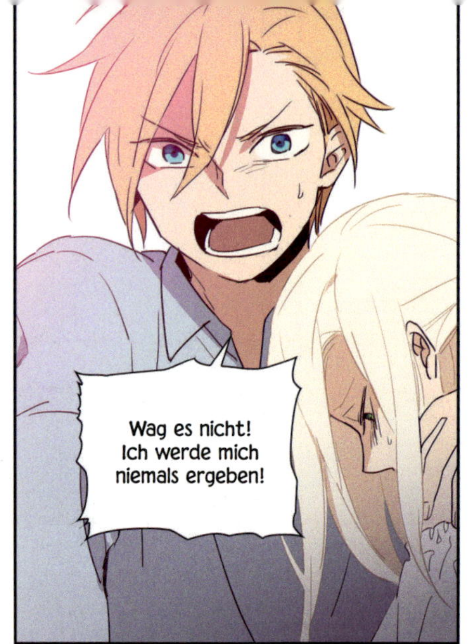

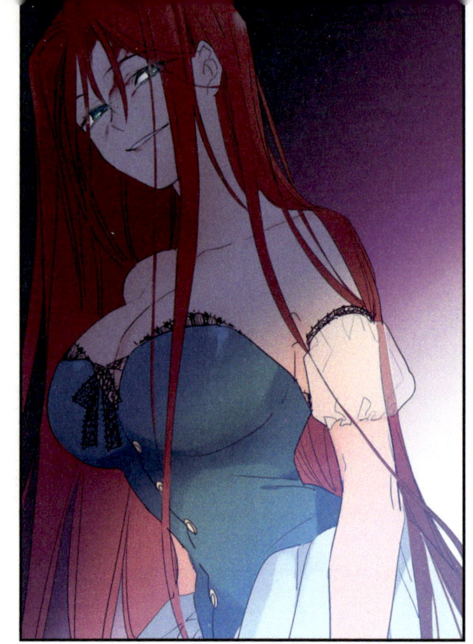

Michael hat recht!

Ge... Genau!

Wer ver-liert schon gegen dich!

Wir sind in der Überzahl!

Tötet die Hexe!

Tötet sie!

Tötet sie!

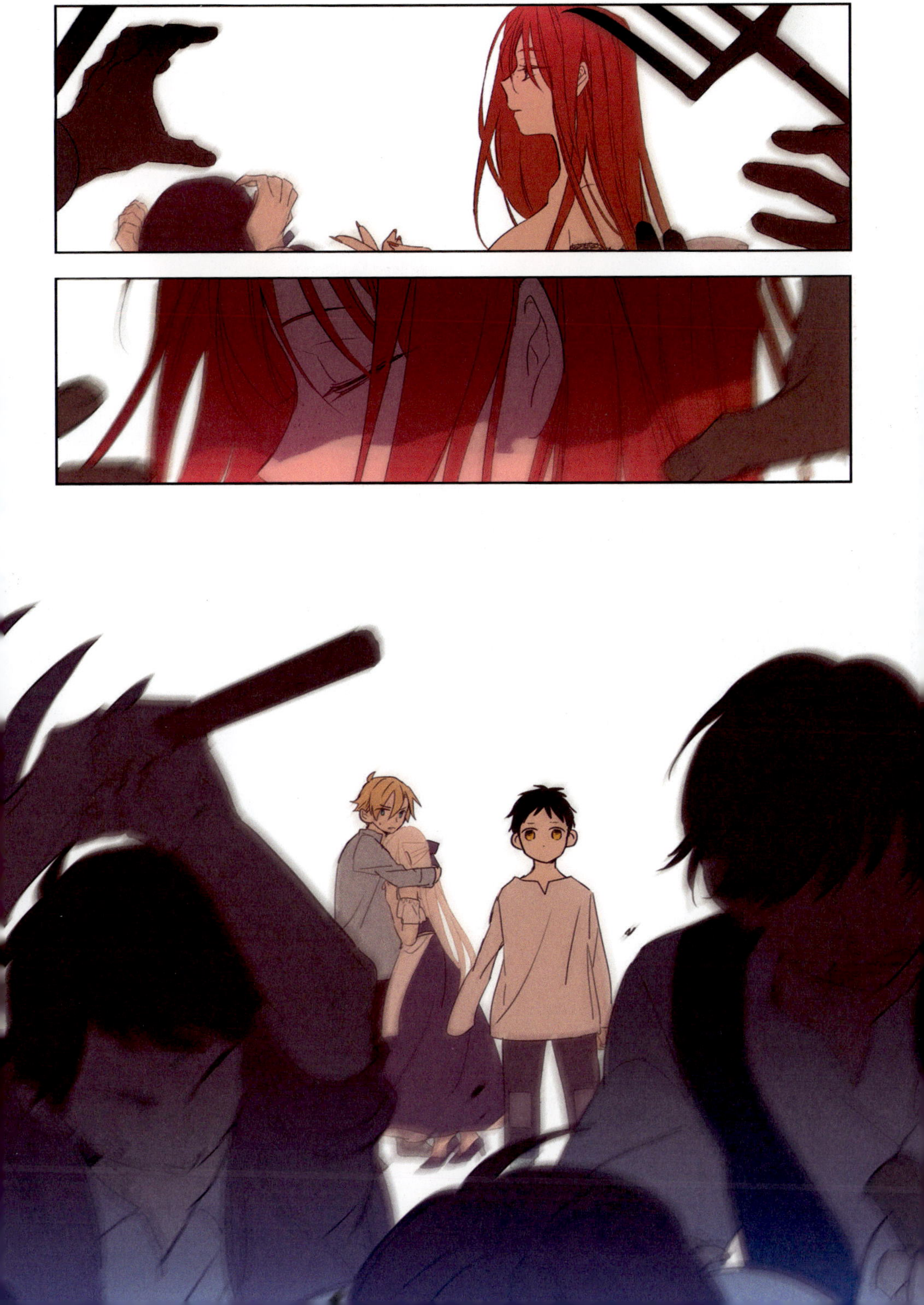

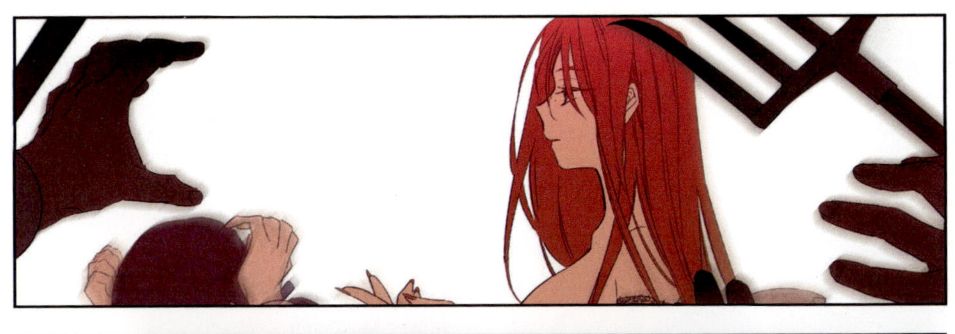

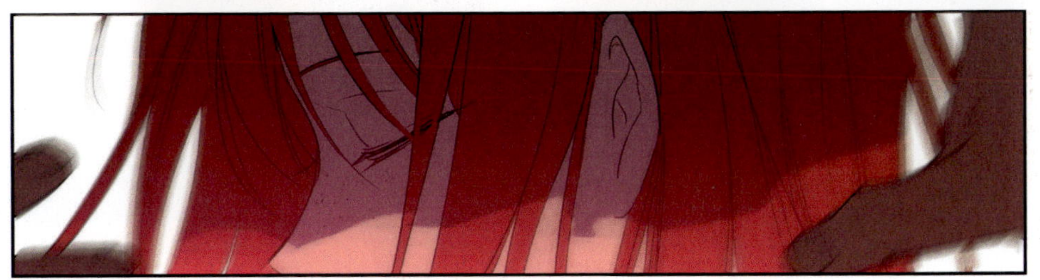

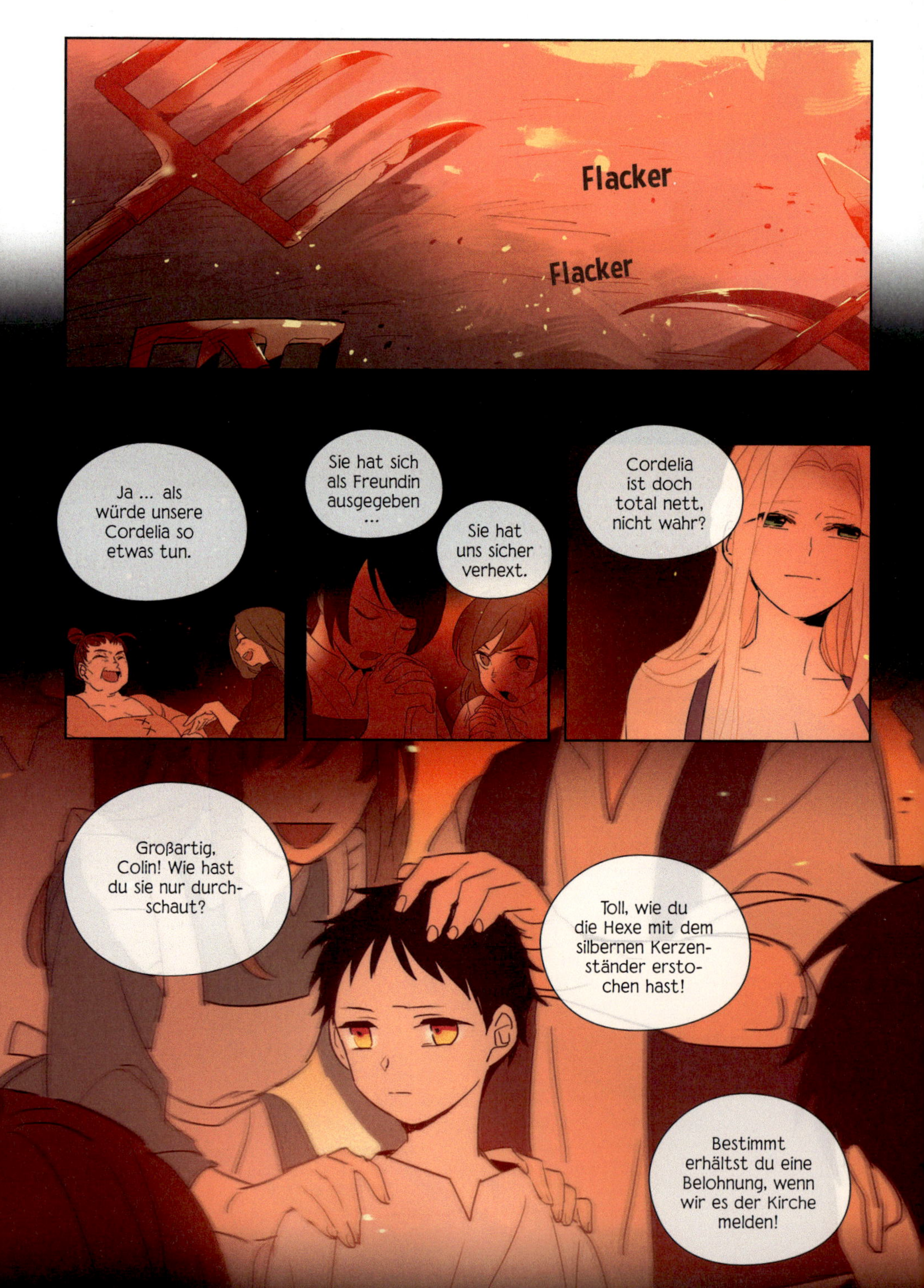
Flacker
Flacker
Ja ... als würde unsere Cordelia so etwas tun.
Sie hat sich als Freundin ausgegeben ...
Sie hat uns sicher verhext.
Cordelia ist doch total nett, nicht wahr?
Großartig, Colin! Wie hast du sie nur durchschaut?
Toll, wie du die Hexe mit dem silbernen Kerzenständer erstochen hast!
Bestimmt erhältst du eine Belohnung, wenn wir es der Kirche melden!

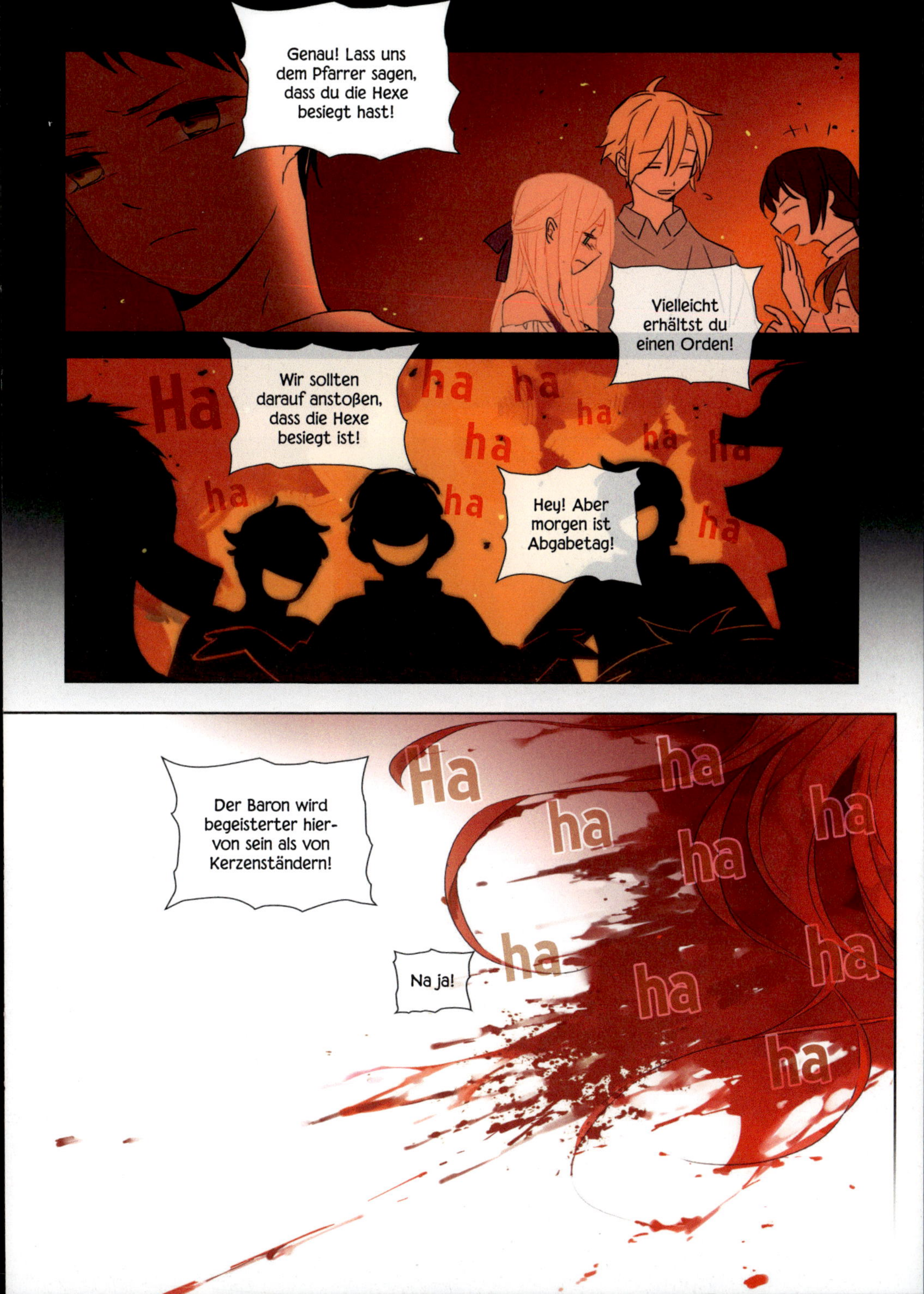

Genau! Lass uns dem Pfarrer sagen, dass du die Hexe besiegt hast!

Vielleicht erhältst du einen Orden!

Wir sollten darauf anstoßen, dass die Hexe besiegt ist!

Ha ha ha ha ha ha ha ha ha ha

Hey! Aber morgen ist Abgabetag!

Der Baron wird begeisterter hiervon sein als von Kerzenständern!

Ha ha ha ha ha ha ha ha ha

Na ja!

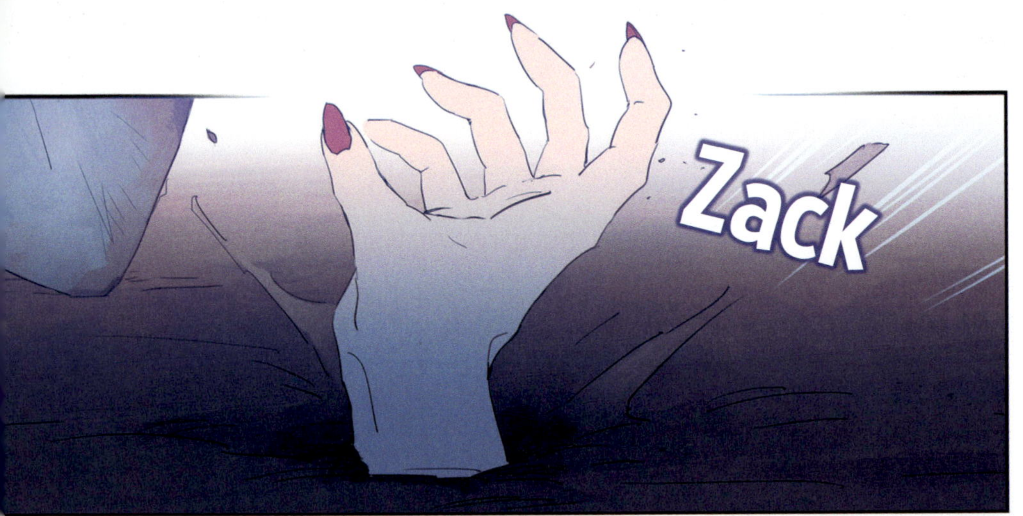
Zack

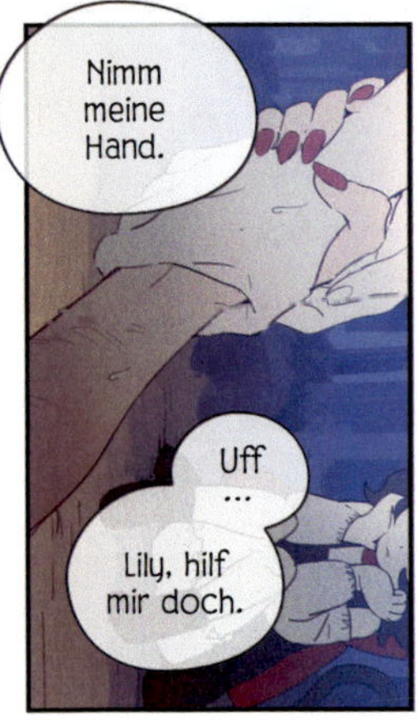
Nimm meine Hand.
Uff ...
Lily, hilf mir doch.

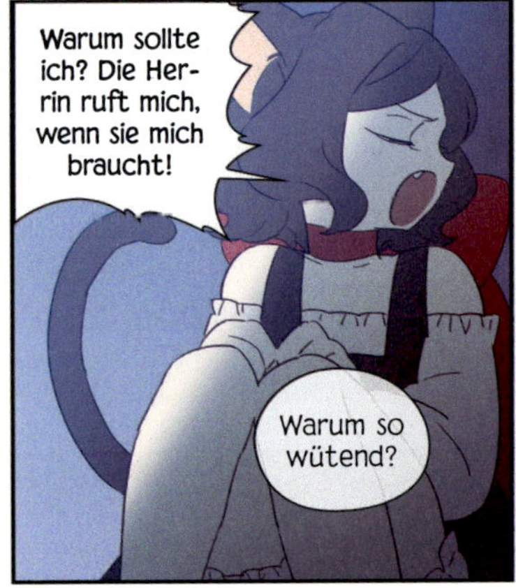
Warum sollte ich? Die Herrin ruft mich, wenn sie mich braucht!
Warum so wütend?

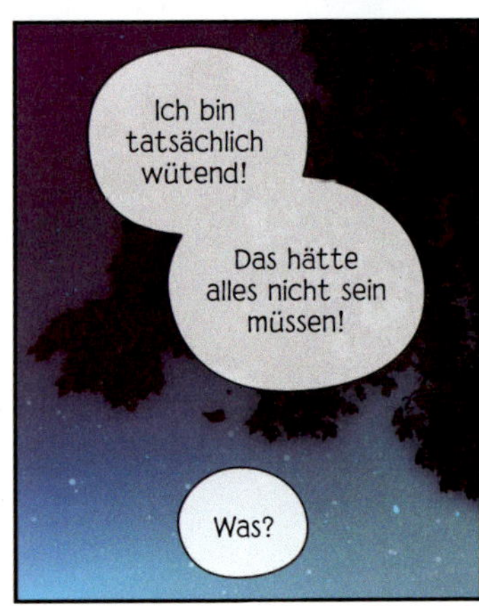
Ich bin tatsächlich wütend!
Das hätte alles nicht sein müssen!
Was?

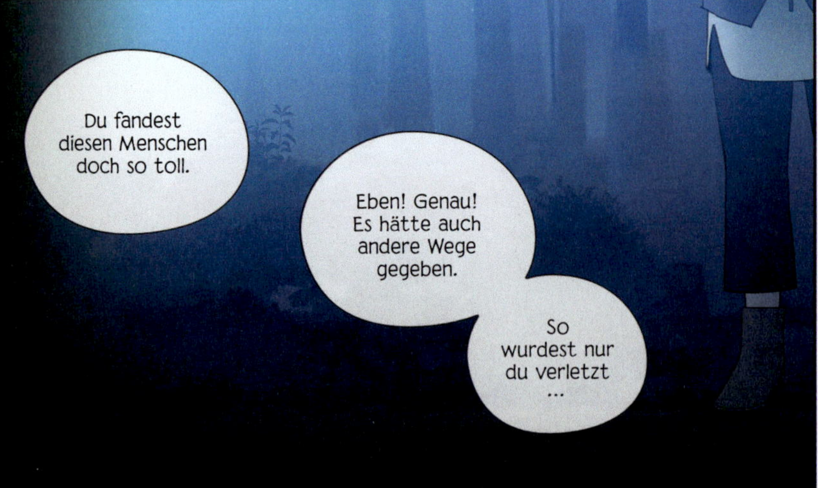
Du fandest diesen Menschen doch so toll.
Eben! Genau! Es hätte auch andere Wege gegeben.
So wurdest nur du verletzt ...

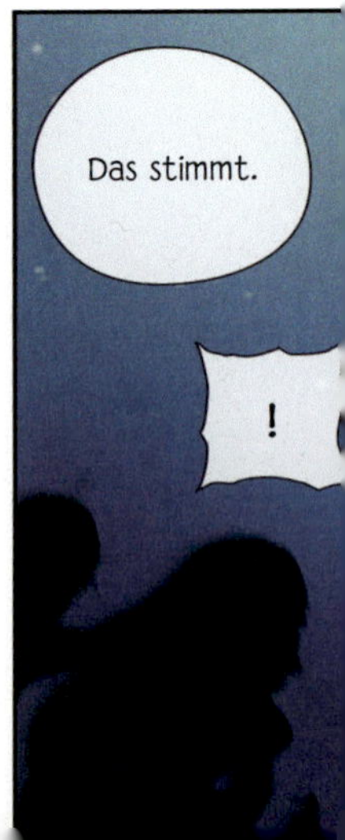
Das stimmt.
!

Knack

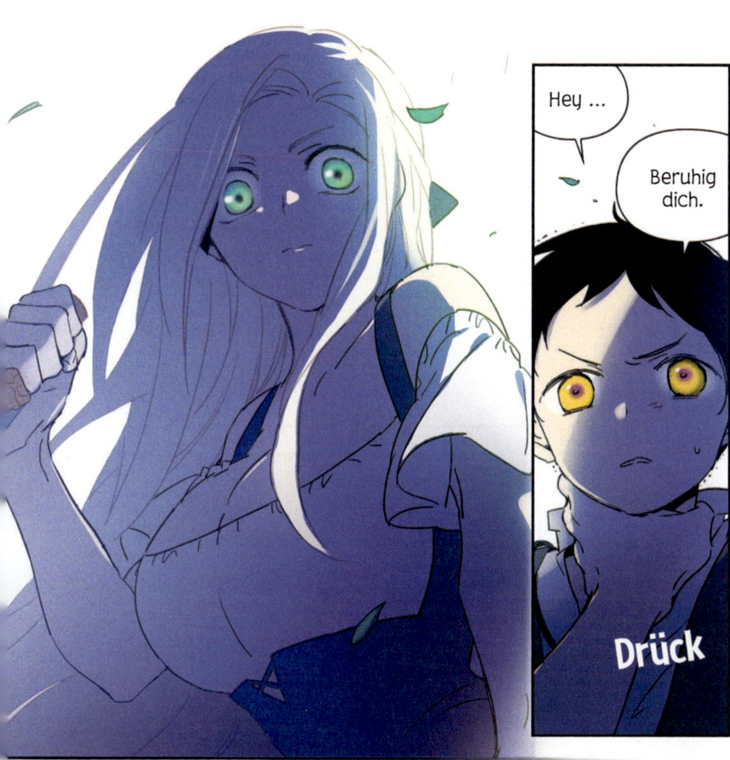
Hey ...
Beruhig dich.
Drück

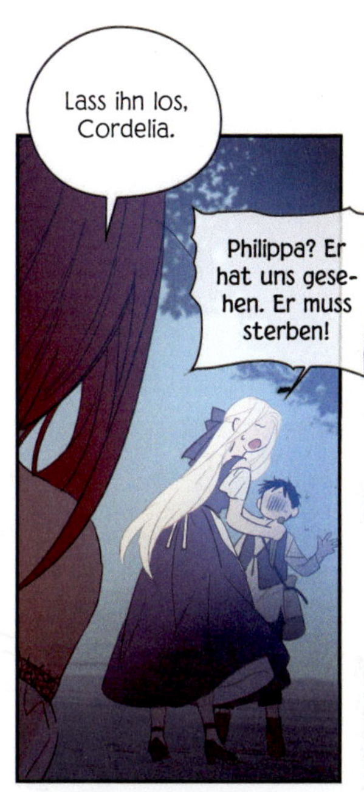
Lass ihn los, Cordelia.
Philippa? Er hat uns gesehen. Er muss sterben!

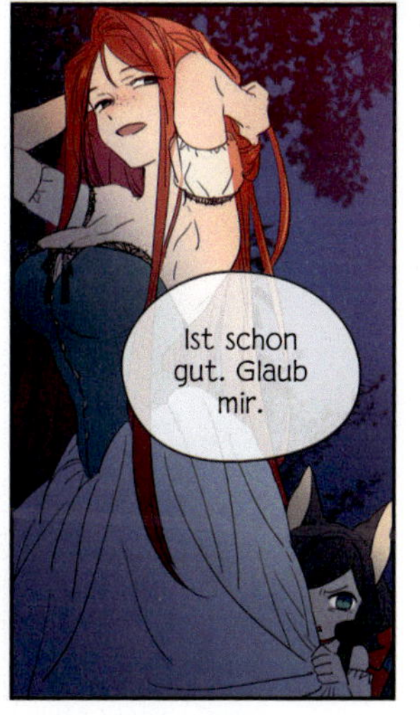
Ist schon gut. Glaub mir.

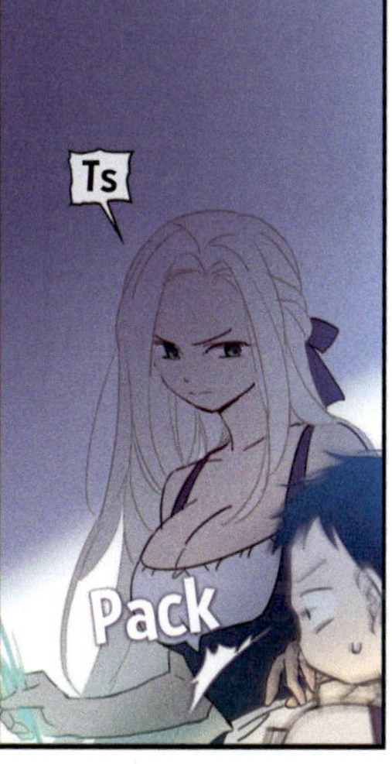
Ts
Pack

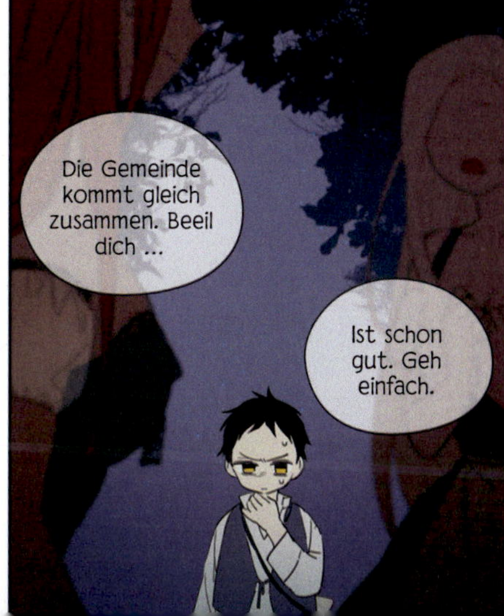
Die Gemeinde kommt gleich zusammen. Beeil dich ...
Ist schon gut. Geh einfach.

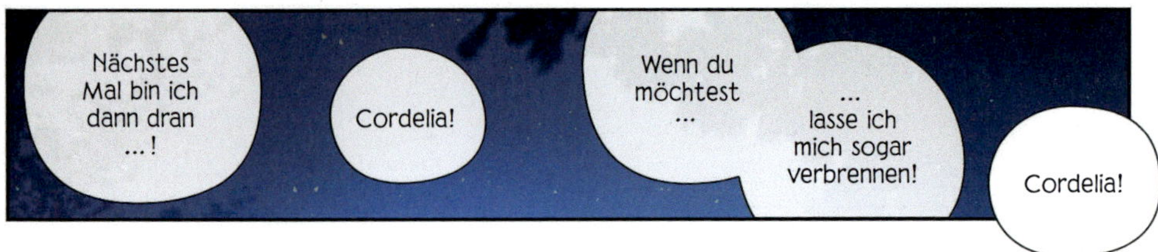
Nächstes Mal bin ich dann dran ...!
Cordelia!
Wenn du möchtest ...
... lasse ich mich sogar verbrennen!
Cordelia!

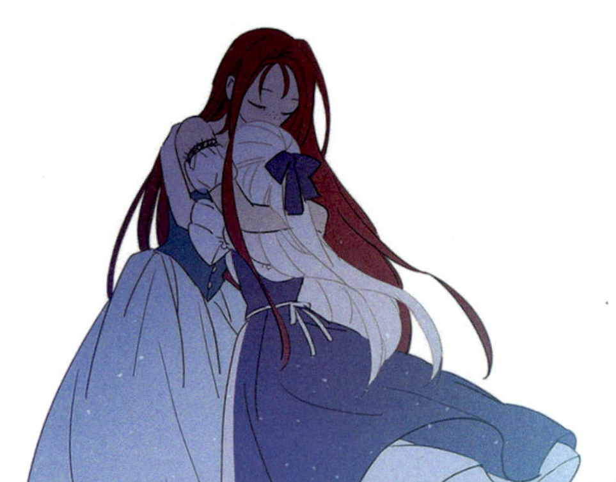
Umarm

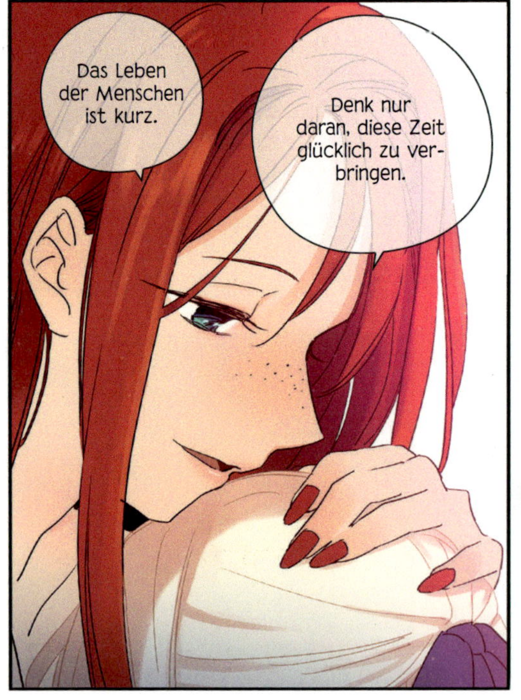
Das Leben der Menschen ist kurz.
Denk nur daran, diese Zeit glücklich zu verbringen.

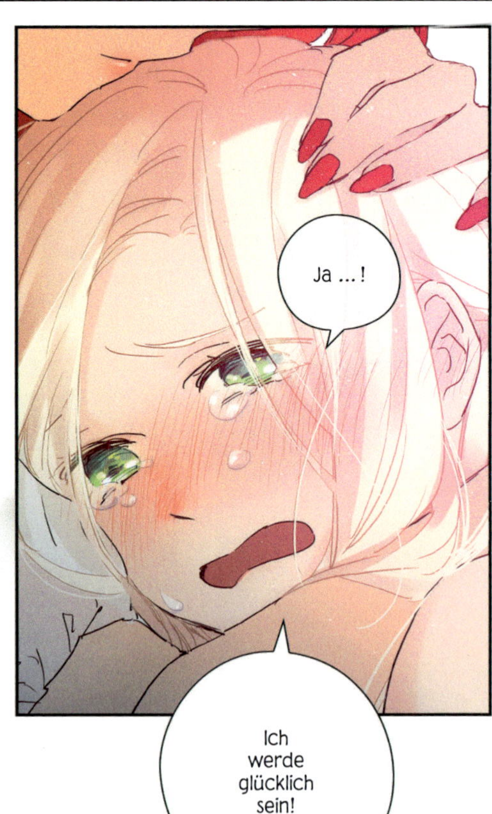
Ja ...!
Ich werde glücklich sein!

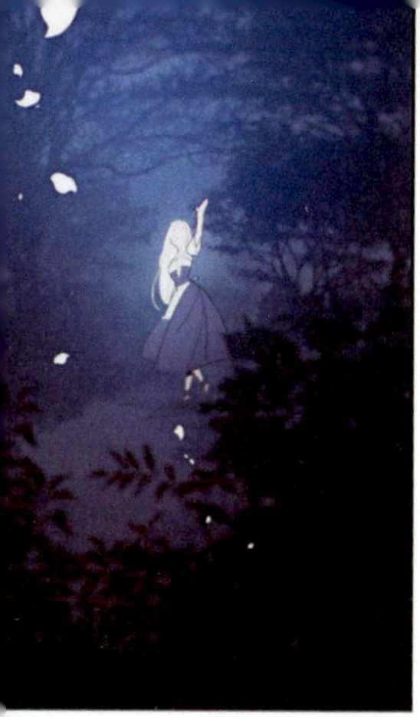
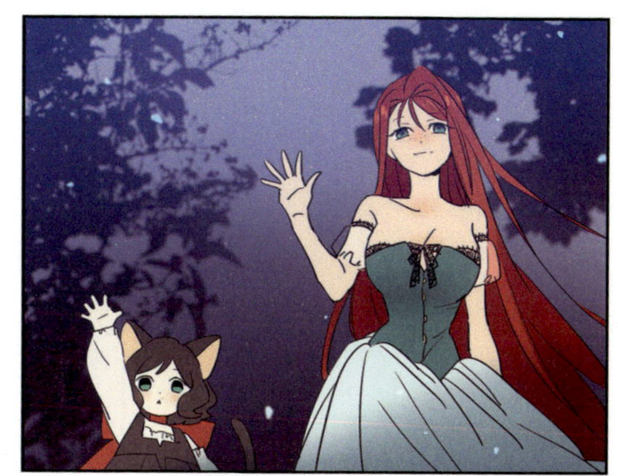
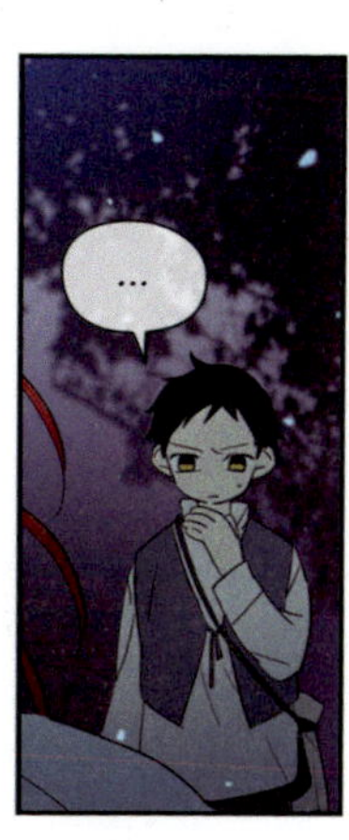
...
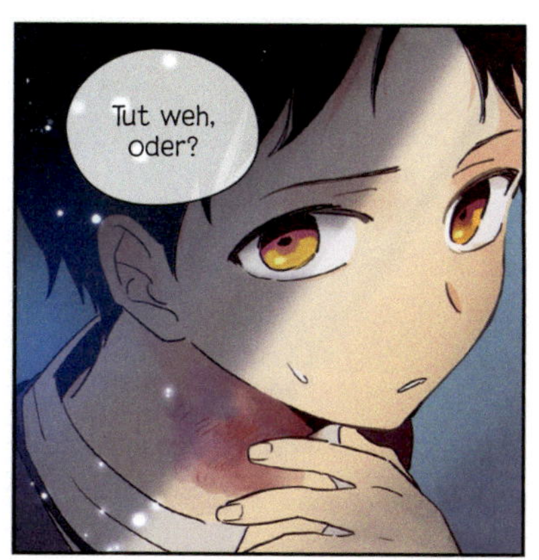
Tut weh, oder?
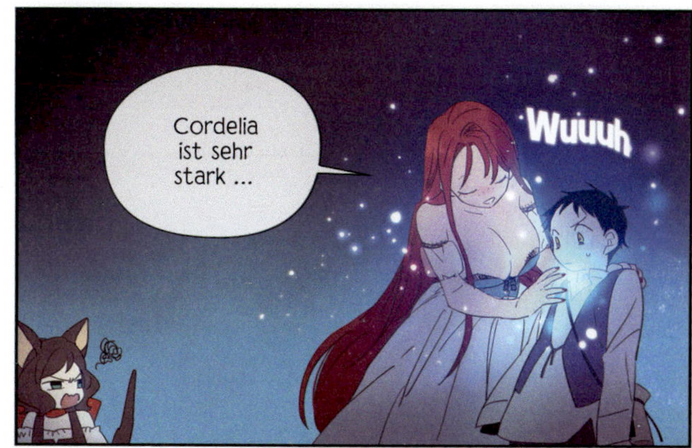
Cordelia ist sehr stark ...
Wuuuh
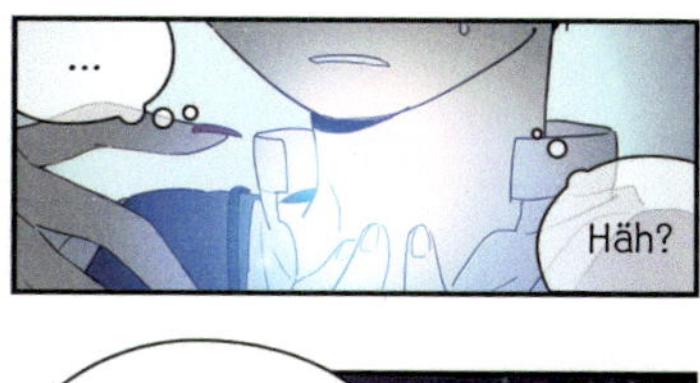
...
Häh?
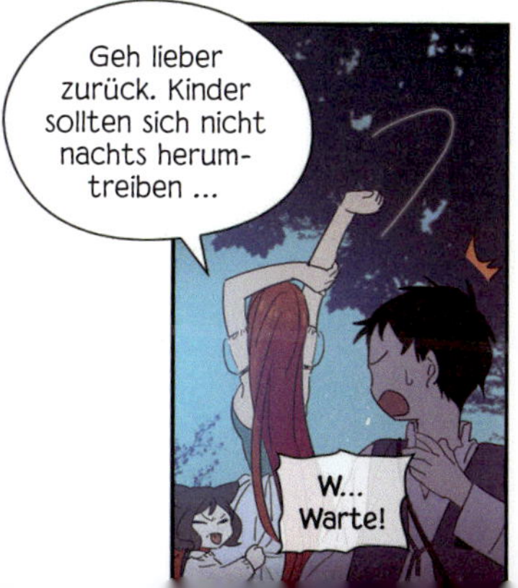
Geh lieber zurück. Kinder sollten sich nicht nachts herumtreiben ...
W... Warte!
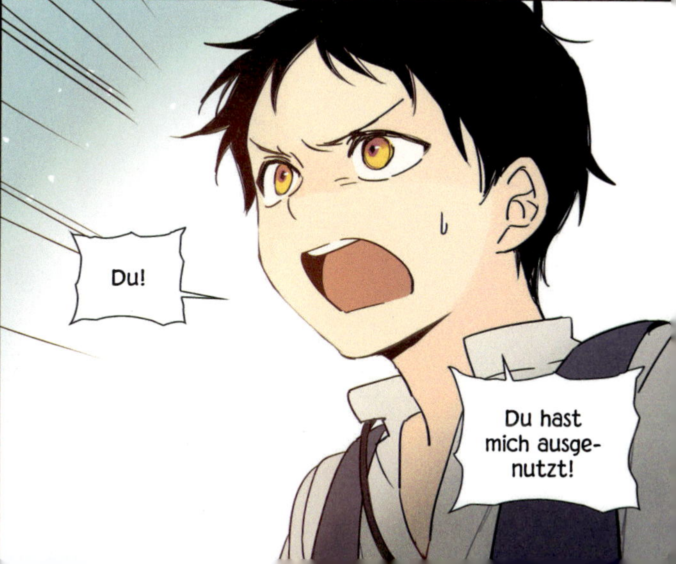
Du!
Du hast mich ausgenutzt!

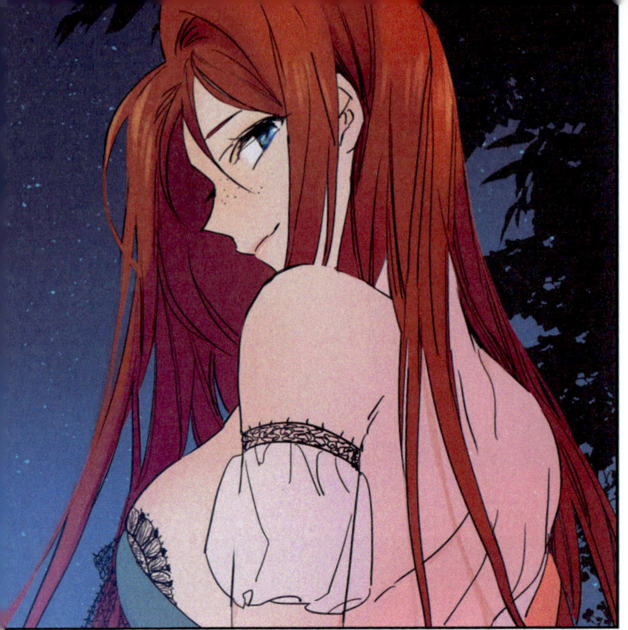

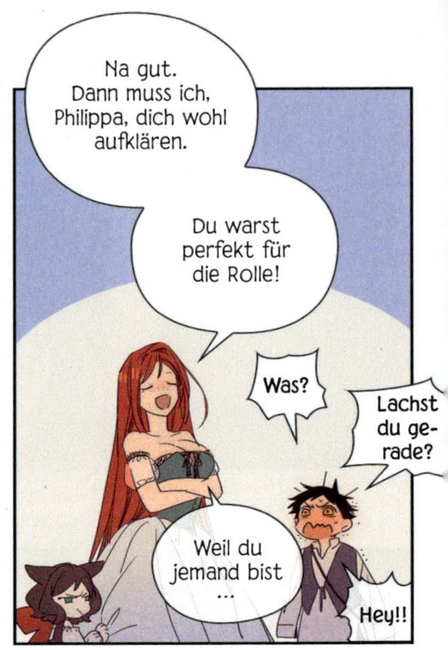

… der sich für nie-manden im Dorf interessiert …

… niemanden hier liebt …

… und Schuld-gefühle empfinden kann, aber nichts dagegen tun würde.

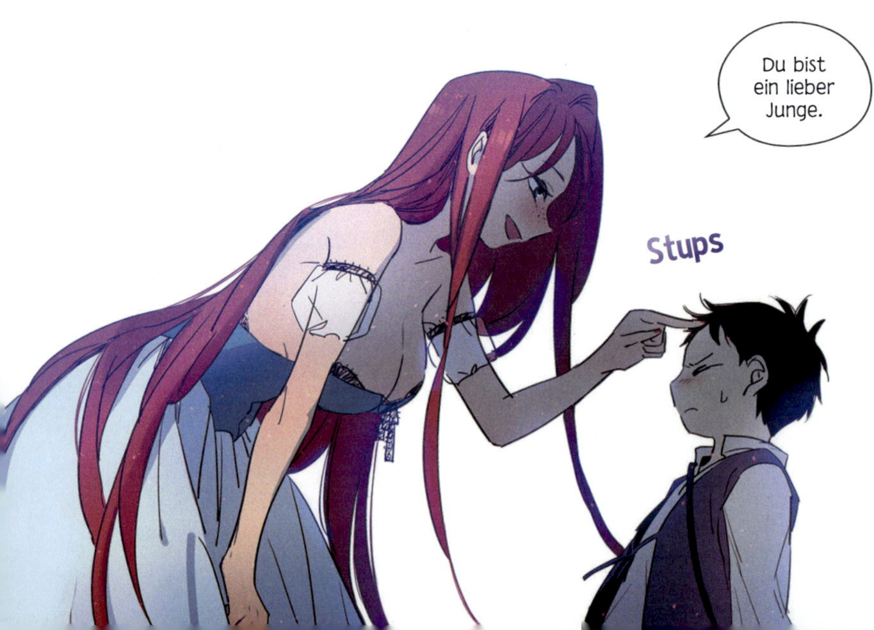

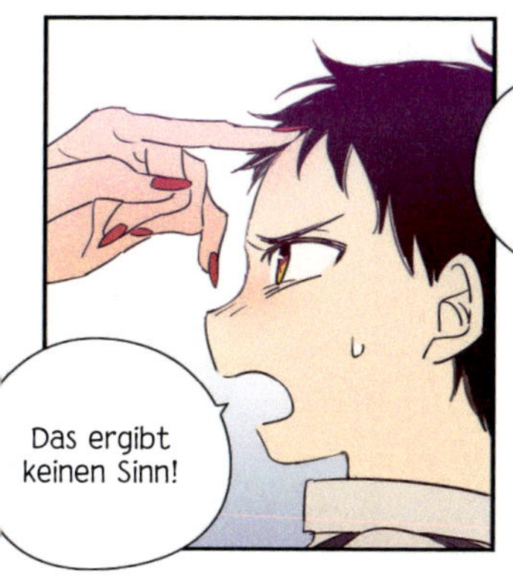
Das ergibt keinen Sinn!

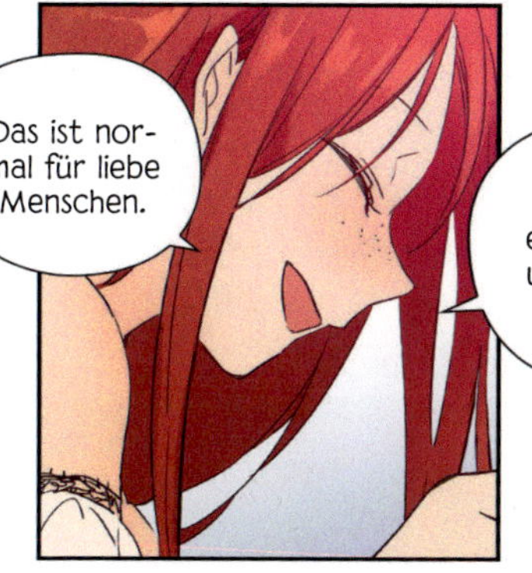
Das ist normal für liebe Menschen.

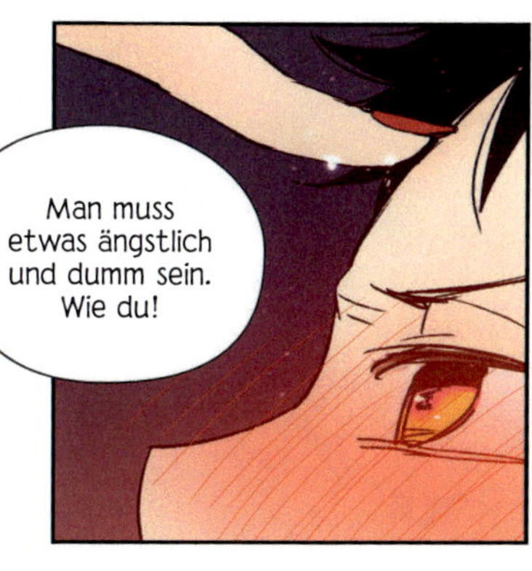
Man muss etwas ängstlich und dumm sein. Wie du!

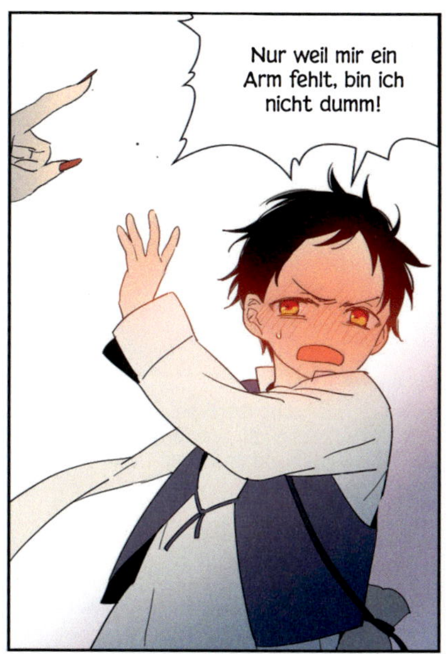
Nur weil mir ein Arm fehlt, bin ich nicht dumm!

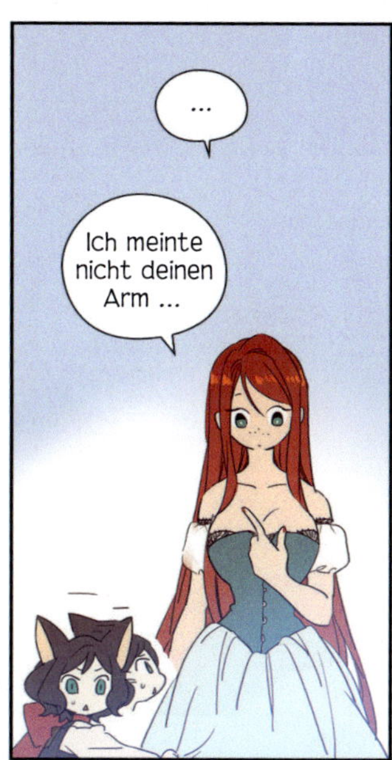
...
Ich meinte nicht deinen Arm ...

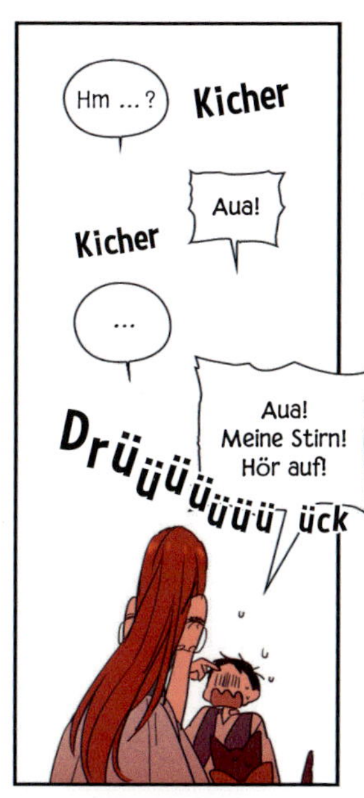
Hm ...?
Kicher
Aua!
Kicher
...
Aua! Meine Stirn! Hör auf!
Drüüüüüüüüück

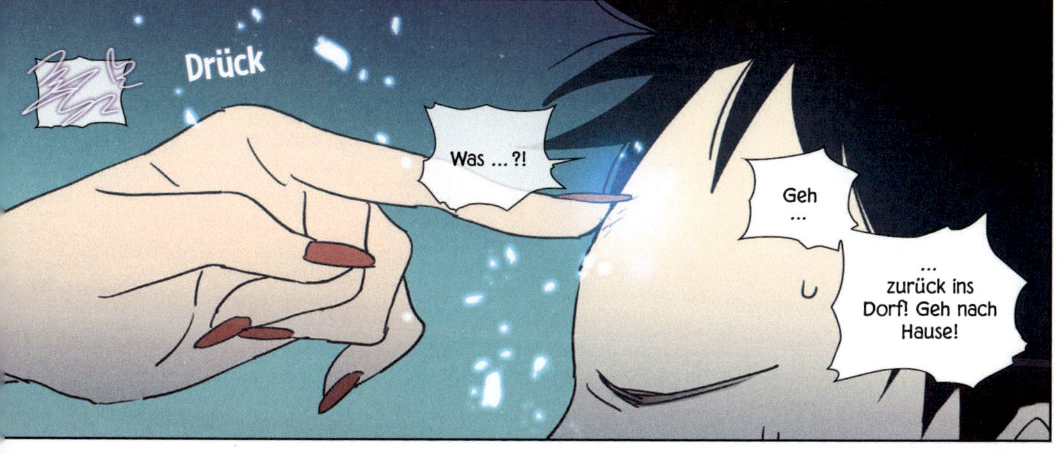
Drück
Was ...?!
Geh ...
... zurück ins Dorf! Geh nach Hause!

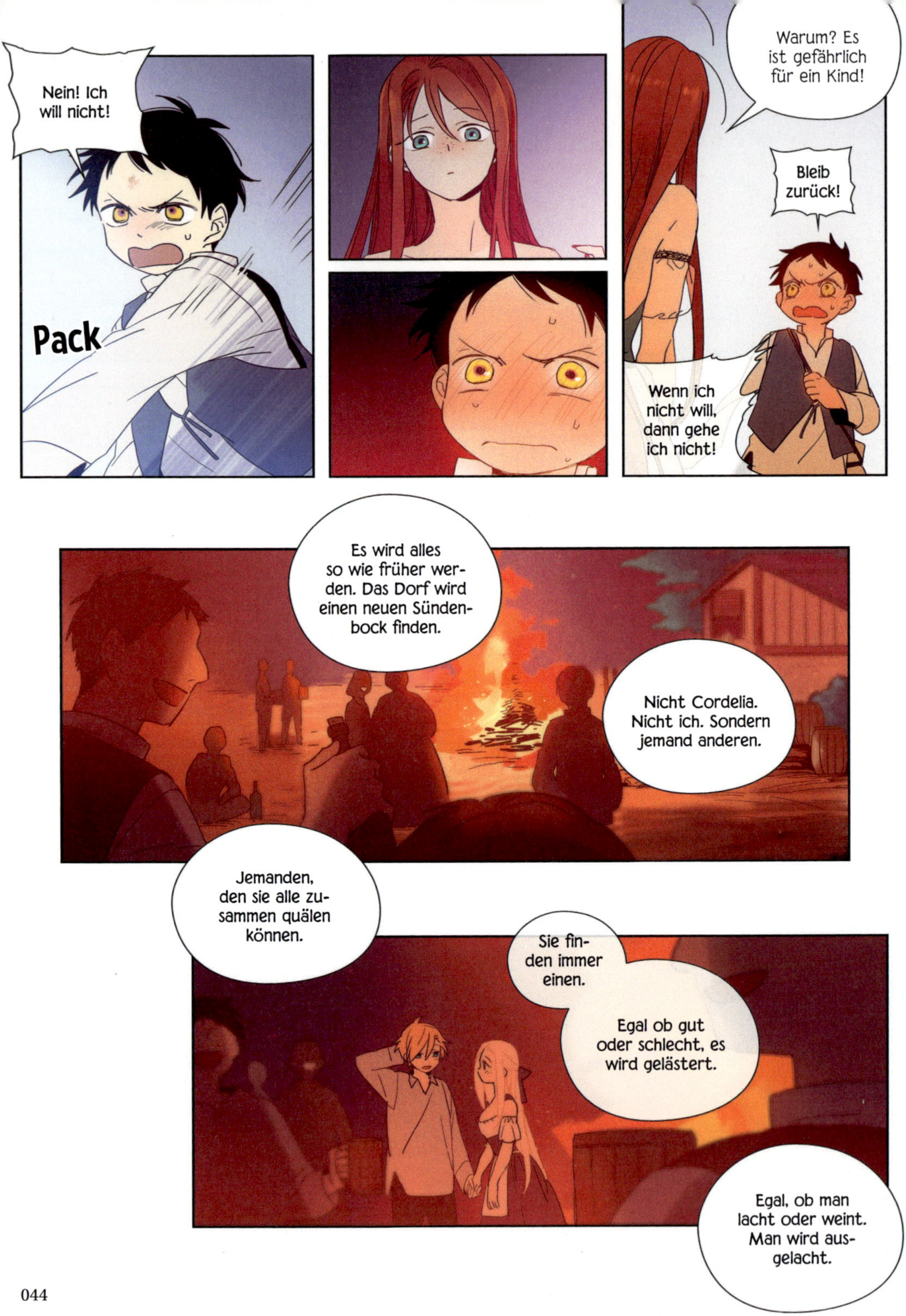

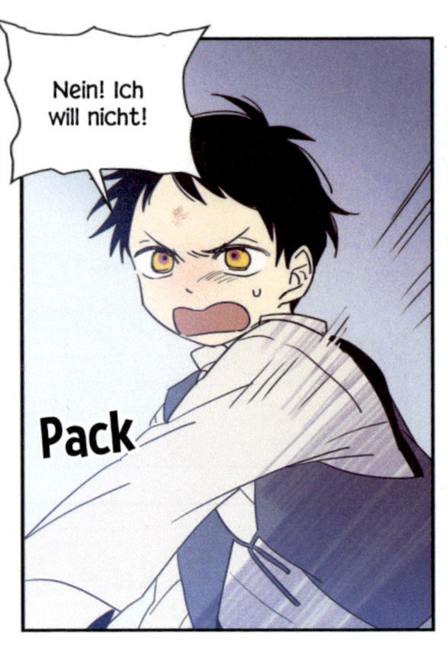

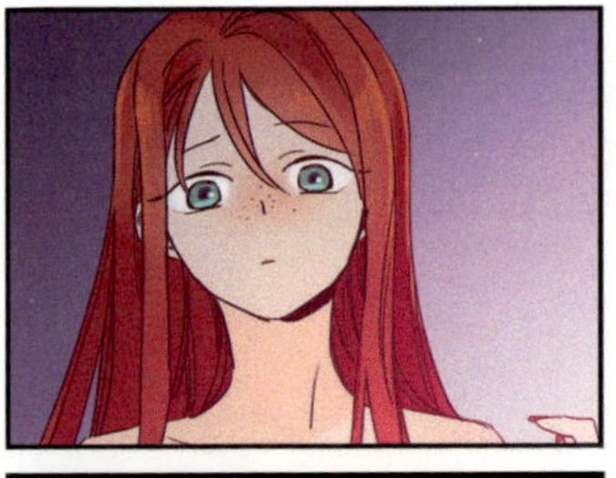

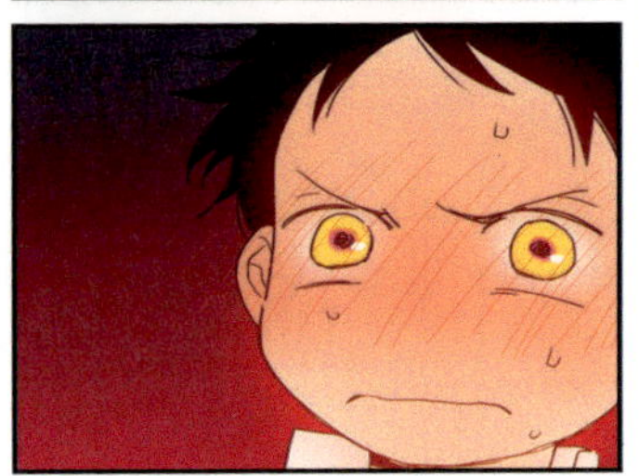

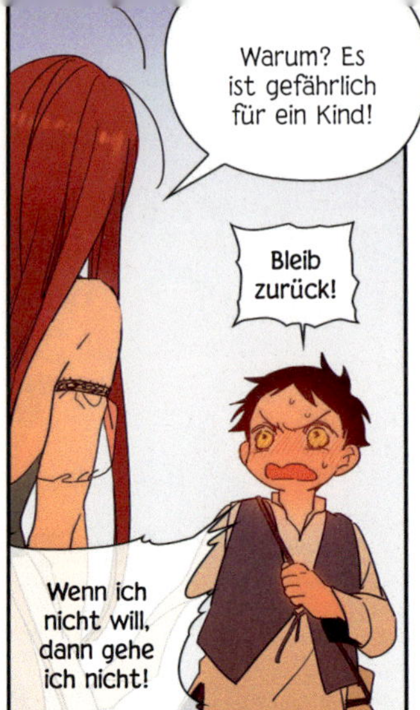

Es wird alles so wie früher werden. Das Dorf wird einen neuen Sündenbock finden.

Nicht Cordelia. Nicht ich. Sondern jemand anderen.

Jemanden, den sie alle zusammen quälen können.

Sie finden immer einen.

Egal ob gut oder schlecht, es wird gelästert.

Egal, ob man lacht oder weint. Man wird ausgelacht.

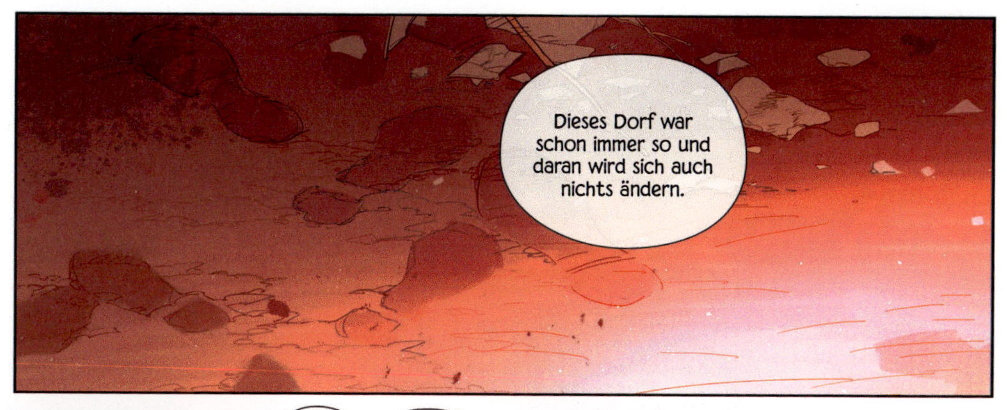
Dieses Dorf war schon immer so und daran wird sich auch nichts ändern.

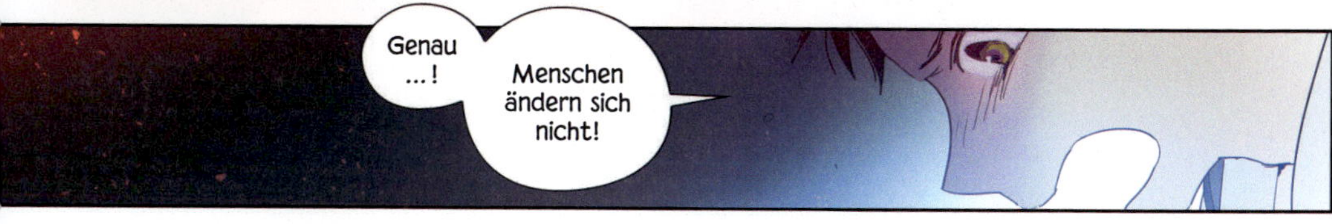
Genau ...!
Menschen ändern sich nicht!

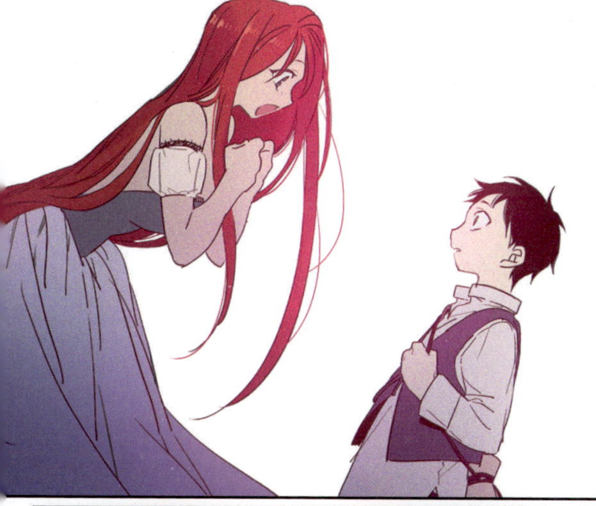
Nein! Das kann nicht sein.

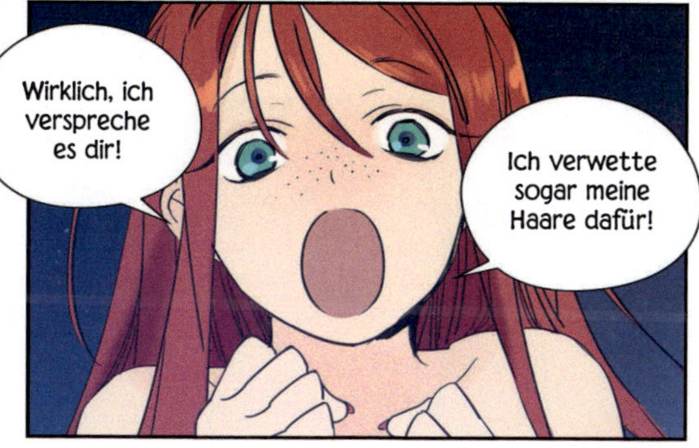
Wirklich, ich verspreche es dir!
Ich verwette sogar meine Haare dafür!

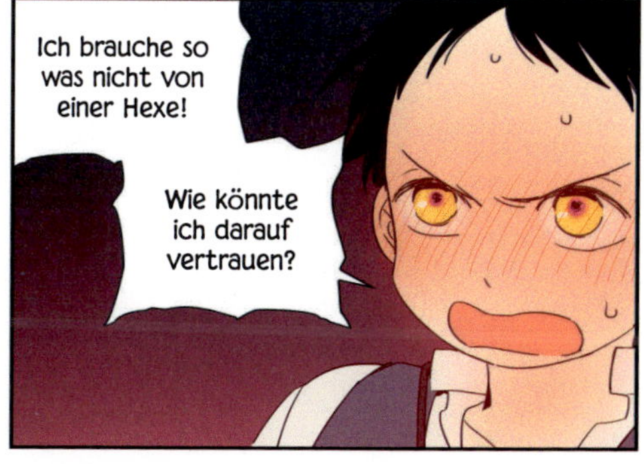
Ich brauche so was nicht von einer Hexe!
Wie könnte ich darauf vertrauen?

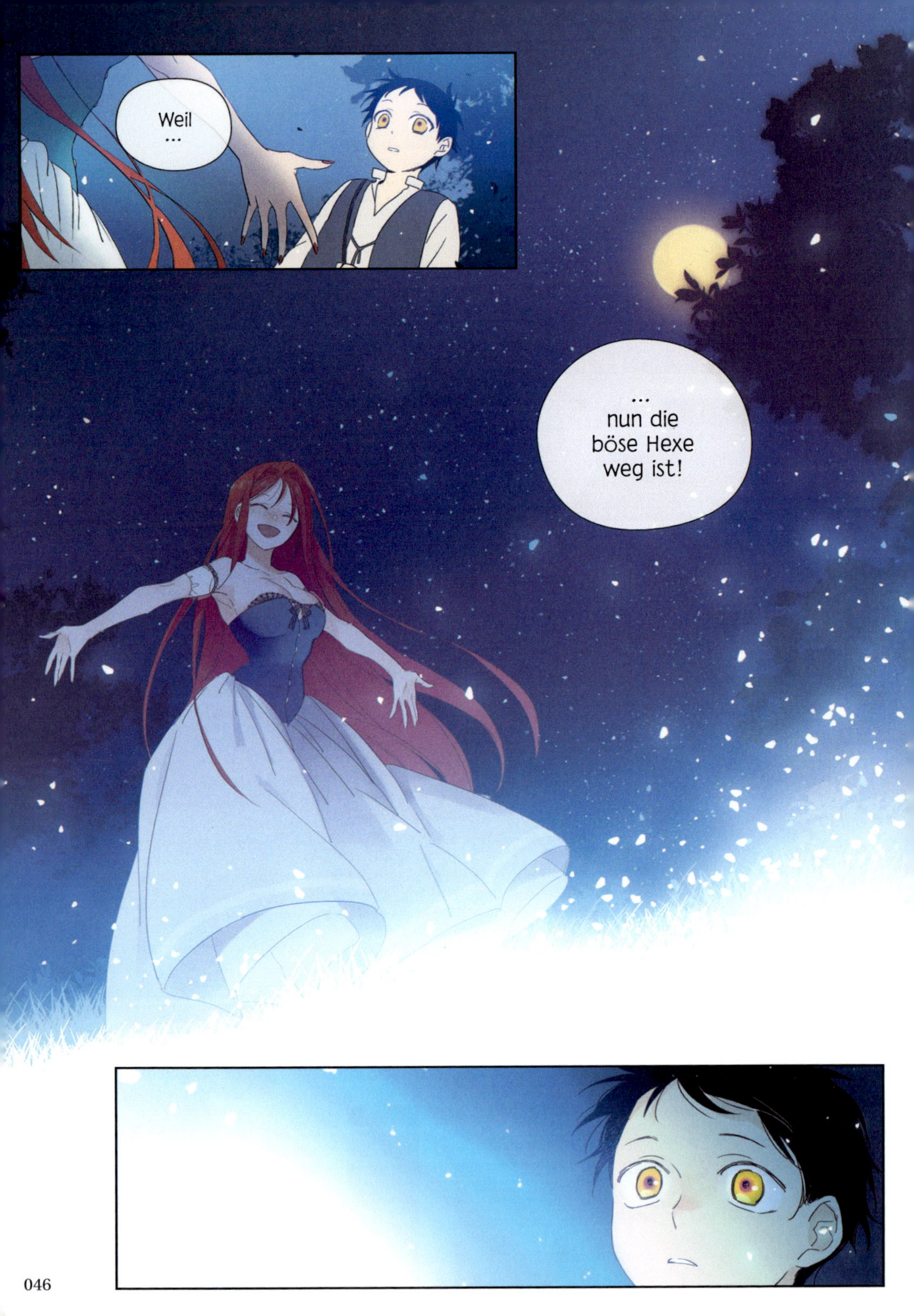

Weil
...

...
nun die
böse Hexe
weg ist!

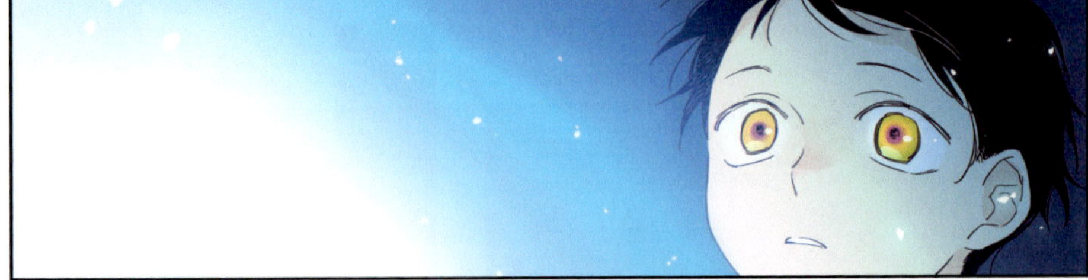

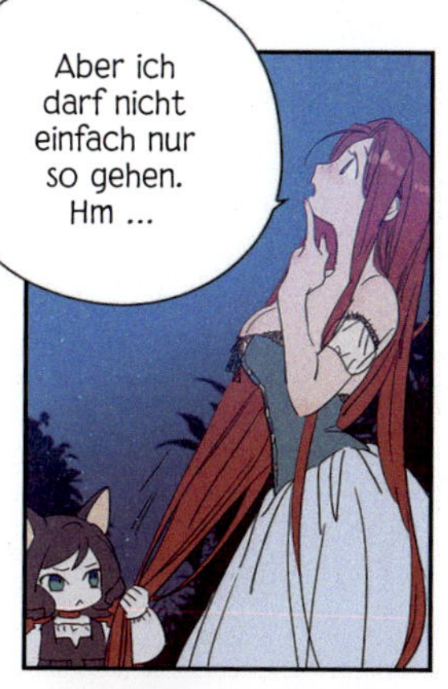

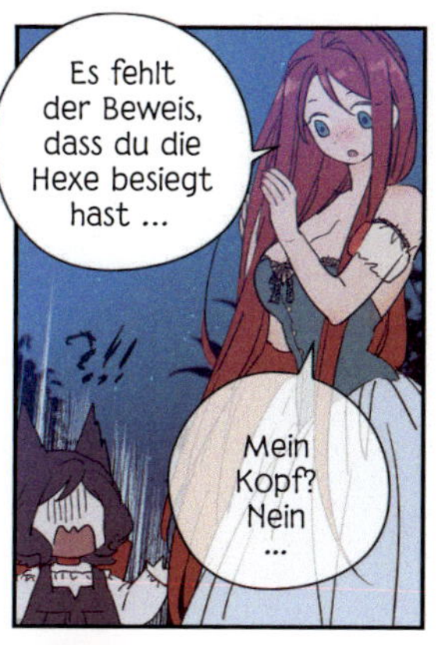

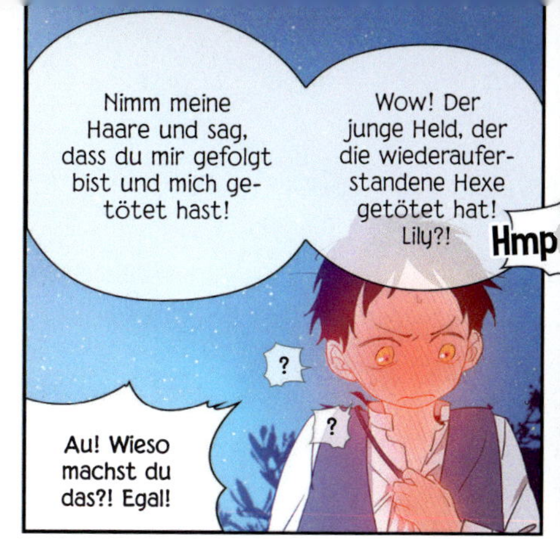

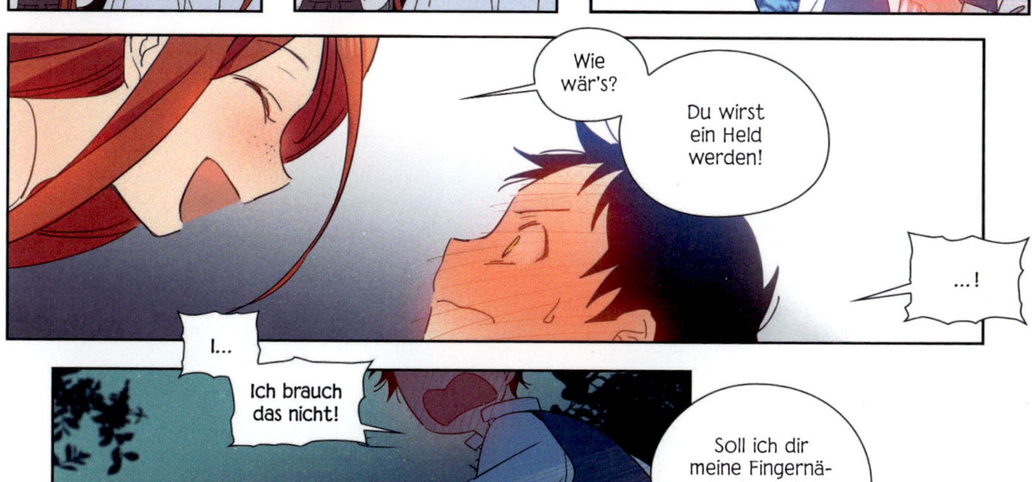

I...
Ich brauch das nicht!
Soll ich dir meine Fingernägel geben? Oder Zehennägel?

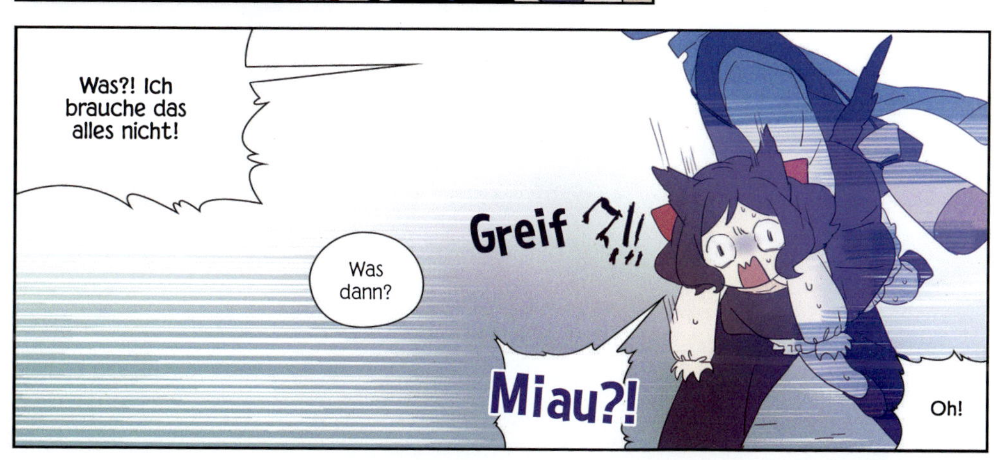

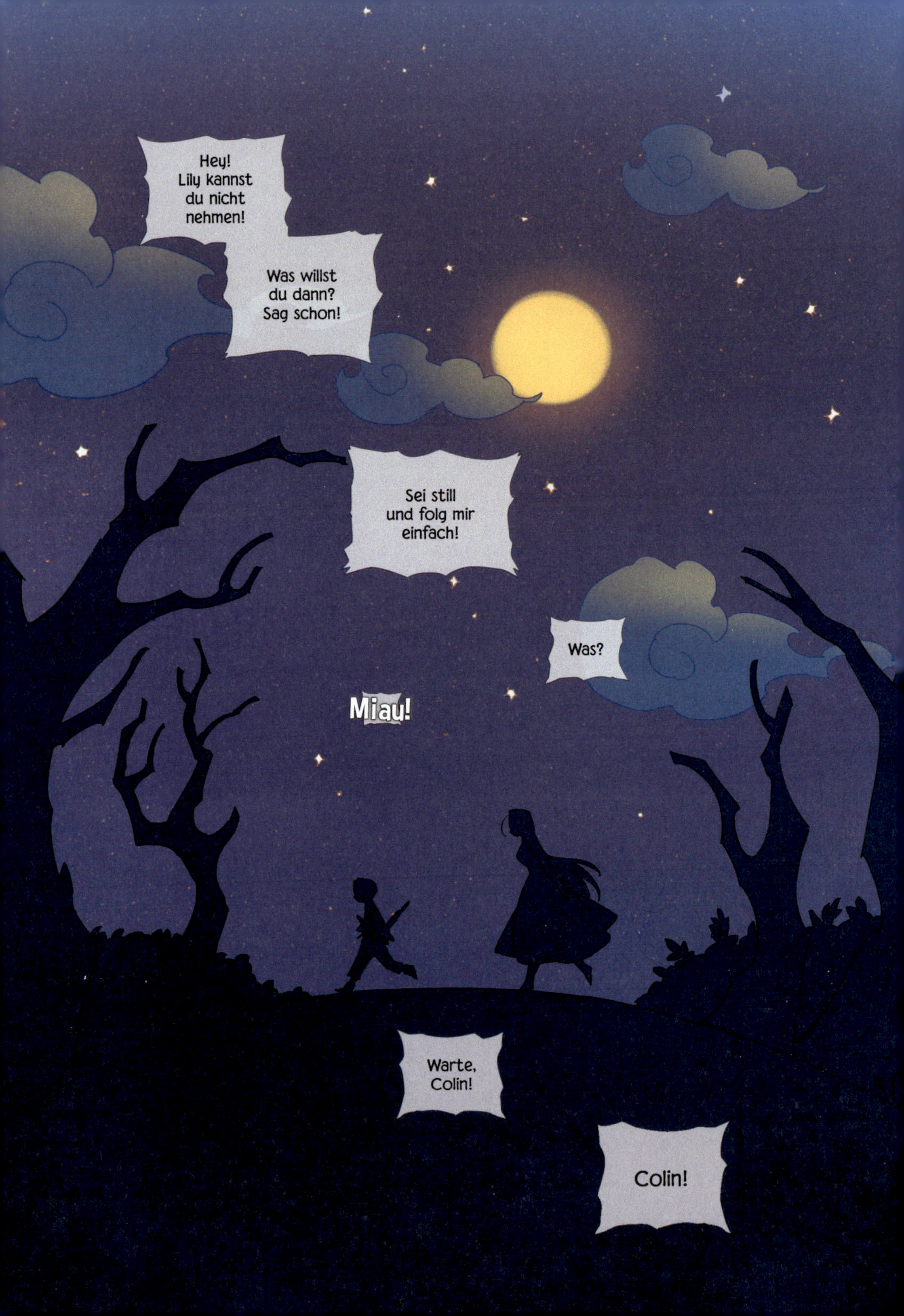

Hey! Lily kannst du nicht nehmen!
Was willst du dann? Sag schon!
Sei still und folg mir einfach!
Was?
Miau!
Warte, Colin!
Colin!

My Witch

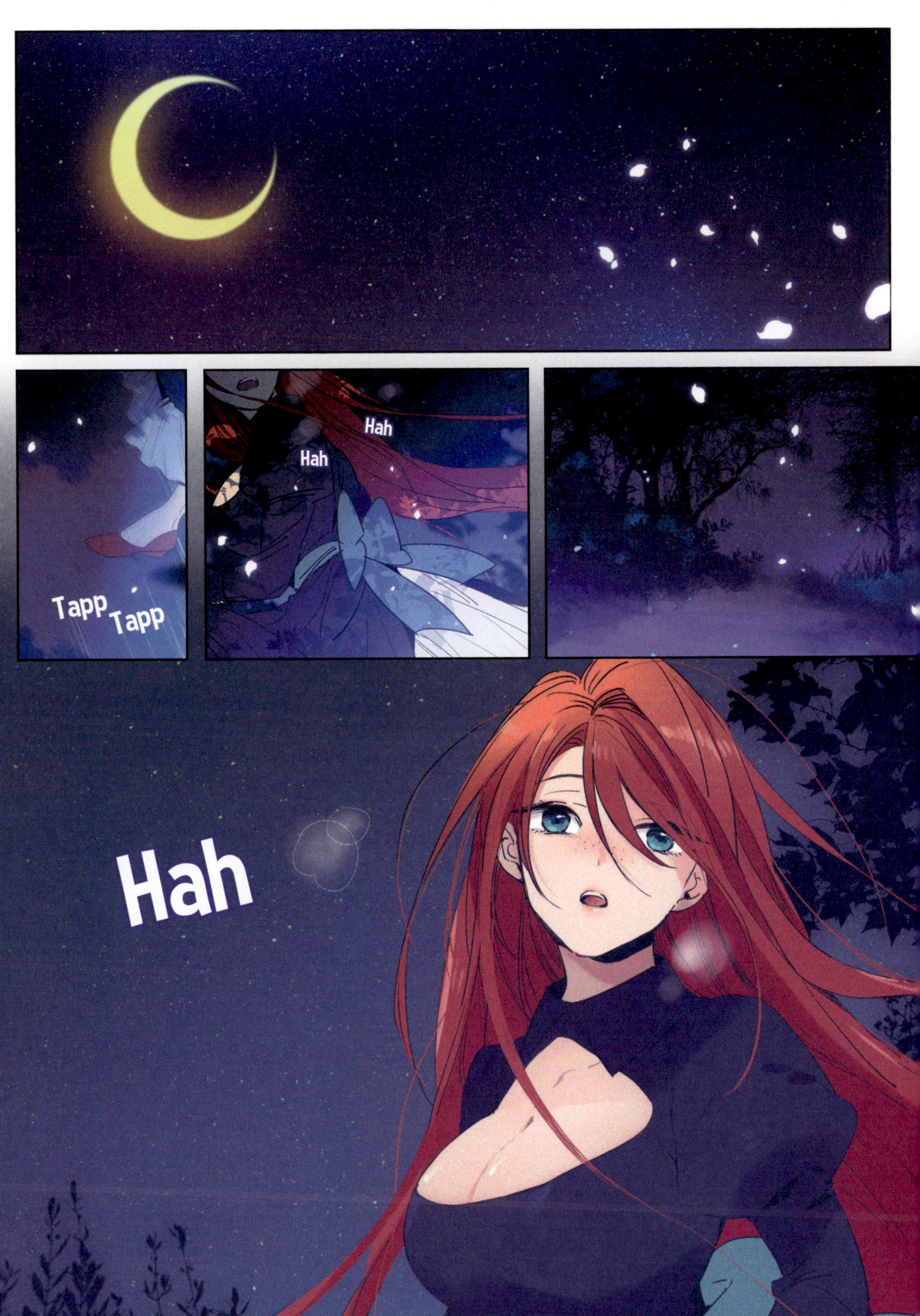
Tapp
Tapp
Hah
Hah
Hah

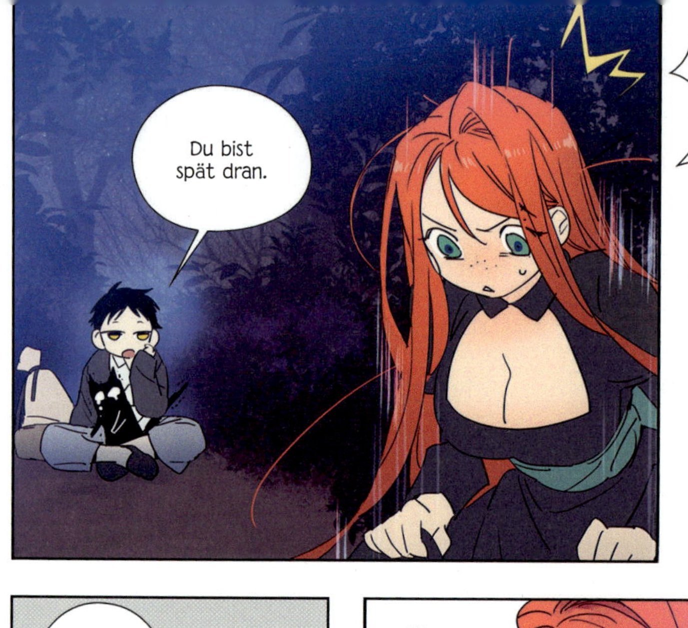
Du bist spät dran.

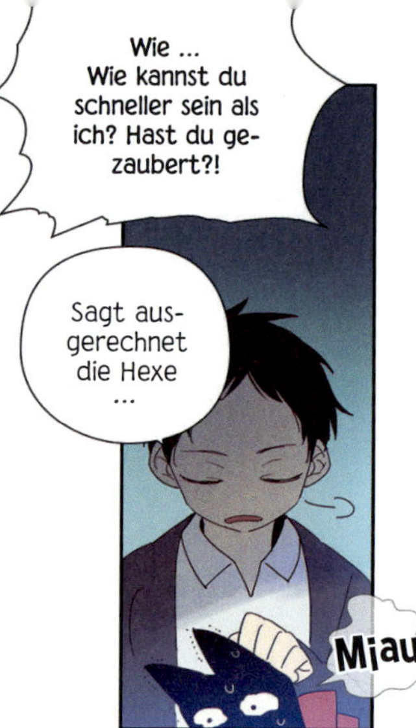
Wie ... Wie kannst du schneller sein als ich? Hast du gezaubert?!
Sagt ausgerechnet die Hexe ...
Miau

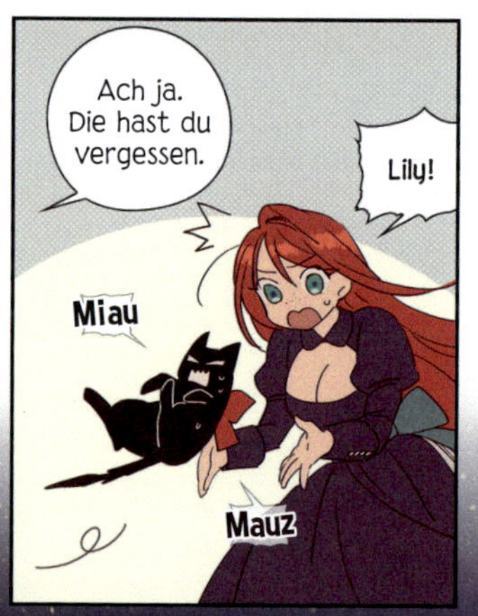
Ach ja. Die hast du vergessen.
Lily!
Miau
Mauz

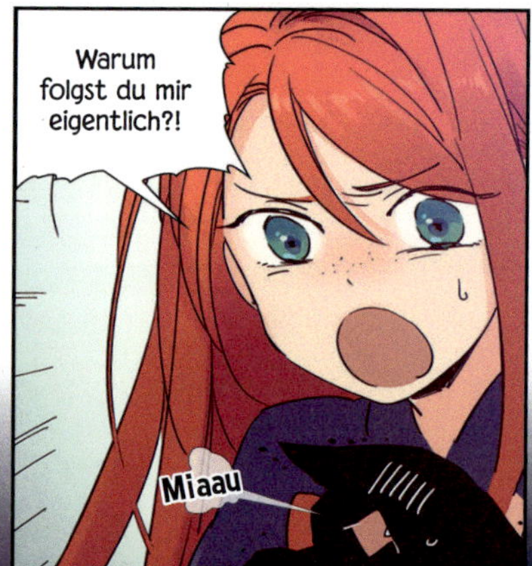
Warum folgst du mir eigentlich?!
Miaau

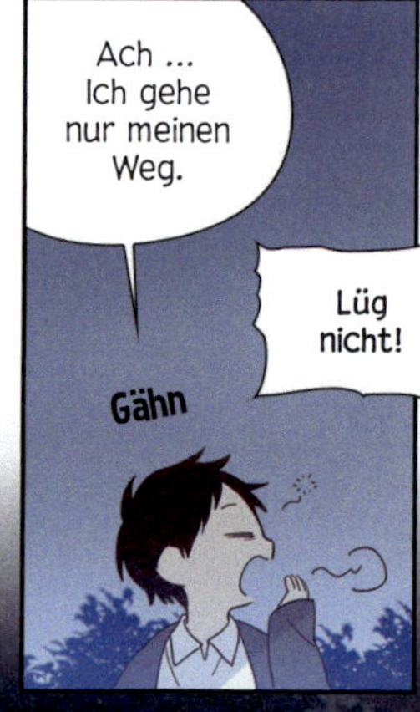
Ach ... Ich gehe nur meinen Weg.
Lüg nicht!
Gähn

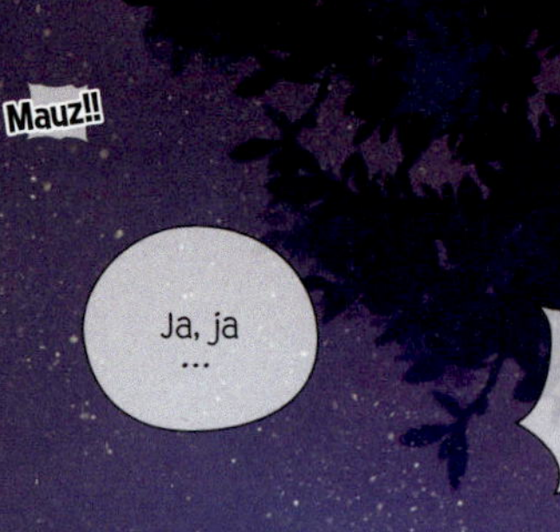
Beim nächsten Dorf gehen wir getrennte Wege, verstanden?
Mauz!!
Ja, ja ...
Antworte gefälligst richtig!

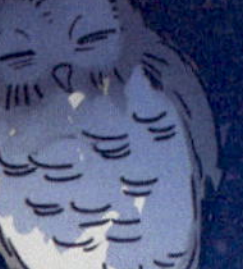
Huhuuuu

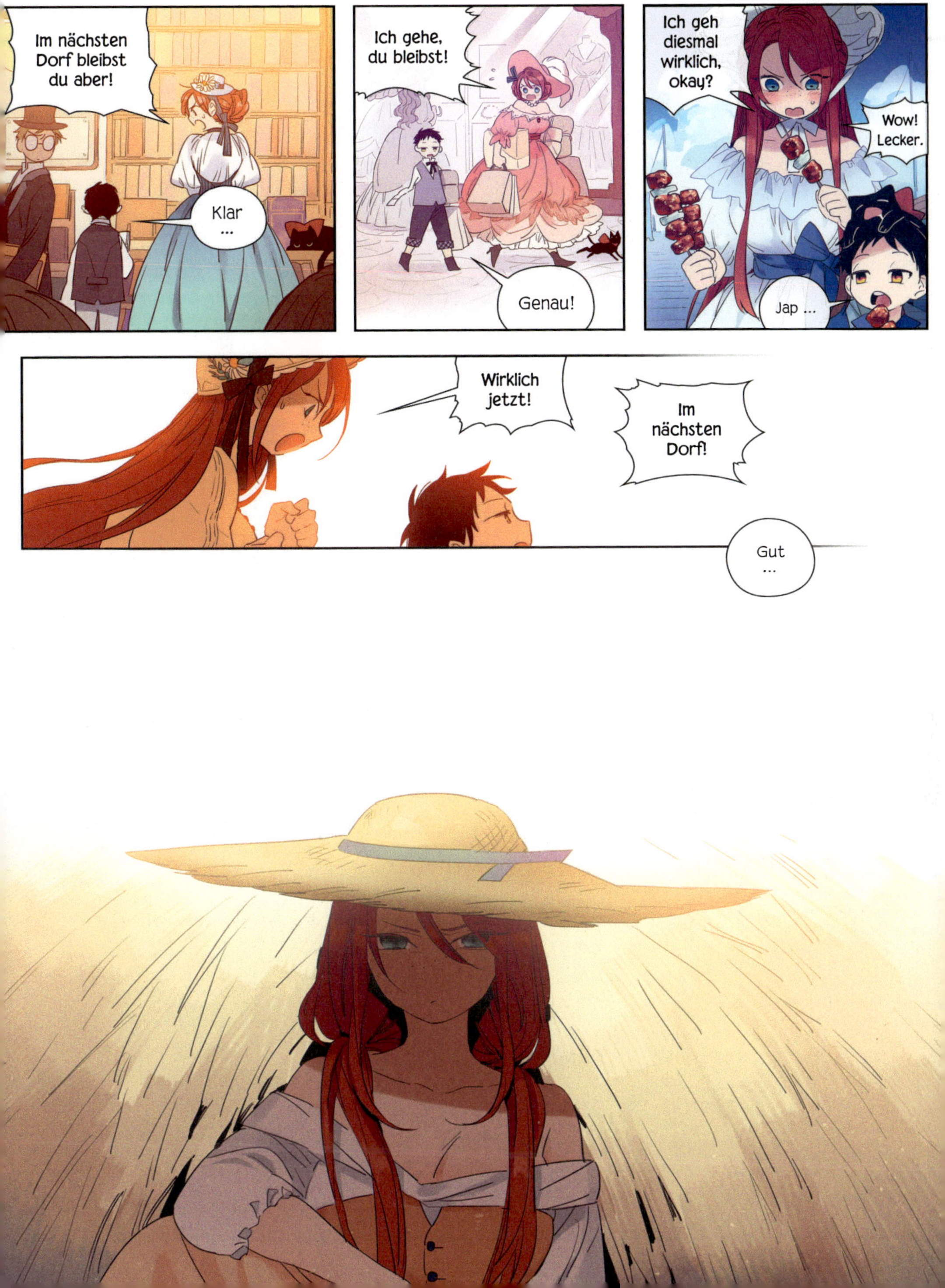

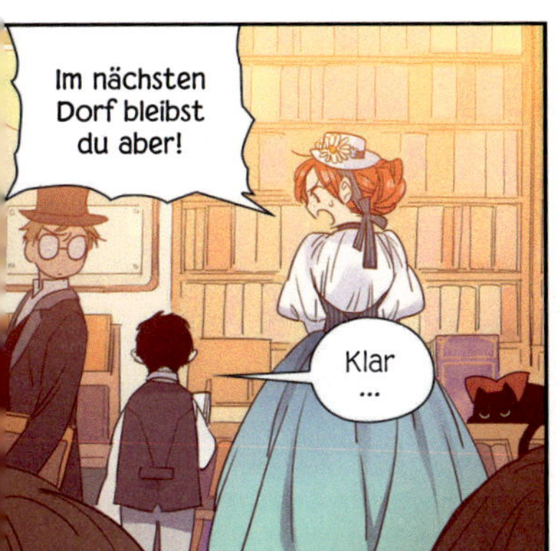
Im nächsten Dorf bleibst du aber!
Klar ...

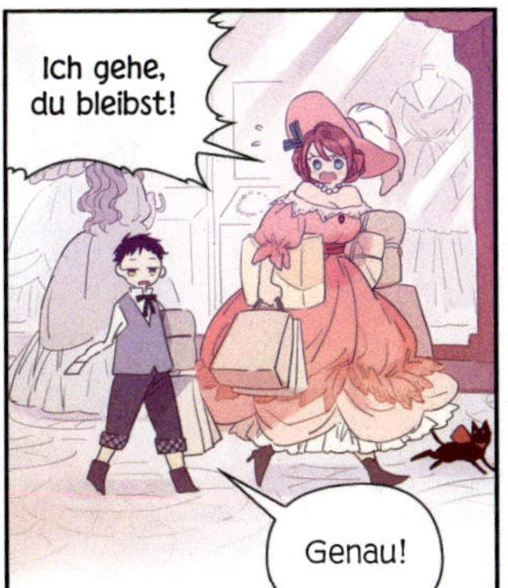
Ich gehe, du bleibst!
Genau!

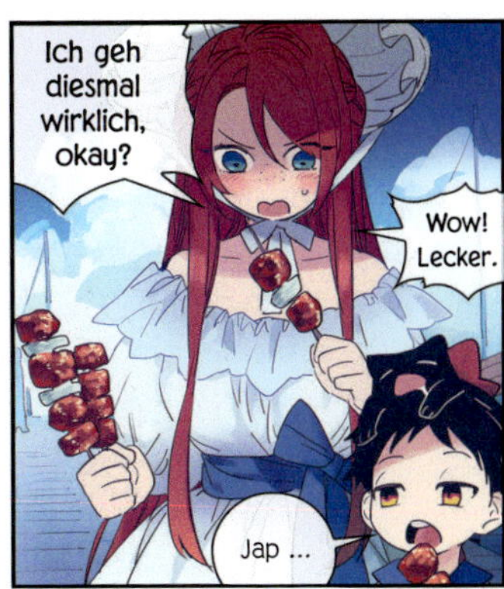
Ich geh diesmal wirklich, okay?
Wow! Lecker.
Jap ...

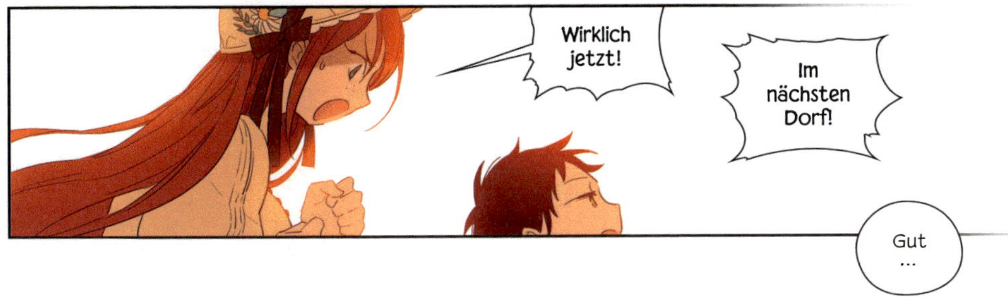
Wirklich jetzt!
Im nächsten Dorf!
Gut ...

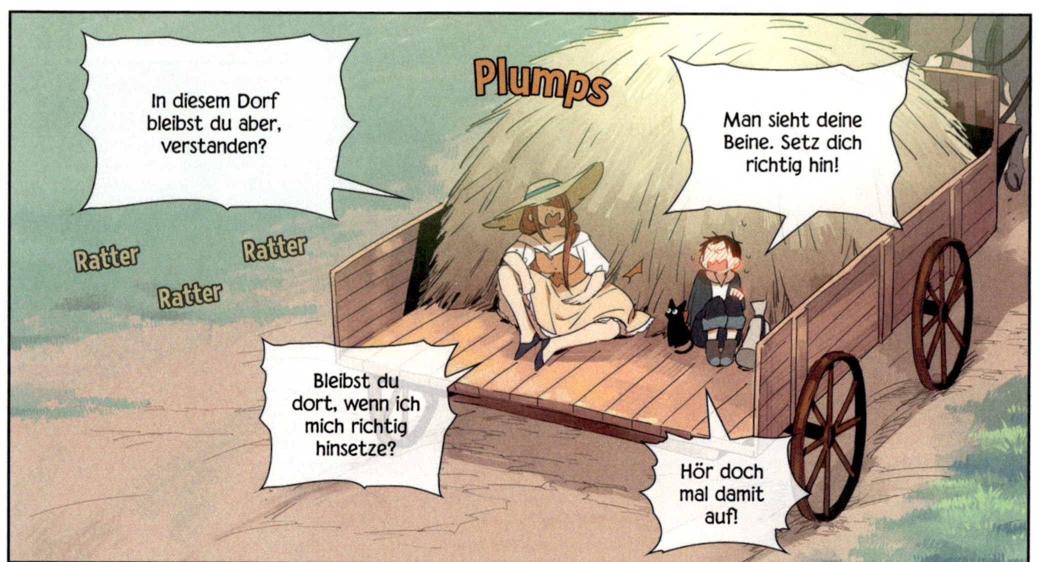
In diesem Dorf bleibst du aber, verstanden?
Plumps
Ratter
Ratter
Ratter
Man sieht deine Beine. Setz dich richtig hin!
Bleibst du dort, wenn ich mich richtig hinsetze?
Hör doch mal damit auf!

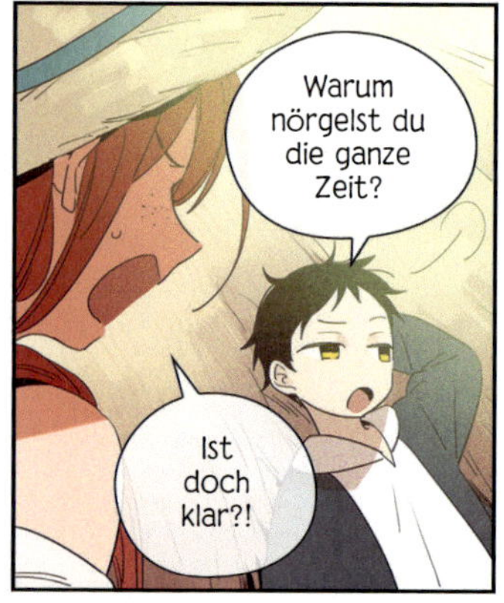
Warum nörgelst du die ganze Zeit?
Ist doch klar?!

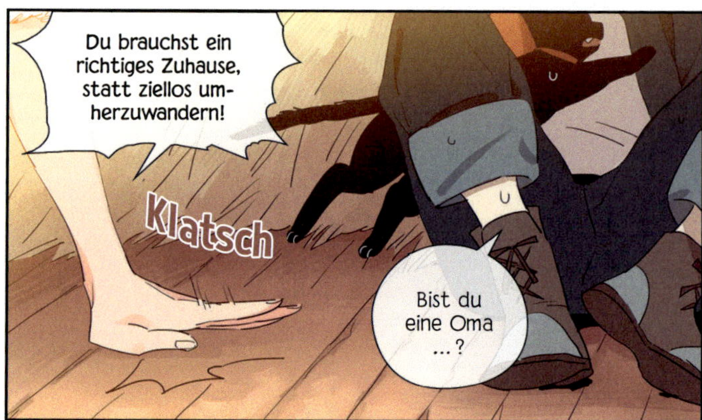
Du brauchst ein richtiges Zuhause, statt ziellos umherzuwandern!
Klatsch
Bist du eine Oma ...?

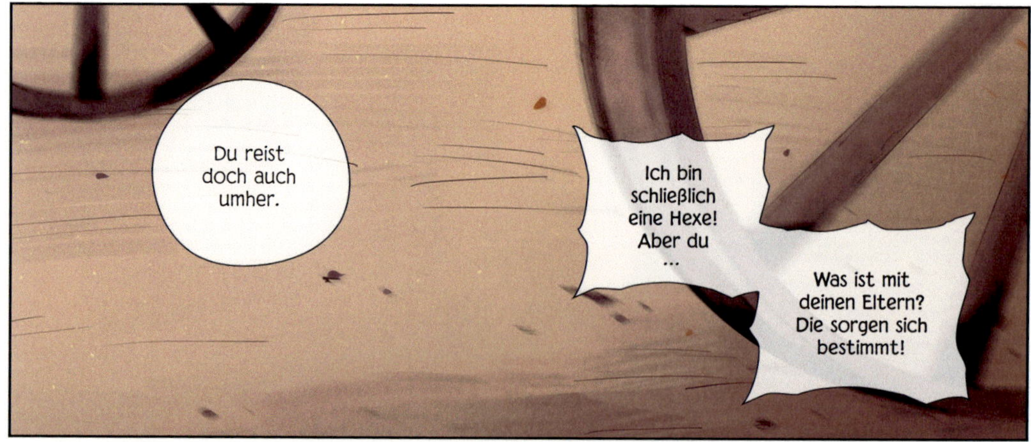
Du reist doch auch umher.
Ich bin schließlich eine Hexe! Aber du ...
Was ist mit deinen Eltern? Die sorgen sich bestimmt!

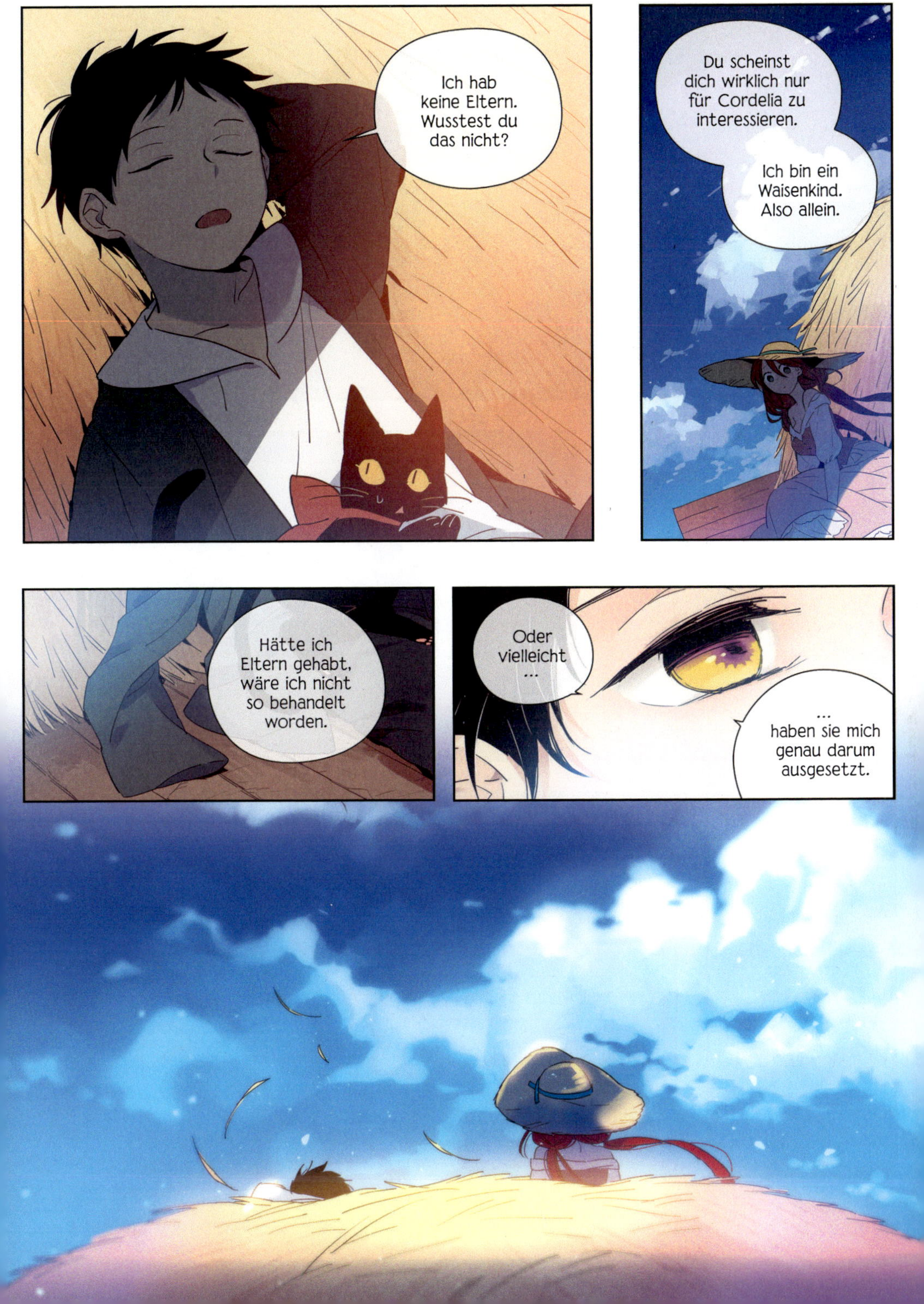

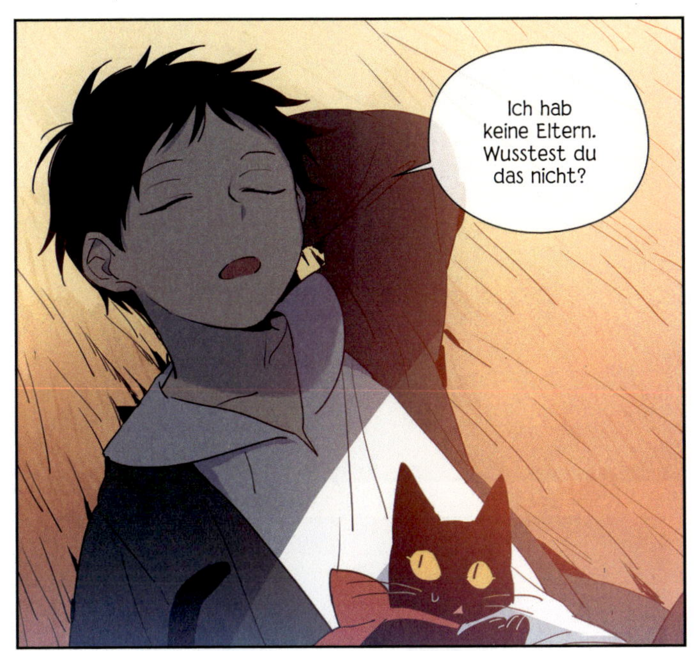
Ich hab keine Eltern. Wusstest du das nicht?

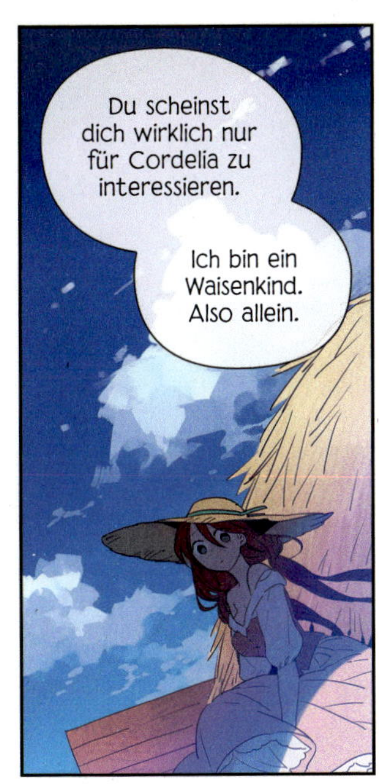
Du scheinst dich wirklich nur für Cordelia zu interessieren.
Ich bin ein Waisenkind. Also allein.

Hätte ich Eltern gehabt, wäre ich nicht so behandelt worden.
Oder vielleicht ...
... haben sie mich genau darum ausgesetzt.

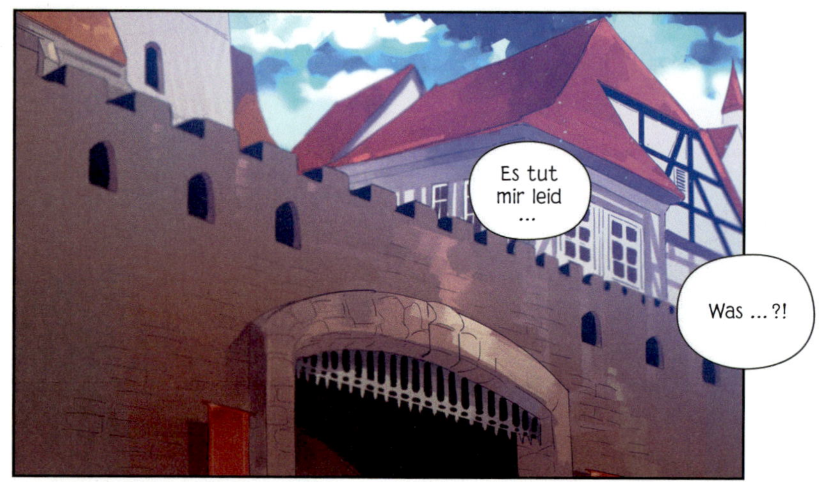
Es tut
mir leid
...
Was ...?!

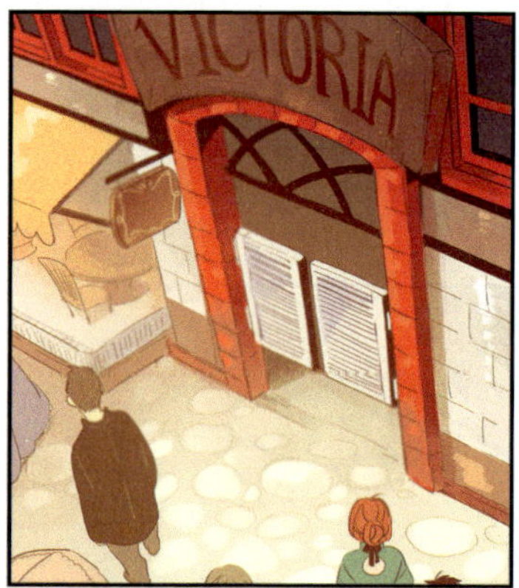
VICTORIA

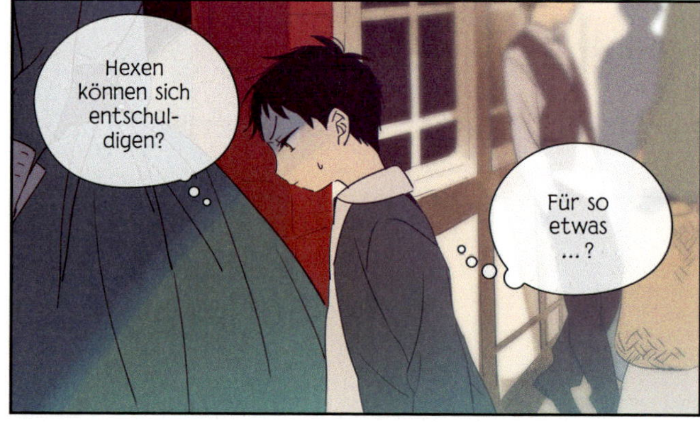
Hexen
können sich
entschul-
digen?
Für so
etwas
...?

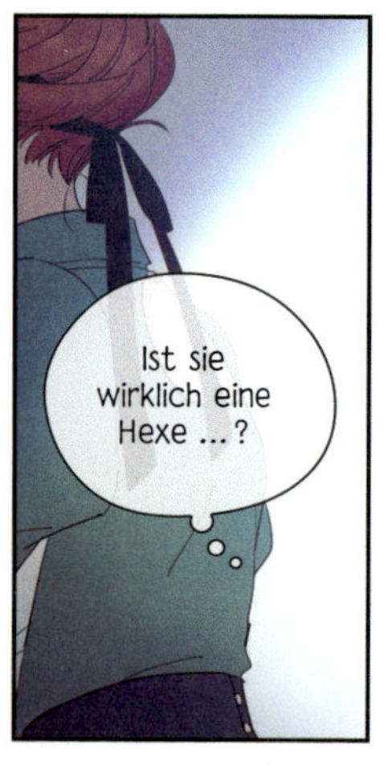
Ist sie
wirklich eine
Hexe ...?

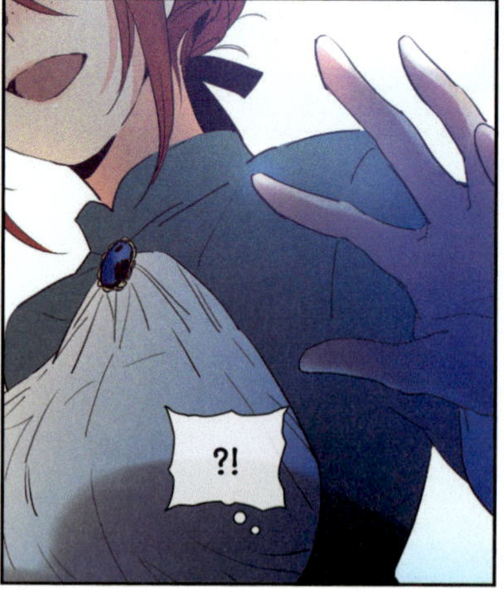
?!

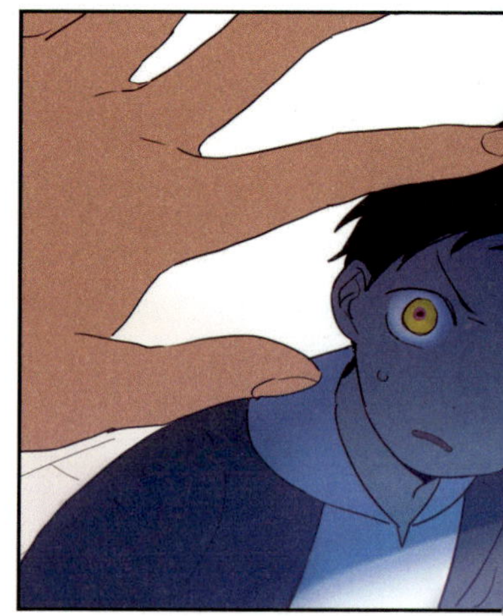

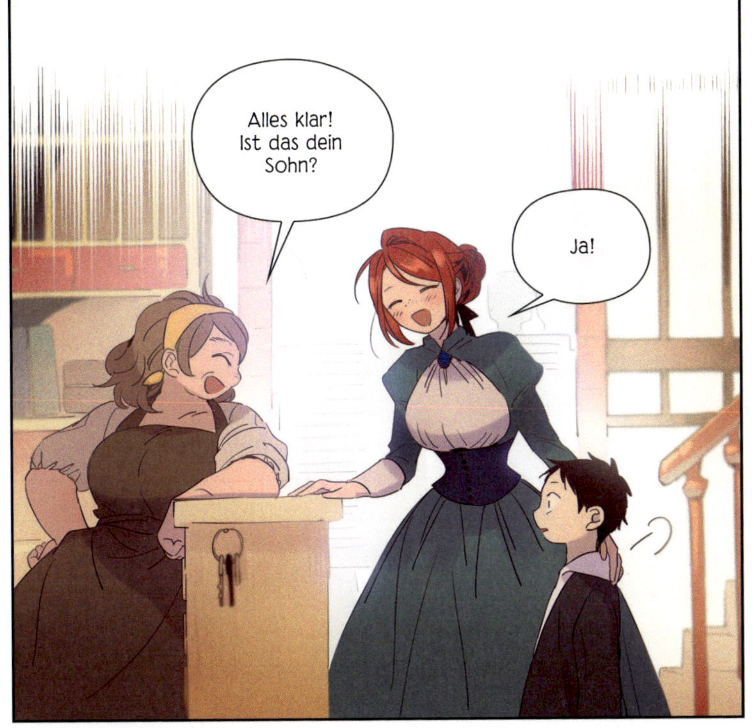
Alles klar! Ist das dein Sohn?
Ja!

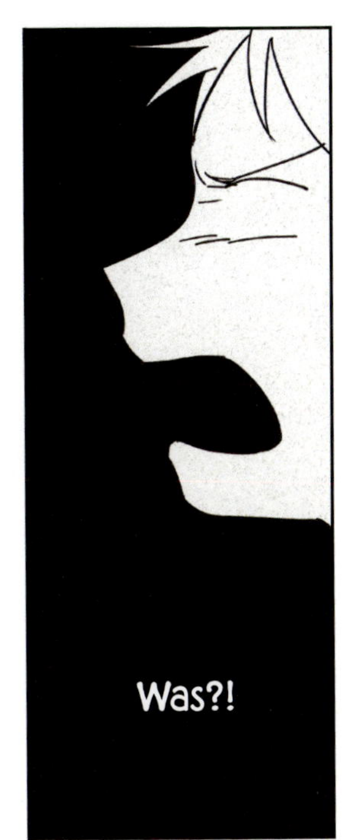
Was?!

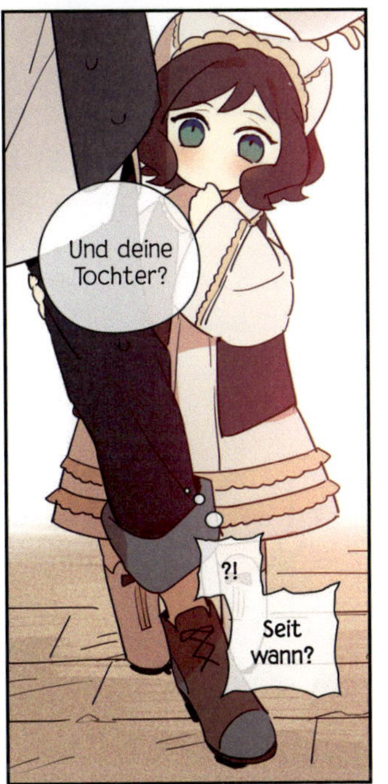
Und deine Tochter?
?!
Seit wann?

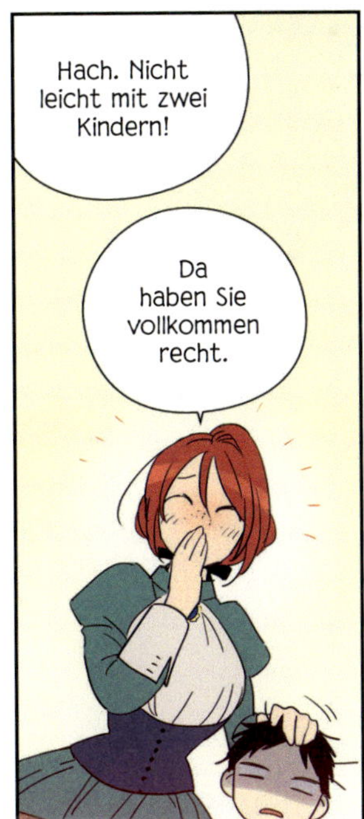
Hach. Nicht leicht mit zwei Kindern!
Da haben Sie vollkommen recht.

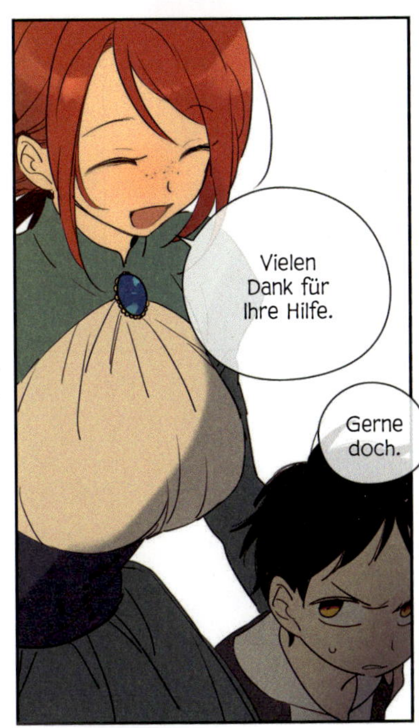
Vielen Dank für Ihre Hilfe.
Gerne doch.

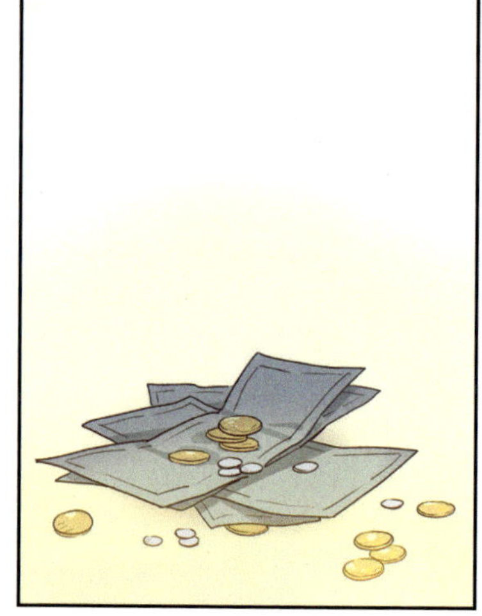

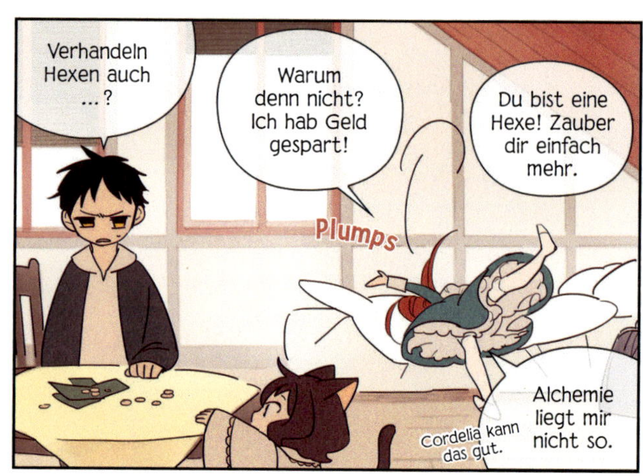

Verhandeln Hexen auch ...?
Warum denn nicht? Ich hab Geld gespart!
Du bist eine Hexe! Zauber dir einfach mehr.
Plumps
Alchemie liegt mir nicht so.
Cordelia kann das gut.

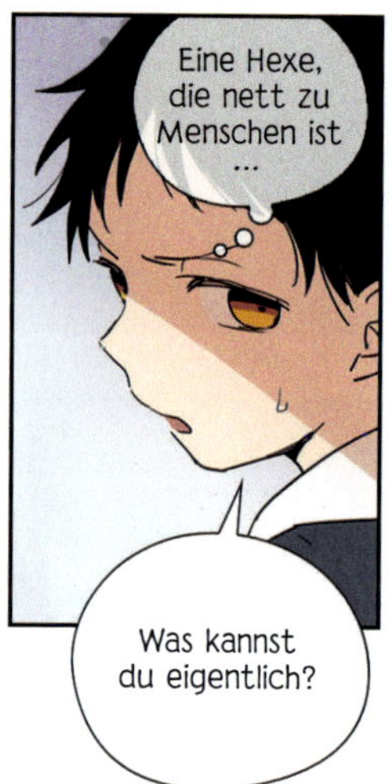

Eine Hexe, die nett zu Menschen ist ...
Was kannst du eigentlich?

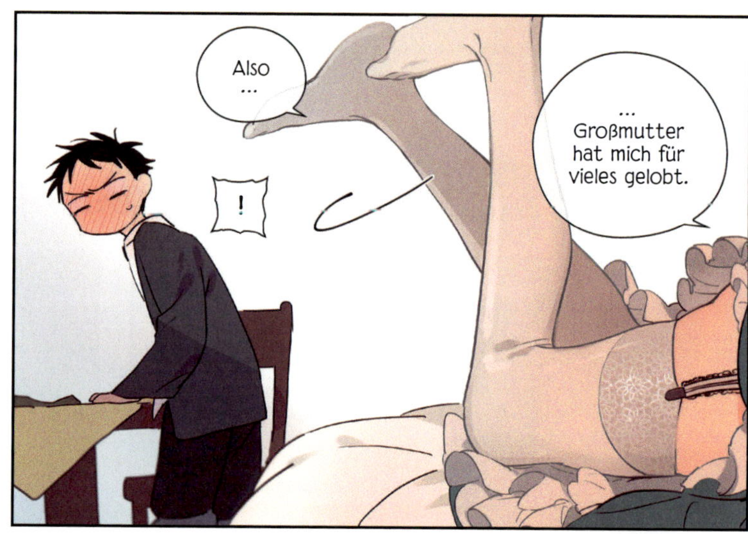

Also ...
!
... Großmutter hat mich für vieles gelobt.

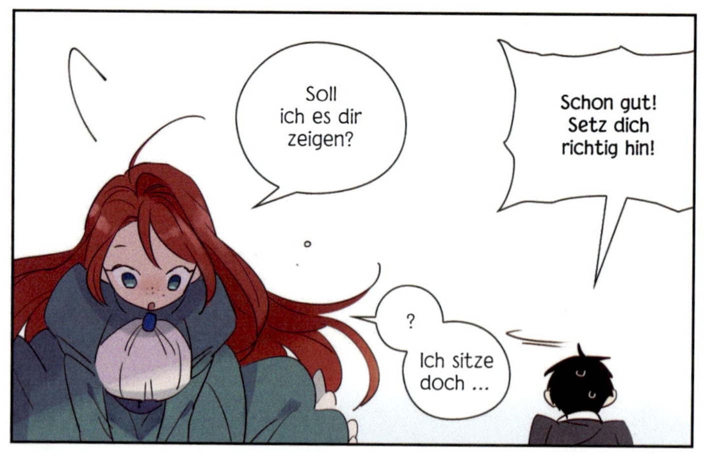

Soll ich es dir zeigen?
Schon gut! Setz dich richtig hin!
?
Ich sitze doch ...

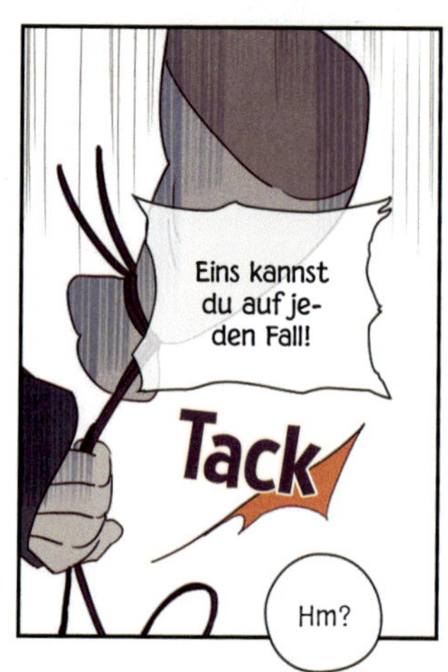

Eins kannst du auf jeden Fall!
Tack
Hm?

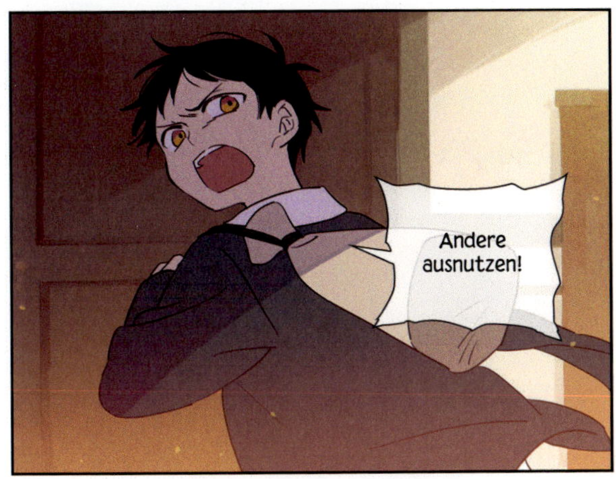
Andere ausnutzen!

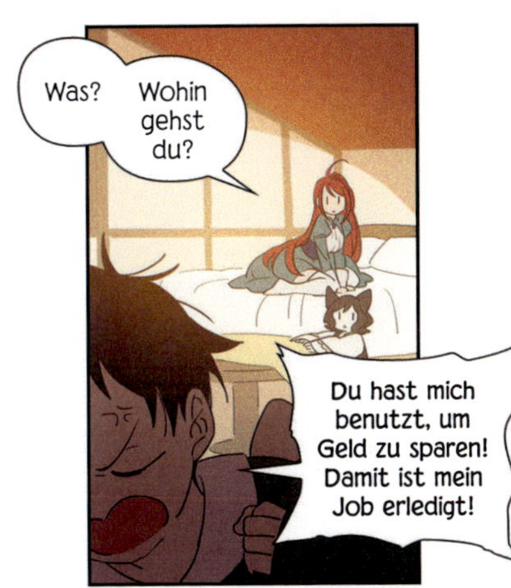
Was?
Wohin gehst du?
Du hast mich benutzt, um Geld zu sparen! Damit ist mein Job erledigt!

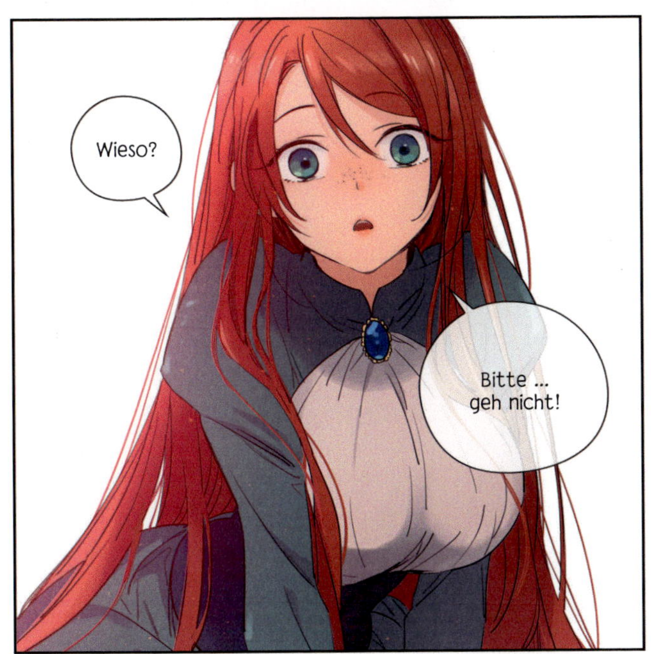
Wieso?
Bitte ... geh nicht!

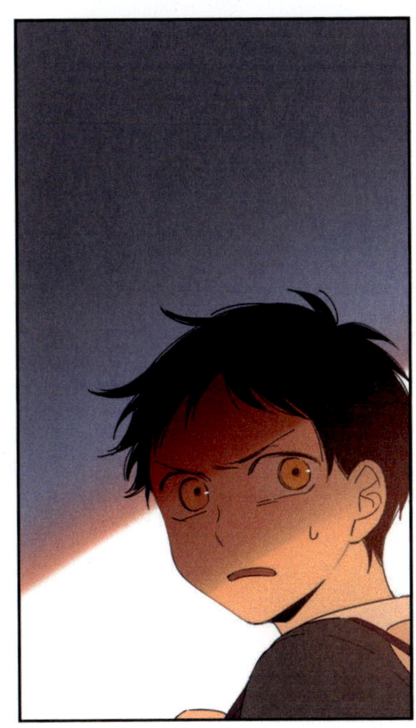

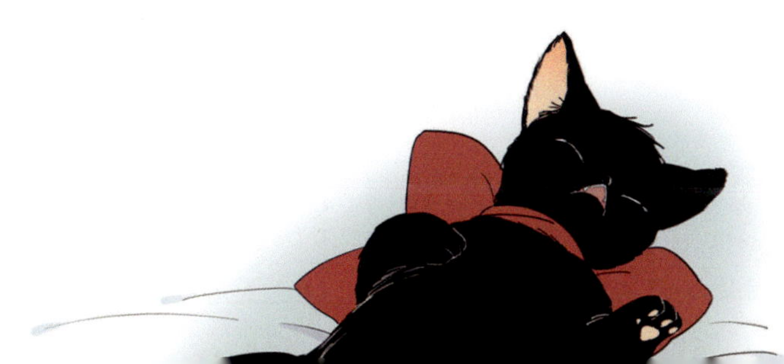
Was?!

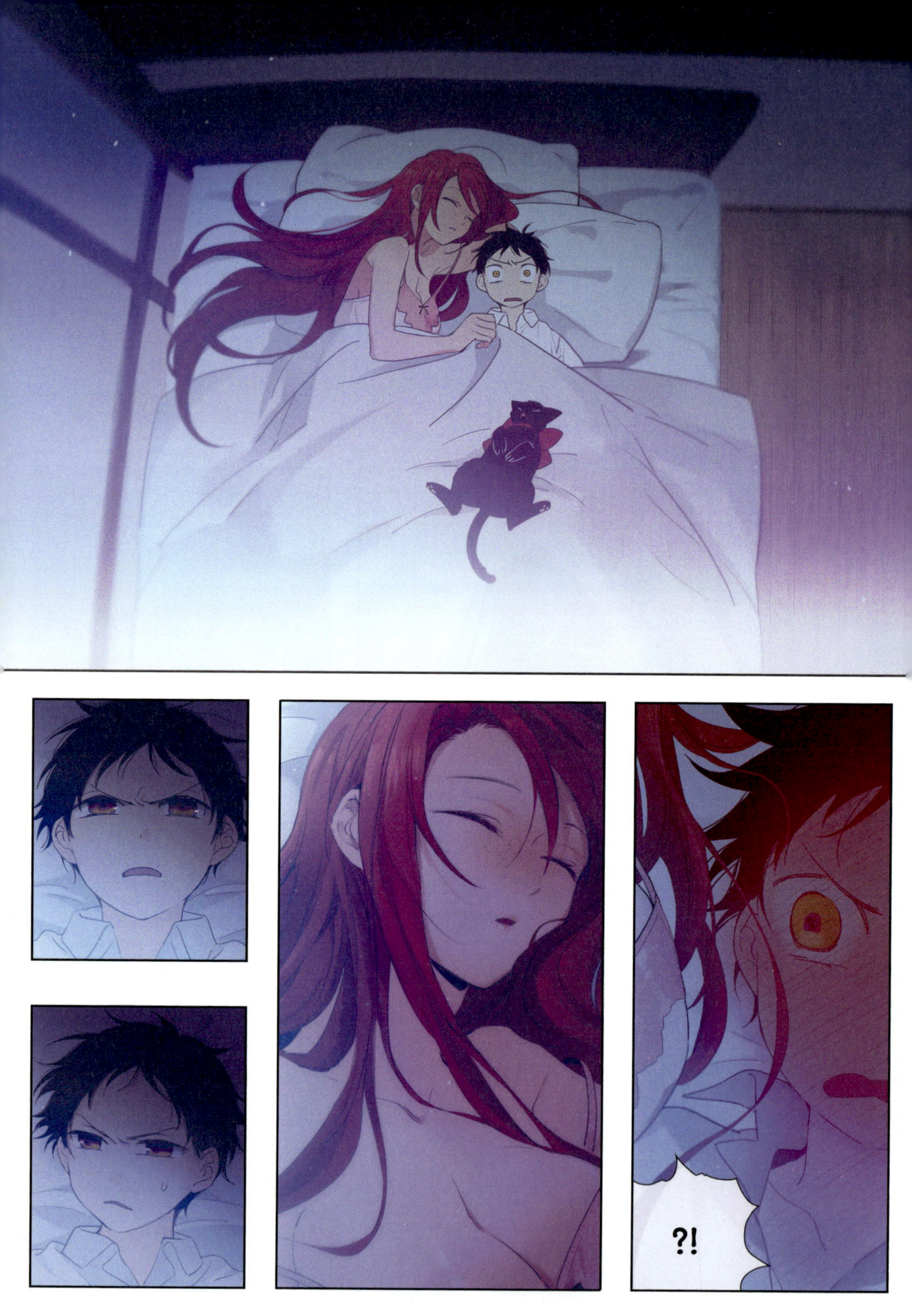

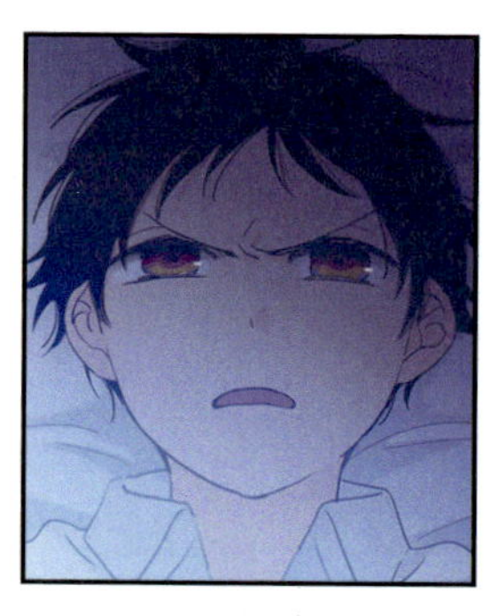

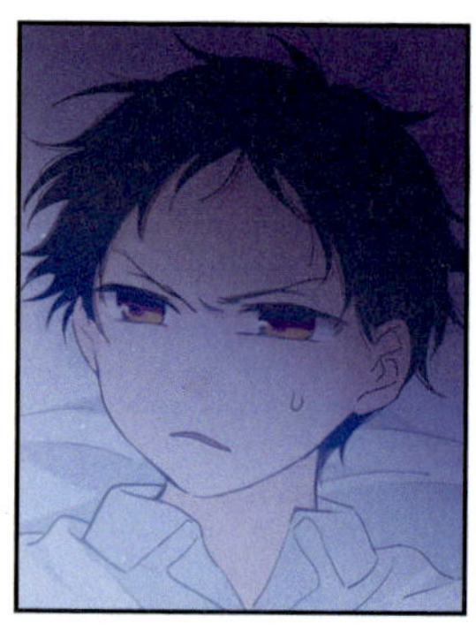

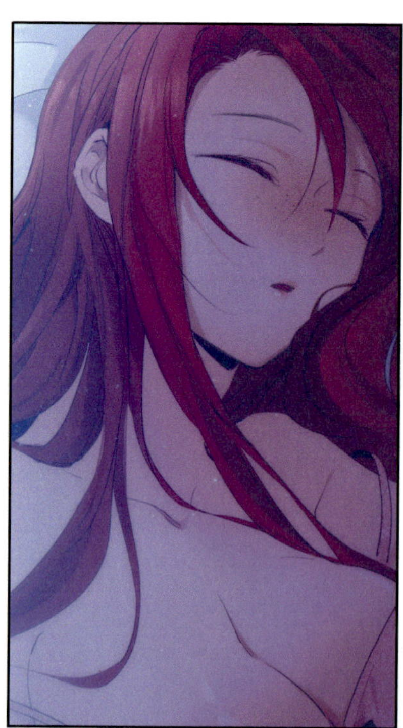

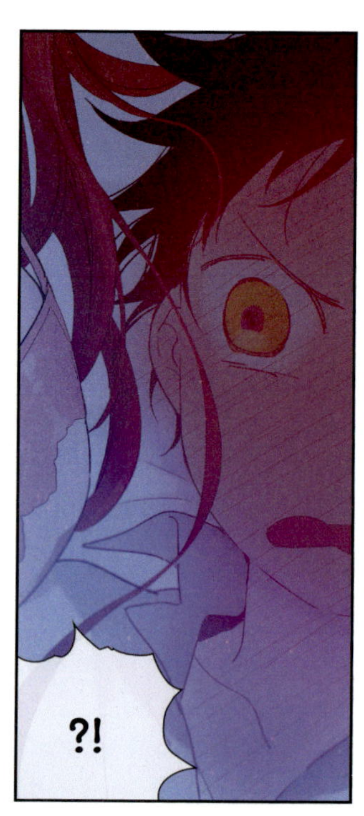

Was will
diese Frau
von mir?!

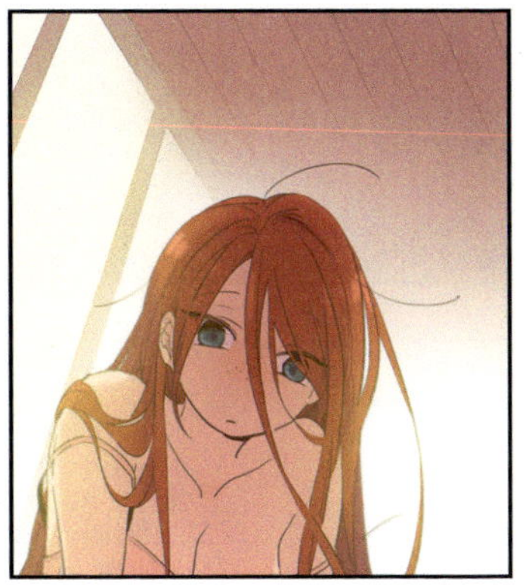

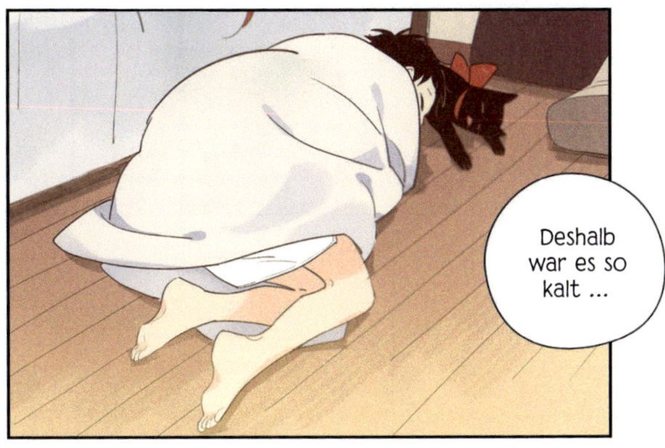

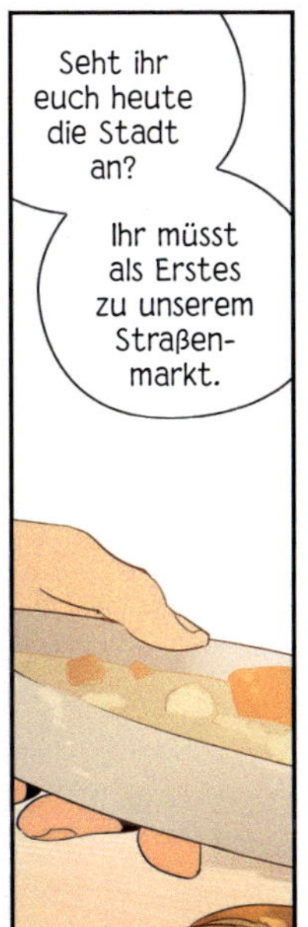

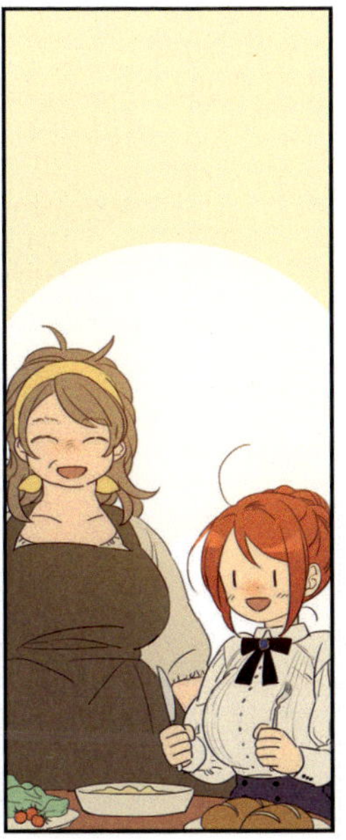

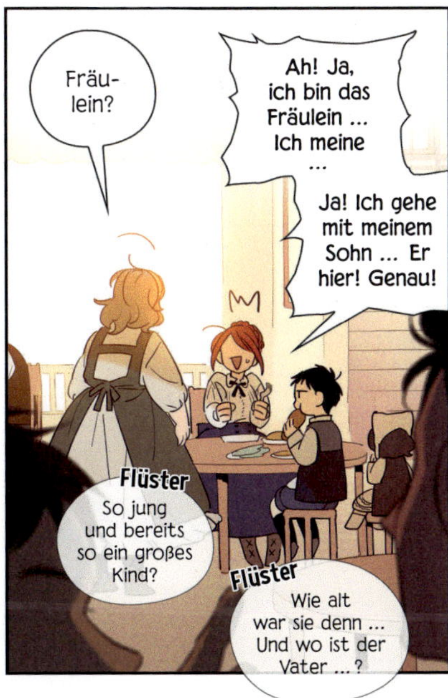

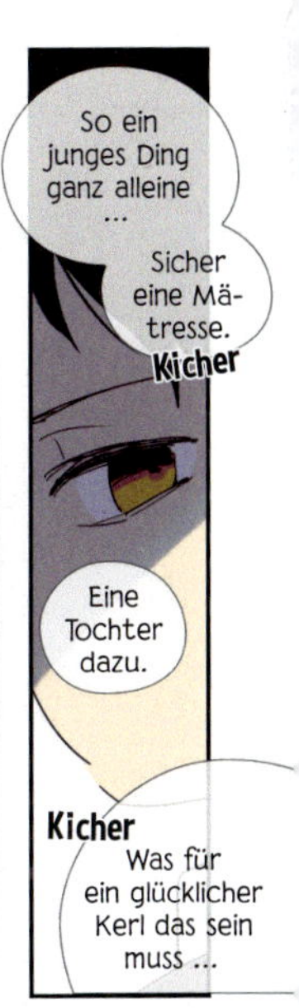

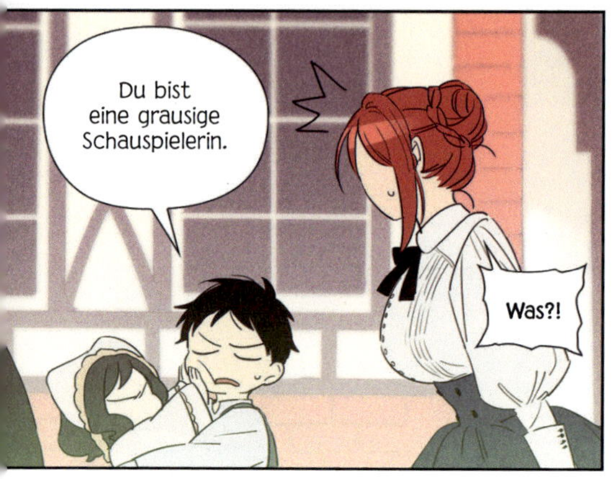

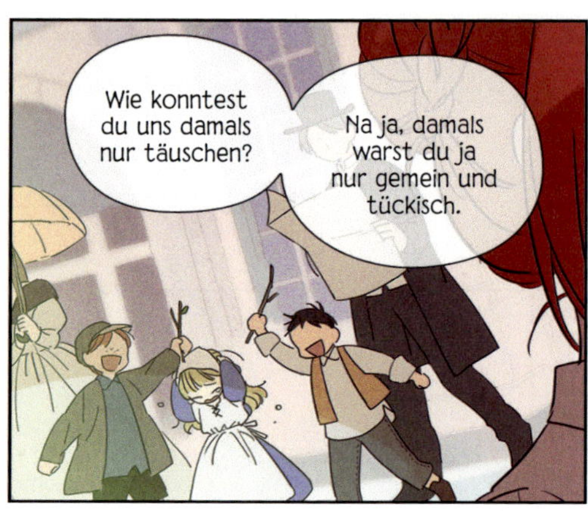

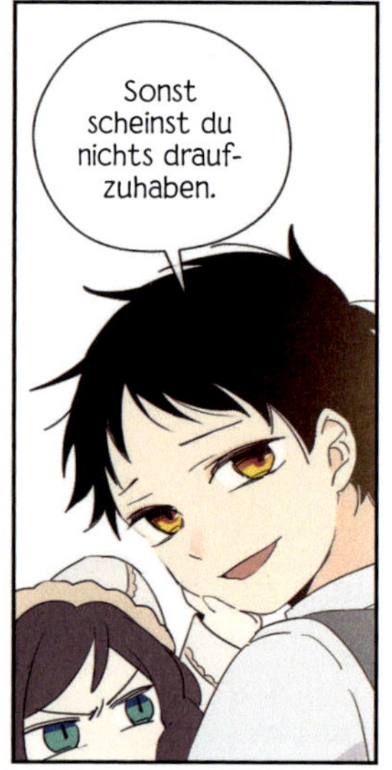

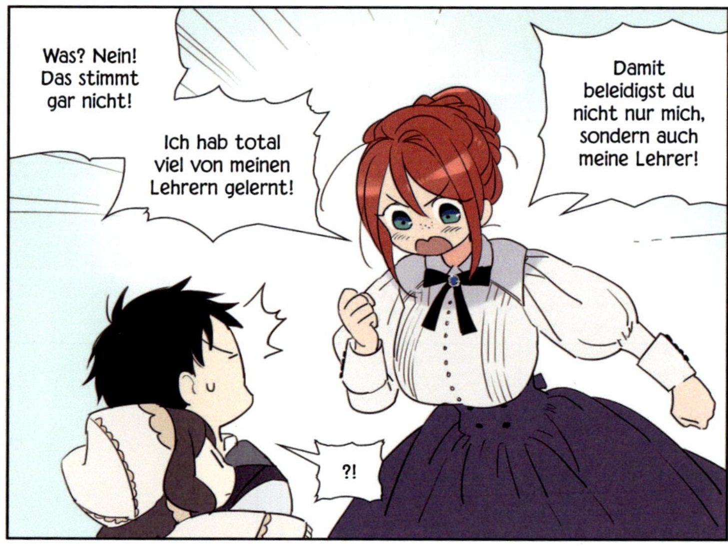

Lehrer ...? Sind die auch Hexen?

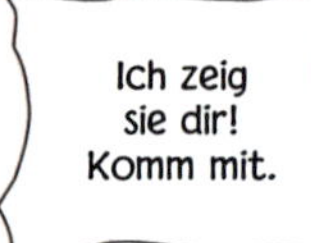

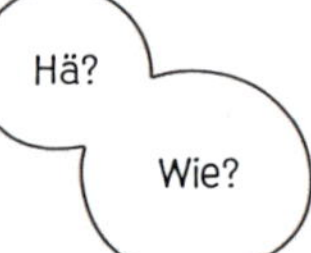

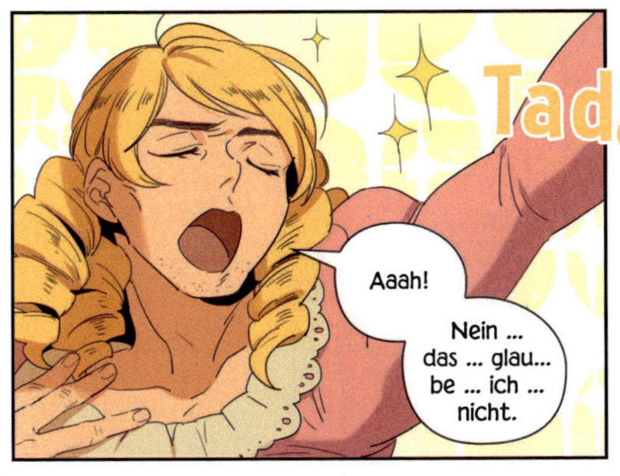
Aaah!
Nein ... das ... glau... be ... ich ... nicht.

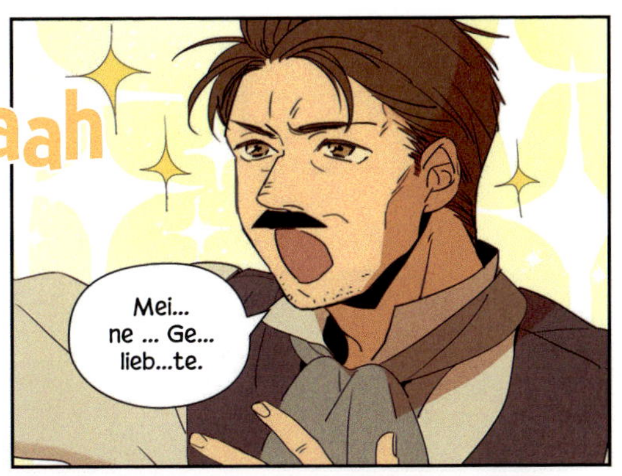
Tadaah
Mei... ne ... Ge... lieb...te.

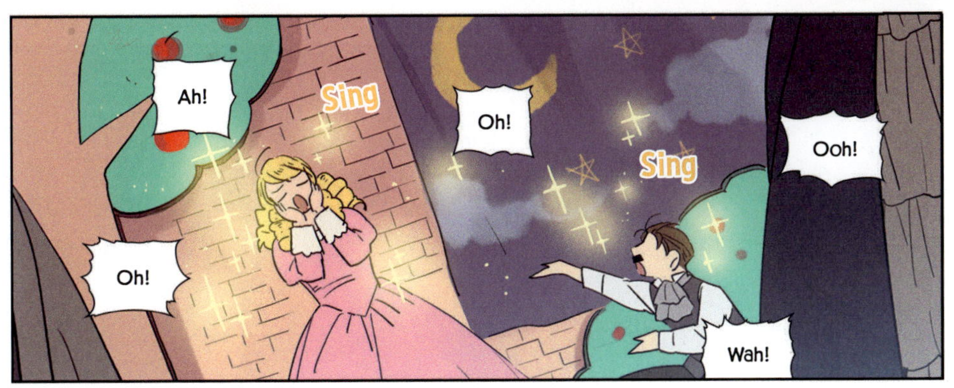
Ah!
Sing
Oh!
Oh!
Sing
Ooh!
Wah!

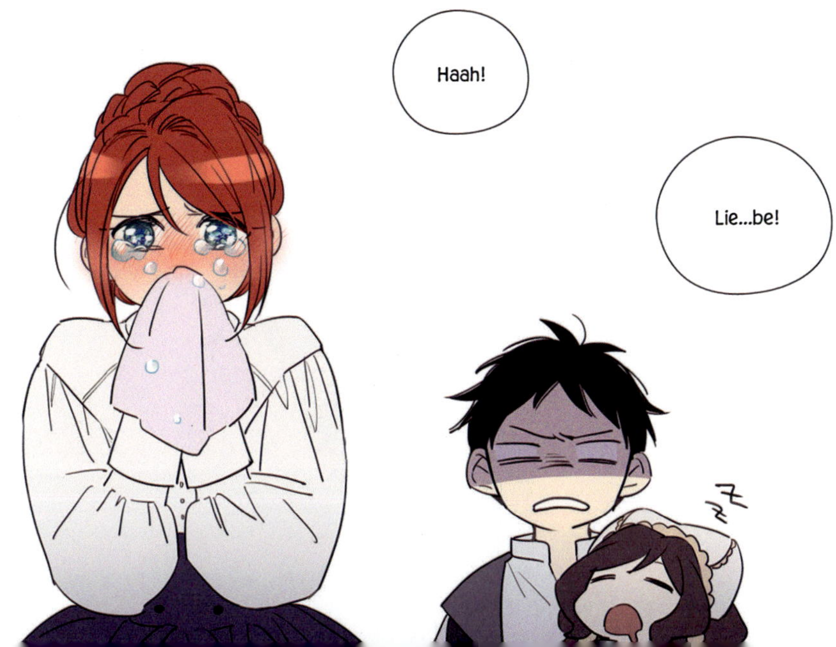
Haah!
Lie...be!

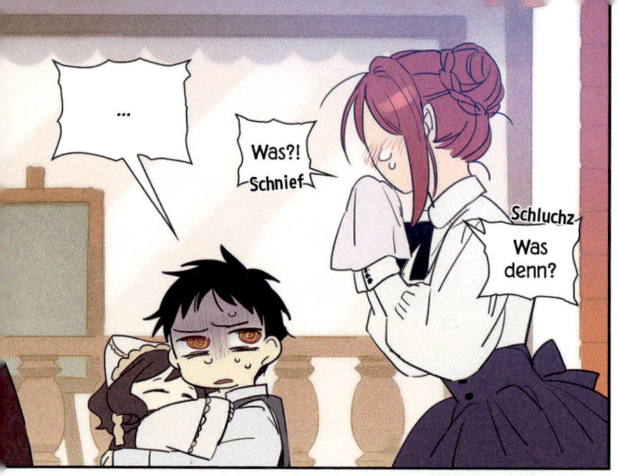
...
Was?!
Schnief
Schluchz
Was denn?
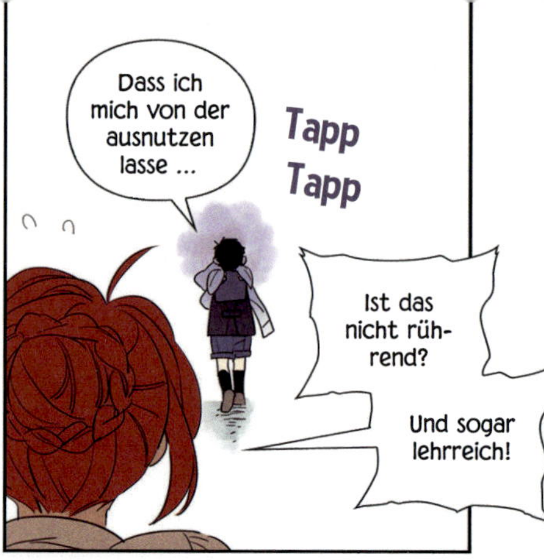
Dass ich mich von der ausnutzen lasse ...
Tapp
Tapp
Ist das nicht rührend?
Und sogar lehrreich!
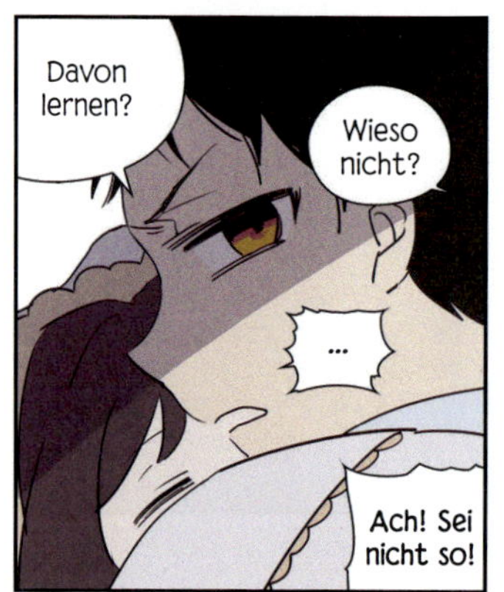
Davon lernen?
Wieso nicht?
...
Ach! Sei nicht so!
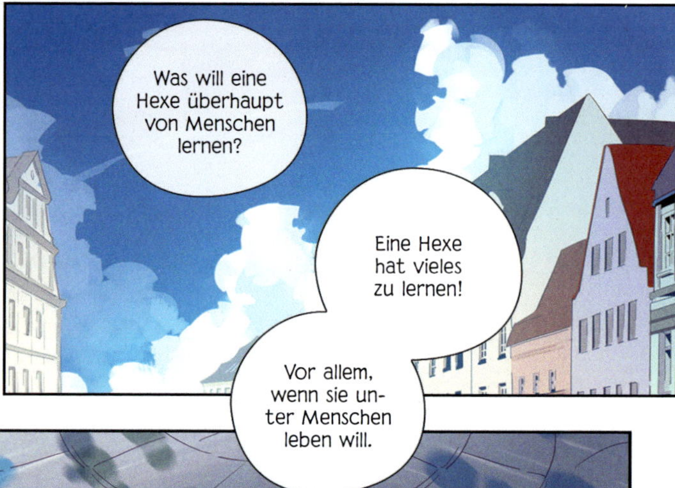
Was will eine Hexe überhaupt von Menschen lernen?
Eine Hexe hat vieles zu lernen!
Vor allem, wenn sie unter Menschen leben will.
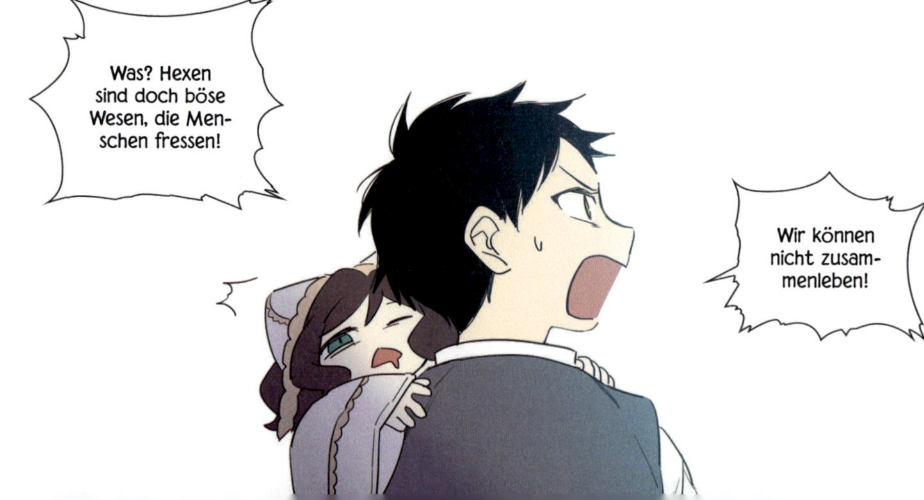
Was? Hexen sind doch böse Wesen, die Menschen fressen!
Wir können nicht zusammenleben!

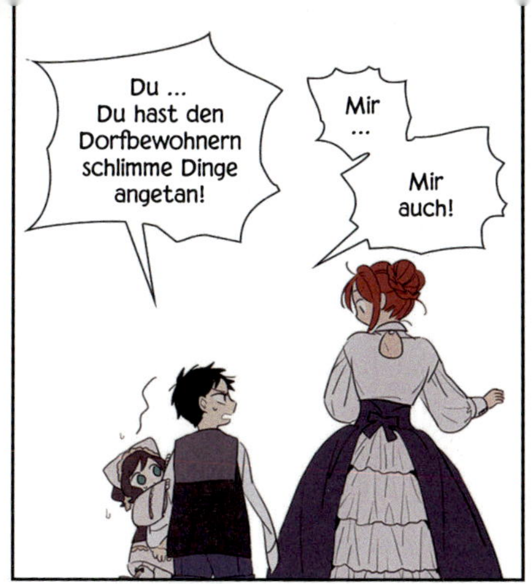

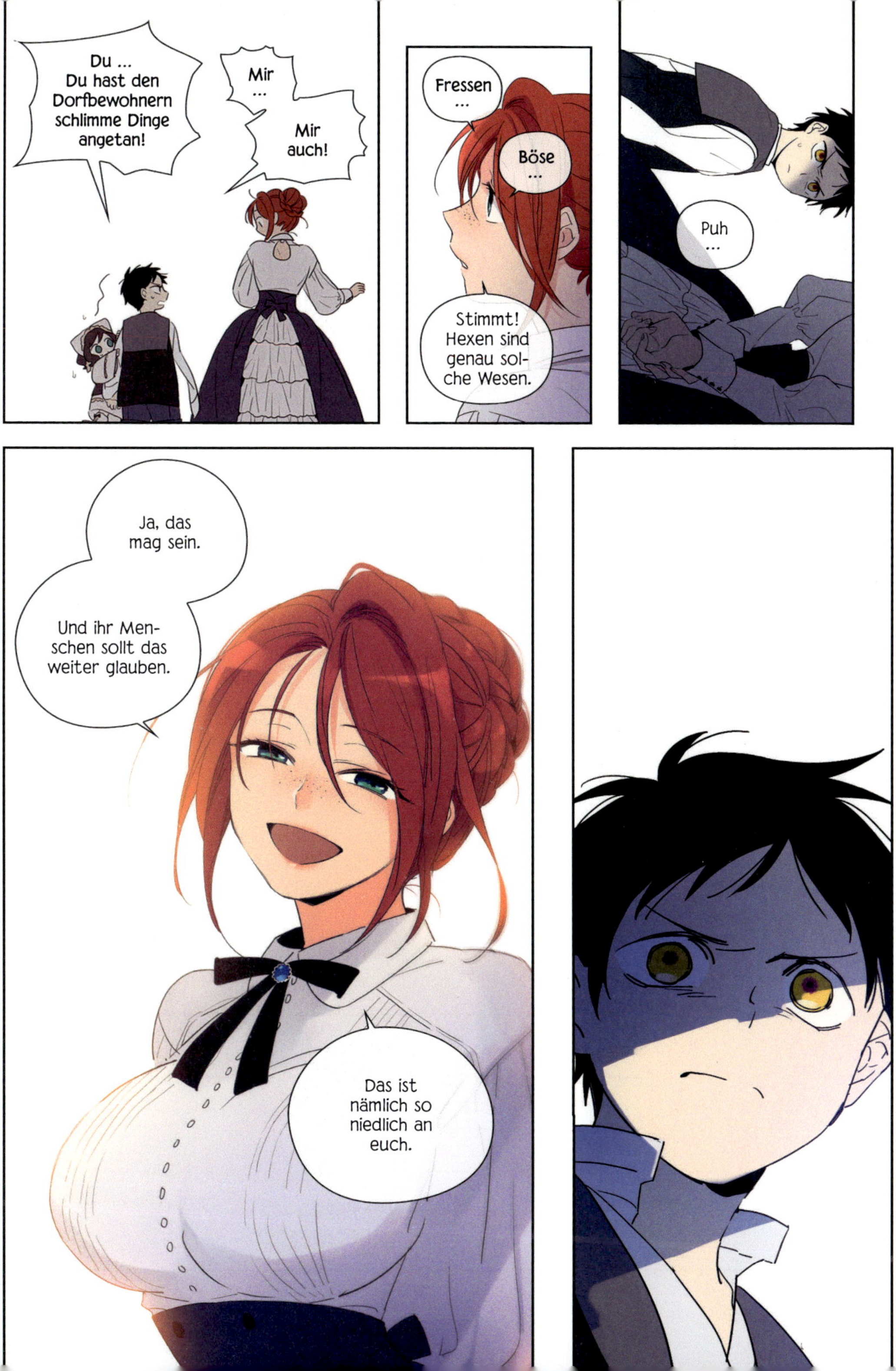

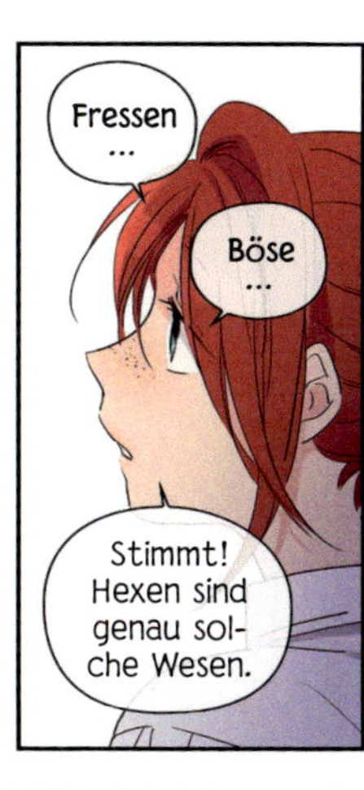

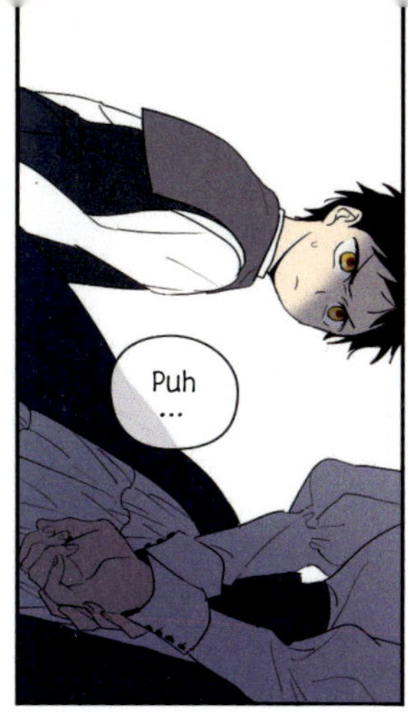

Ja, das mag sein.

Und ihr Men-schen sollt das weiter glauben.

Das ist nämlich so niedlich an euch.

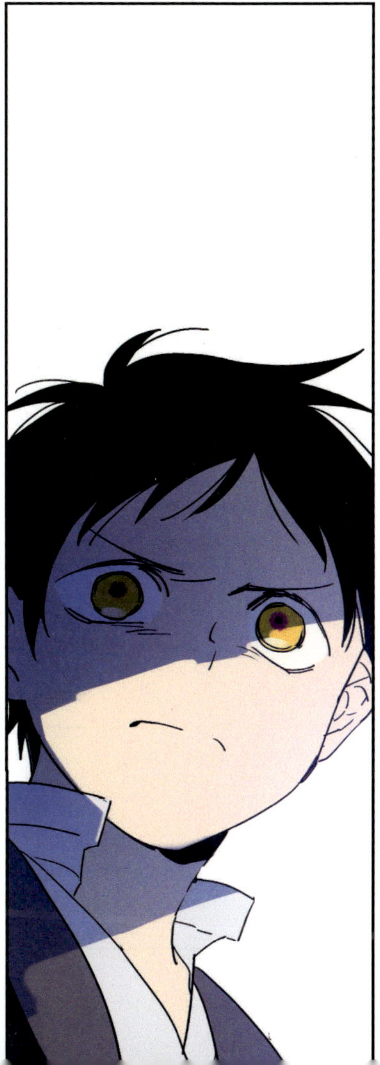

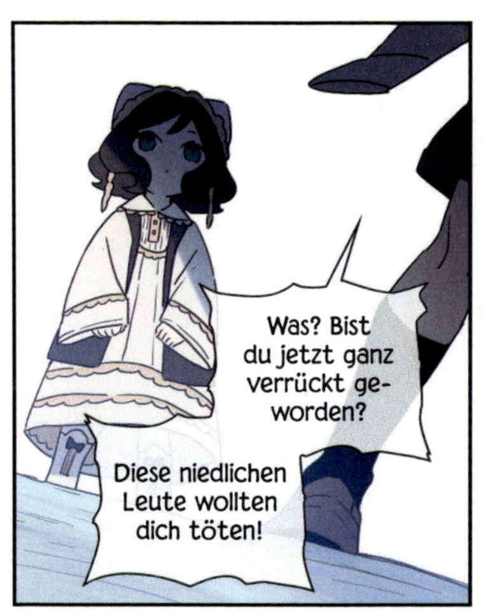

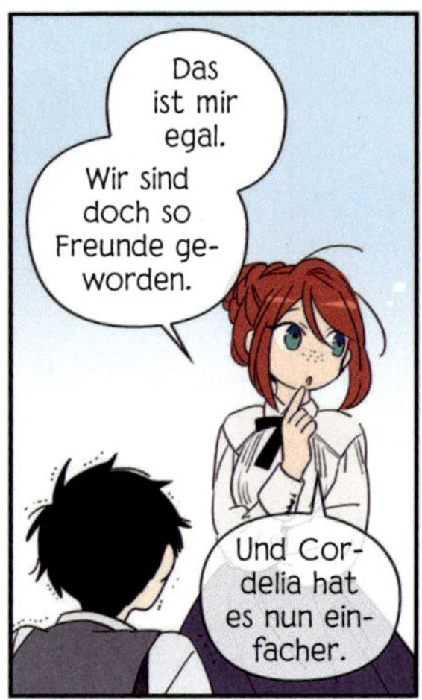

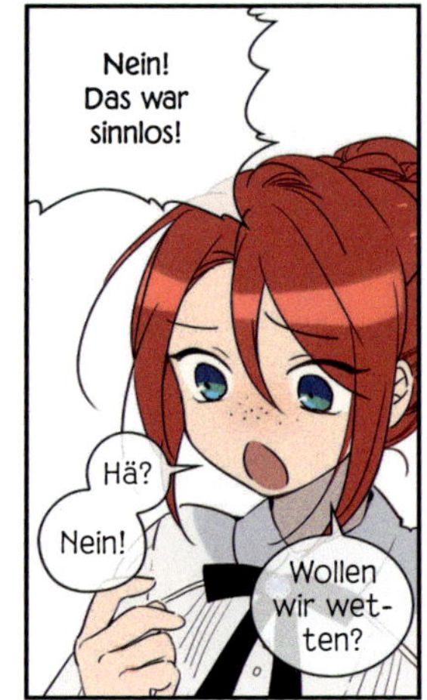

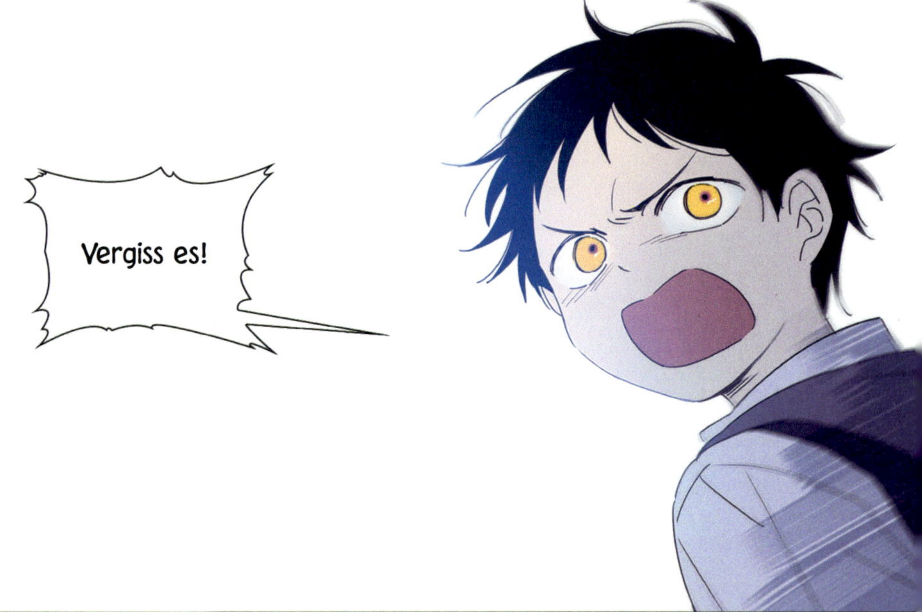

Warum bin ich so wütend?

Wie nervig …!

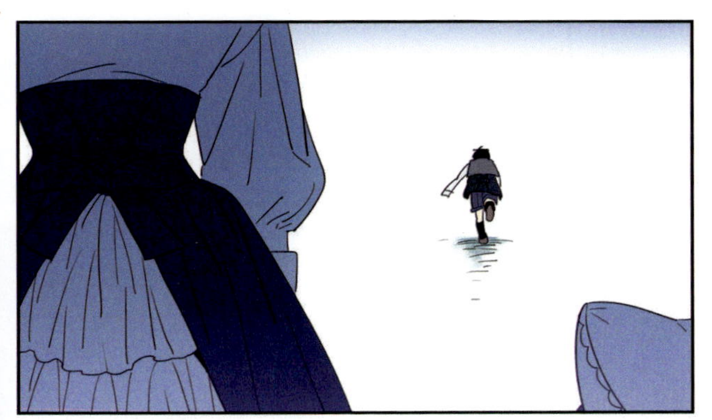

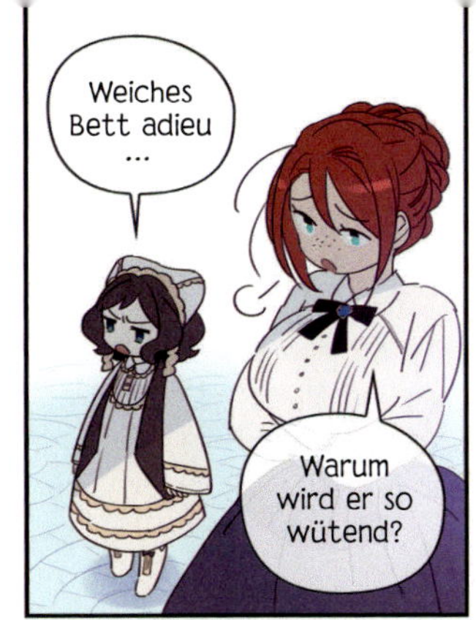

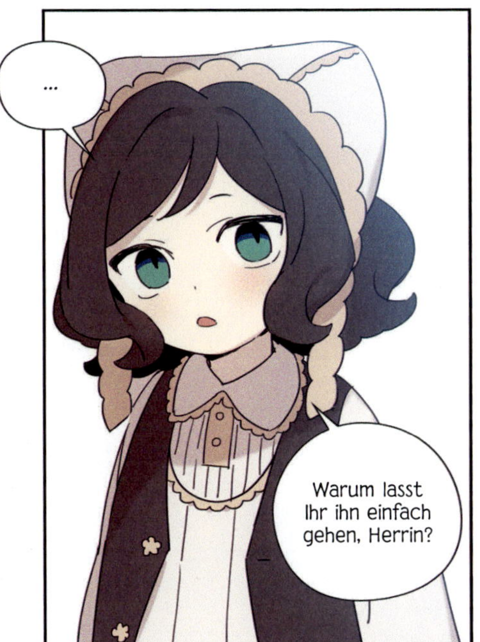

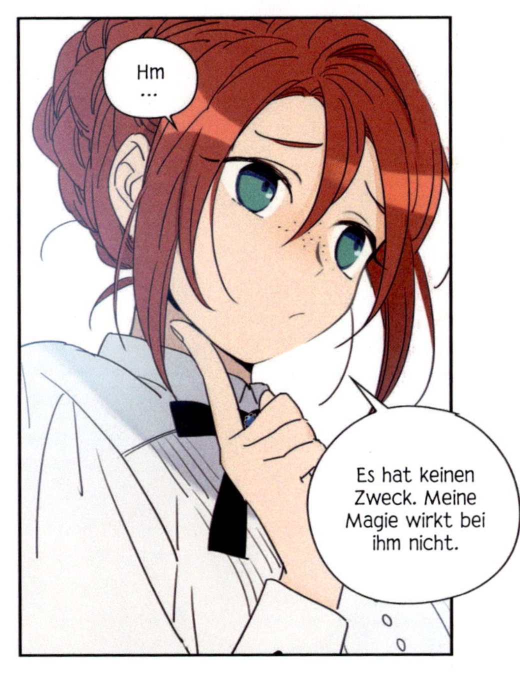

Ich konnte ihn heilen. Aber sonst geht nichts.

Könnte er einer von denen sein, die Großmutter erwähnt hatte …?

Ah … Ihr wart am Schlafen …

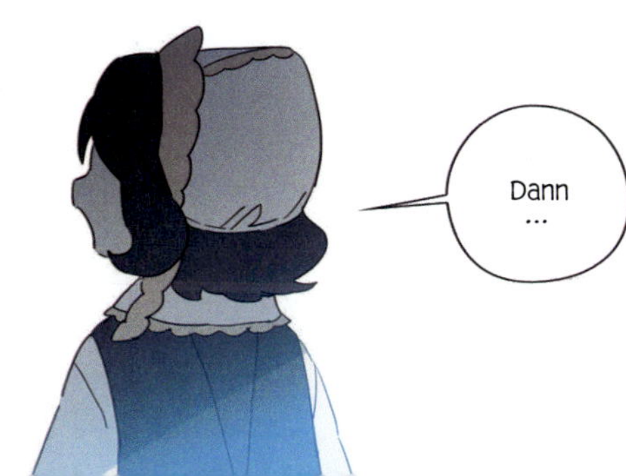

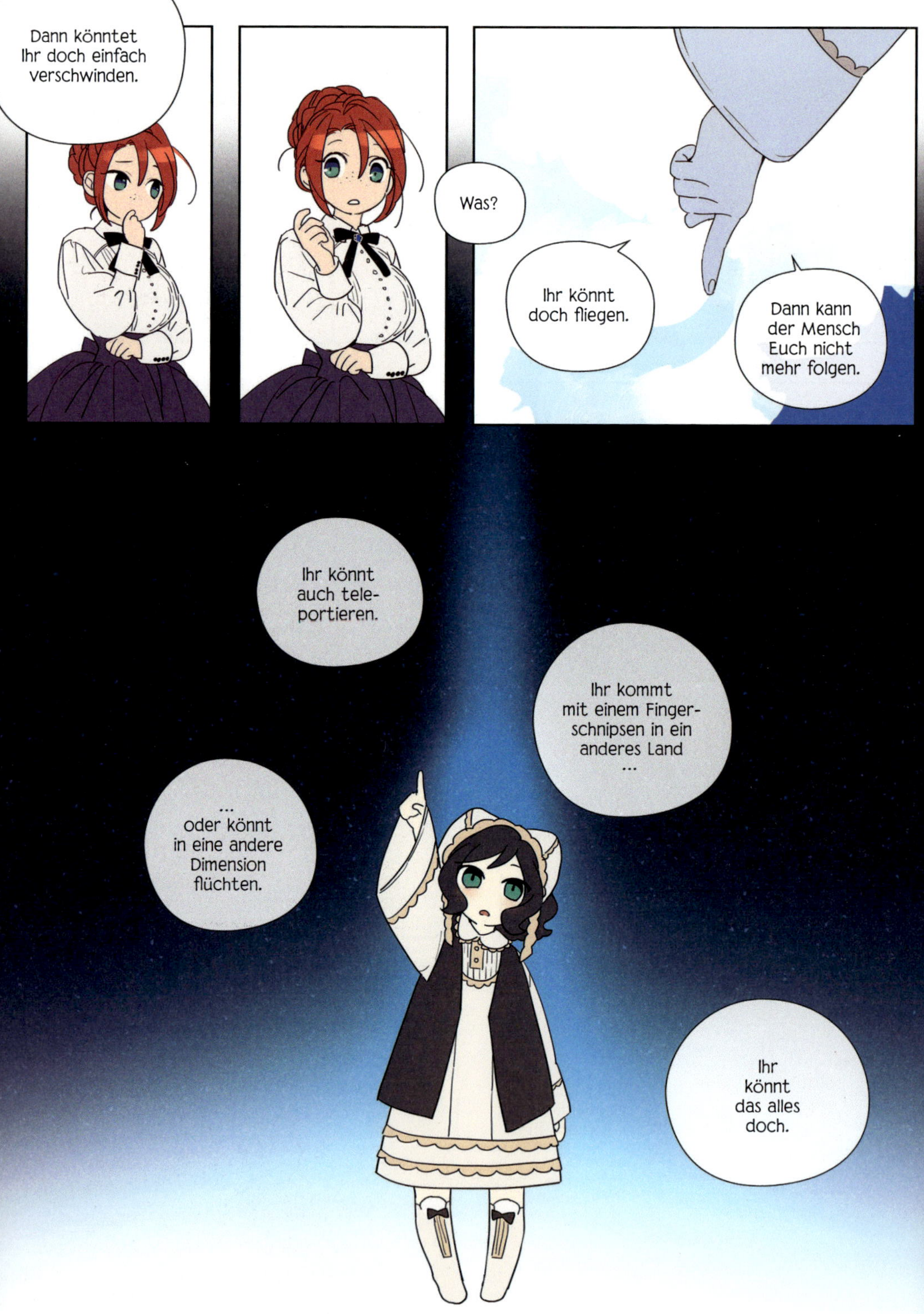
Dann könntet Ihr doch einfach verschwinden.
Was?
Ihr könnt doch fliegen.
Dann kann der Mensch Euch nicht mehr folgen.
Ihr könnt auch tele-portieren.
Ihr kommt mit einem Finger-schnipsen in ein anderes Land ...
... oder könnt in eine andere Dimension flüchten.
Ihr könnt das alles doch.

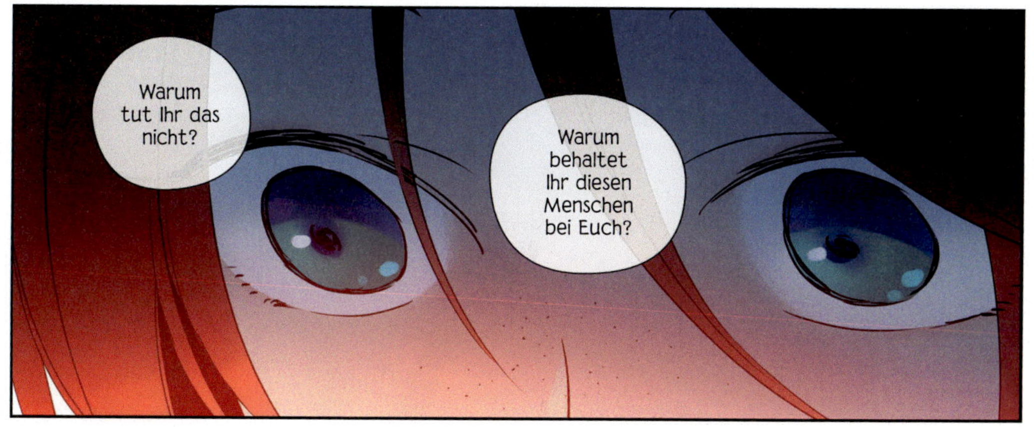
Warum tut Ihr das nicht?
Warum behaltet Ihr diesen Menschen bei Euch?

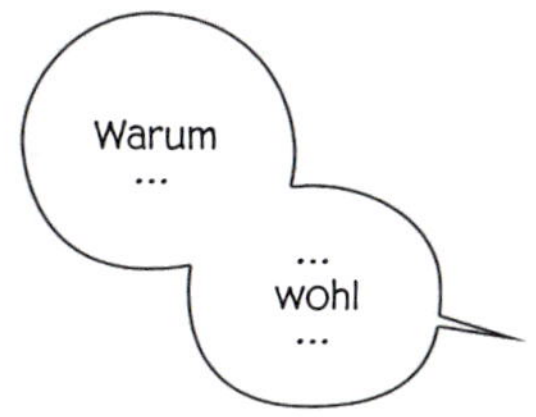
Warum …
… wohl …

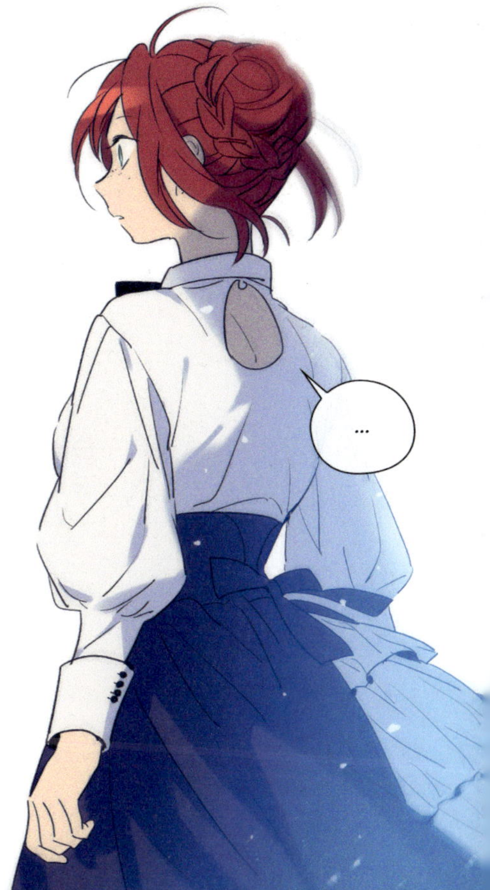
…

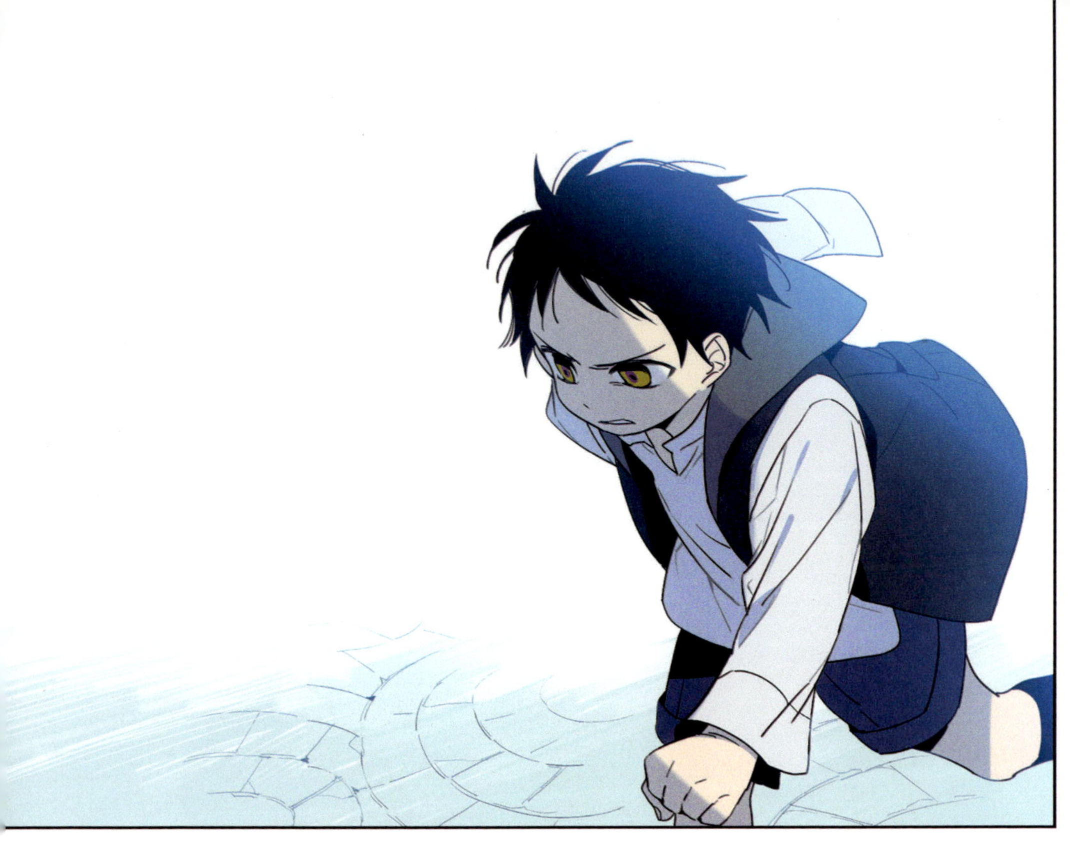

Oh?

Ich war
zwar wütend
geworden
...

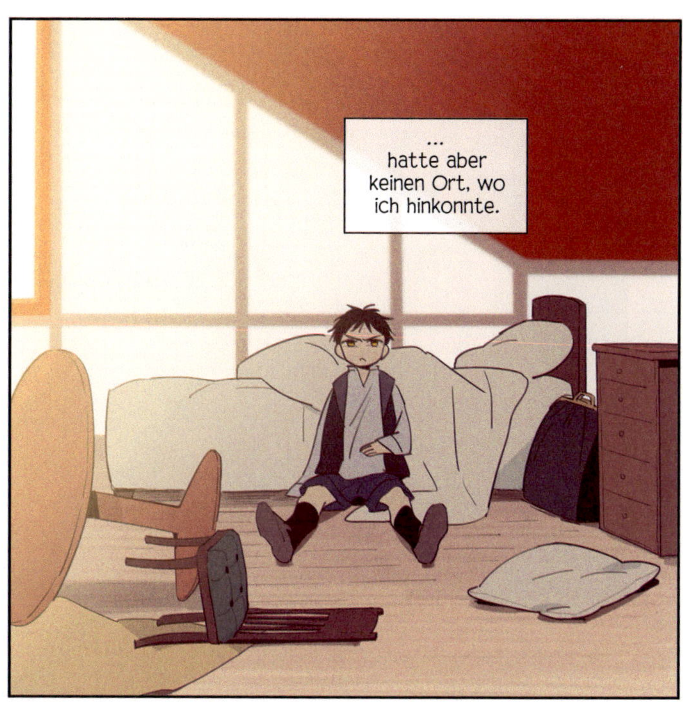

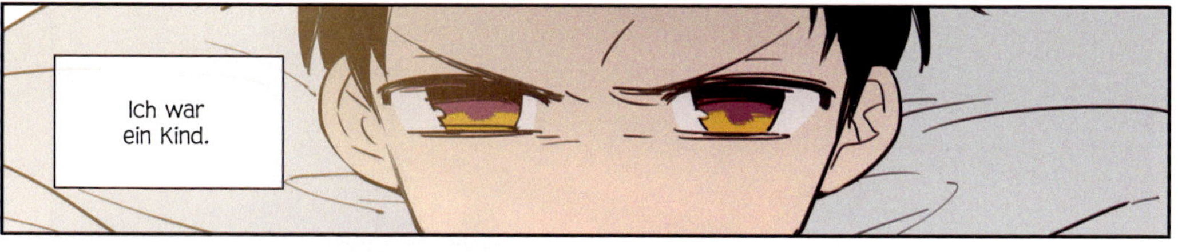

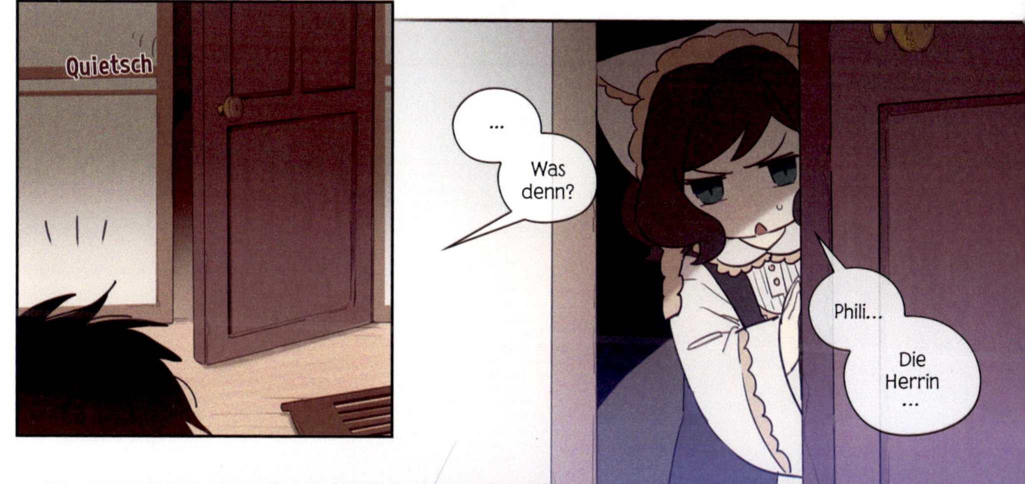

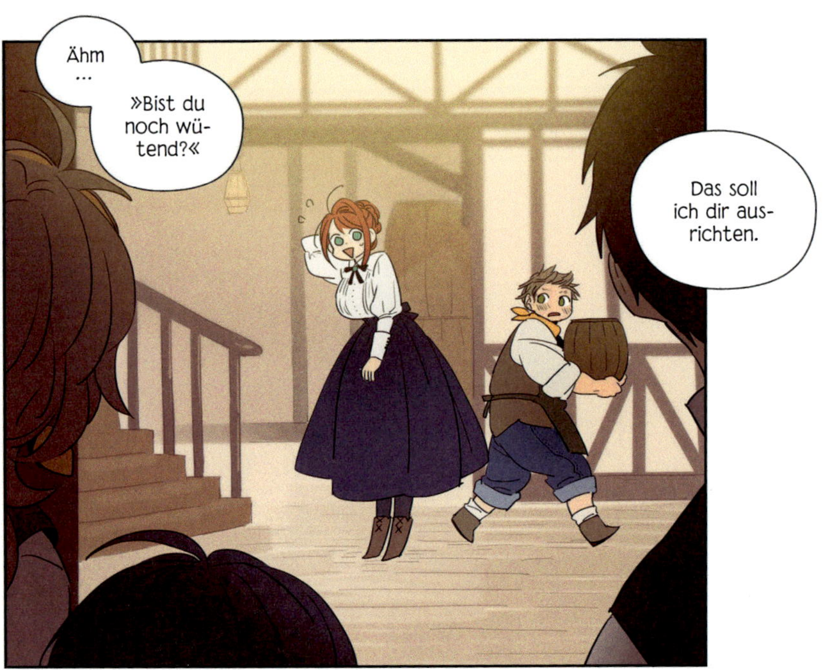

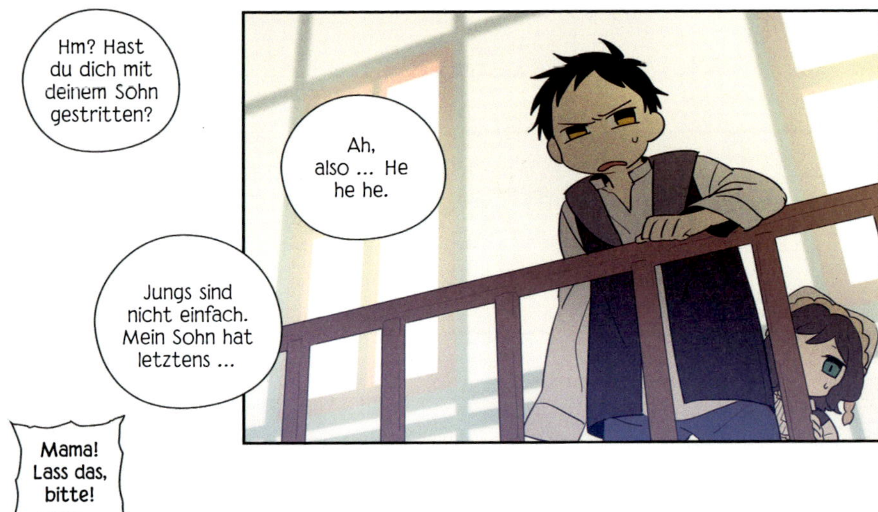

Warum nimmt eine Hexe so viel Rücksicht …

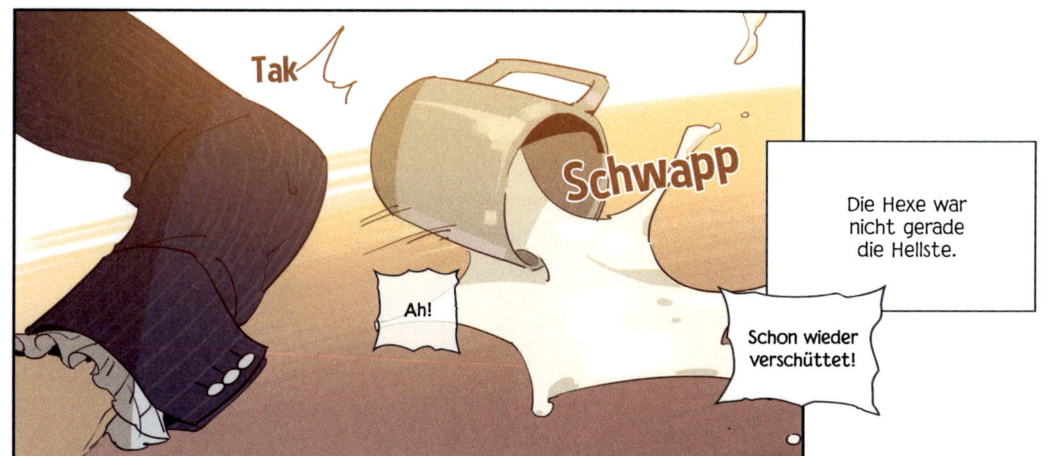

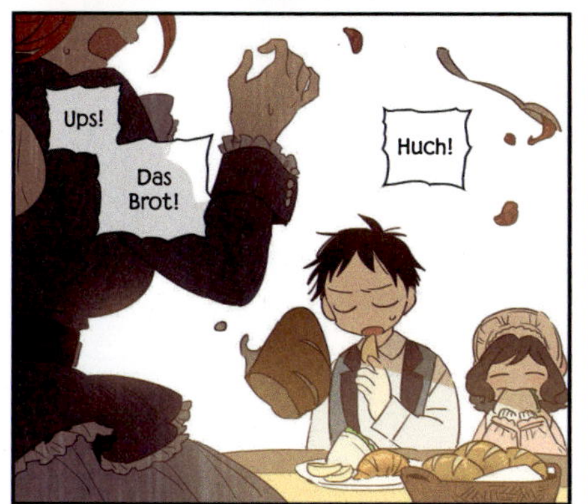

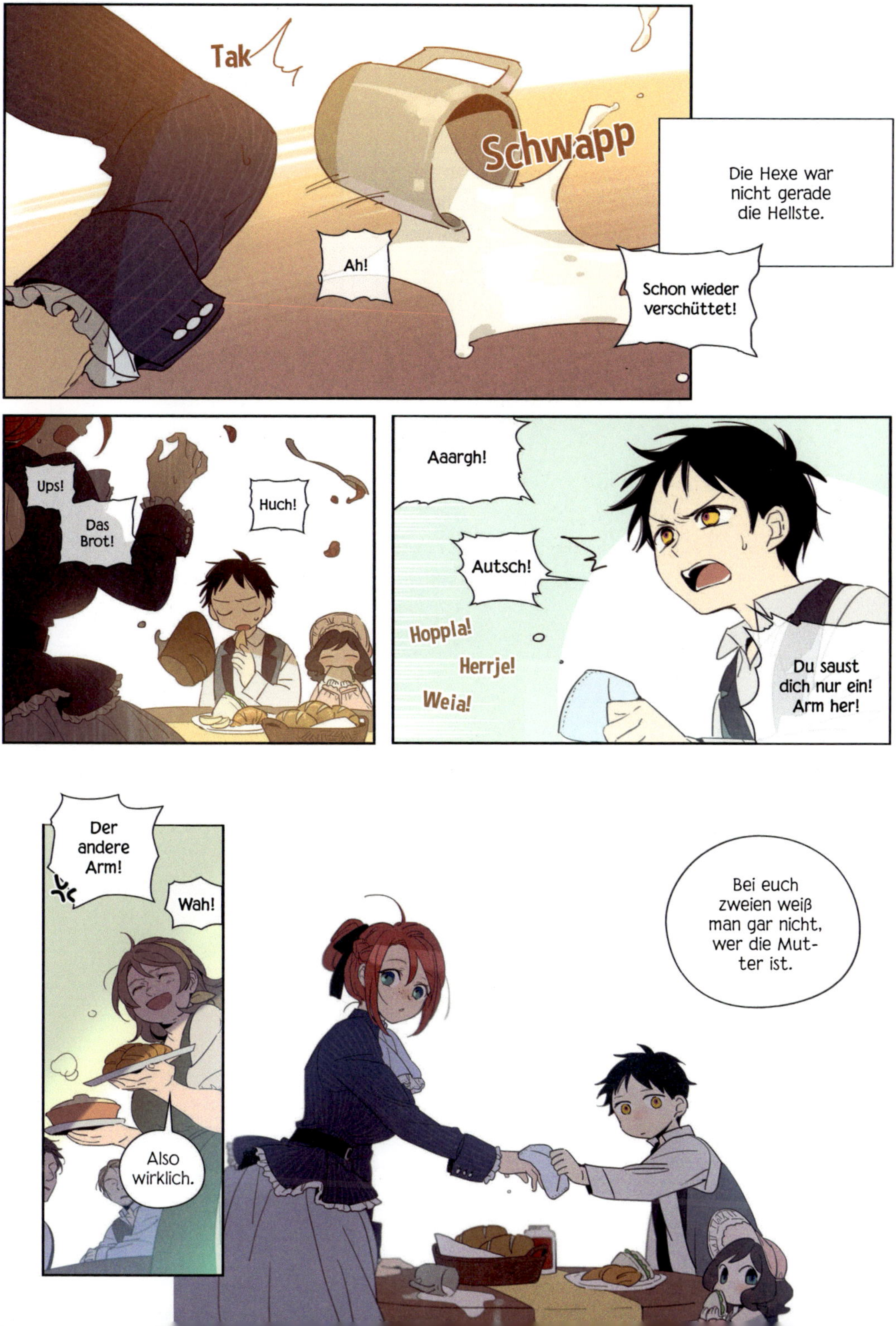

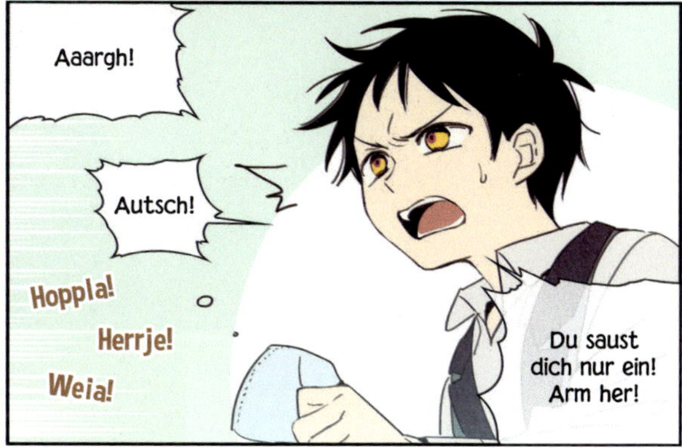

Der andere Arm!

Wah!

Also wirklich.

Bei euch zweien weiß man gar nicht, wer die Mutter ist.

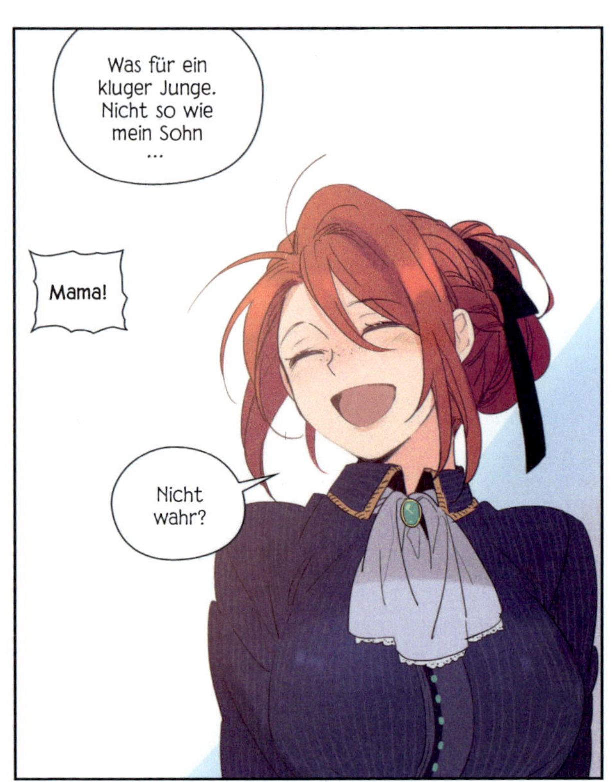
Was für ein kluger Junge. Nicht so wie mein Sohn ...
Mama!
Nicht wahr?

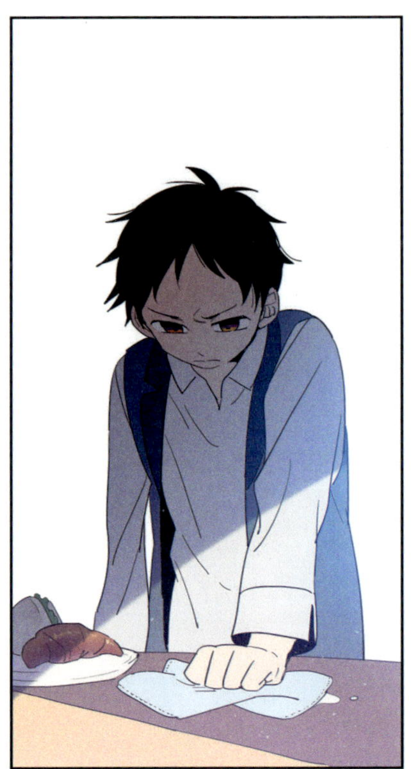

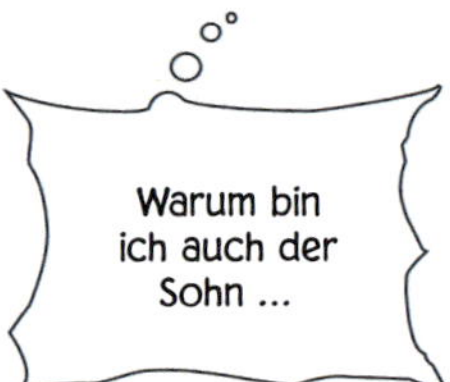
Warum bin ich auch der Sohn ...

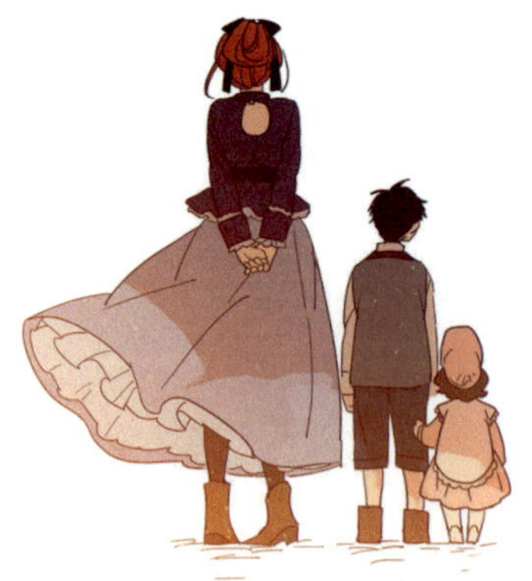

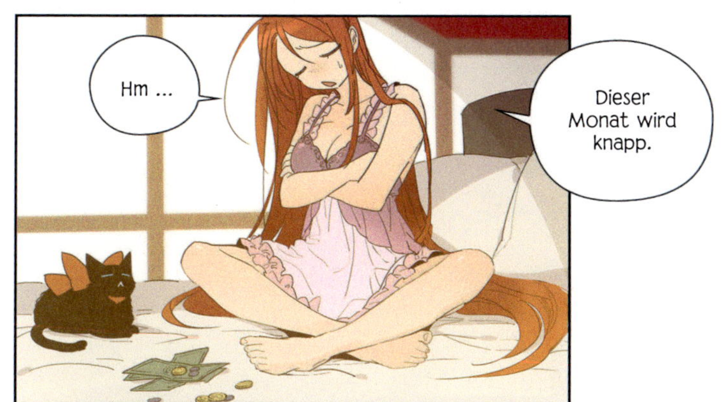

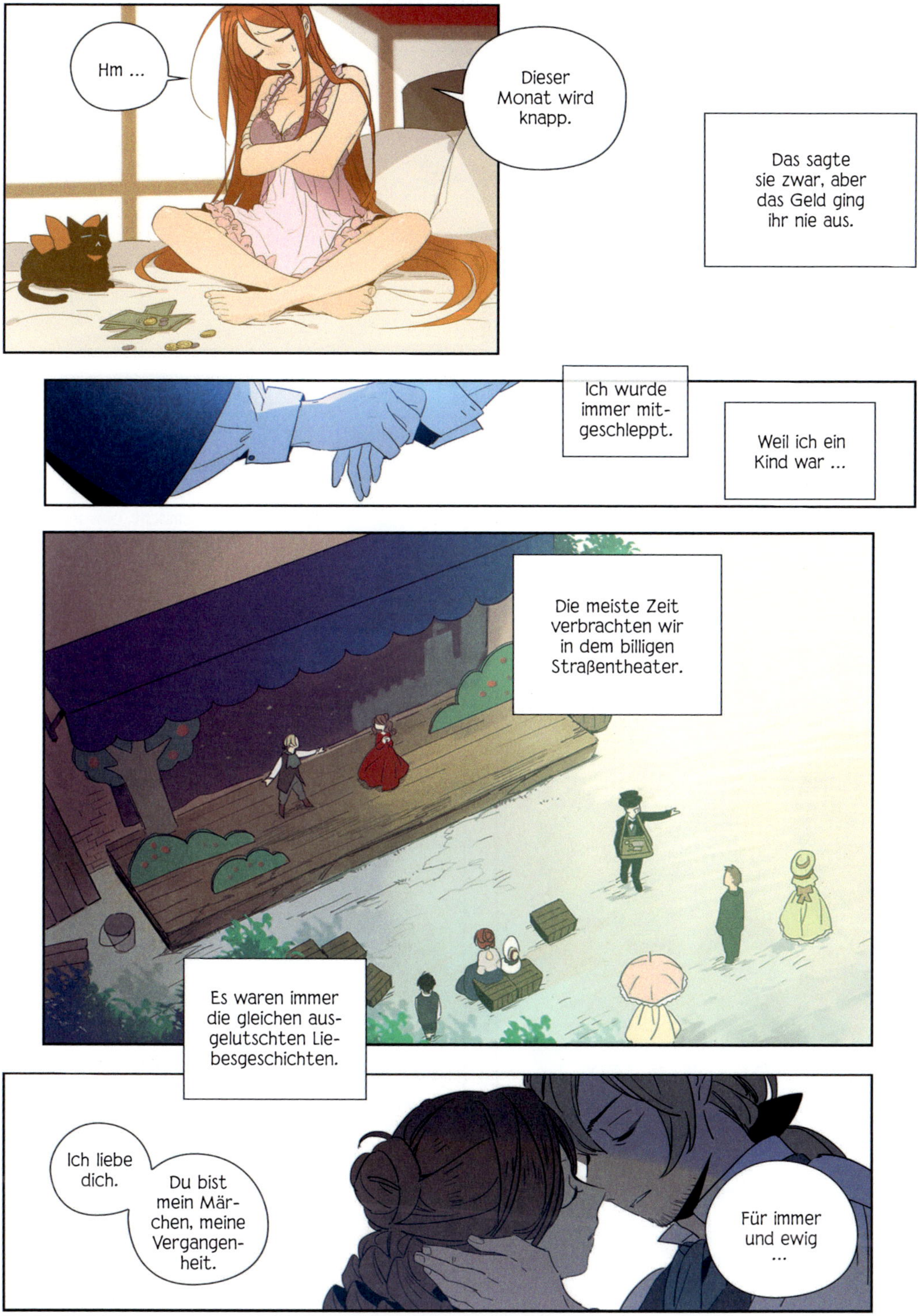

Das sagte sie zwar, aber das Geld ging ihr nie aus.

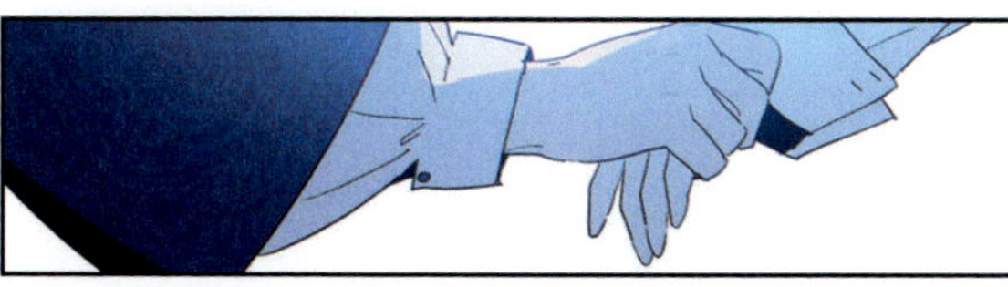

Ich wurde immer mitgeschleppt.

Weil ich ein Kind war …

Die meiste Zeit verbrachten wir in dem billigen Straßentheater.

Es waren immer die gleichen ausgelutschten Liebesgeschichten.

Ich liebe dich.

Du bist mein Märchen, meine Vergangenheit.

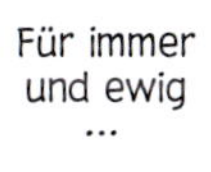

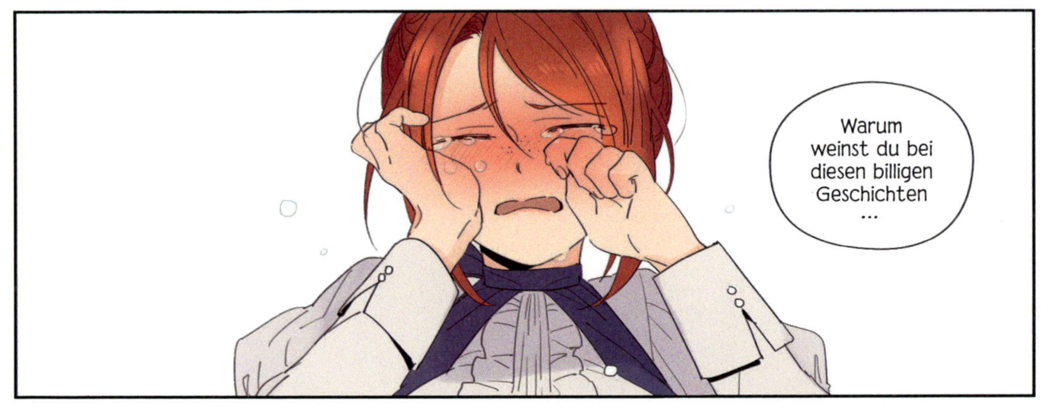
Warum weinst du bei diesen billigen Geschichten …

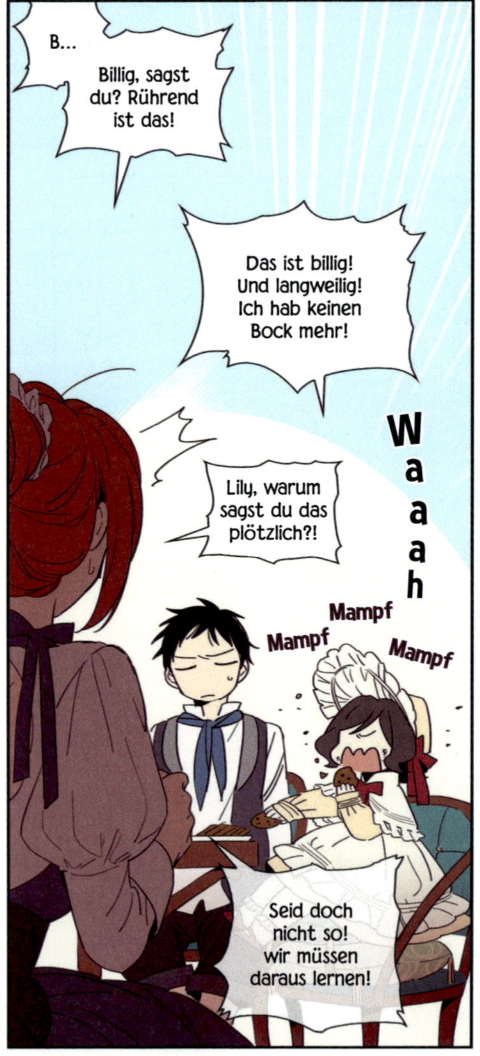
B…
Billig, sagst du? Rührend ist das!
Das ist billig! Und langweilig! Ich hab keinen Bock mehr!
Waaah
Lily, warum sagst du das plötzlich?!
Mampf
Mampf
Mampf
Seid doch nicht so! wir müssen daraus lernen!

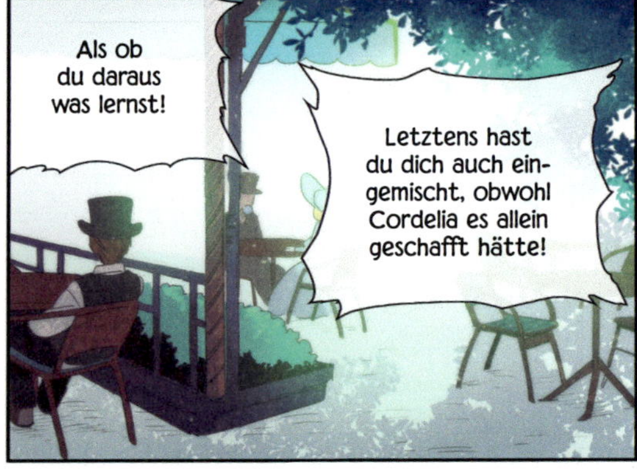
Als ob du daraus was lernst!
Letztens hast du dich auch eingemischt, obwohl Cordelia es allein geschafft hätte!

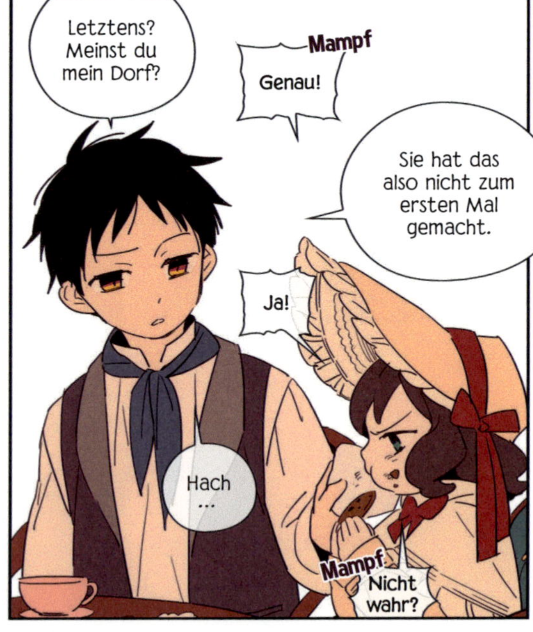
Letztens? Meinst du mein Dorf?
Mampf
Genau!
Sie hat das also nicht zum ersten Mal gemacht.
Ja!
Hach …
Mampf
Nicht wahr?

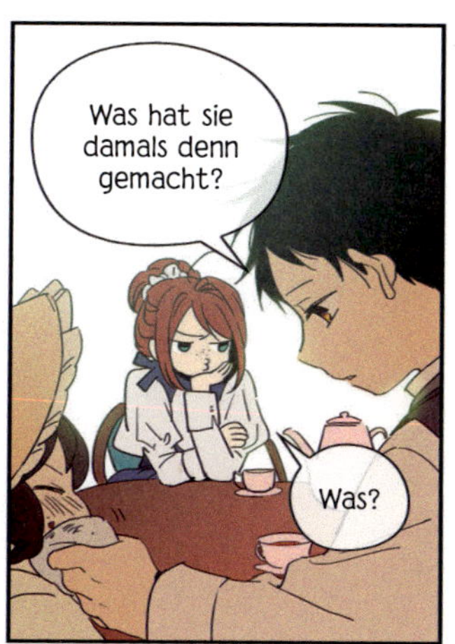
Was hat sie
damals denn
gemacht?
Was?

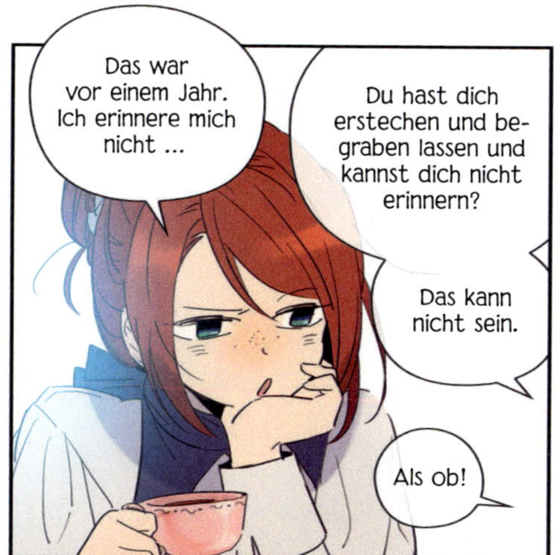
Das war
vor einem Jahr.
Ich erinnere mich
nicht ...
Du hast dich
erstechen und be-
graben lassen und
kannst dich nicht
erinnern?
Das kann
nicht sein.
Als ob!

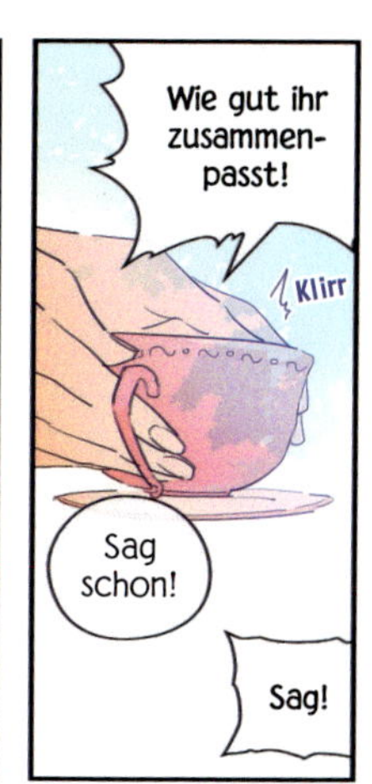
Wie gut ihr
zusammen-
passt!
Klirr
Sag
schon!
Sag!

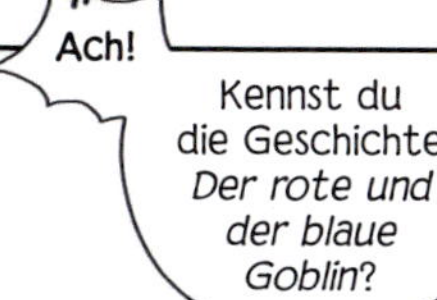
Ach!
Kennst du
die Geschichte
*Der rote und
der blaue
Goblin*?
Goblins
sind so etwas
wie asiatische
Trolle ...
Das will
ich gar nicht
wissen.

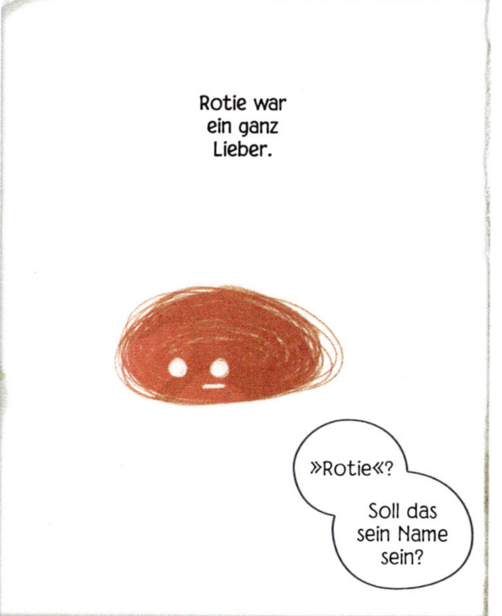
Rotie war
ein ganz
Lieber.
»Rotie«?
Soll das
sein Name
sein?

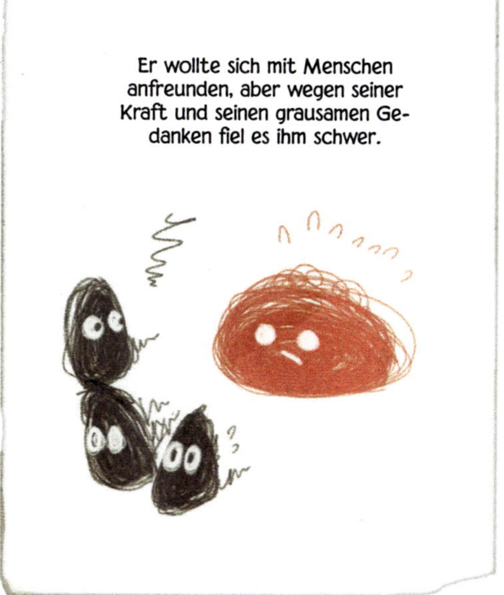
Er wollte sich mit Menschen
anfreunden, aber wegen seiner
Kraft und seinen grausamen Ge-
danken fiel es ihm schwer.

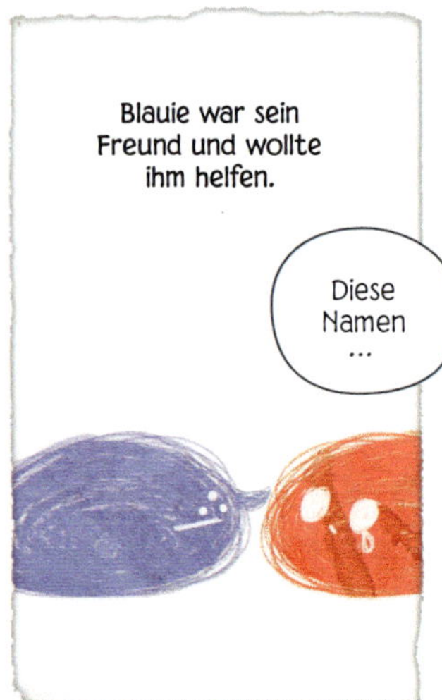

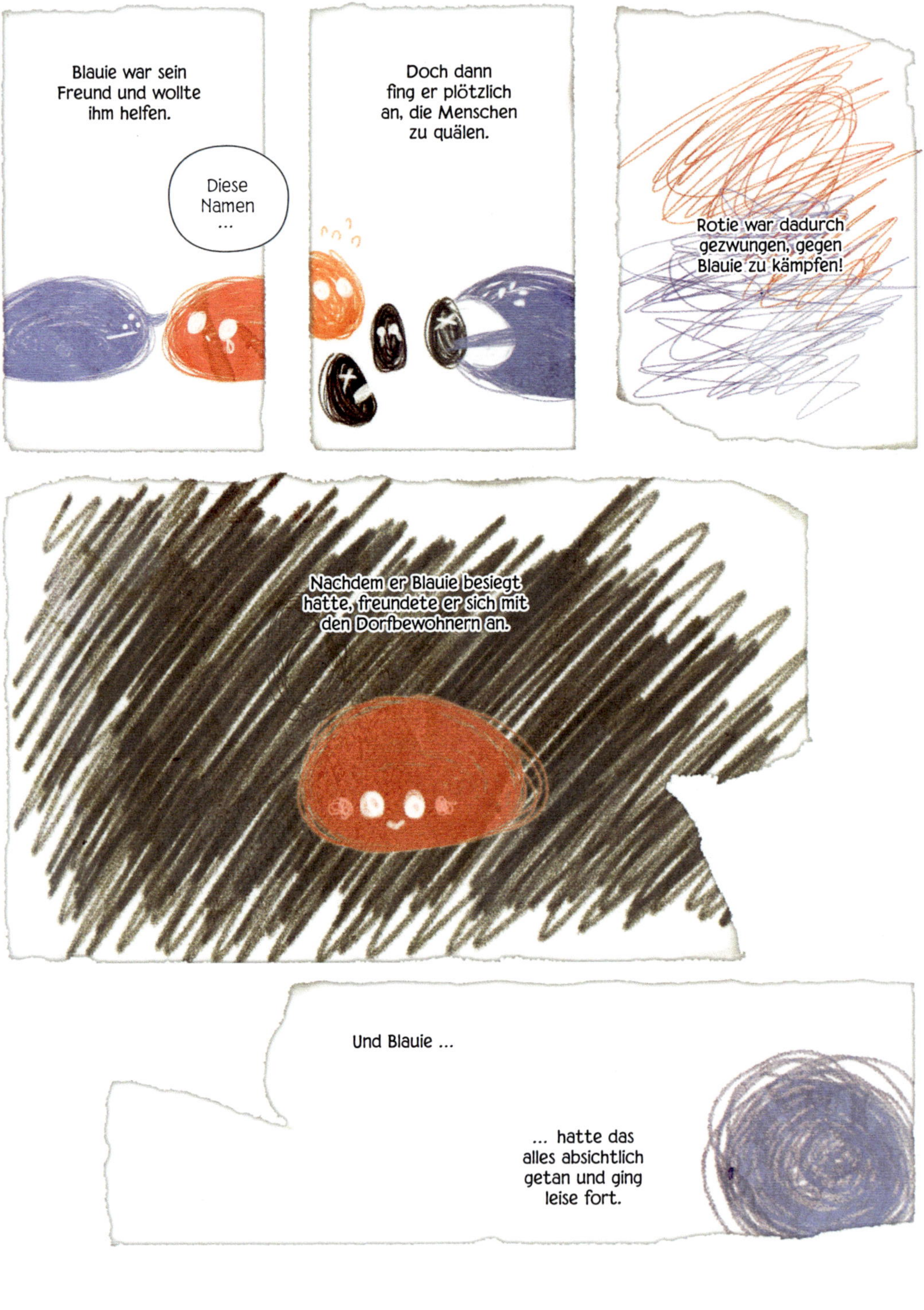

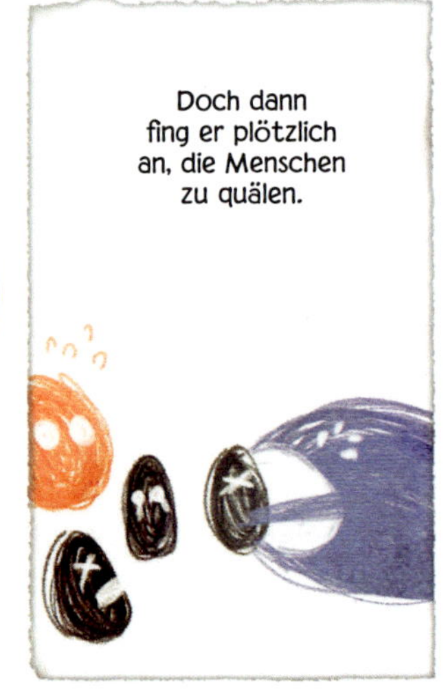

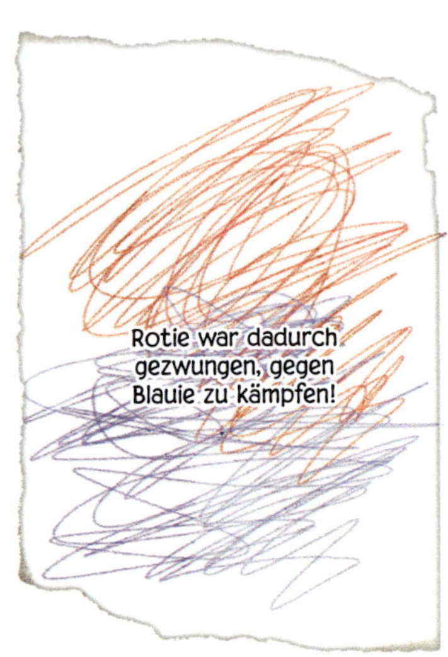

Nachdem er Blauie besiegt hatte, freundete er sich mit den Dorfbewohnern an.

Und Blauie …

… hatte das alles absichtlich getan und ging leise fort.

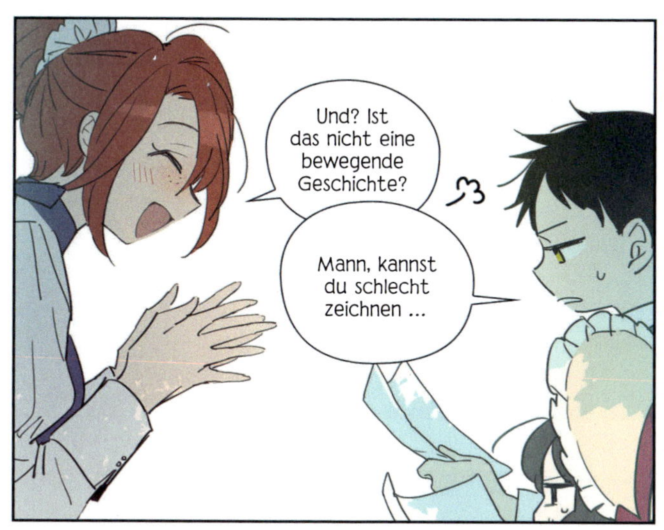
Und? Ist das nicht eine bewegende Geschichte?
Mann, kannst du schlecht zeichnen ...

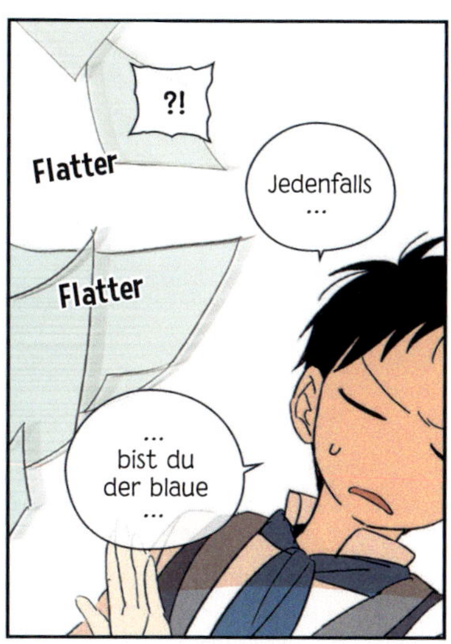
?!
Flatter
Flatter
Jedenfalls ...
... bist du der blaue ...

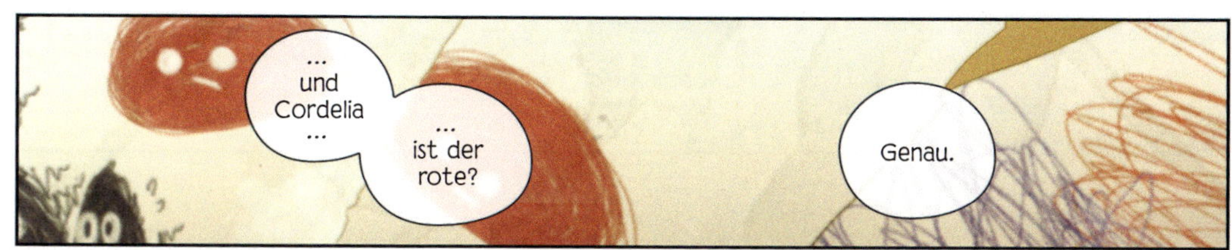
... und Cordelia ...
... ist der rote?
Genau.

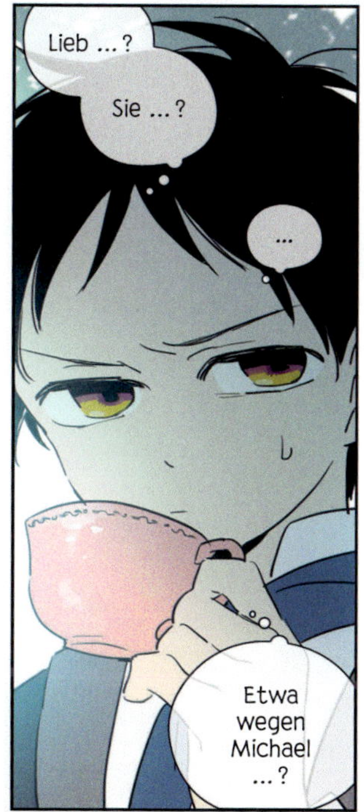
Lieb ...?
Sie ...?
...
Etwa wegen Michael ...?

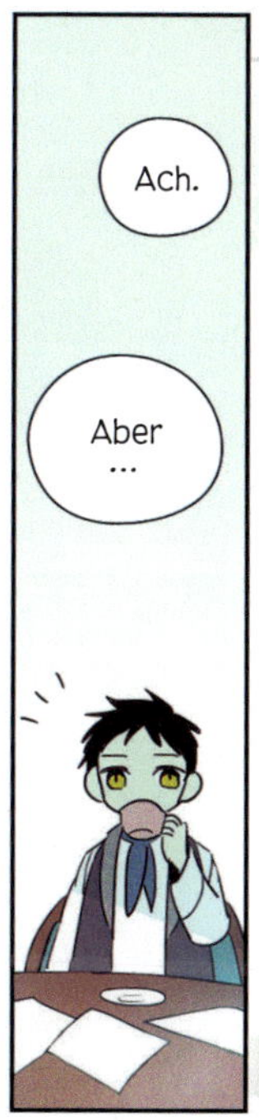
Ach.
Aber ...

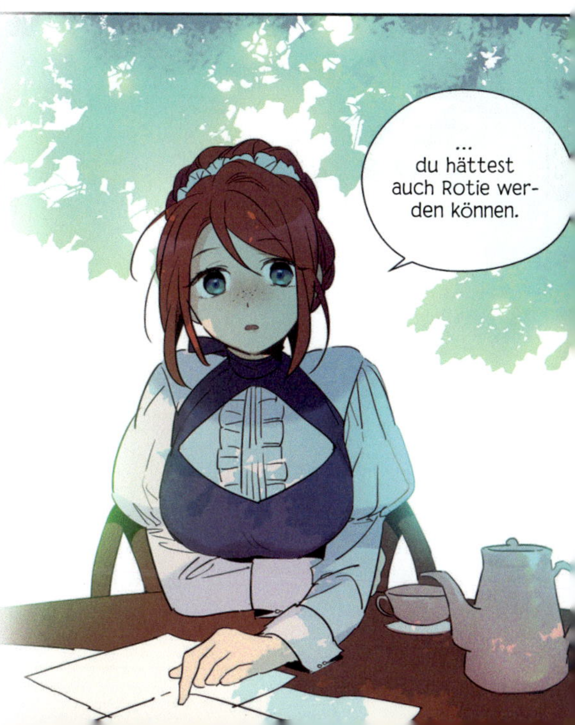
... du hättest auch Rotie wer-den können.

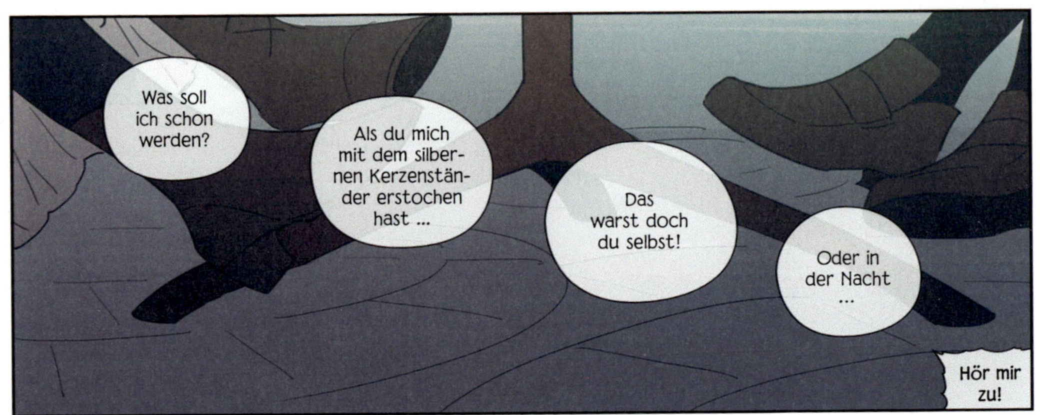

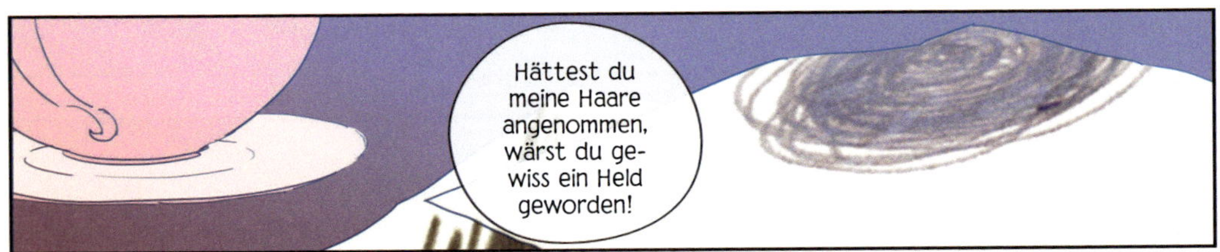

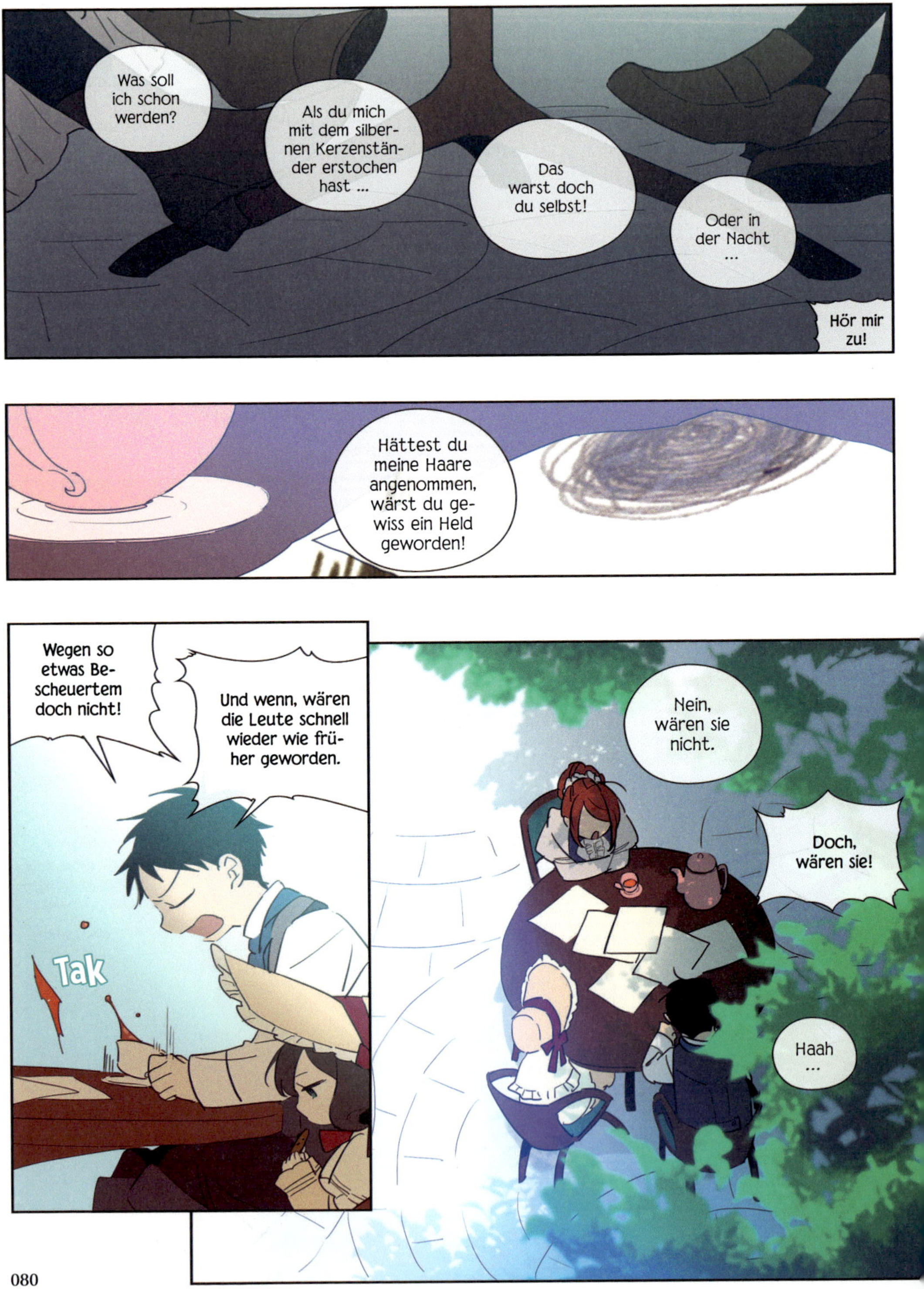

Wegen so etwas Bescheuertem doch nicht!

Und wenn, wären die Leute schnell wieder wie früher geworden.

Tak

Nein, wären sie nicht.

Doch, wären sie!

Haah ...

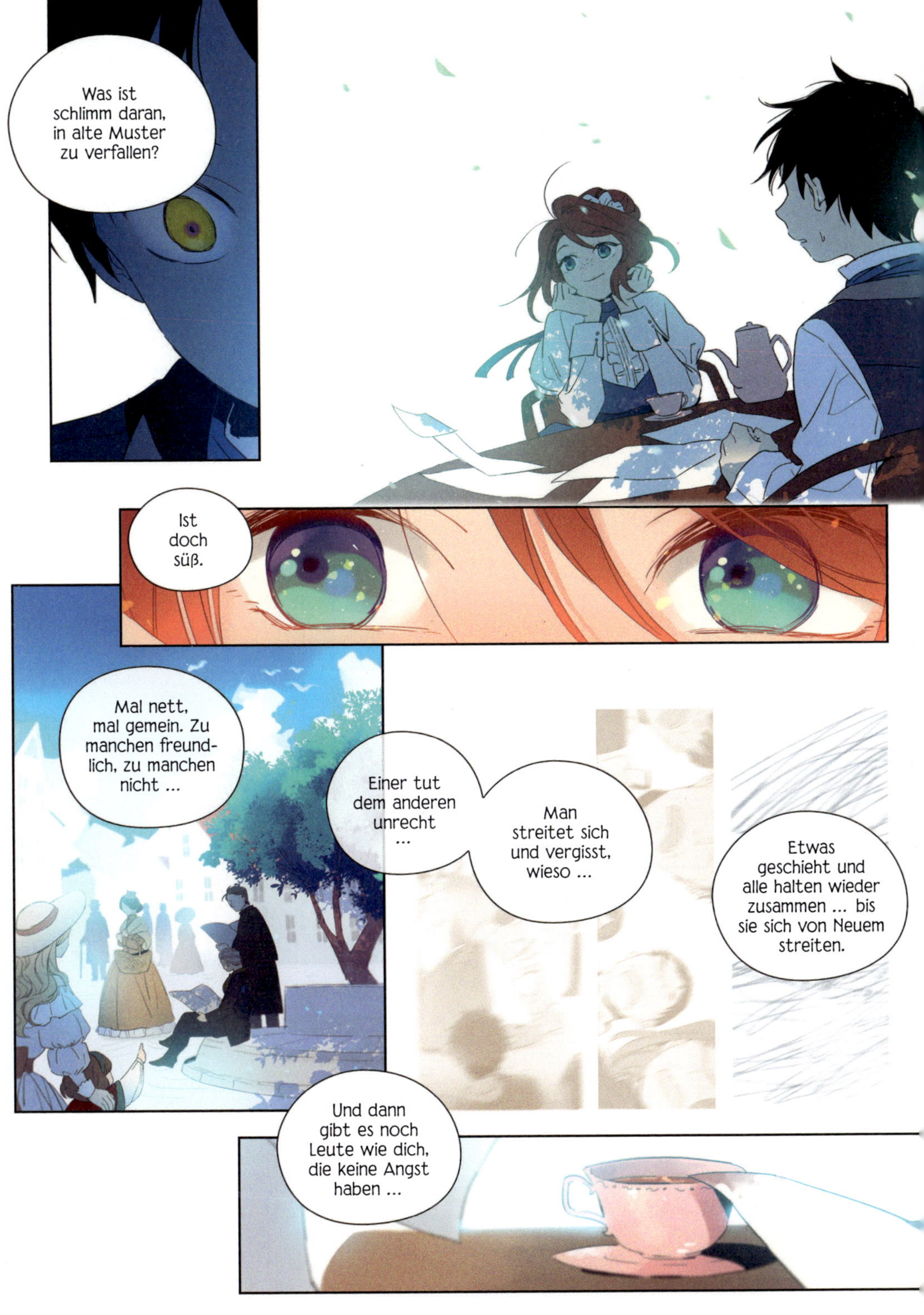
Was ist schlimm daran, in alte Muster zu verfallen?
Ist doch süß.
Mal nett, mal gemein. Zu manchen freund-lich, zu manchen nicht ...
Einer tut dem anderen unrecht ...
Man streitet sich und vergisst, wieso ...
Etwas geschieht und alle halten wieder zusammen ... bis sie sich von Neuem streiten.
Und dann gibt es noch Leute wie dich, die keine Angst haben ...

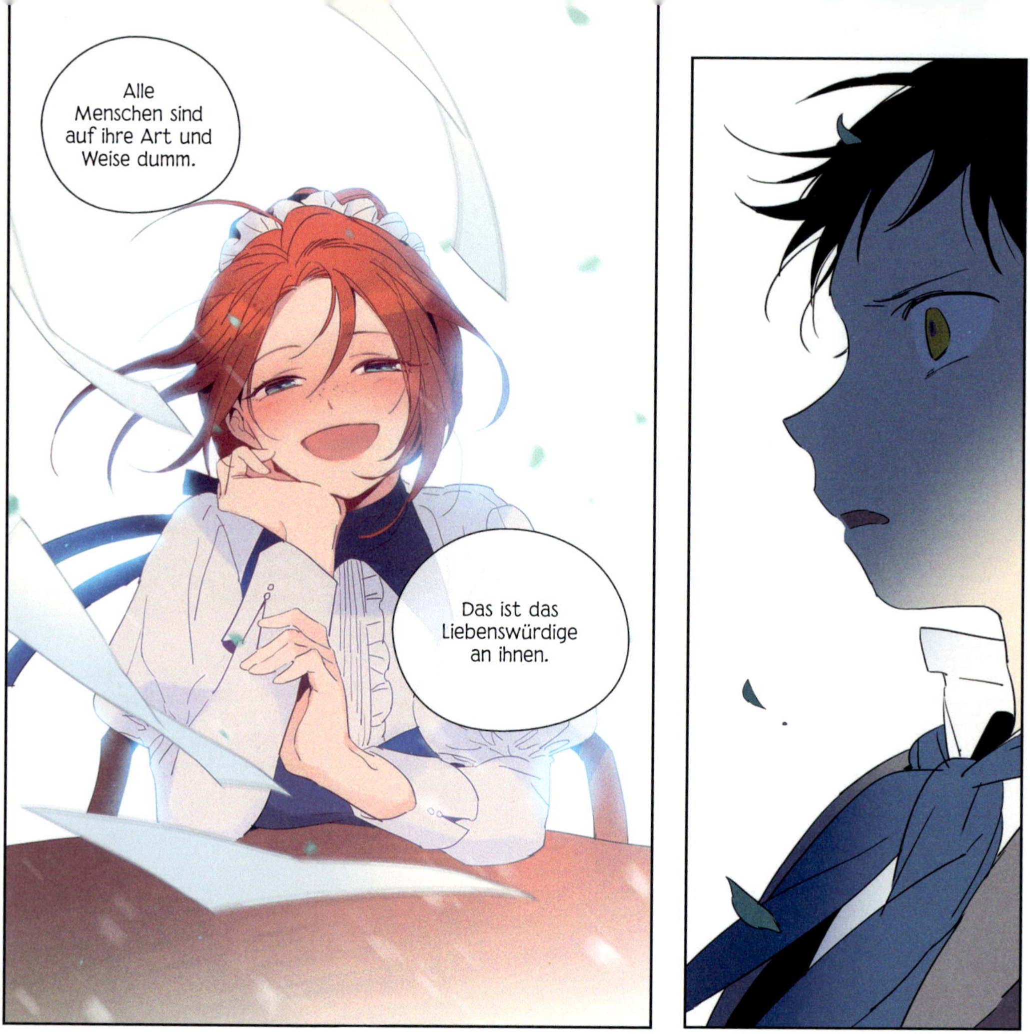

Alle Menschen sind auf ihre Art und Weise dumm.

Das ist das Liebenswürdige an ihnen.

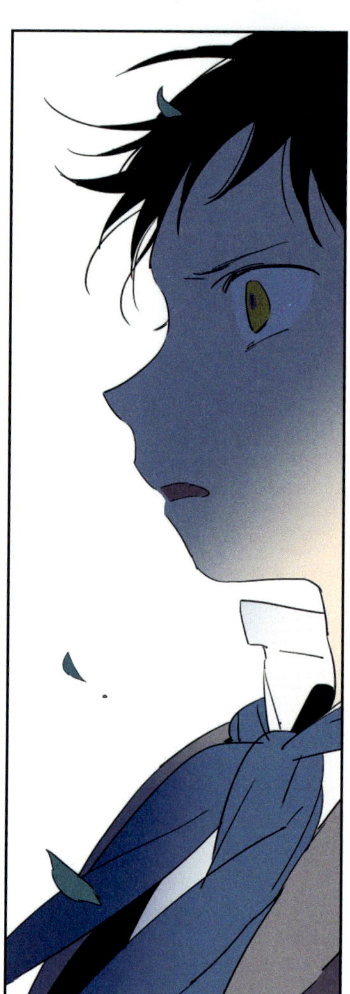

Ich konnte sie nicht verstehen.
Deshalb wurde ich wieder wütend.

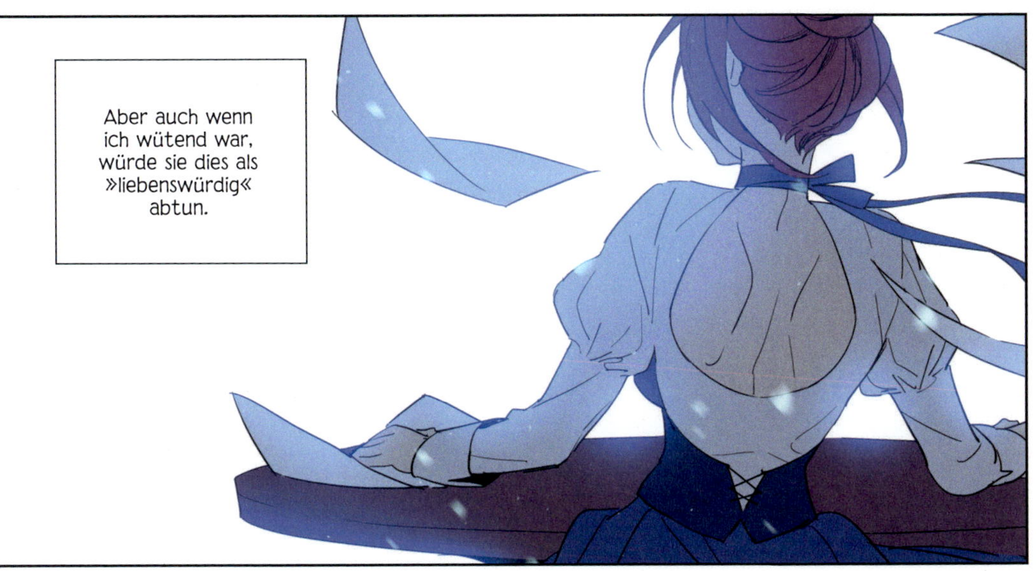
Aber auch wenn ich wütend war, würde sie dies als »liebenswürdig« abtun.

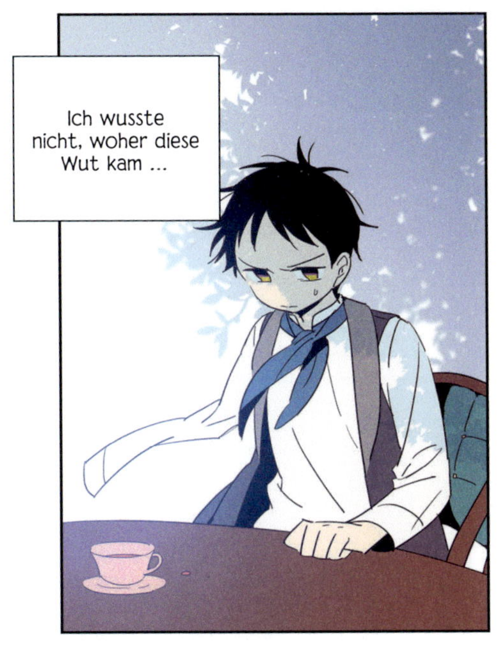
Ich wusste nicht, woher diese Wut kam ...

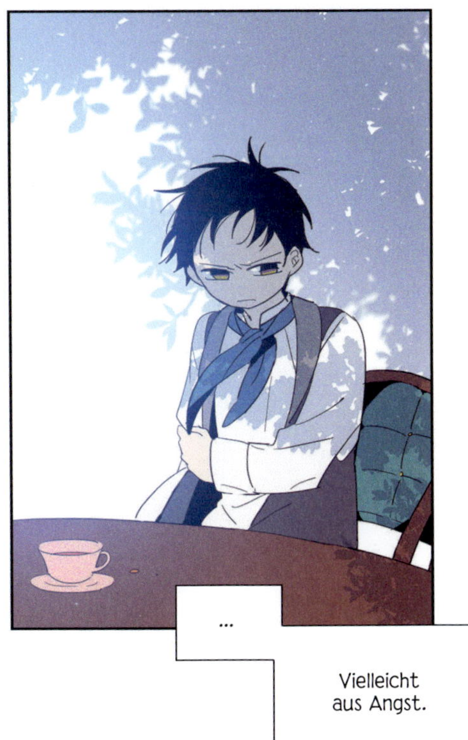
...
Vielleicht aus Angst.

Von da an
musste ich diese
Gefühle häufig
unterdrücken.

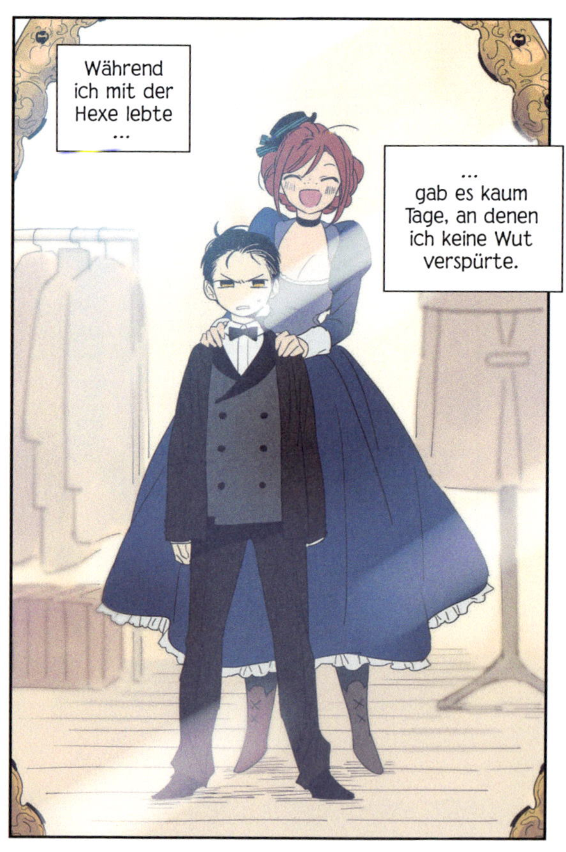

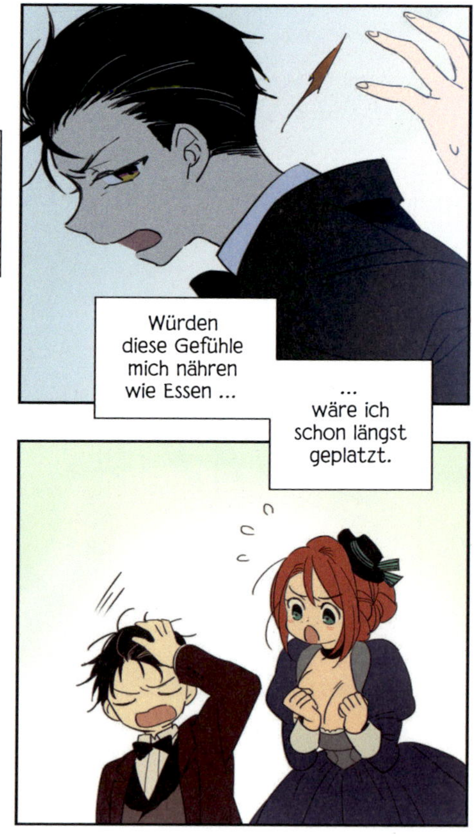

Trotzdem verließ ich die Hexe nicht.

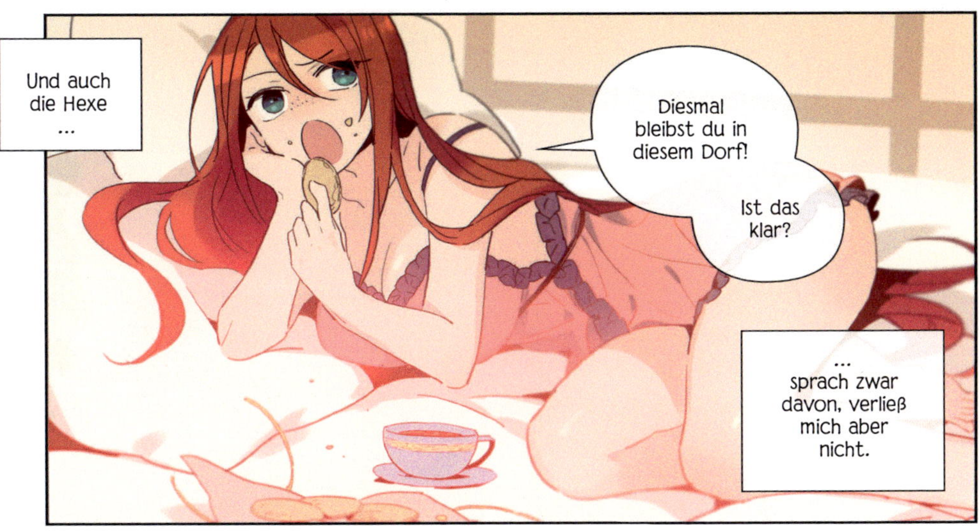

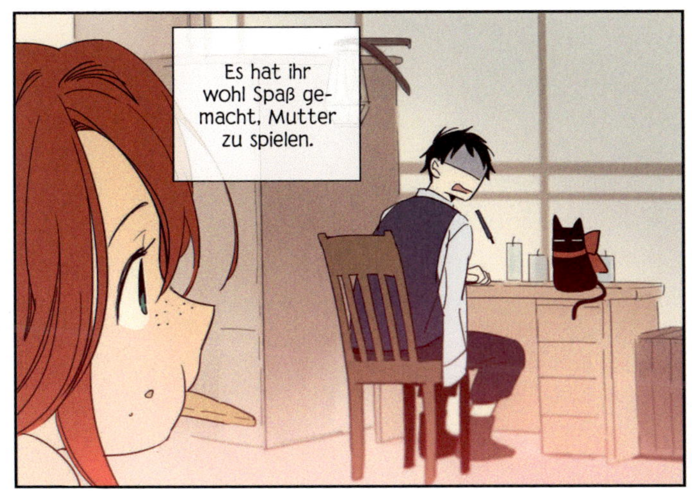

Oder …

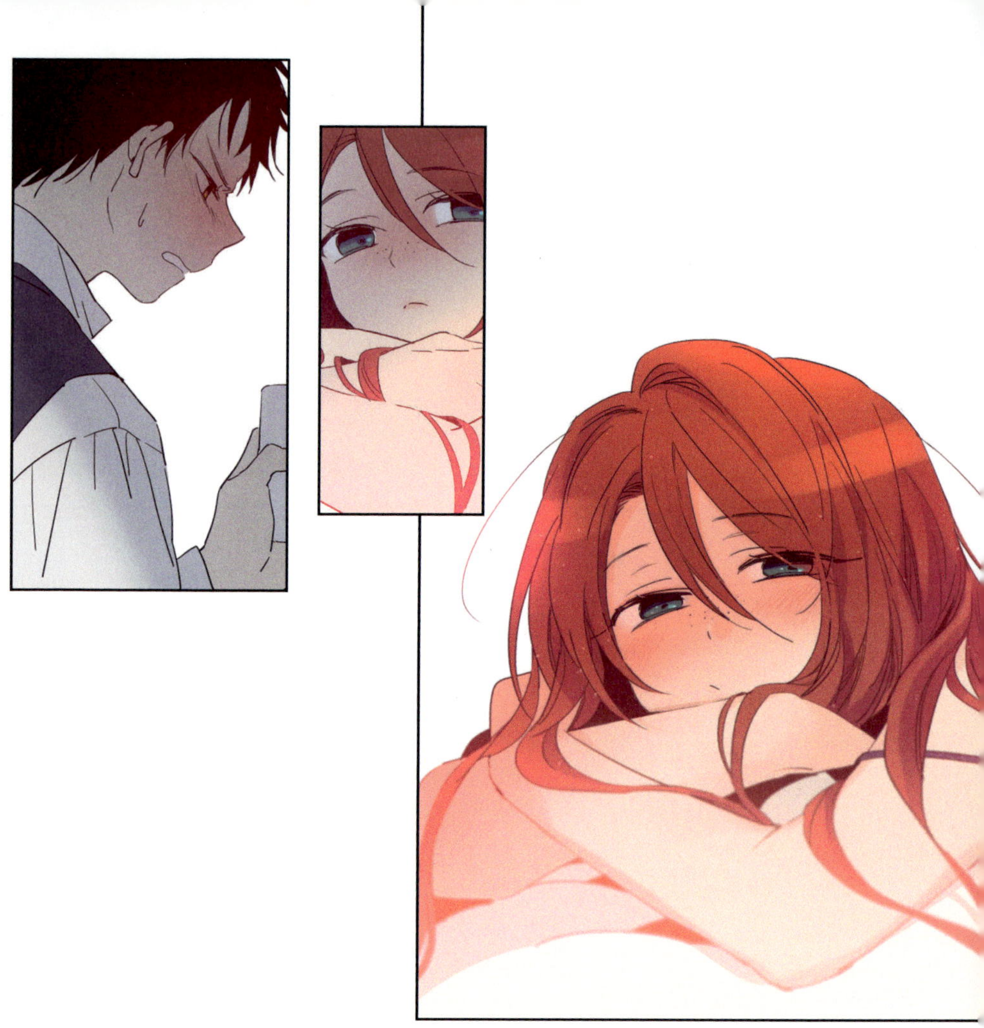

Die Hexe verbrachte
noch fünf weitere Jahre
mit dem Jungen.

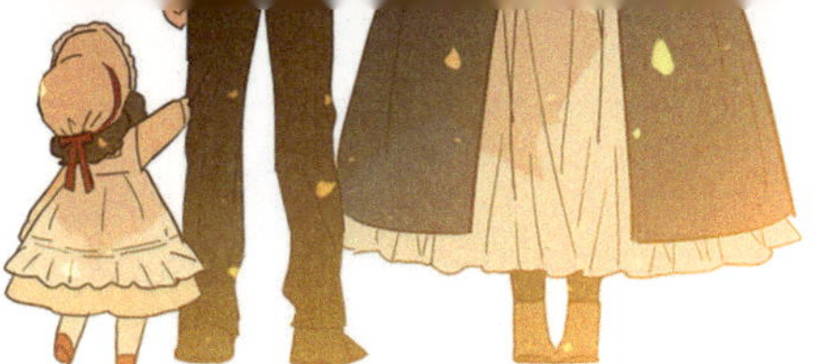

Du willst ein weiteres Zimmer anmieten?

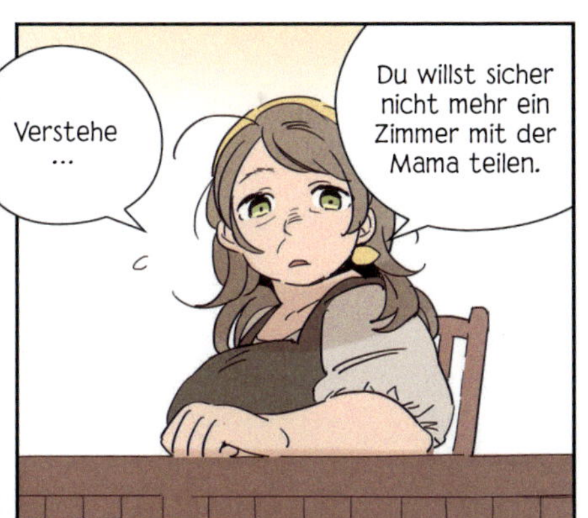

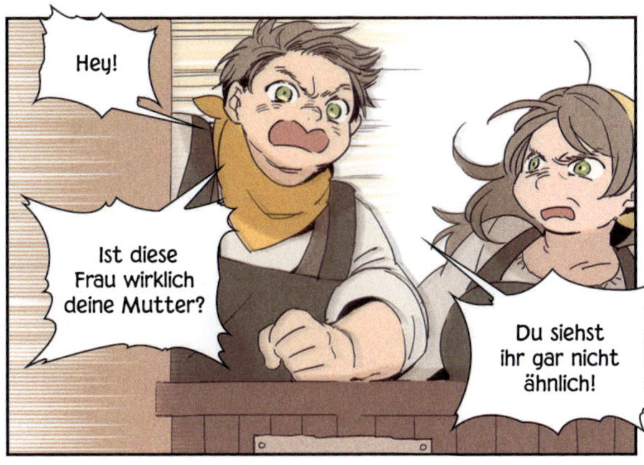

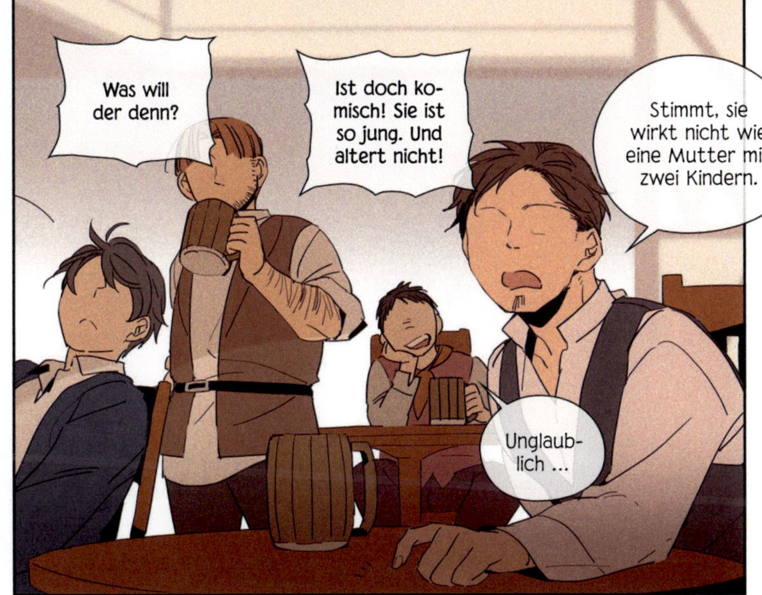

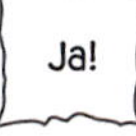

Immer mehr Leute wurden skeptisch.

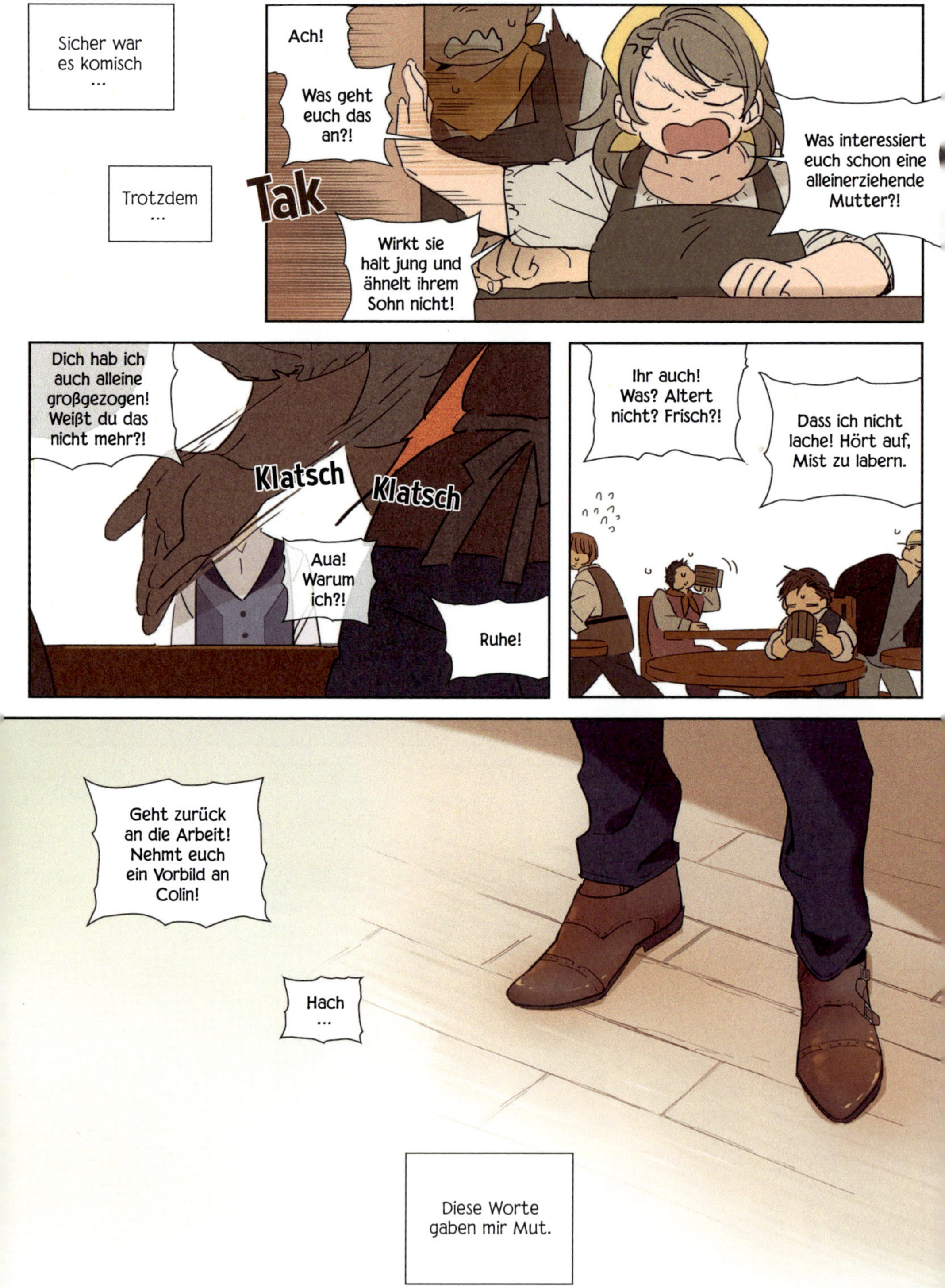

Sicher war es komisch ...

Trotzdem ...

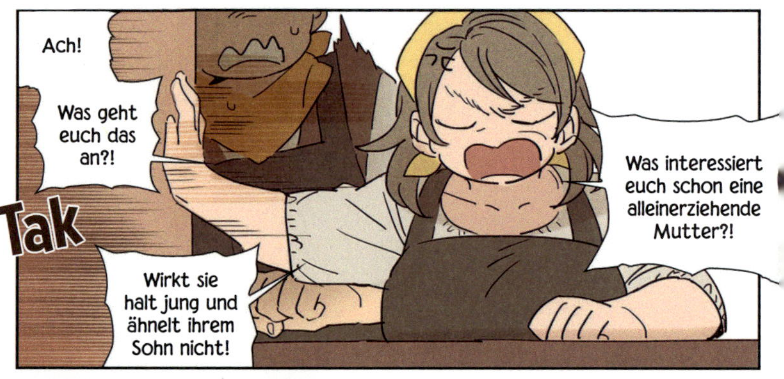

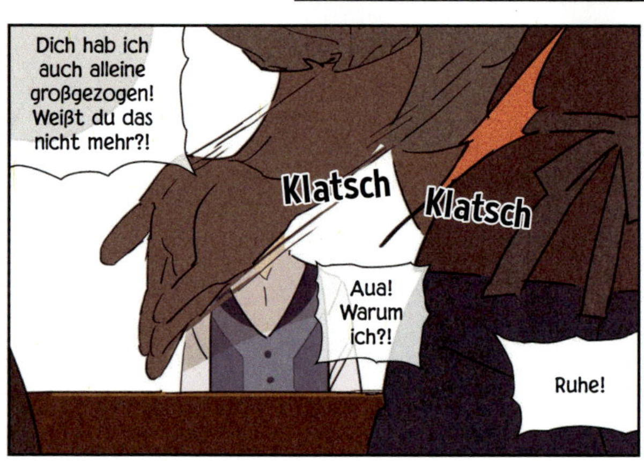

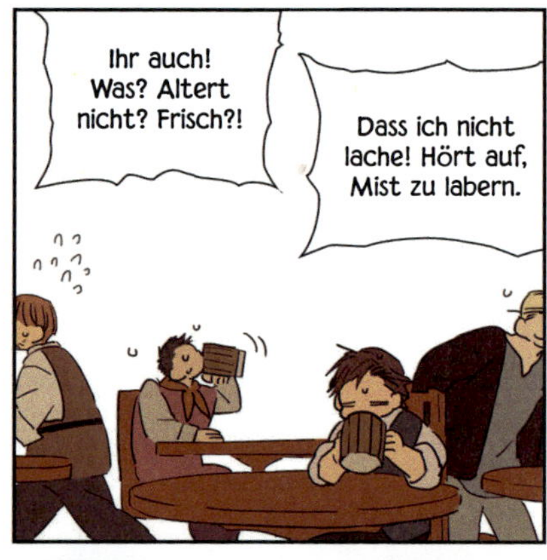

Geht zurück an die Arbeit! Nehmt euch ein Vorbild an Colin!

Hach ...

Diese Worte gaben mir Mut.

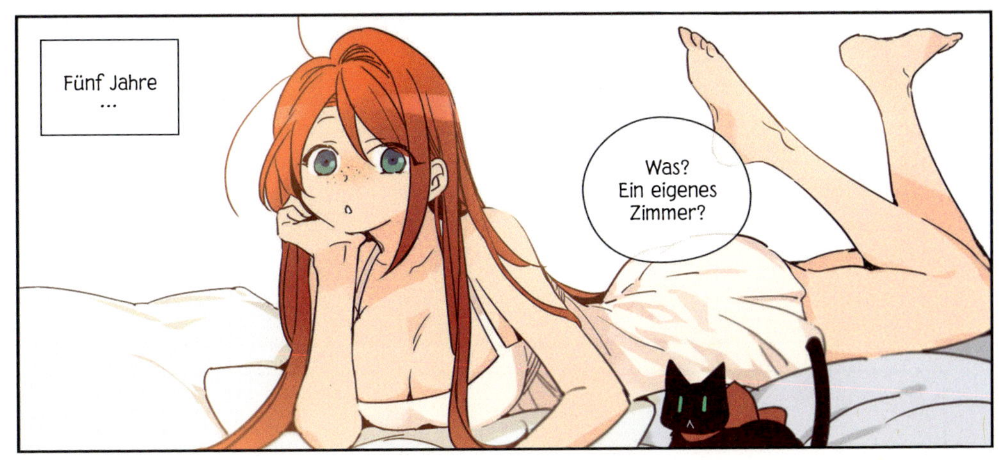
Fünf Jahre
...
Was? Ein eigenes Zimmer?
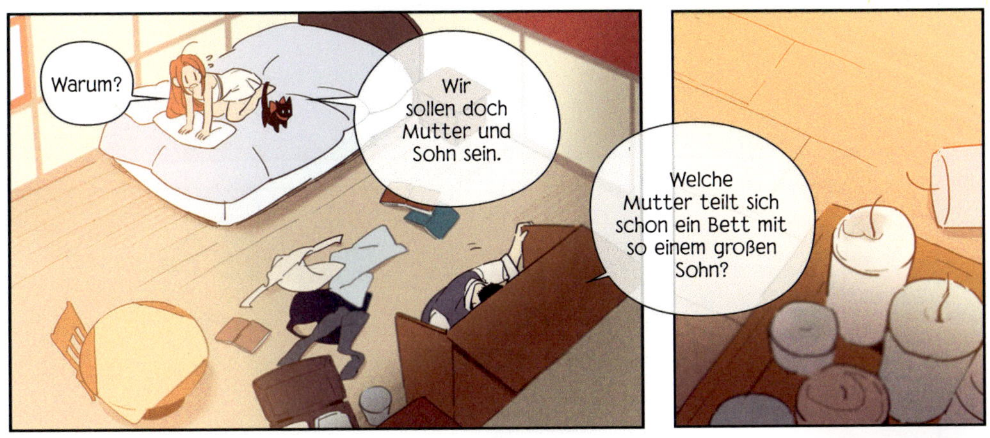
Warum?
Wir sollen doch Mutter und Sohn sein.
Welche Mutter teilt sich schon ein Bett mit so einem großen Sohn?
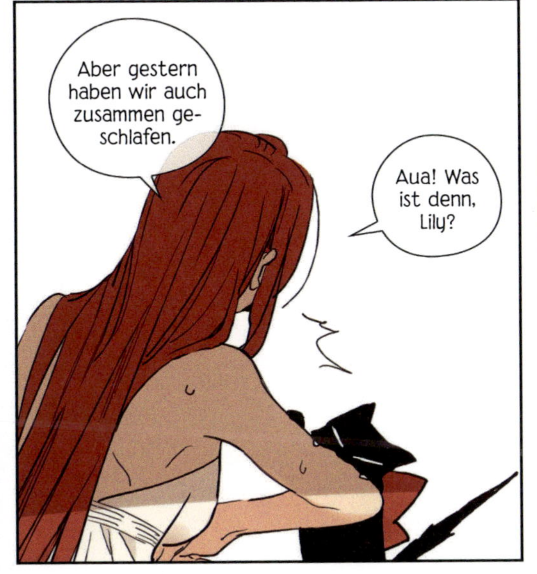
Aber gestern haben wir auch zusammen ge-schlafen.
Aua! Was ist denn, Lily?
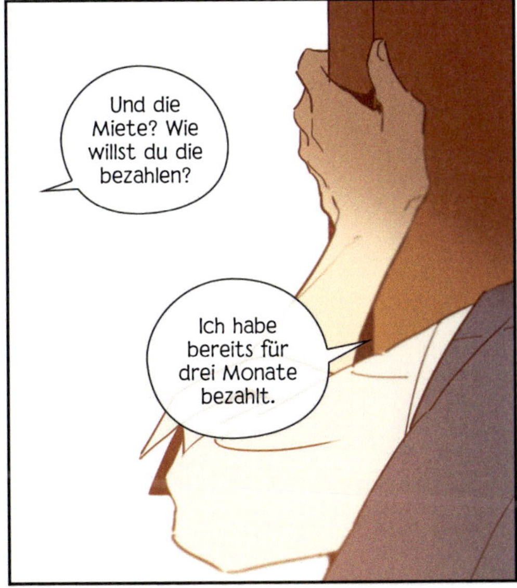
Und die Miete? Wie willst du die bezahlen?
Ich habe bereits für drei Monate bezahlt.

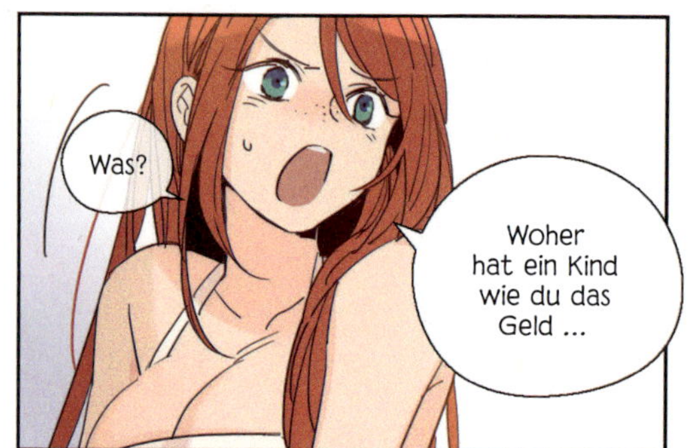
Was?
Woher hat ein Kind wie du das Geld ...

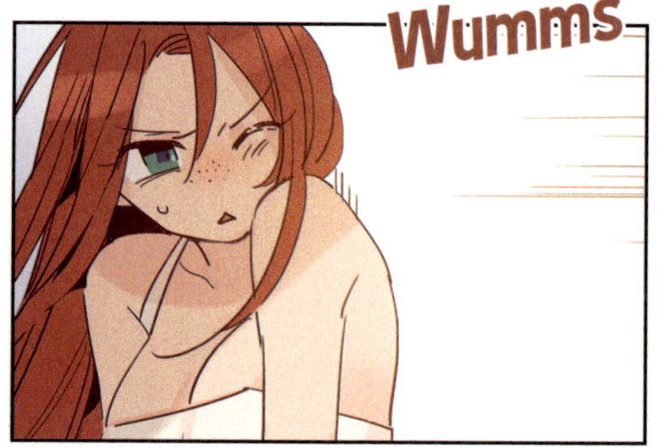
Wumms

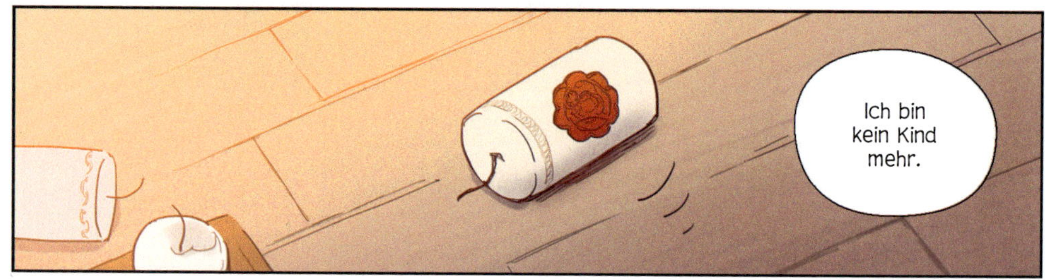
Ich bin kein Kind mehr.

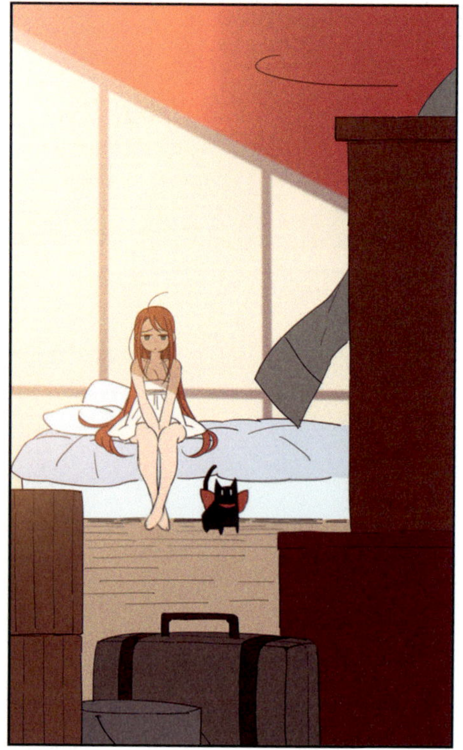

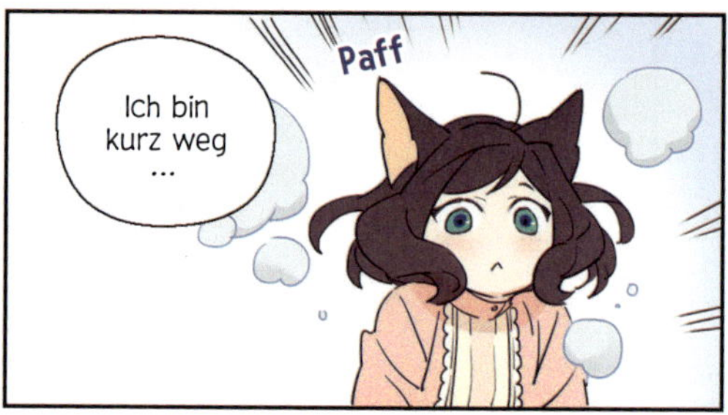
Paff
Ich bin kurz weg ...

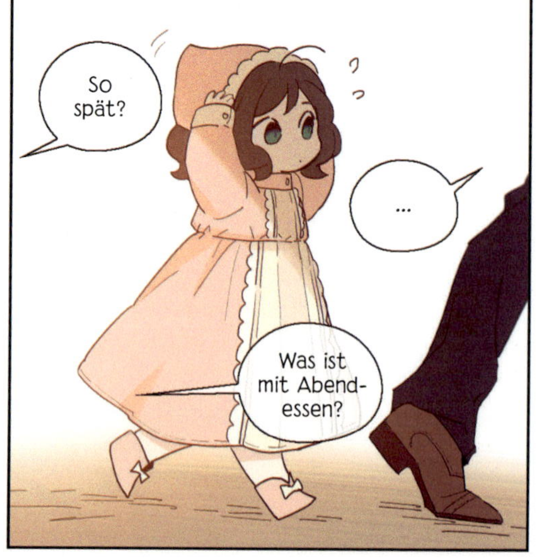
So spät?
...
Was ist mit Abend-essen?

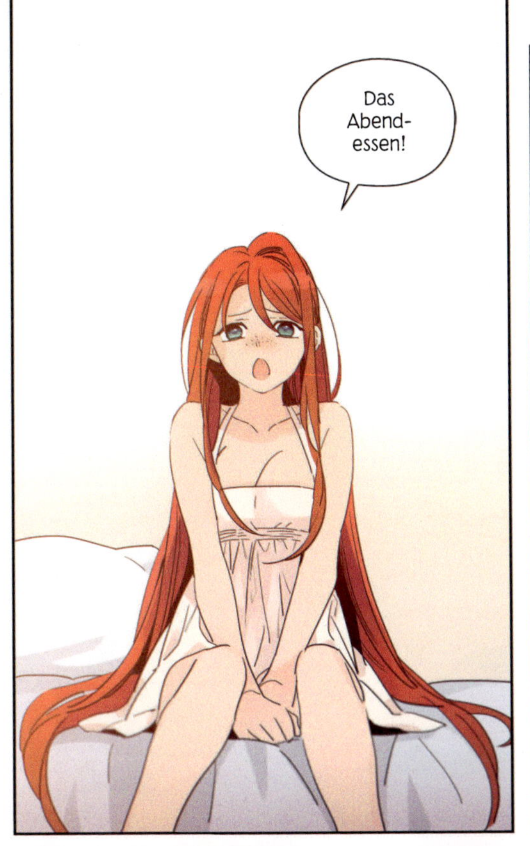

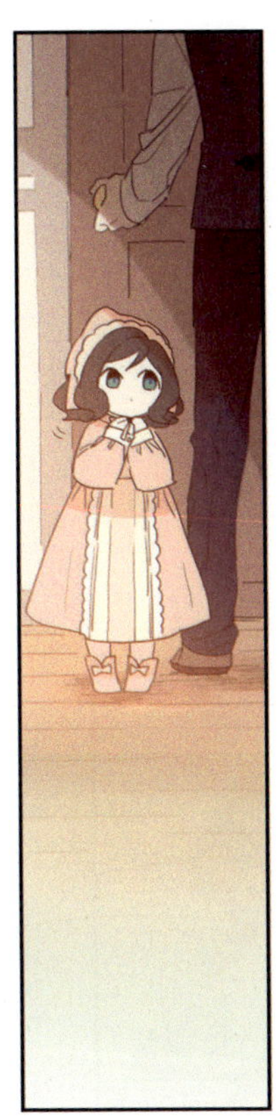

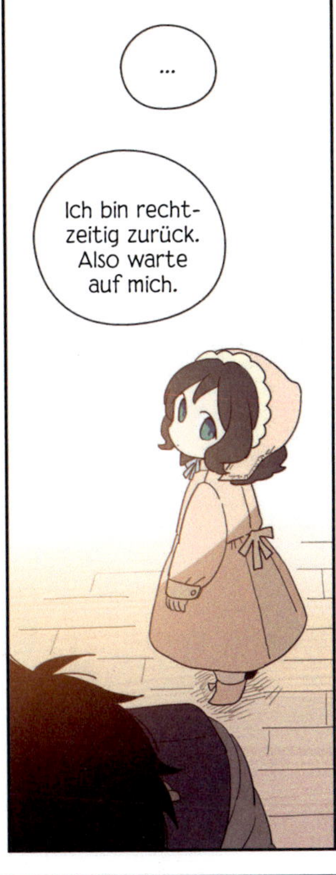

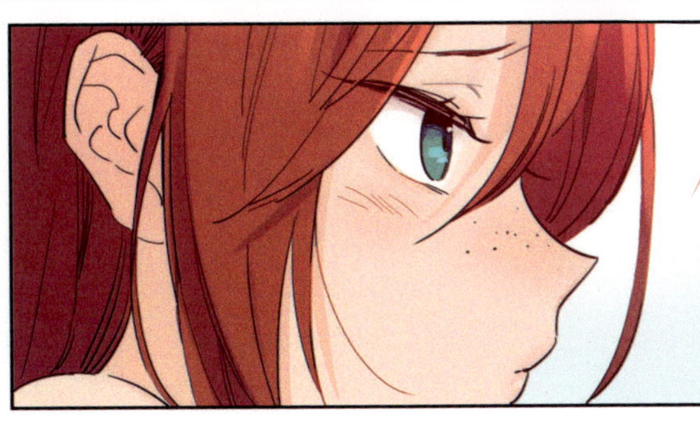

Für den Lebens-unterhalt hatte ich einen Stand am Markt eröffnet.

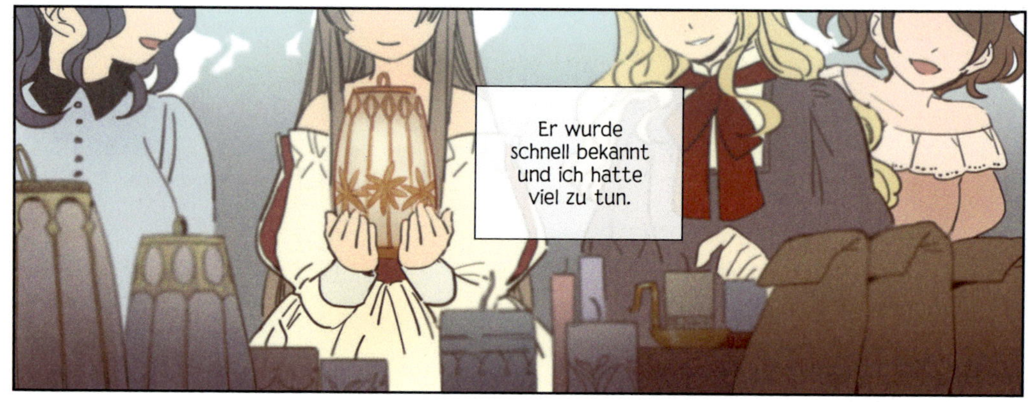
Er wurde schnell bekannt und ich hatte viel zu tun.

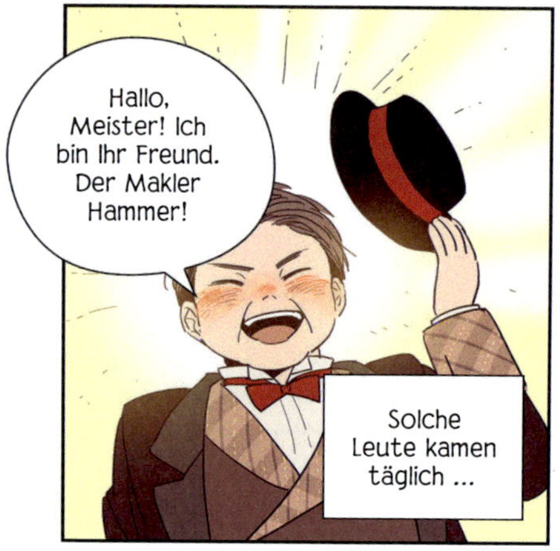
Hallo, Meister! Ich bin Ihr Freund. Der Makler Hammer!
Solche Leute kamen täglich ...

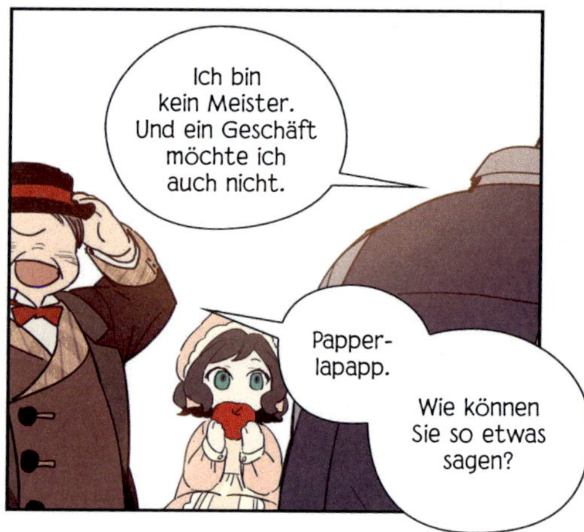
Ich bin kein Meister. Und ein Geschäft möchte ich auch nicht.
Papperlapapp.
Wie können Sie so etwas sagen?

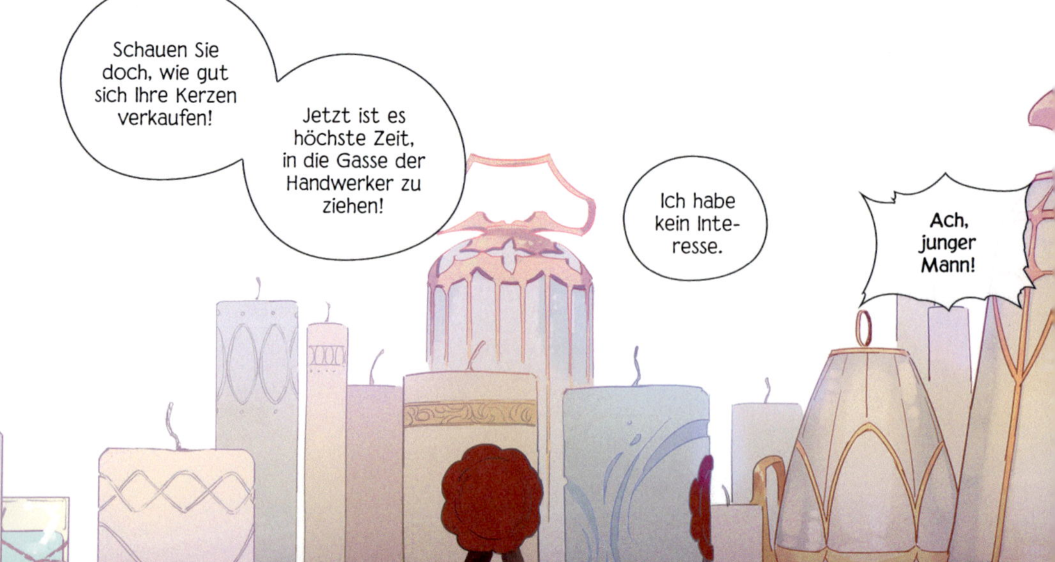
Schauen Sie doch, wie gut sich Ihre Kerzen verkaufen!
Jetzt ist es höchste Zeit, in die Gasse der Handwerker zu ziehen!
Ich habe kein Interesse.
Ach, junger Mann!

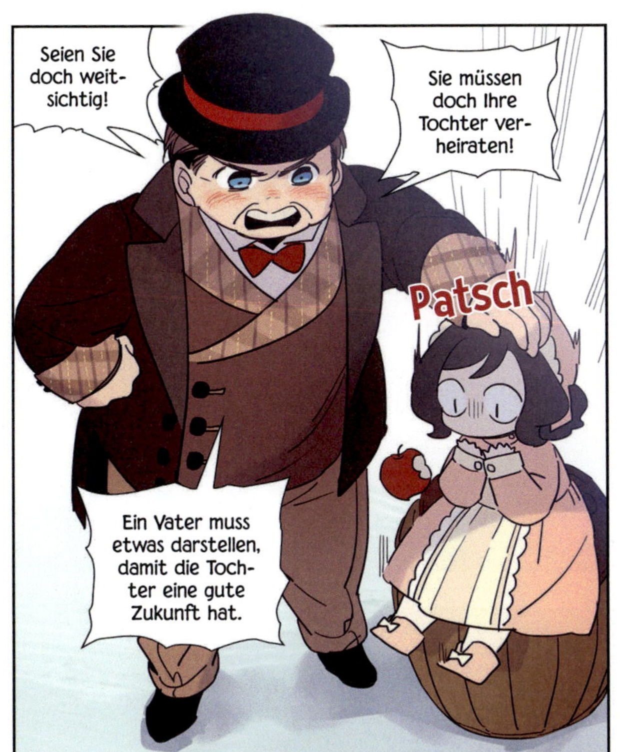

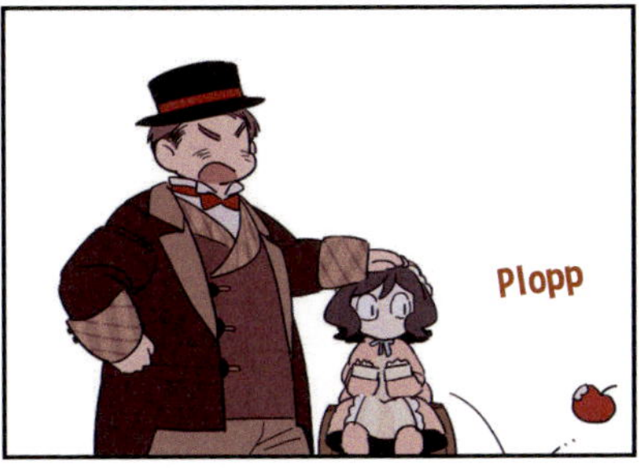

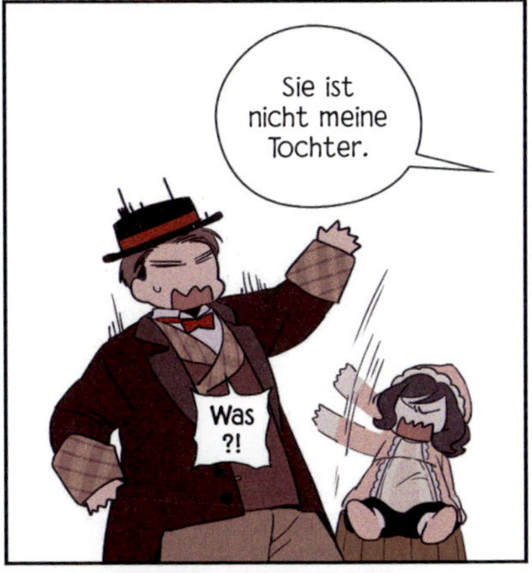

Und was ist mit der Rot-haarigen, die ab und zu vorbei-schaut?

Ist sie nicht Ihre Frau ... ?

...

Wie wir wohl auf die Menschen wirkten?

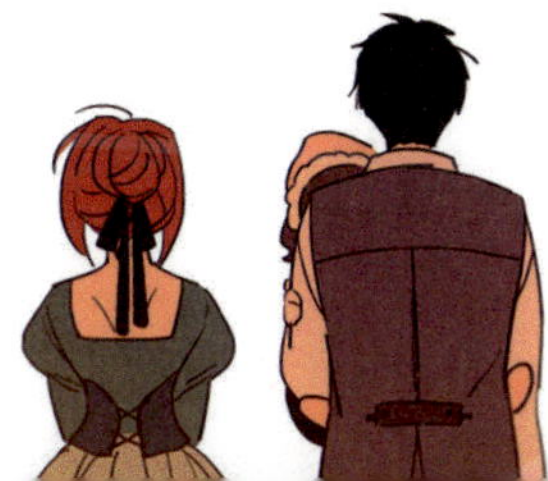

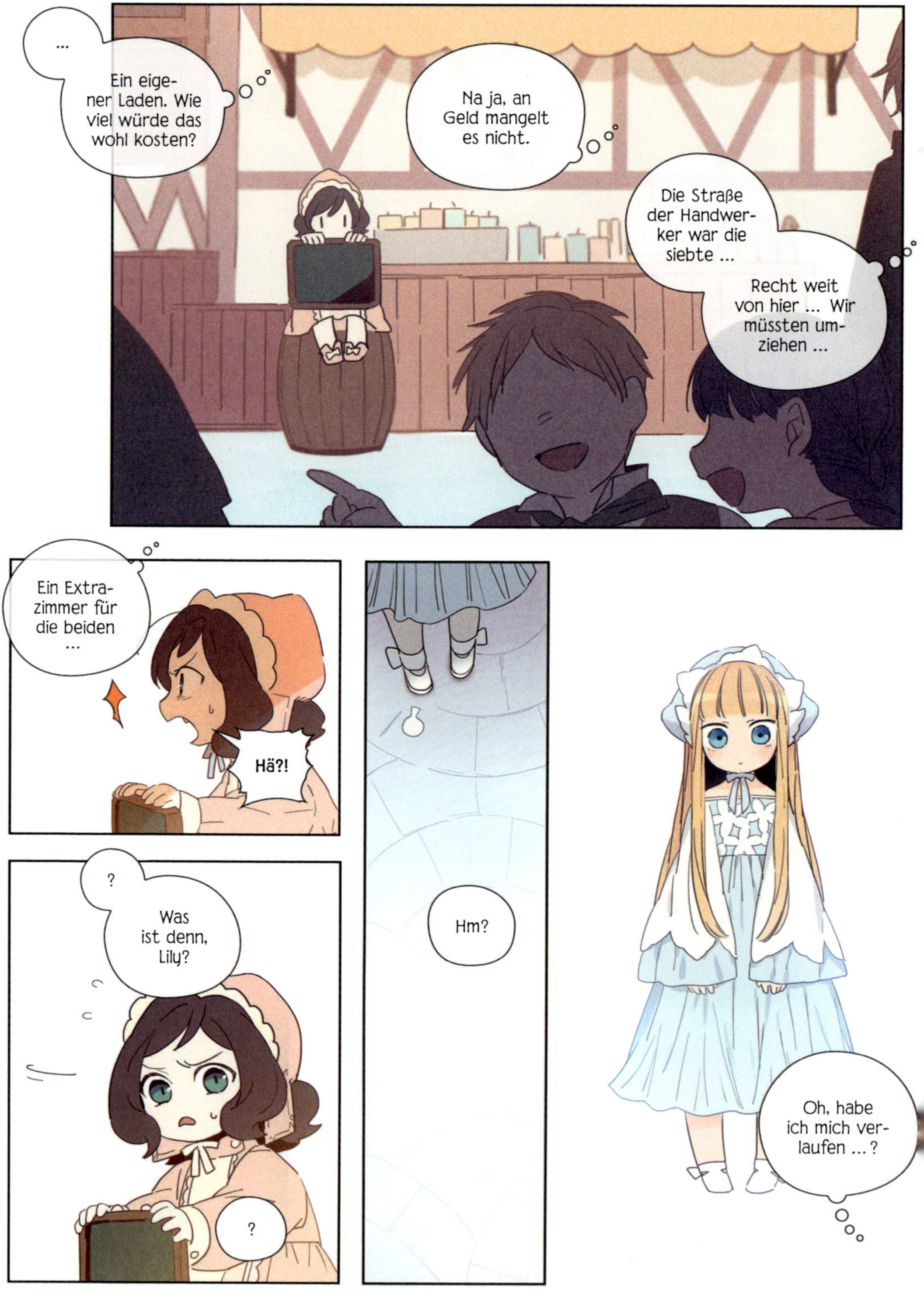

...
Ein eigener Laden. Wie viel würde das wohl kosten?
Na ja, an Geld mangelt es nicht.
Die Straße der Handwerker war die siebte ...
Recht weit von hier ... Wir müssten umziehen ...

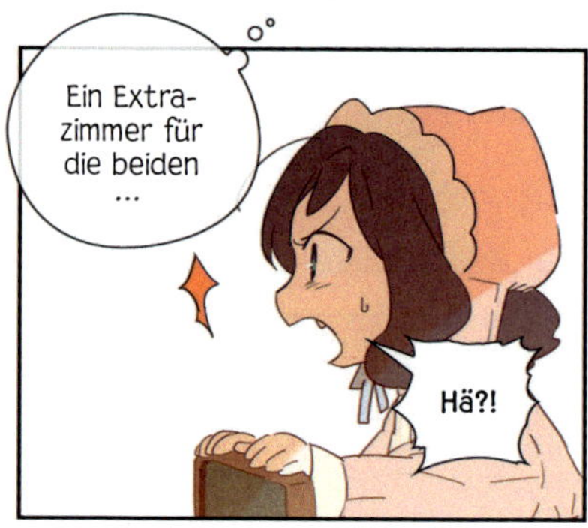

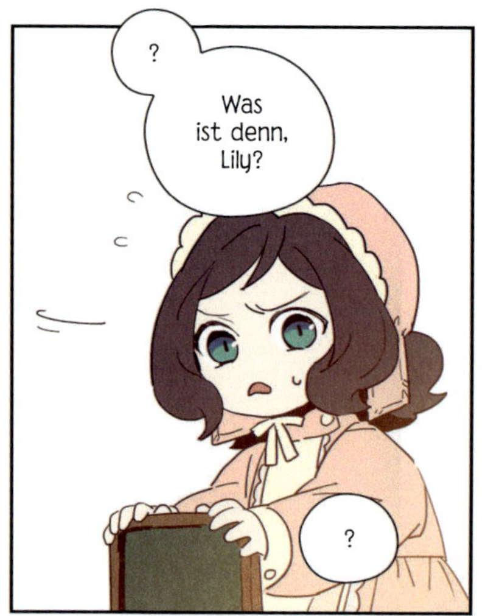

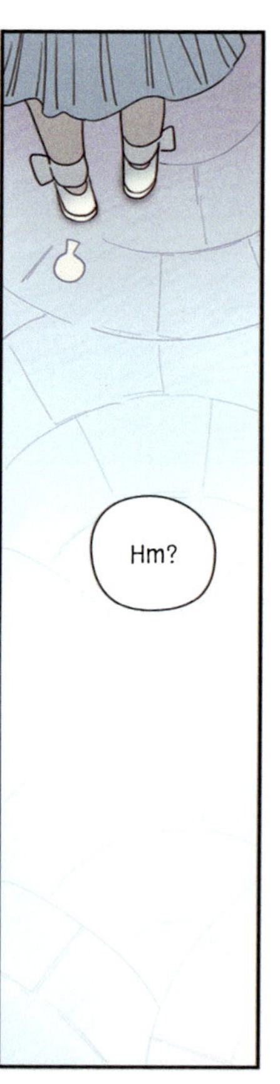

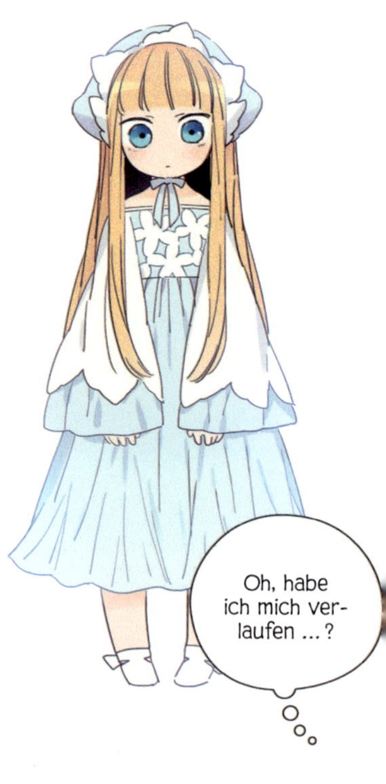

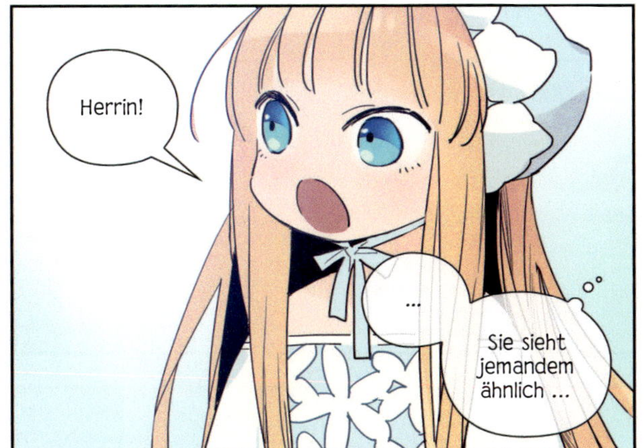
Herrin!
...
Sie sieht jemandem ähnlich ...

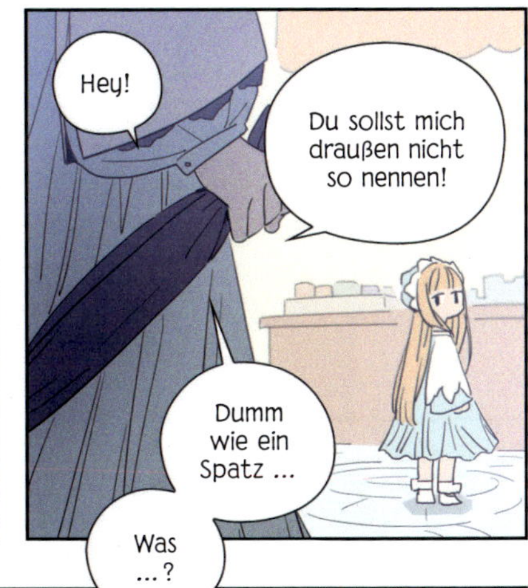
Hey!
Du sollst mich draußen nicht so nennen!
Dumm wie ein Spatz ...
Was ...?

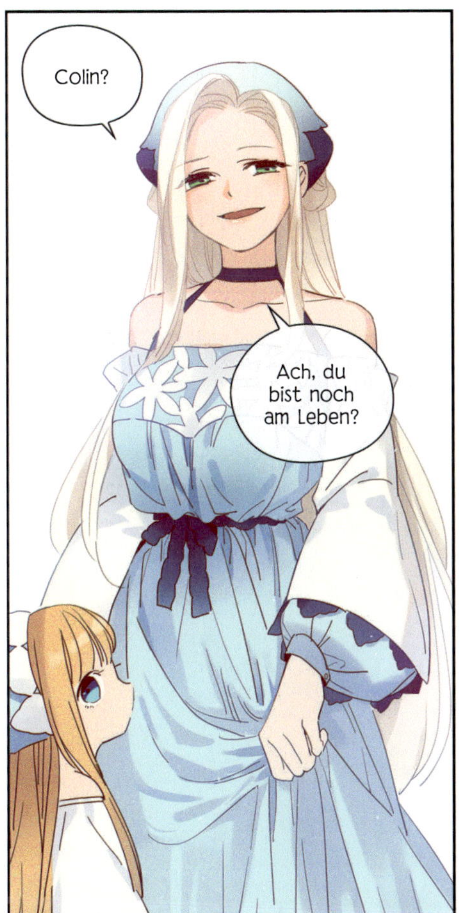
Colin?
Ach, du bist noch am Leben?

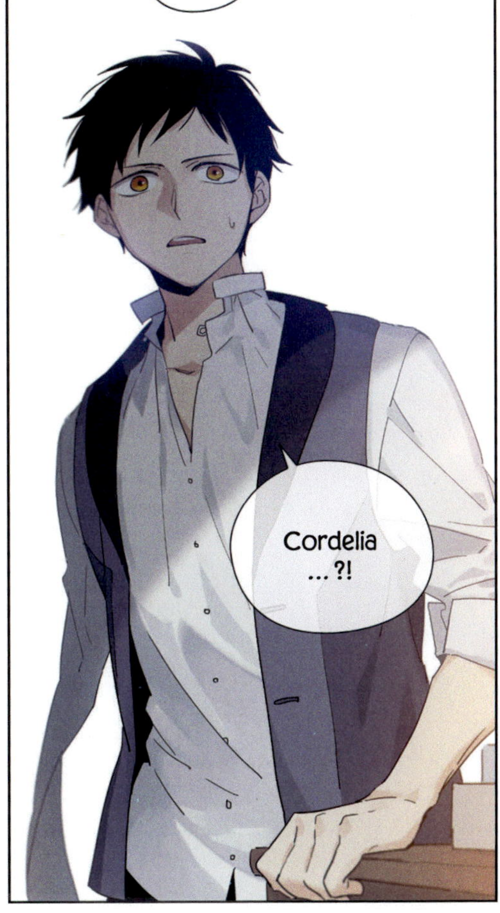
Cordelia ...?!

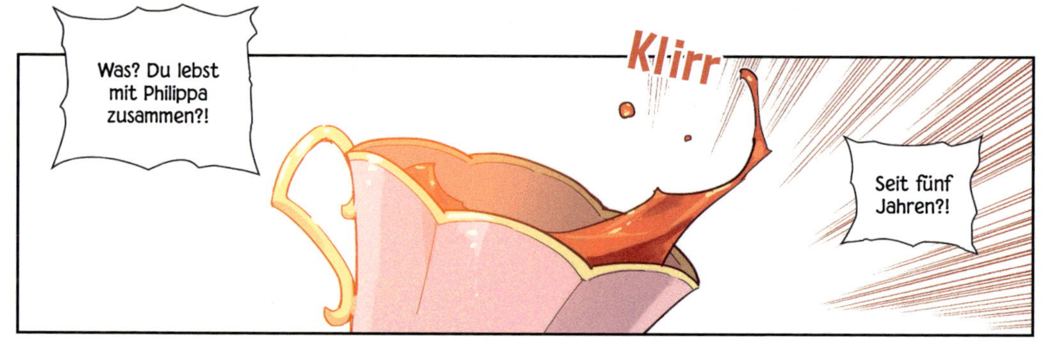
Was? Du lebst mit Philippa zusammen?!
Klirr
Seit fünf Jahren?!

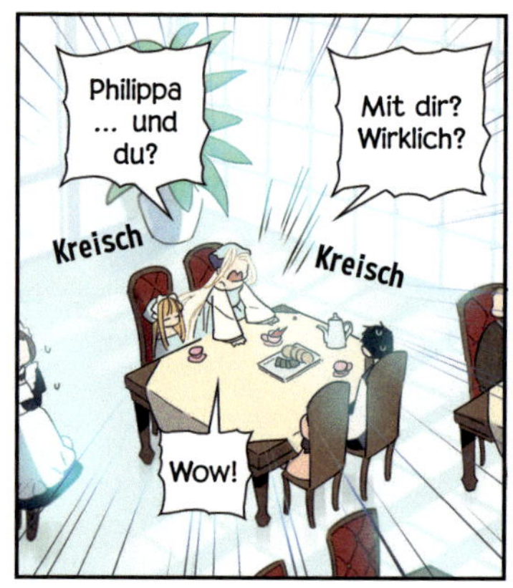
Philippa ... und du?
Mit dir? Wirklich?
Kreisch
Kreisch
Wow!

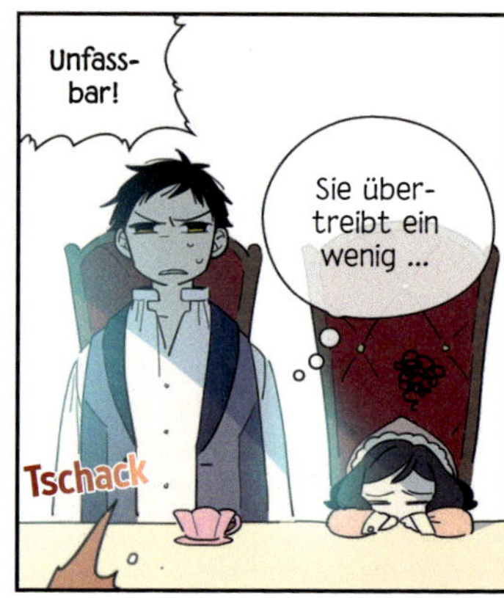
Unfass-bar!
Sie über-treibt ein wenig ...
Tschack

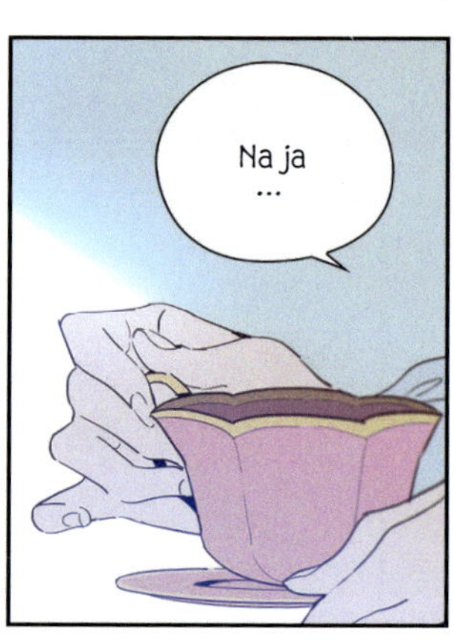
Na ja ...

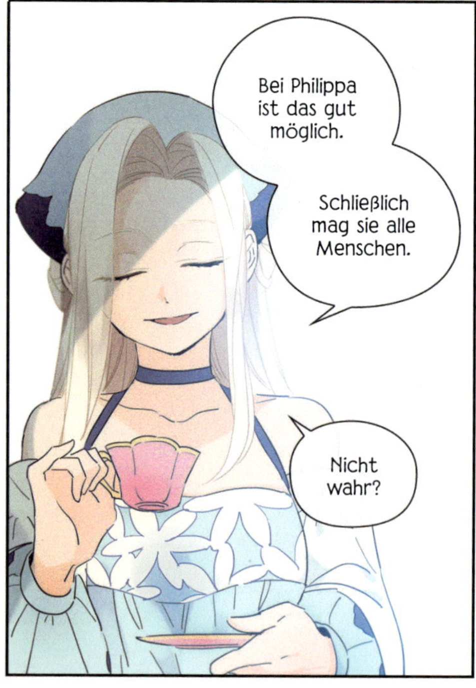
Bei Philippa ist das gut möglich.
Schließlich mag sie alle Menschen.
Nicht wahr?

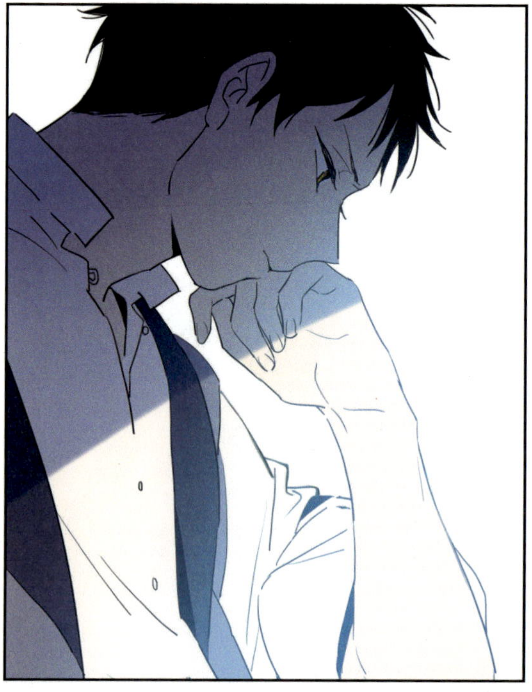

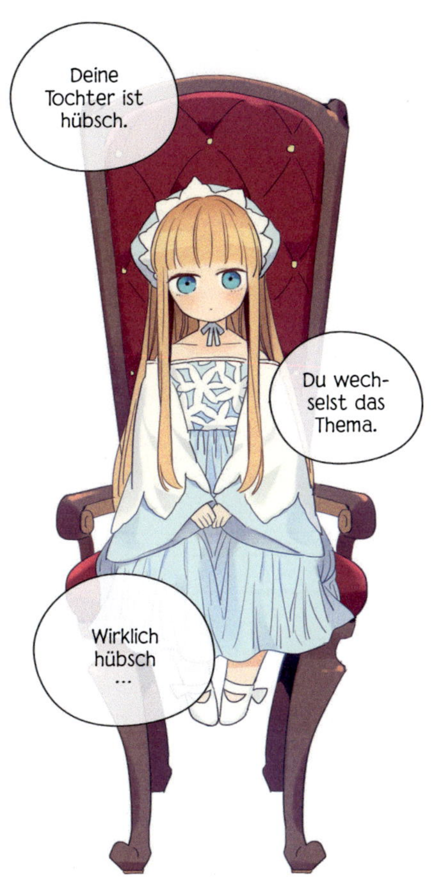

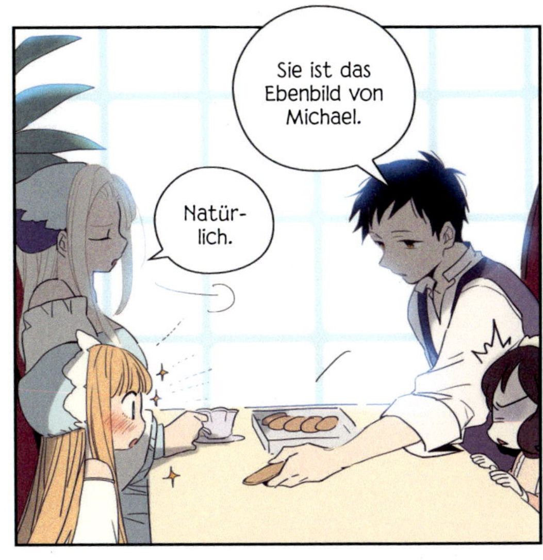

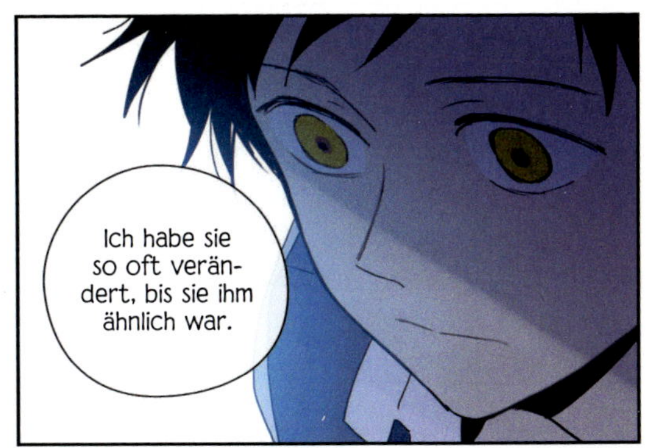

Verändert?

Genau. Es war nicht gerade einfach.

Hexen können also Kinder im Bauch verhexen ...

Hä?

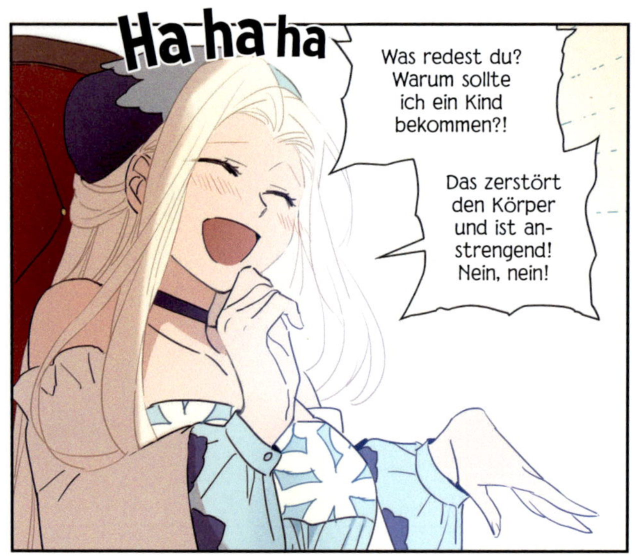
Ha ha ha
Was redest du? Warum sollte ich ein Kind bekommen?!
Das zerstört den Körper und ist anstrengend! Nein, nein!

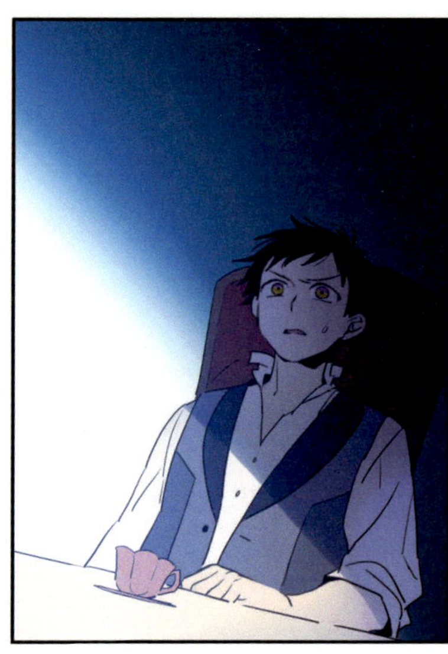

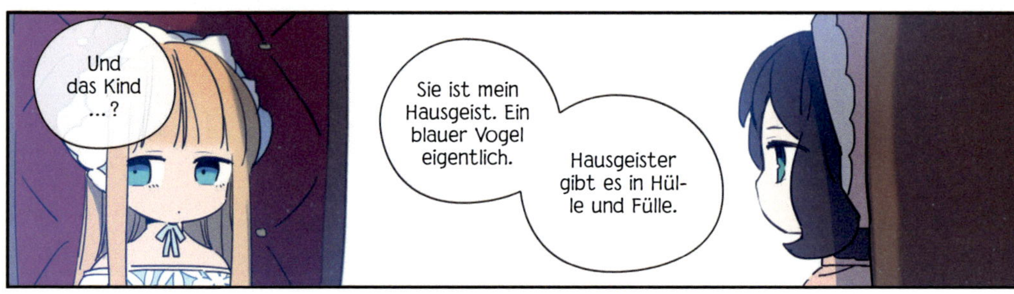
Und das Kind ...?
Sie ist mein Hausgeist. Ein blauer Vogel eigentlich.
Hausgeister gibt es in Hülle und Fülle.

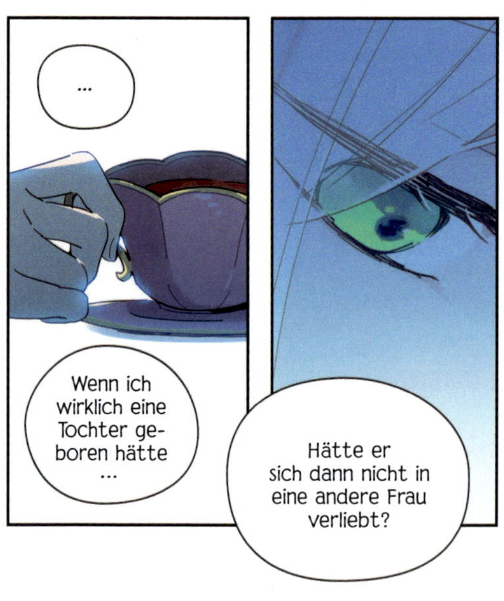
...
Wenn ich wirklich eine Tochter geboren hätte ...
Hätte er sich dann nicht in eine andere Frau verliebt?

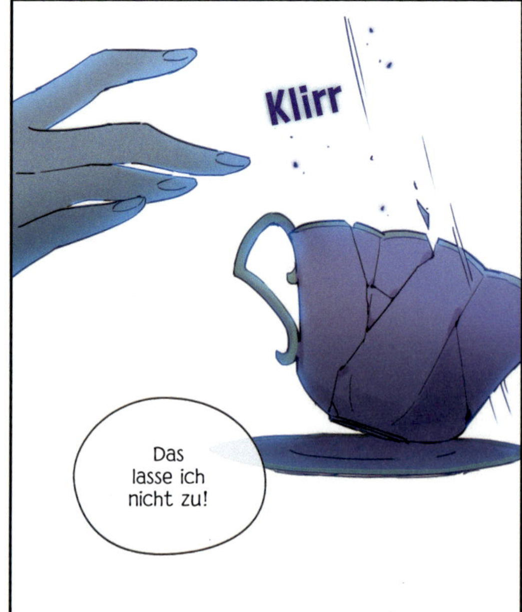
Klirr
Das lasse ich nicht zu!

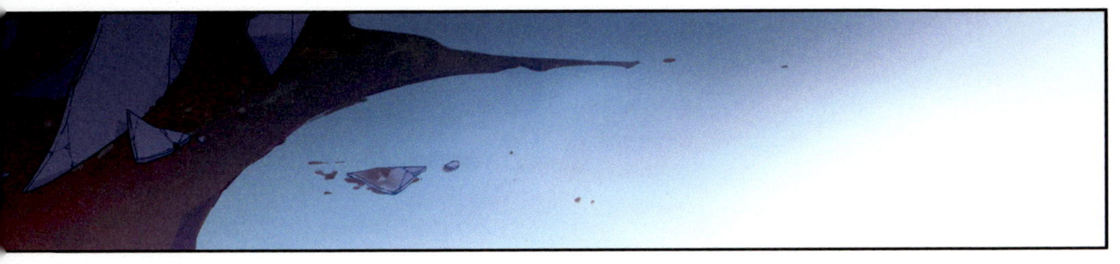

Wie giftig und über- dreht.

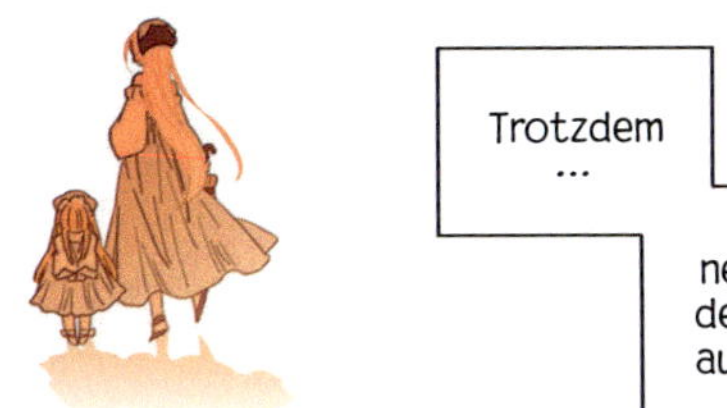

Trotzdem …

… nein, gerade deshalb aber auch ehrlich.

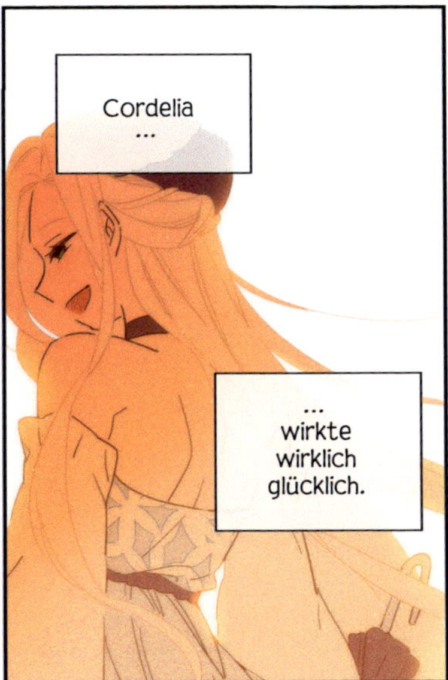

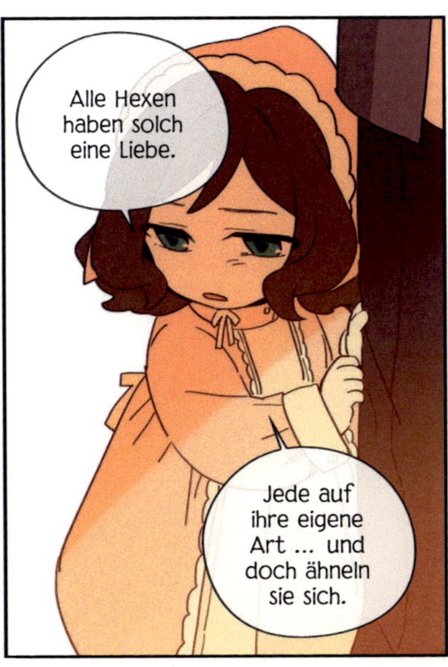

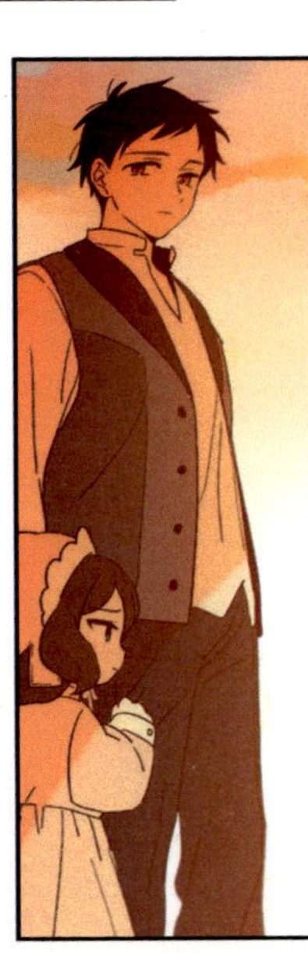

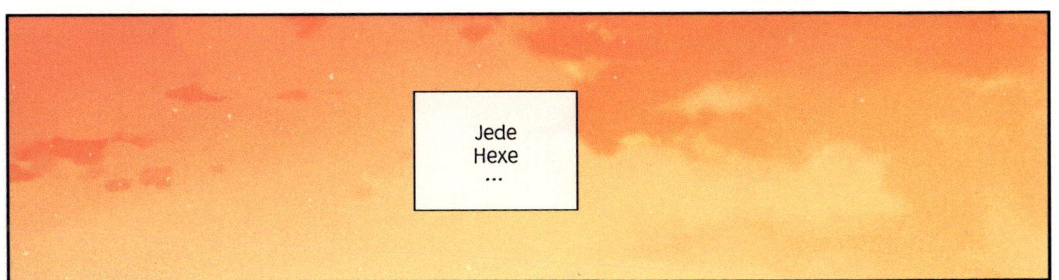

Jede
…

…
Hexe
…

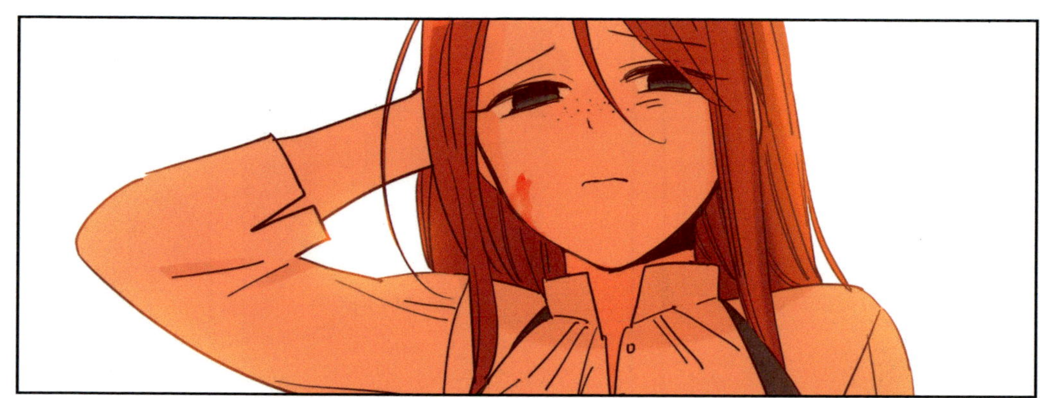

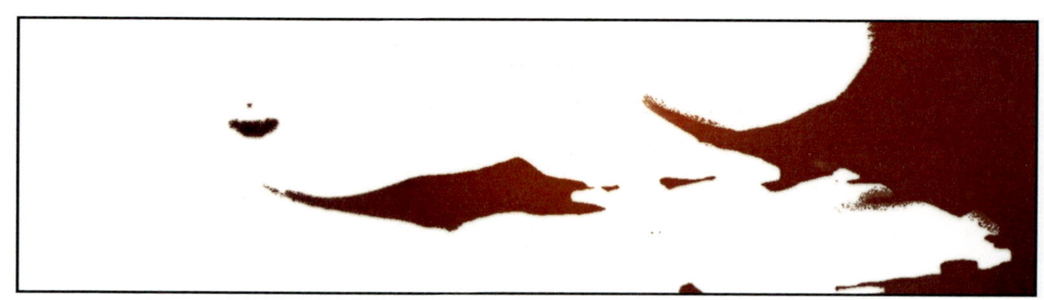

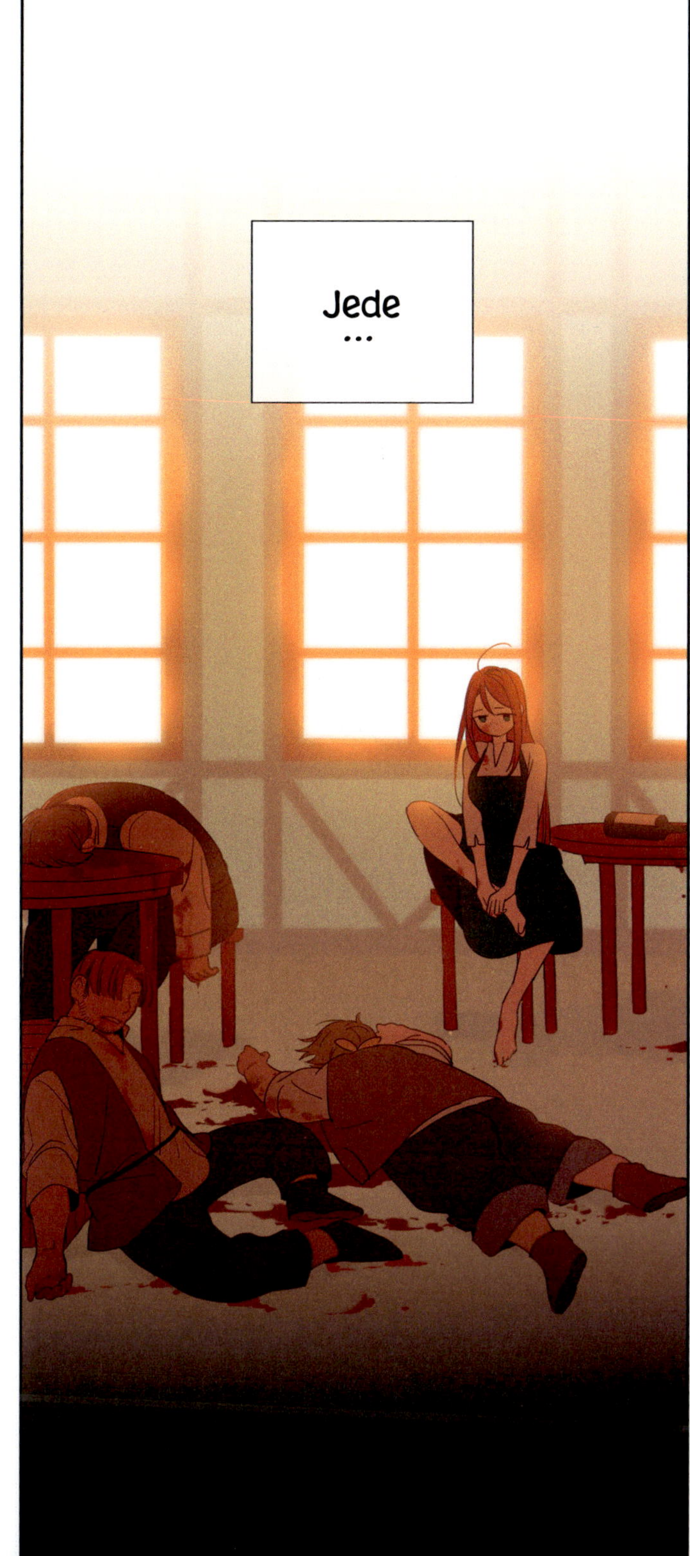
Jede
...

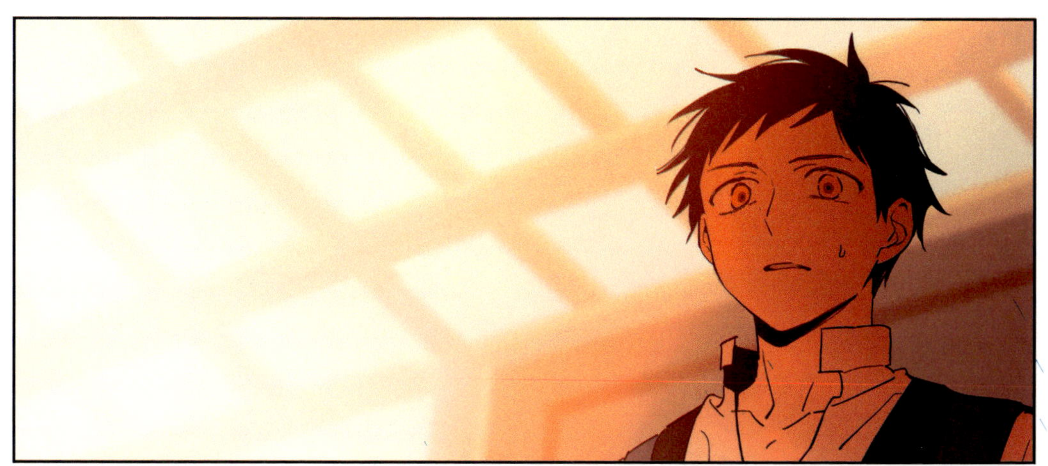

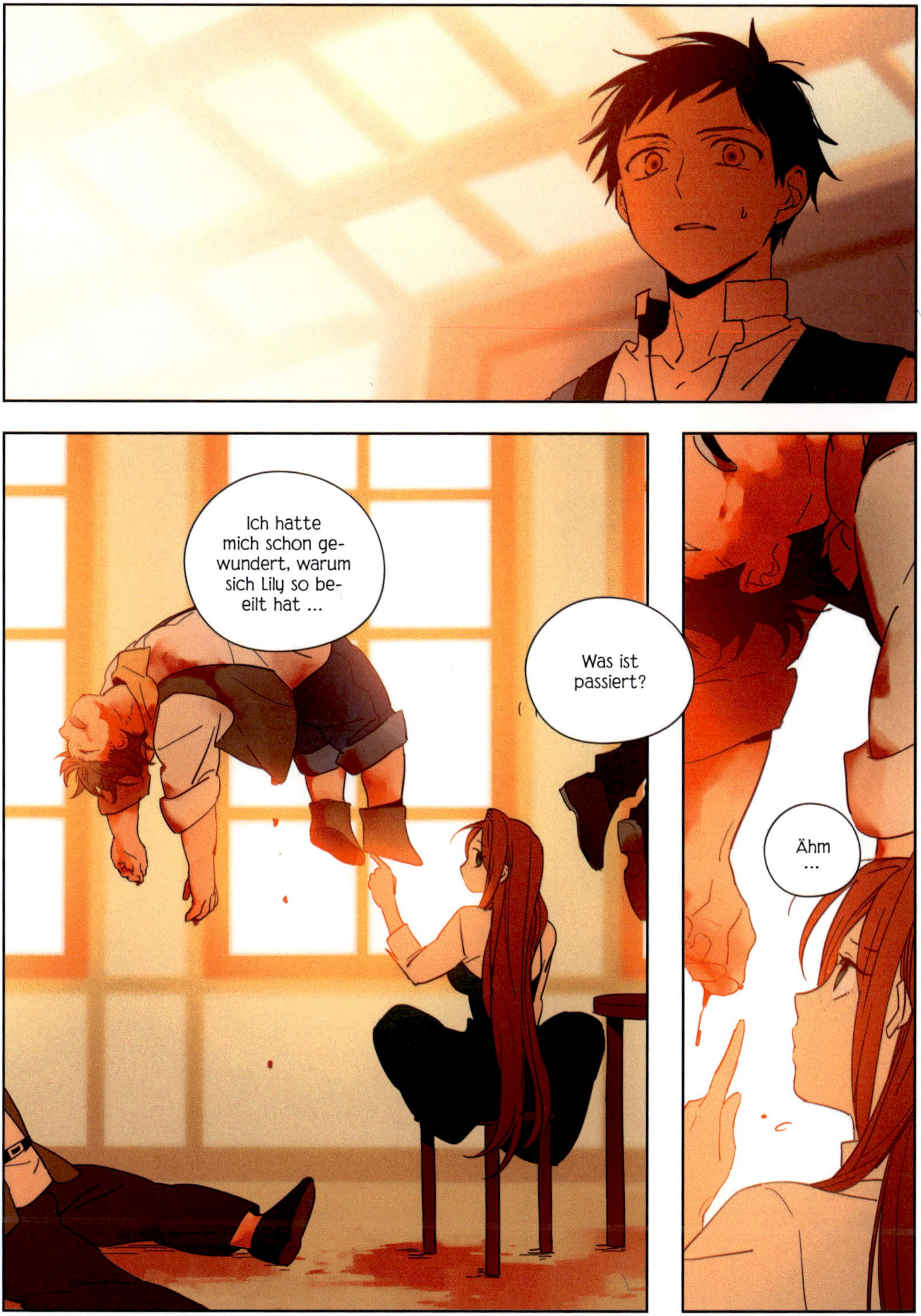

Ich hatte mich schon gewundert, warum sich Lily so beeilt hat ...

Was ist passiert?

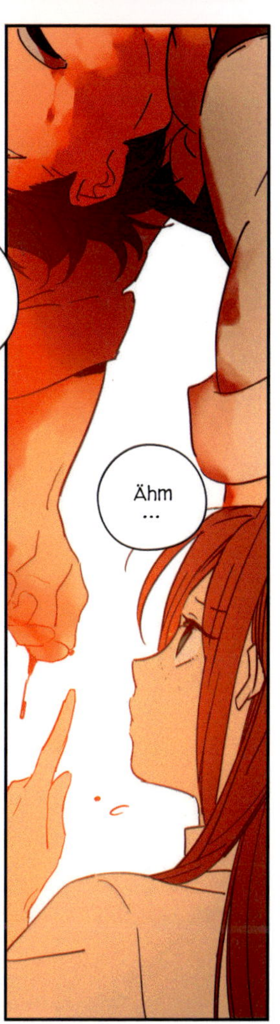

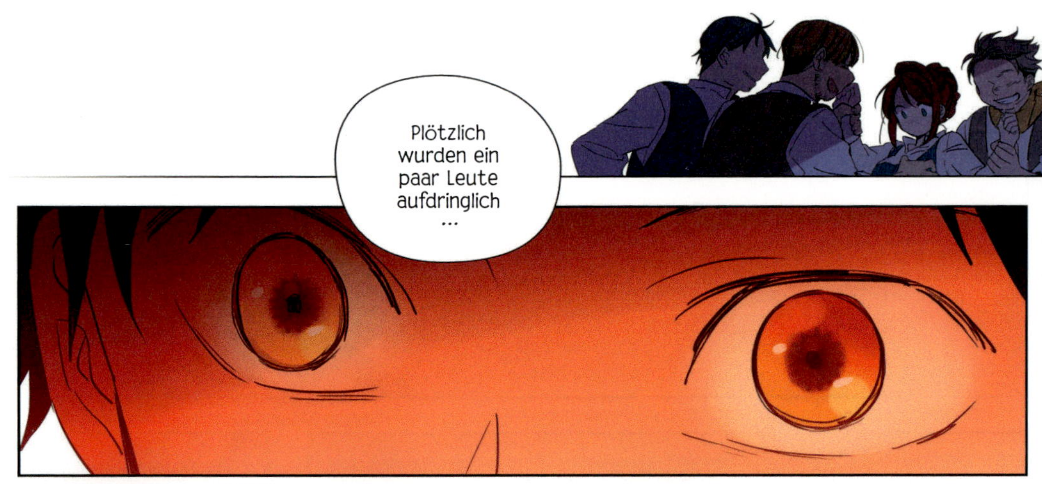
Plötzlich wurden ein paar Leute aufdringlich ...

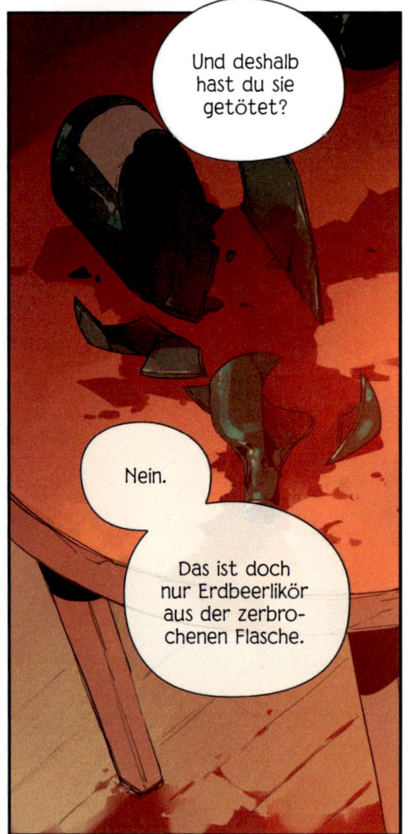
Und deshalb hast du sie getötet?
Nein.
Das ist doch nur Erdbeerlikör aus der zerbrochenen Flasche.

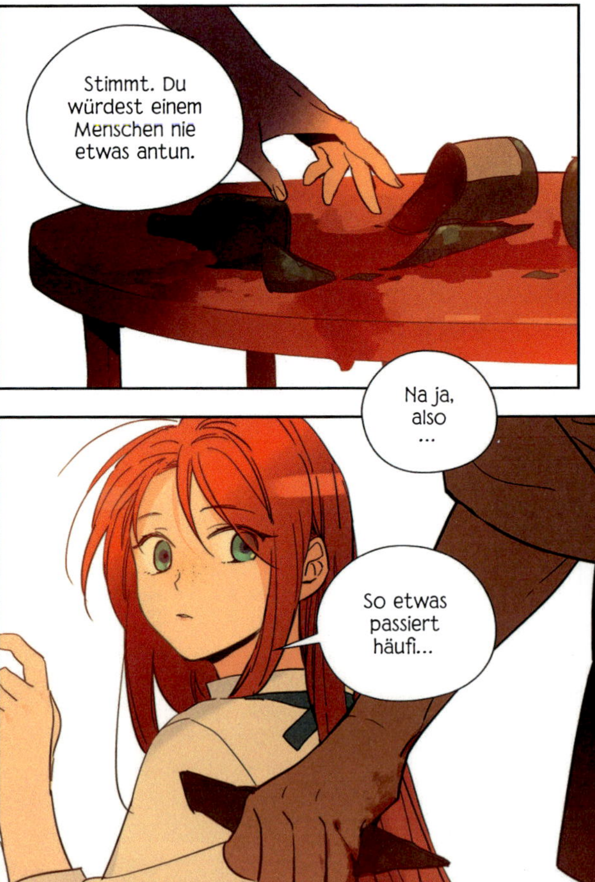
Stimmt. Du würdest einem Menschen nie etwas antun.
Na ja, also ...
So etwas passiert häufi...

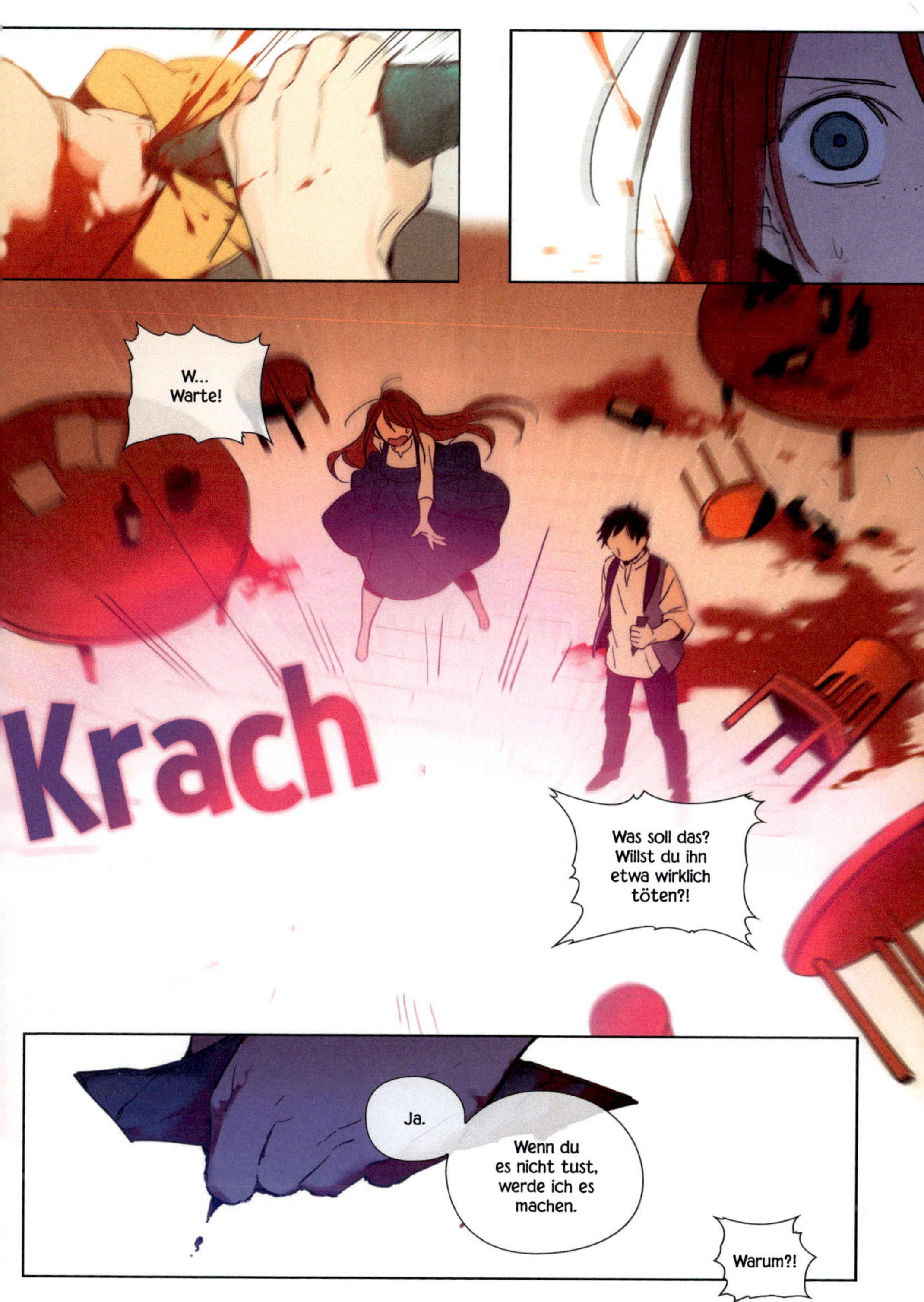
W... Warte!
Krach
Was soll das? Willst du ihn etwa wirklich töten?!
Ja.
Wenn du es nicht tust, werde ich es machen.
Warum?!

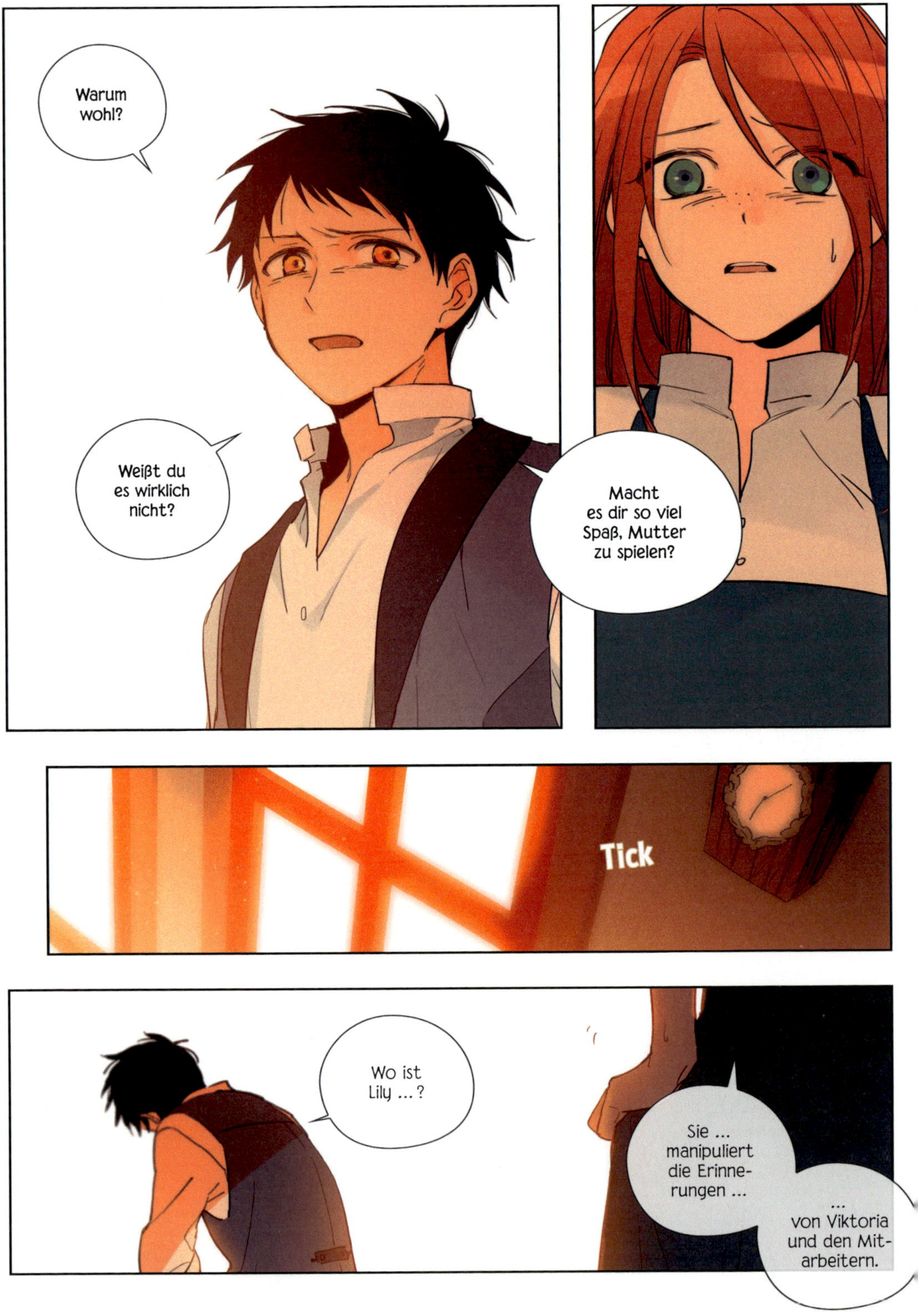

Warum wohl?

Weißt du es wirklich nicht?

Macht es dir so viel Spaß, Mutter zu spielen?

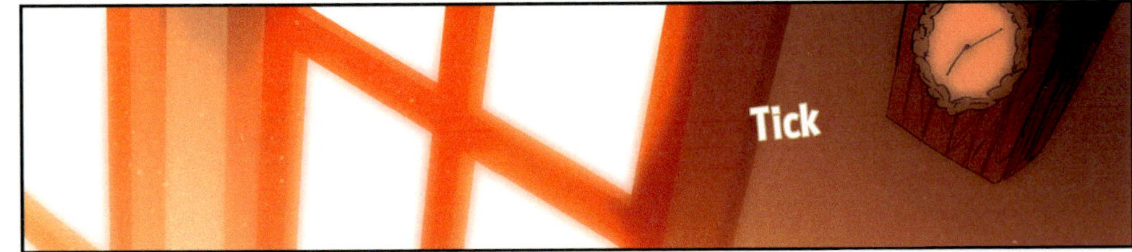

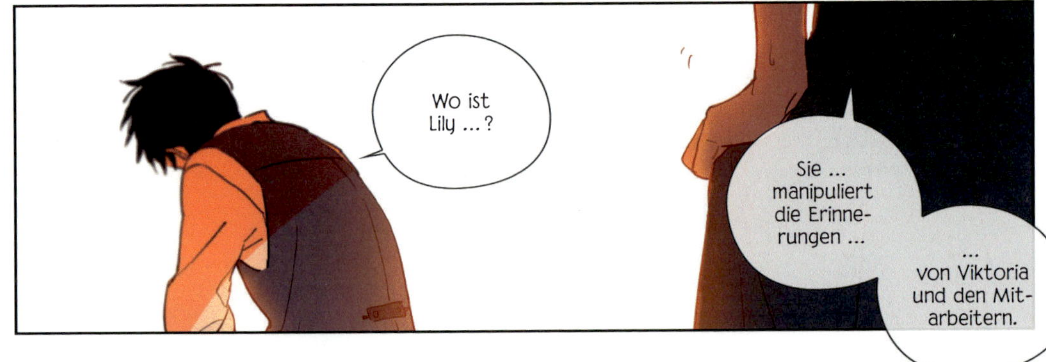

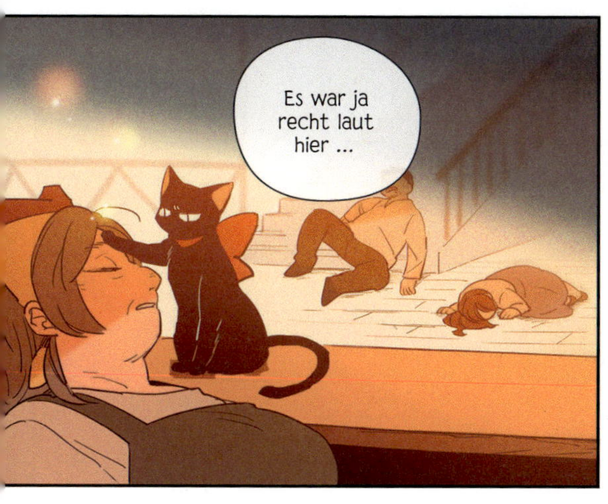
Es war ja recht laut hier ...

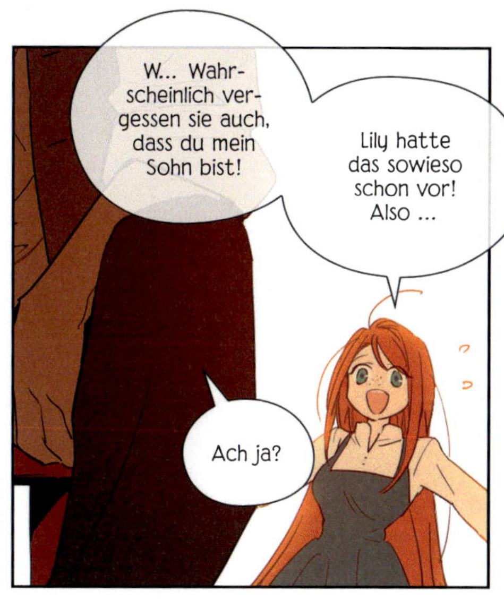
W... Wahrscheinlich vergessen sie auch, dass du mein Sohn bist!
Lily hatte das sowieso schon vor! Also ...
Ach ja?

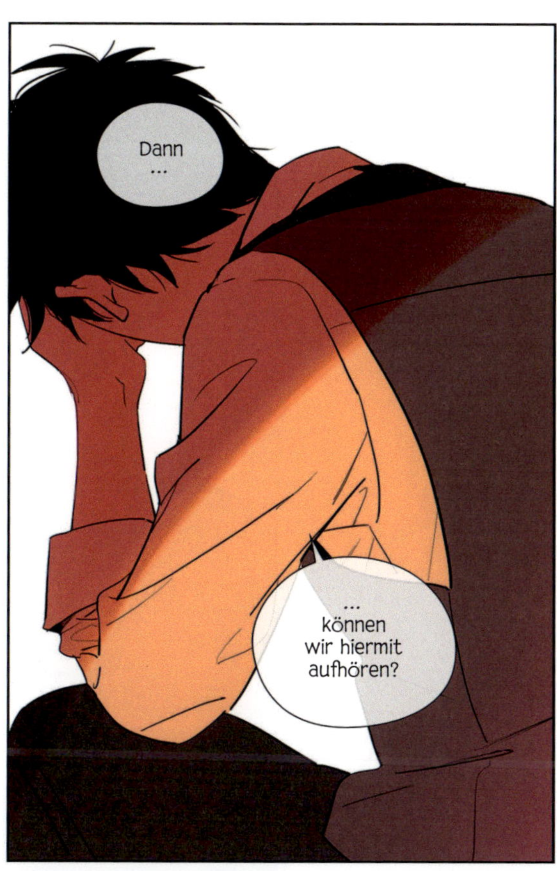
Dann ...
... können wir hiermit aufhören?

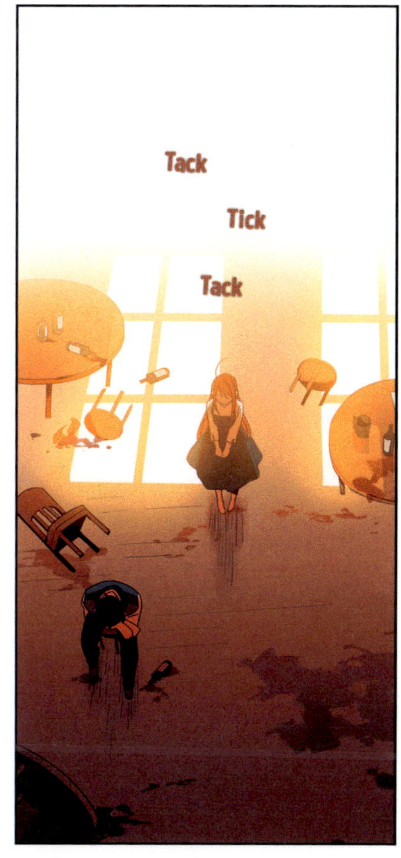
Tack
Tick
Tack

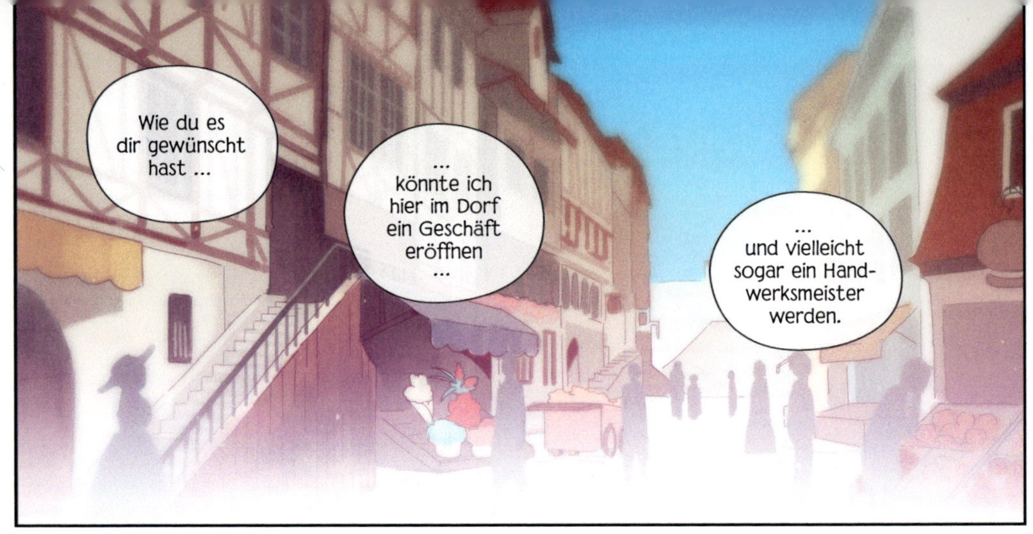

Und du kannst dich ...

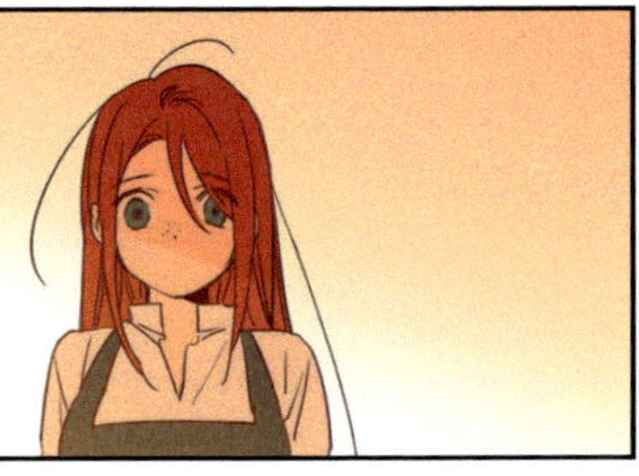

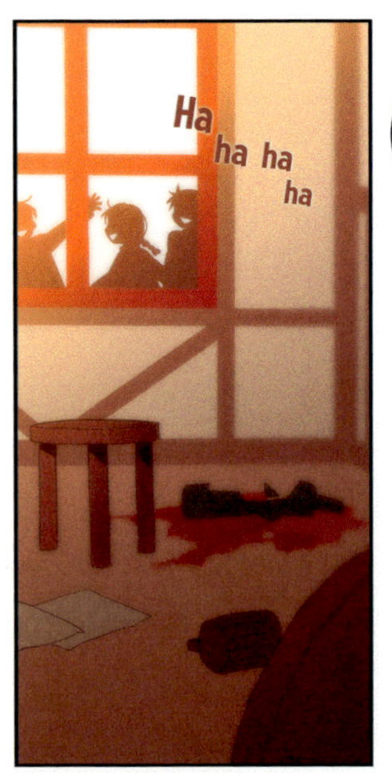

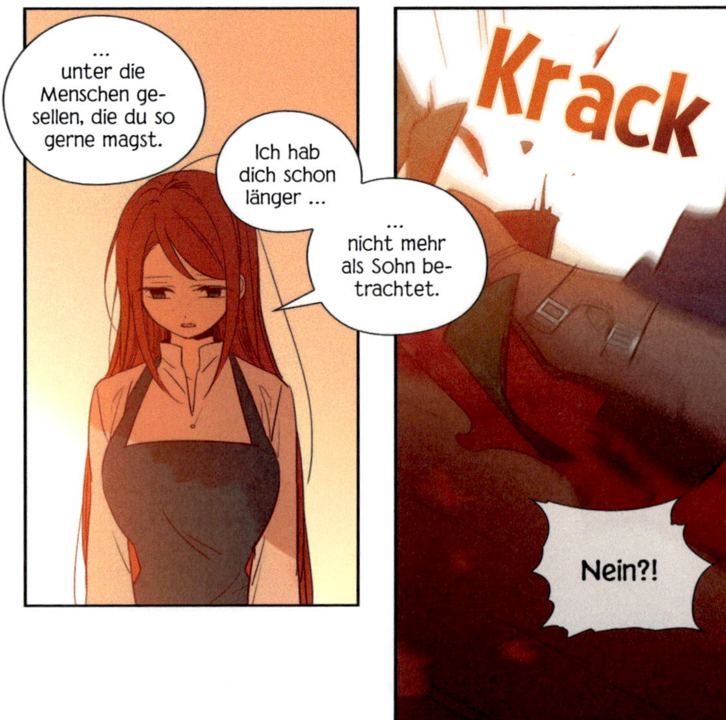

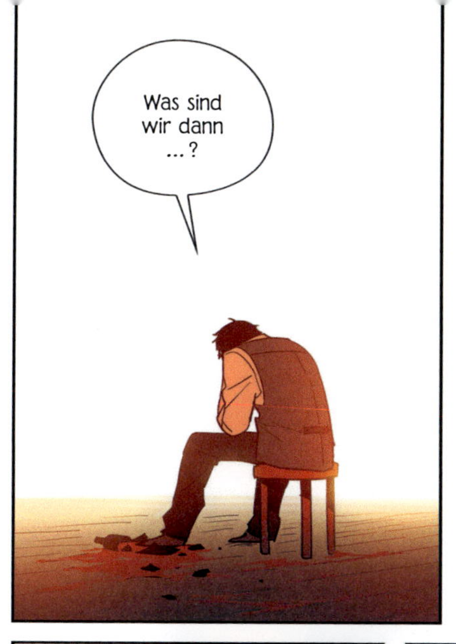
Was sind
wir dann
...?

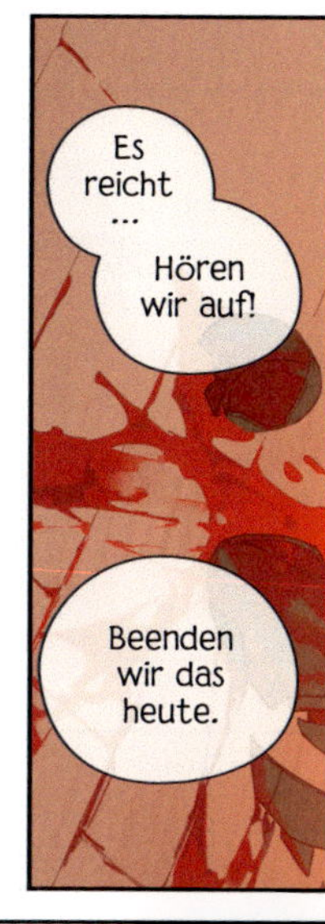
Es
reicht
...
Hören
wir auf!
Beenden
wir das
heute.

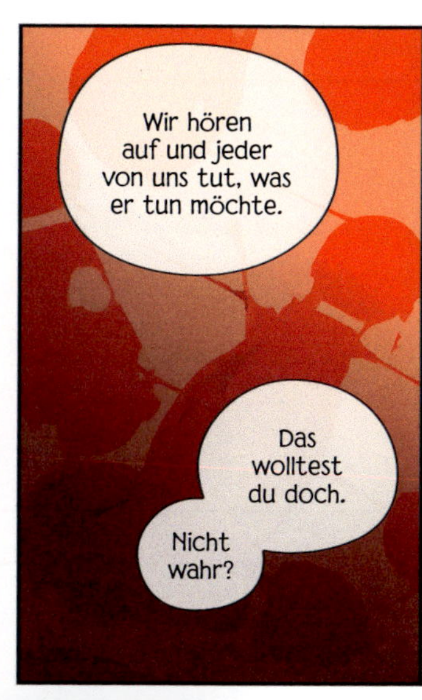
Wir hören
auf und jeder
von uns tut, was
er tun möchte.
Das
wolltest
du doch.
Nicht
wahr?

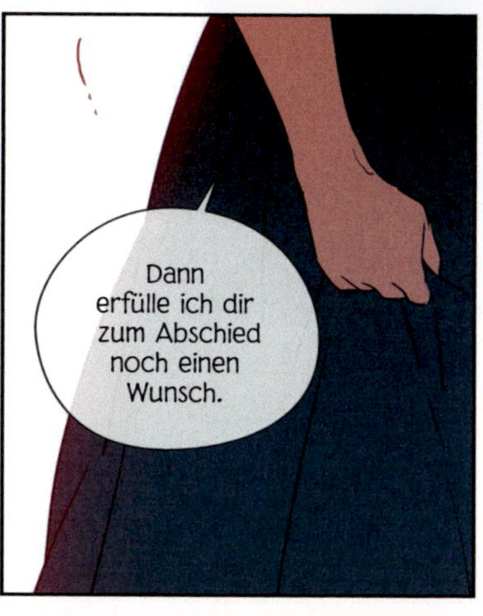
Dann
erfülle ich dir
zum Abschied
noch einen
Wunsch.

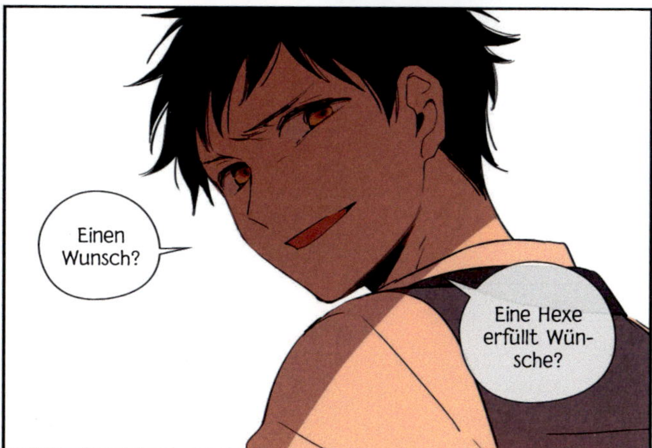
Einen
Wunsch?
Eine Hexe
erfüllt Wün-
sche?

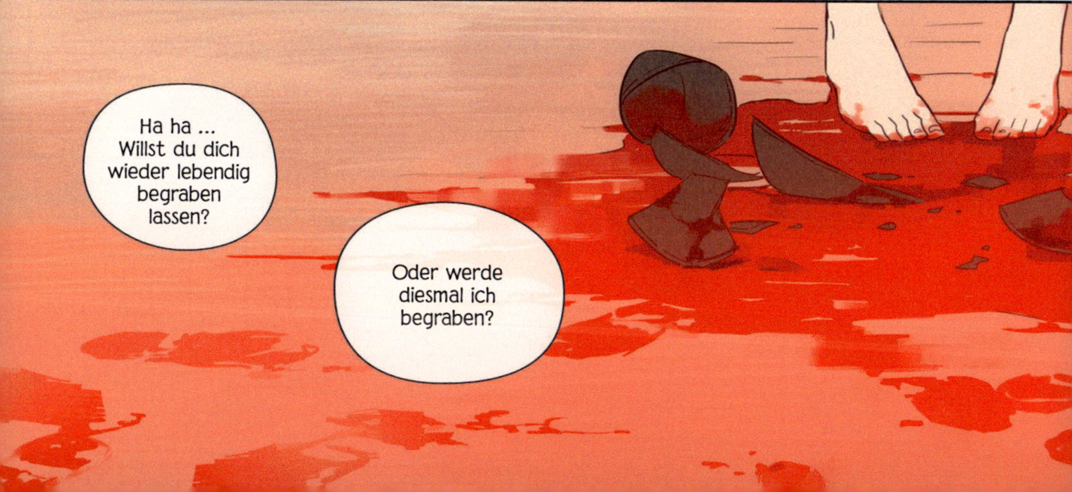
Ha ha ...
Willst du dich
wieder lebendig
begraben
lassen?
Oder werde
diesmal ich
begraben?

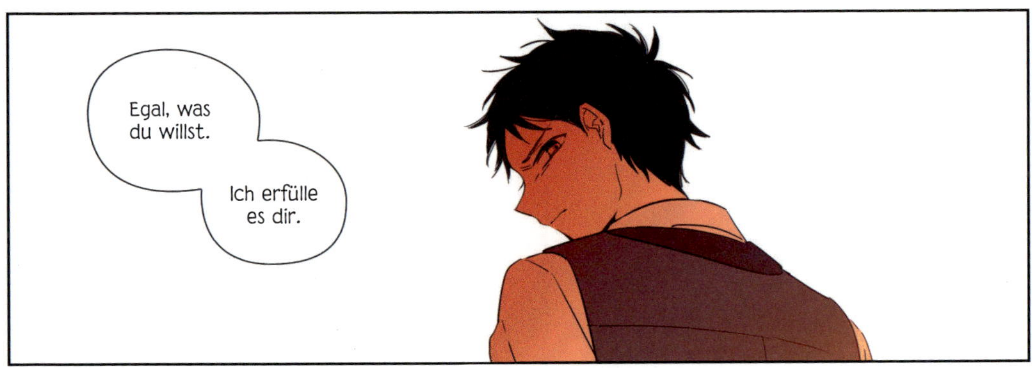
Egal, was du willst.
Ich erfülle es dir.

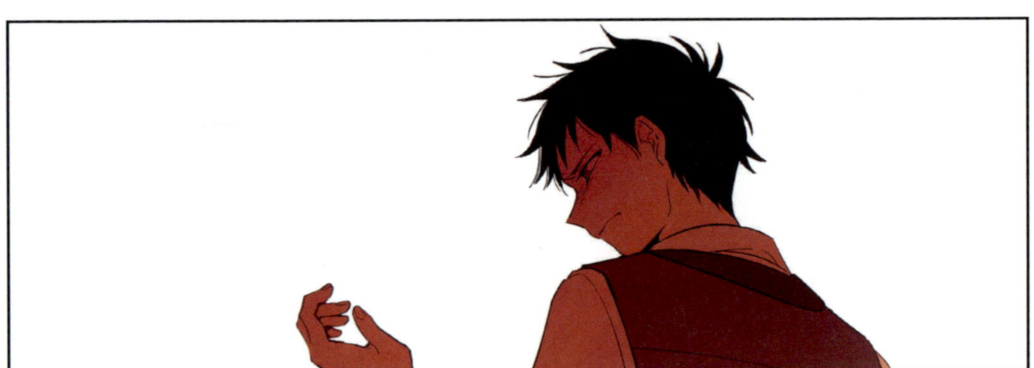

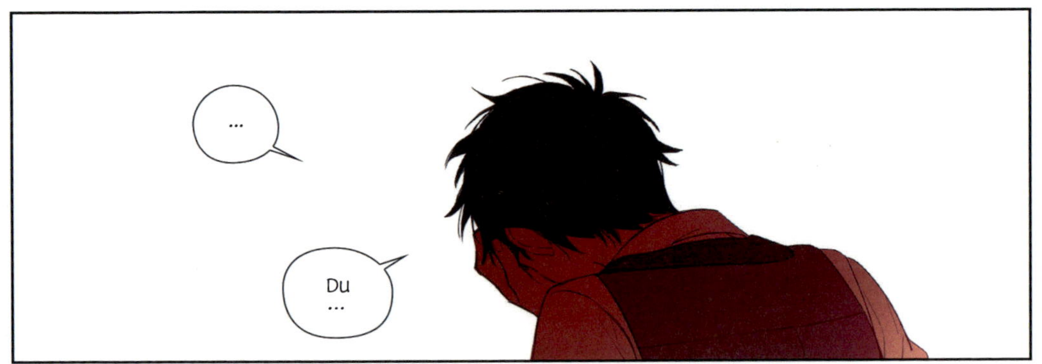
...
Du ...

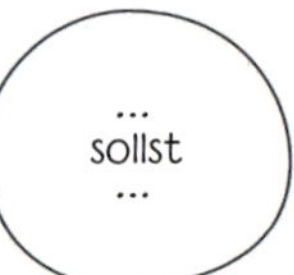
... sollst ...

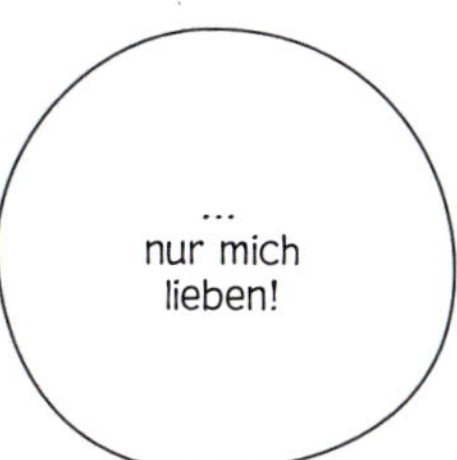
...
nur mich
lieben!

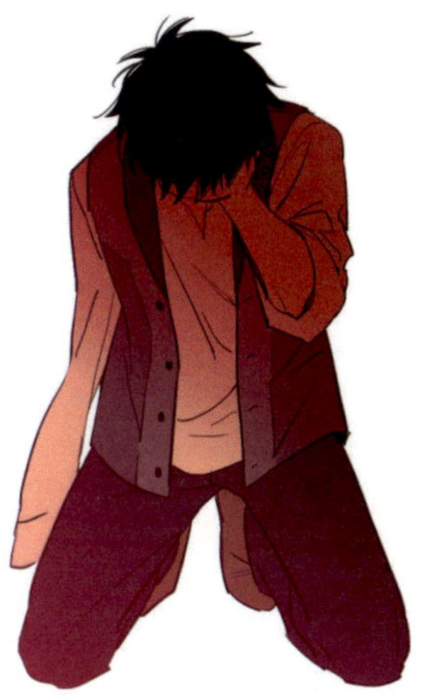

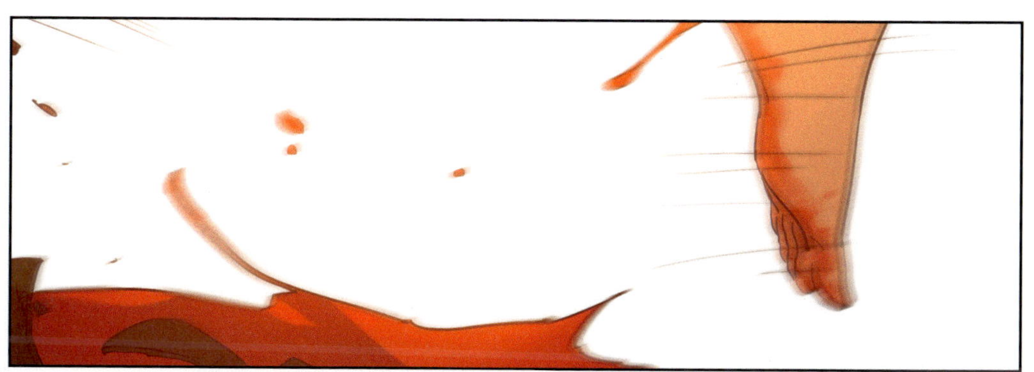

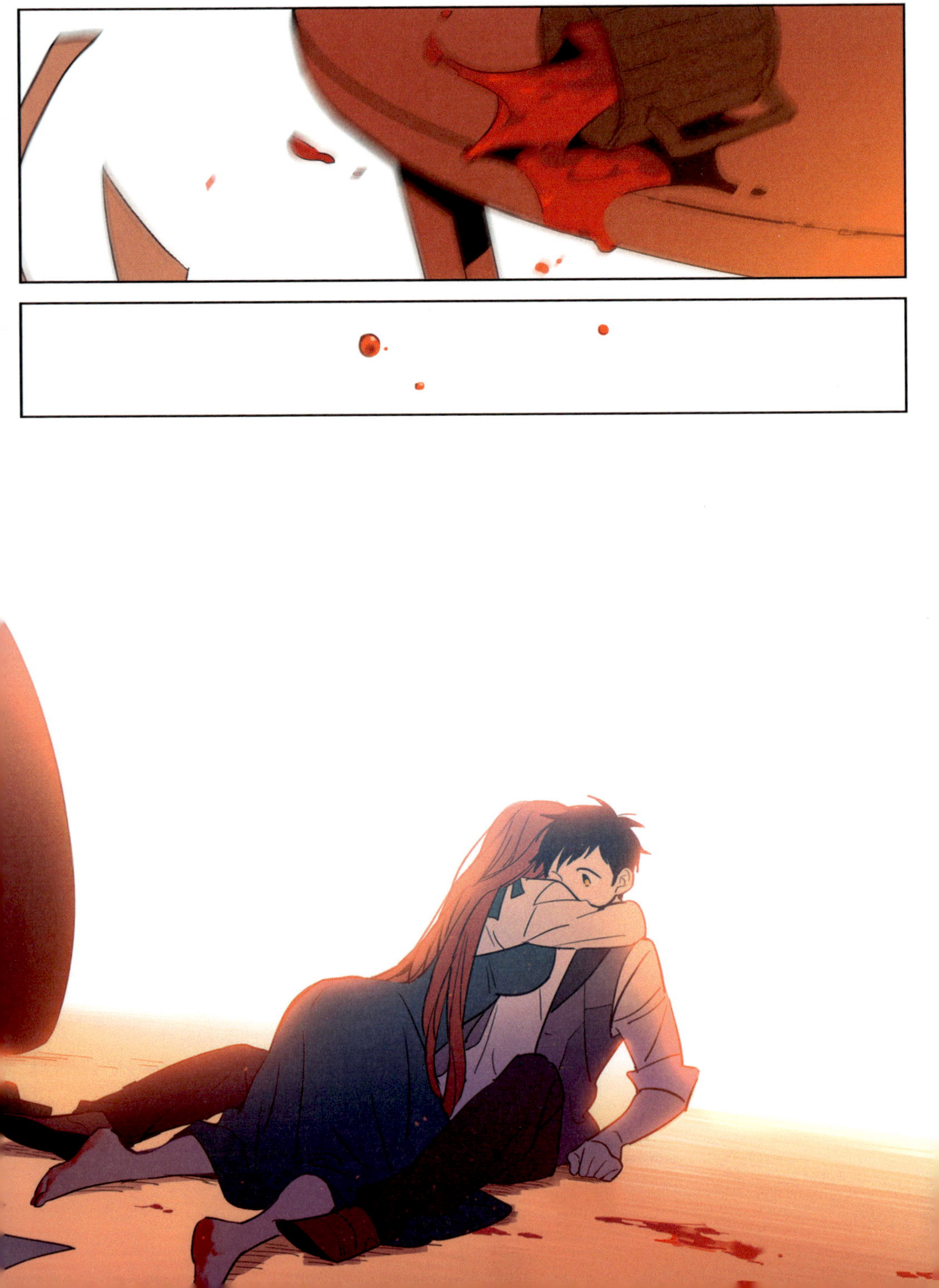

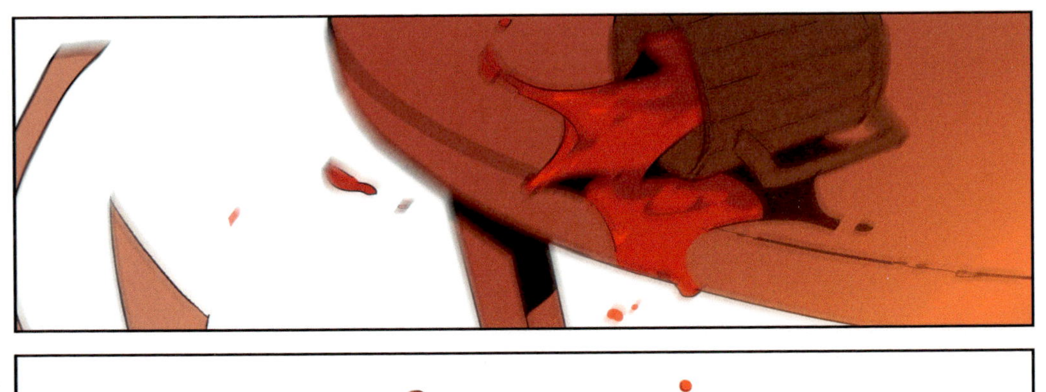
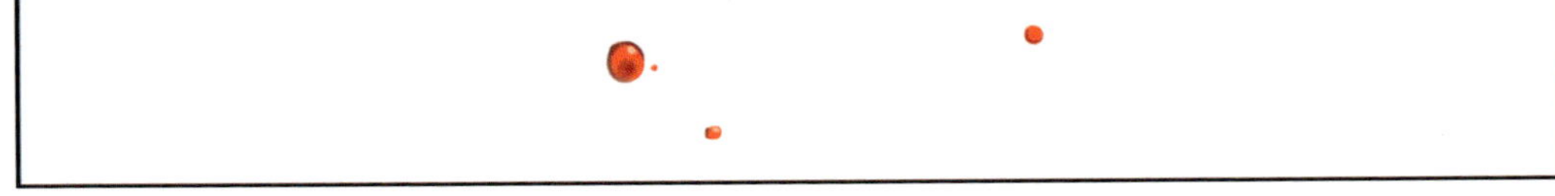

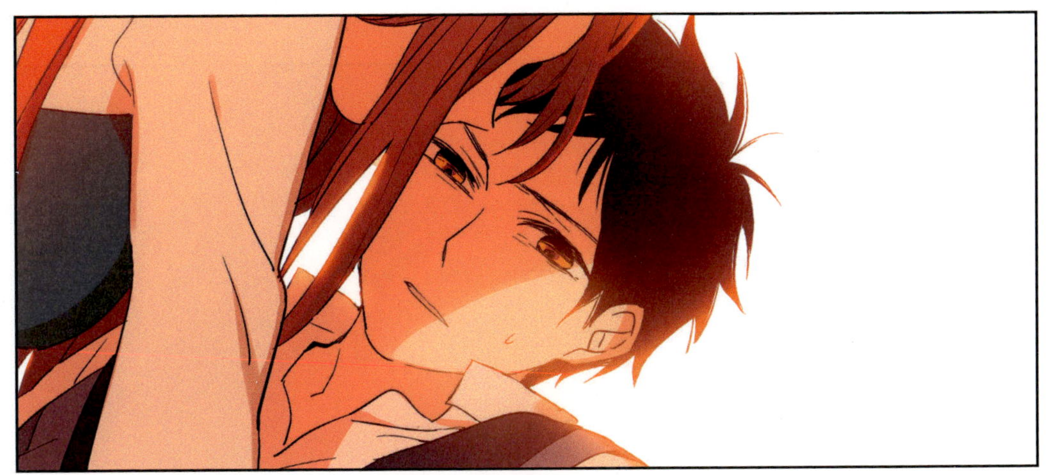

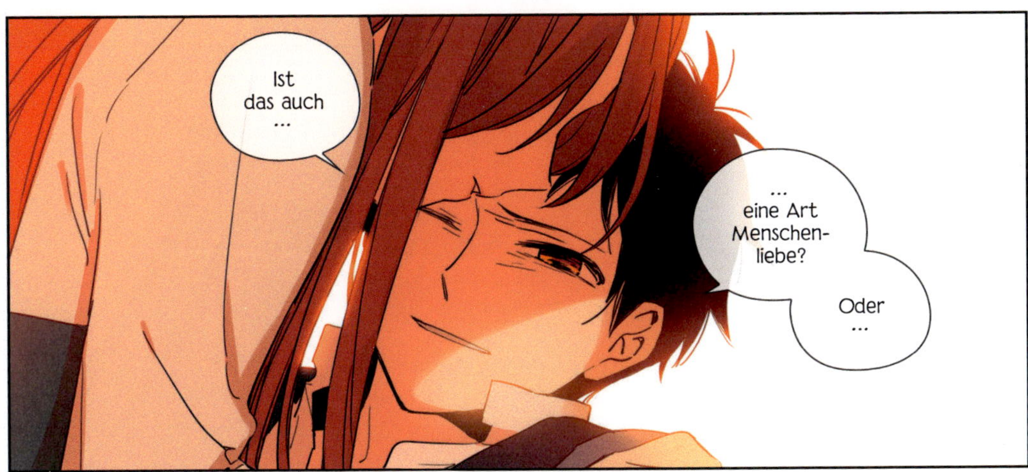
Ist das auch …
… eine Art Menschen-liebe?
Oder …

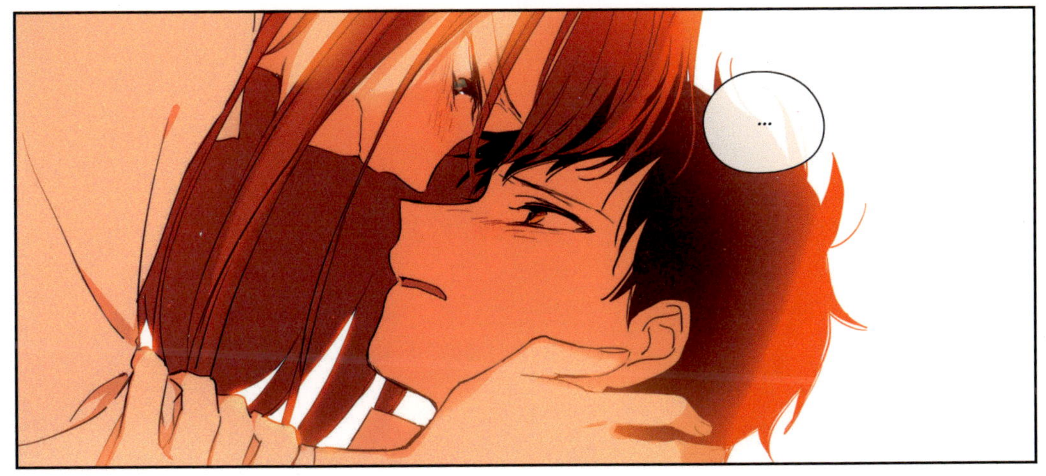
…

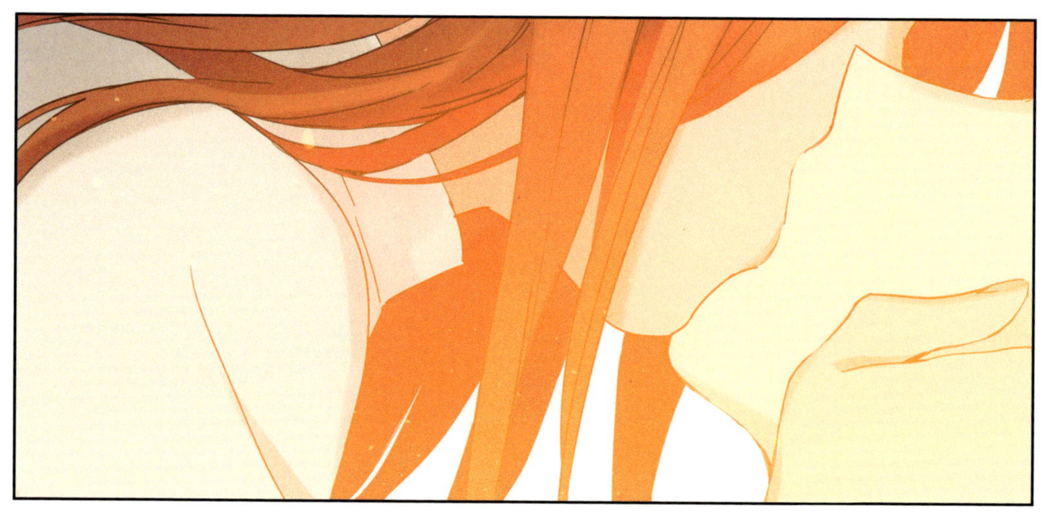

Es war, als hätte man die
letzte Seite eines Märchens
erreicht, auf der stand:
»Die Prinzessin und der Prinz
heirateten.« Natürlich wurde
ihre Liebe wahr.

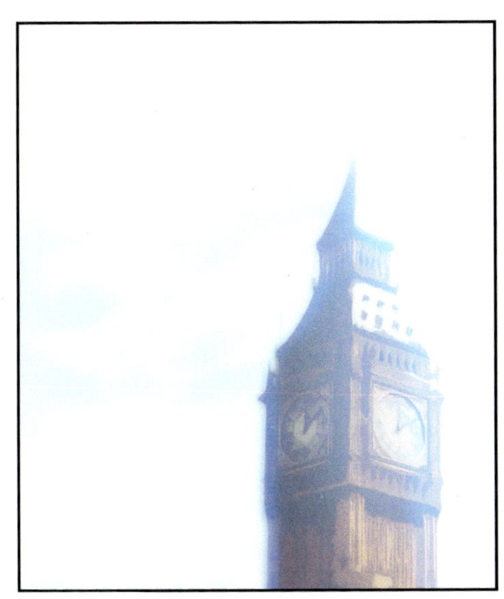

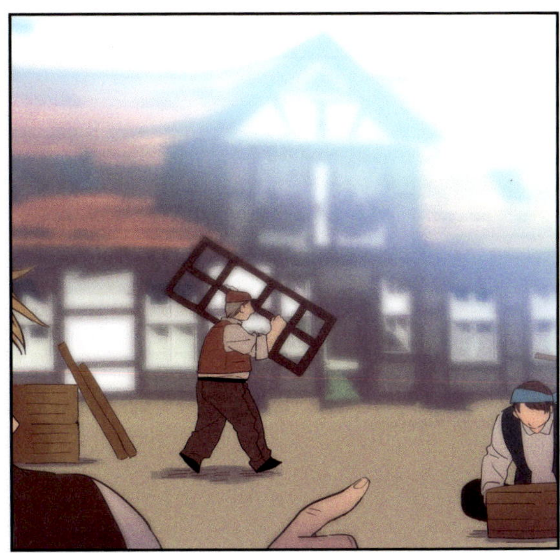

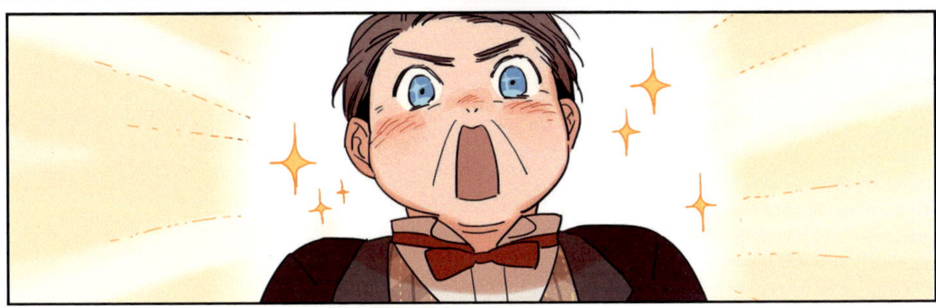

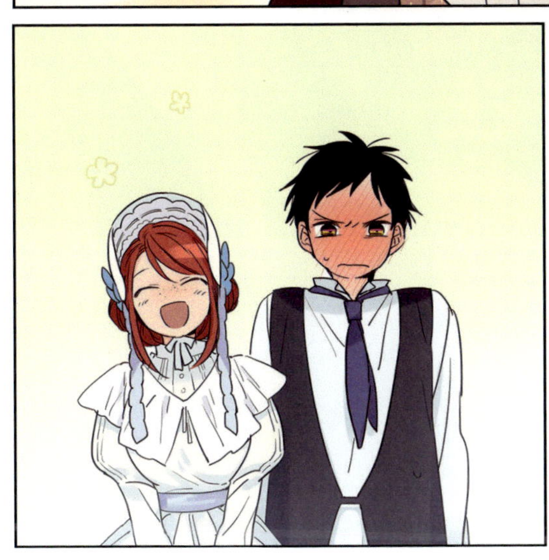

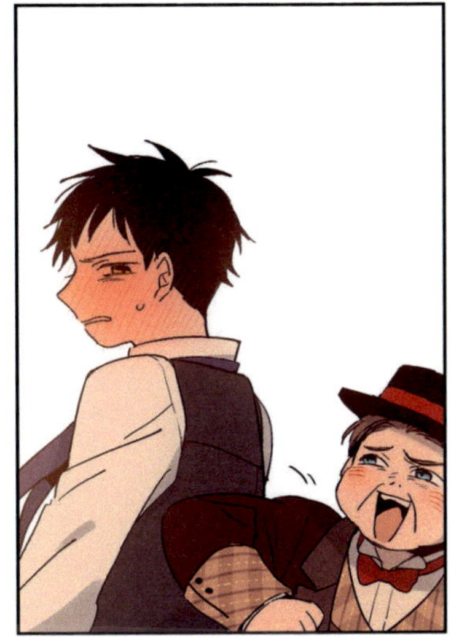

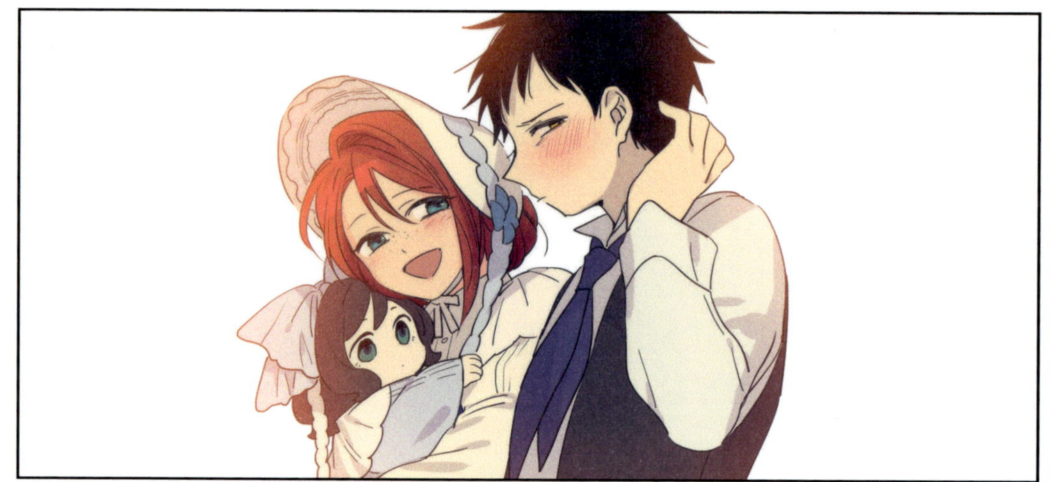

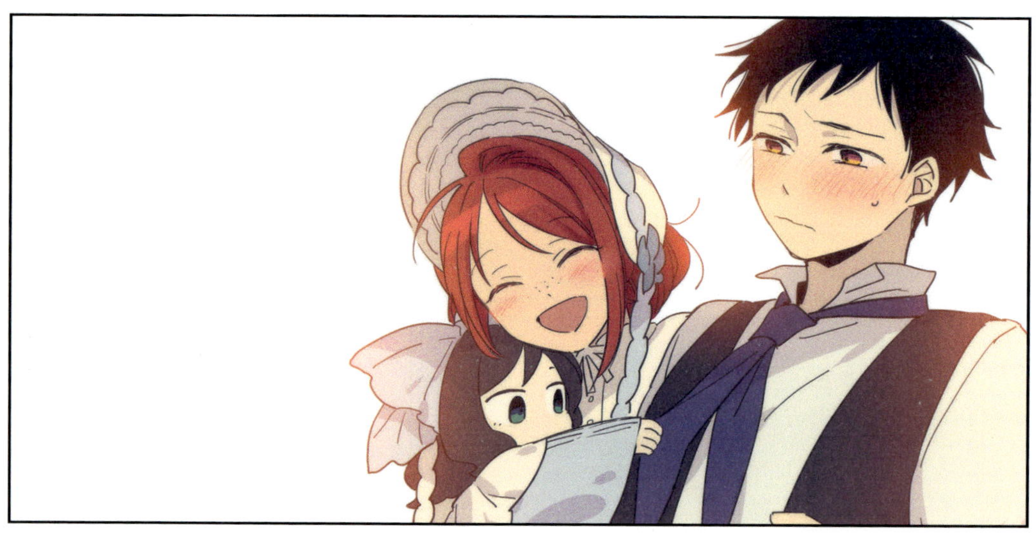

Fräulein, was haben Sie nun vor?
Wir müssen erst mal umziehen und schauen, wie gut das Geschäft läuft.
Eine Wohnung ... Für Hammer-Immobilien sollte das kein Problem sein, oder?

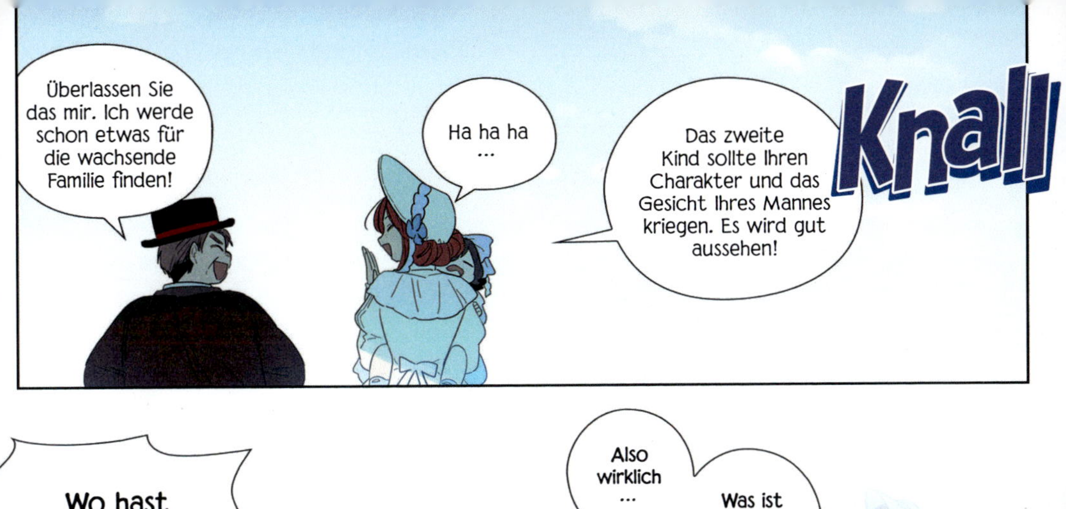
Überlassen Sie das mir. Ich werde schon etwas für die wachsende Familie finden!
Ha ha ha ...
Das zweite Kind sollte Ihren Charakter und das Gesicht Ihres Mannes kriegen. Es wird gut aussehen!
Knall

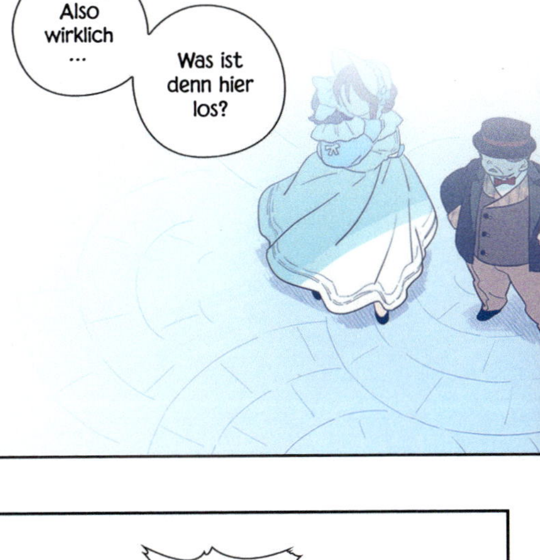
Wo hast du deine Augen?!
Wumms
Ver... Verzeihung. Ich bin ...
Also wirklich ...
Was ist denn hier los?
Knack
Aber ... Woher kommt dieses Geräusch ...?

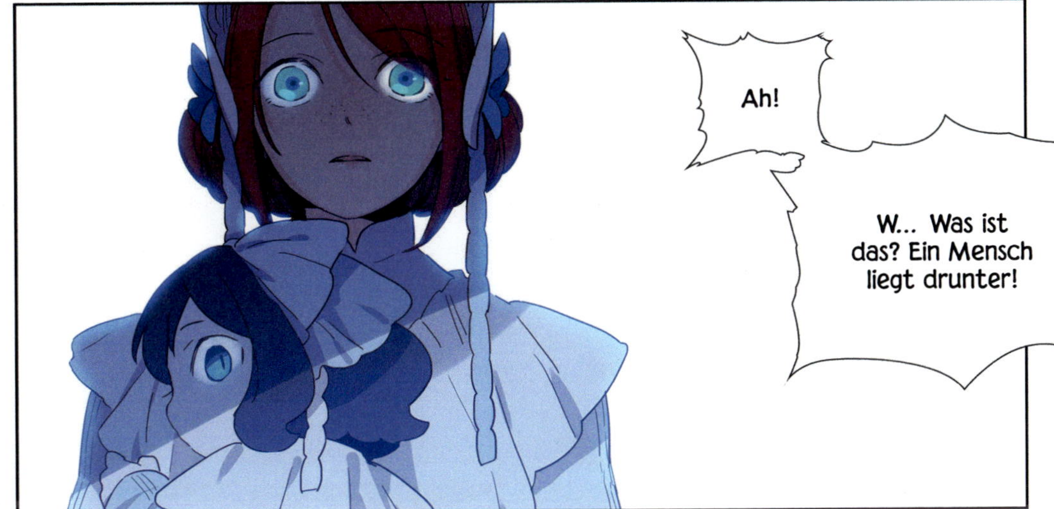
Ah!
W... Was ist das? Ein Mensch liegt drunter!

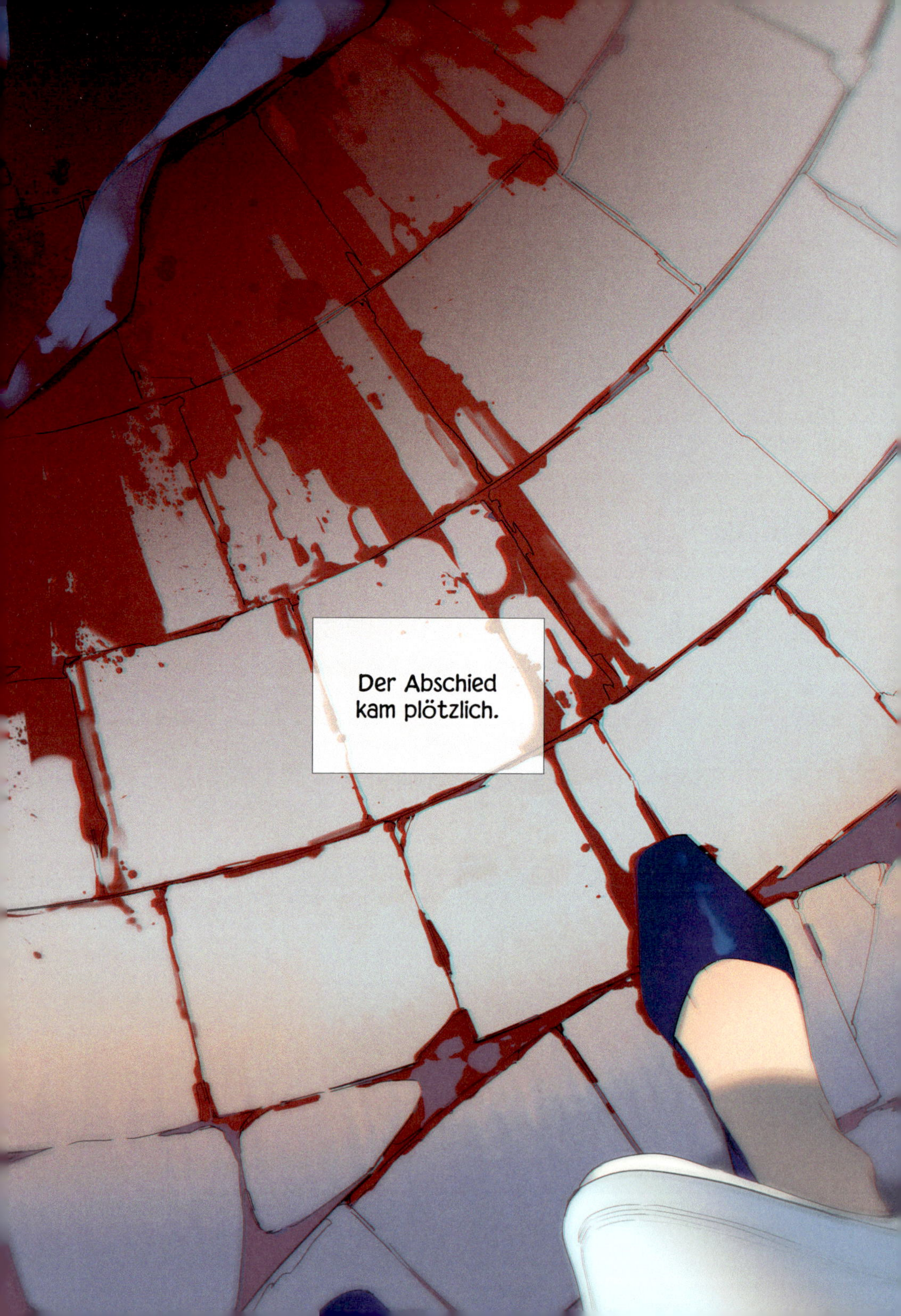
Der Abschied
kam plötzlich.

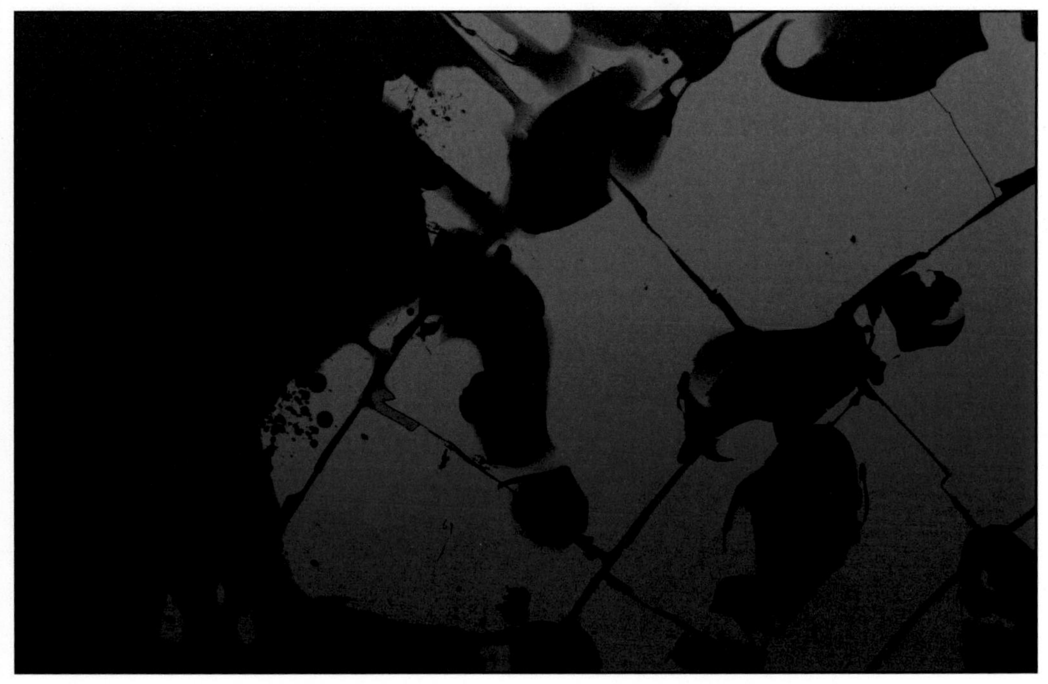

Auch wie
in einem
Märchen.

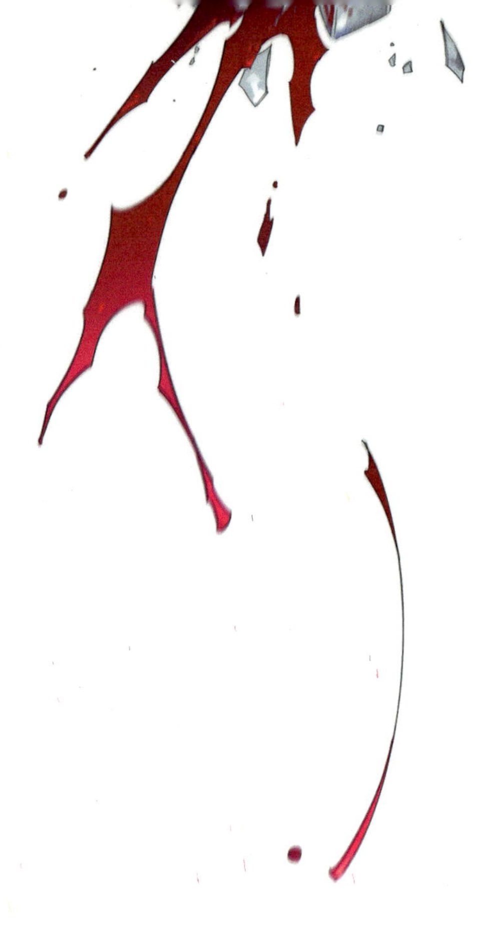

Es heißt, dass die
Hexe noch eine ganze
Weile an diesem Ort
stehen blieb.

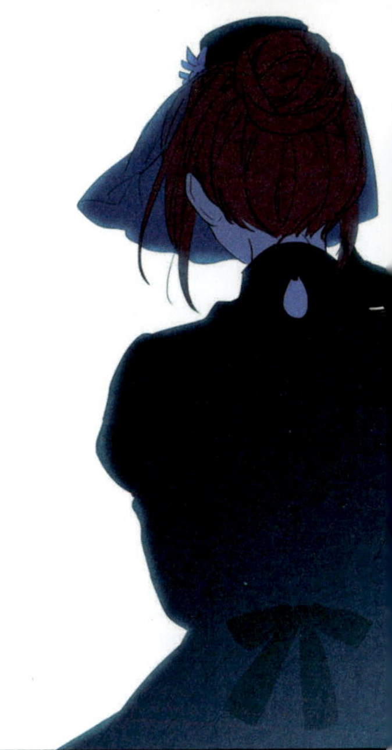

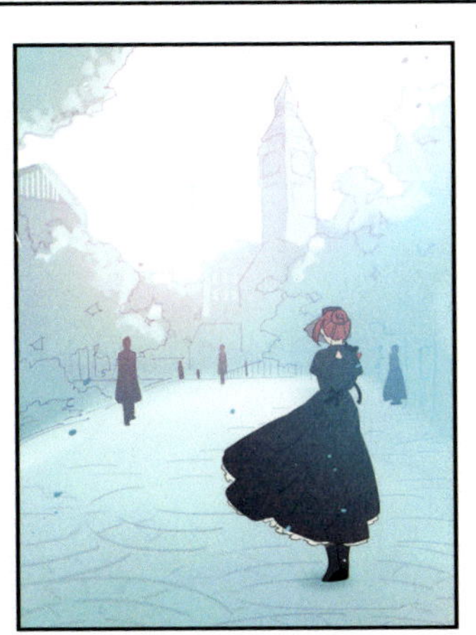

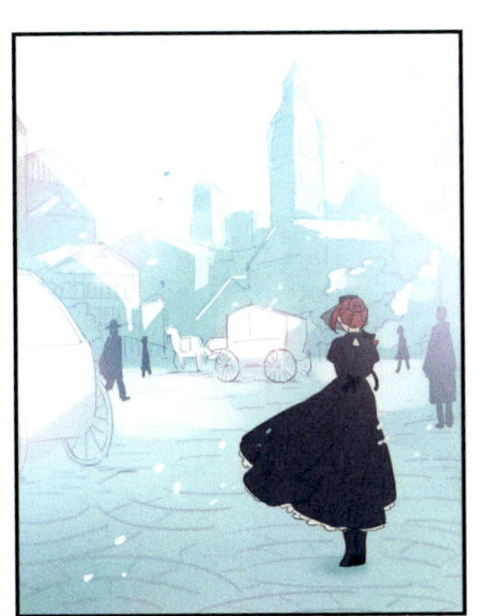

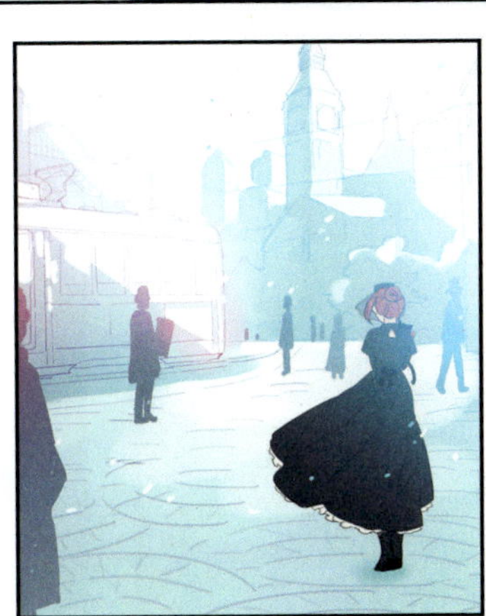

Wieso?

Wer weiß.
Das konnte
nur die Hexe
wissen.

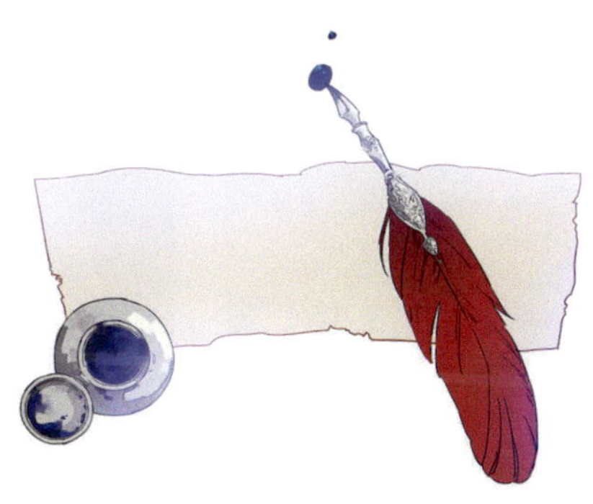

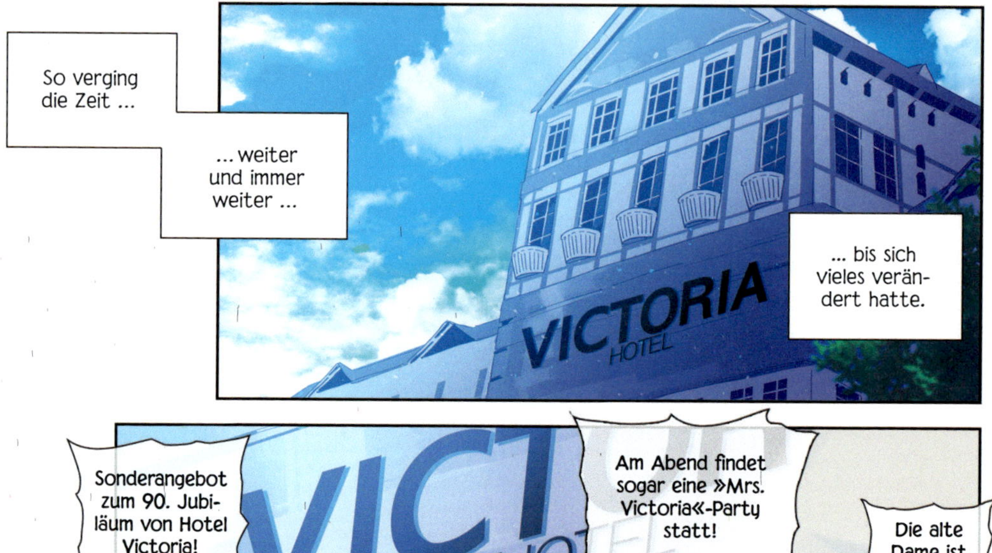
So verging die Zeit ...
... weiter und immer weiter ...
... bis sich vieles verändert hatte.
VICTORIA HOTEL
Sonderangebot zum 90. Jubiläum von Hotel Victoria!
Am Abend findet sogar eine »Mrs. Victoria«-Party statt!
Die alte Dame ist echt fit!

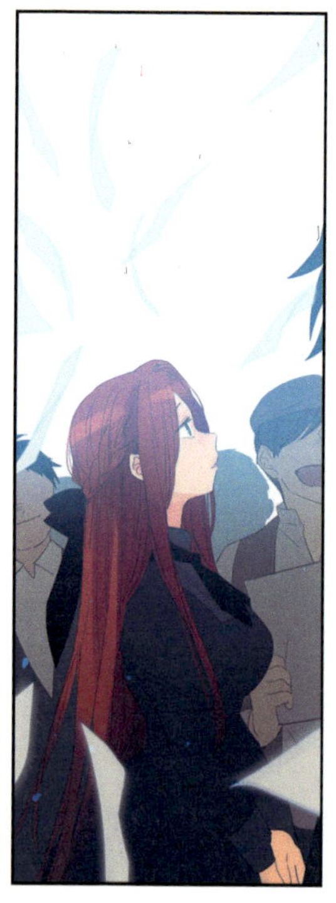

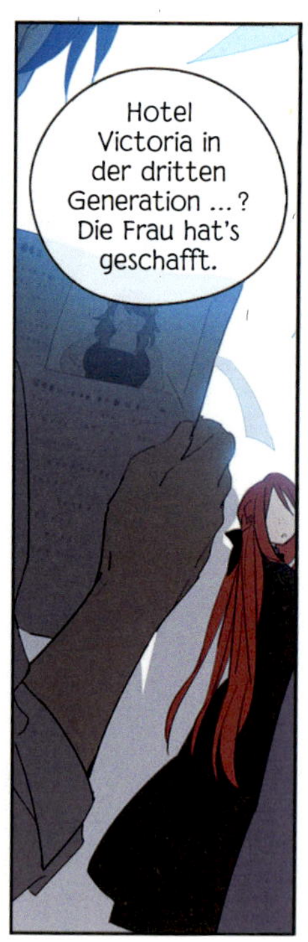
Hotel Victoria in der dritten Generation ...? Die Frau hat's geschafft.

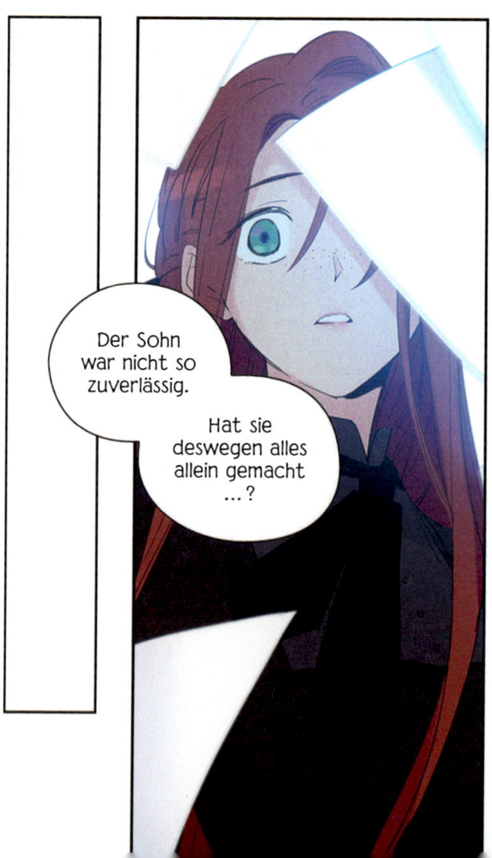
Der Sohn war nicht so zuverlässig.
Hat sie deswegen alles allein gemacht ...?

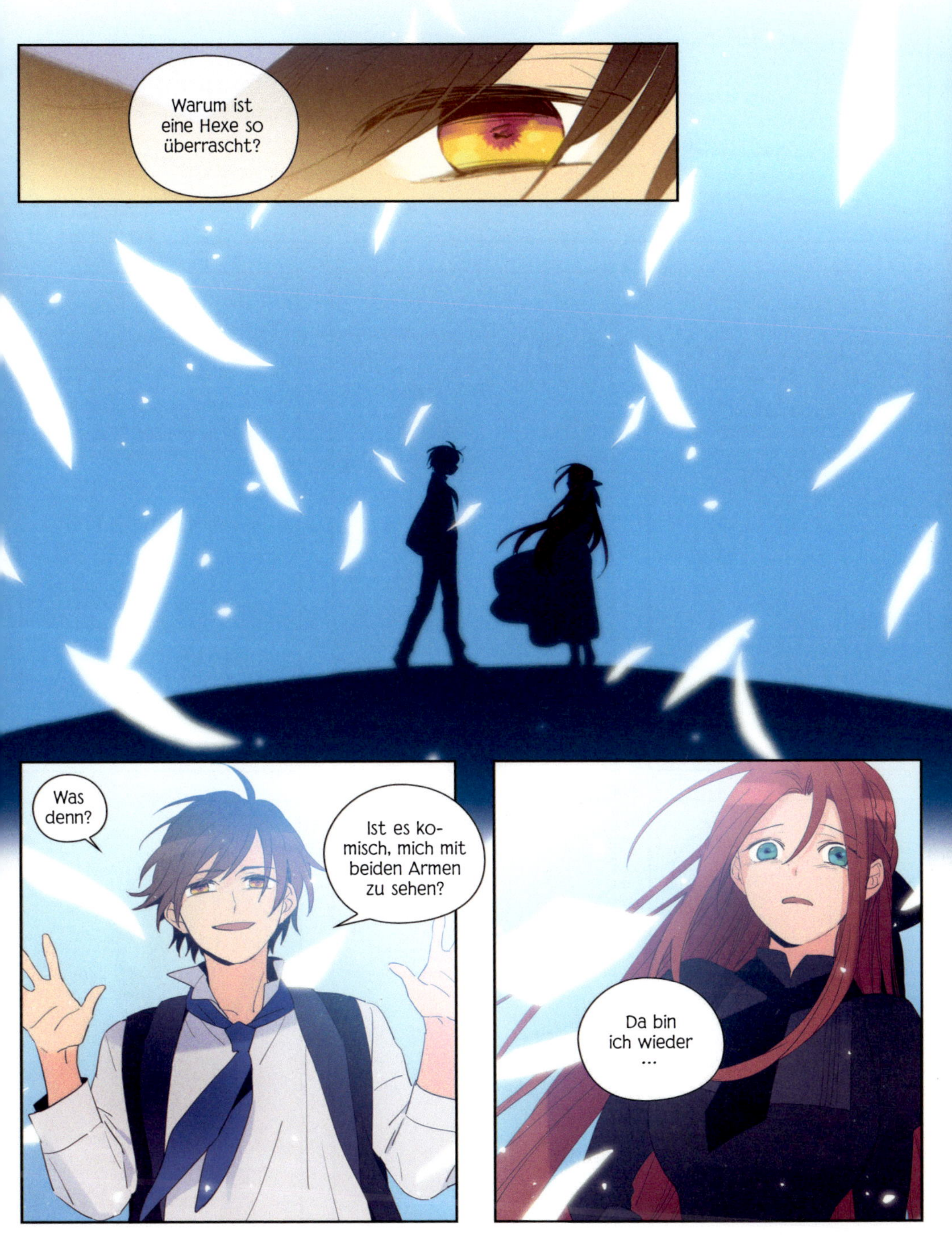
Warum ist eine Hexe so überrascht?
Was denn?
Ist es komisch, mich mit beiden Armen zu sehen?
Da bin ich wieder ...

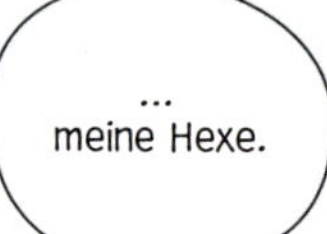

Auch danach begegneten sich der Junge und die Hexe immer wieder.

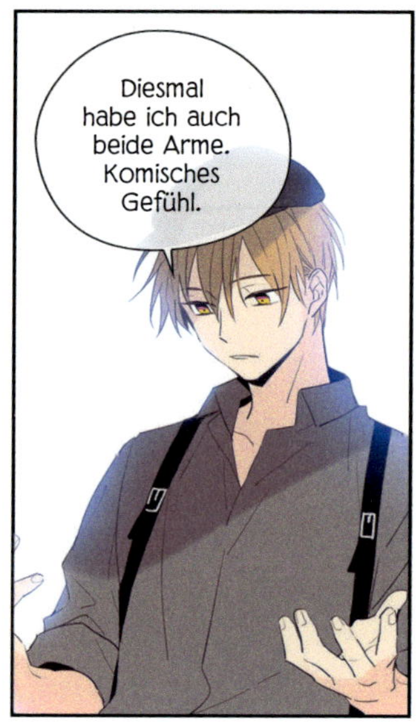

Jedes Mal in einem anderen Land, in einer anderen Gestalt.

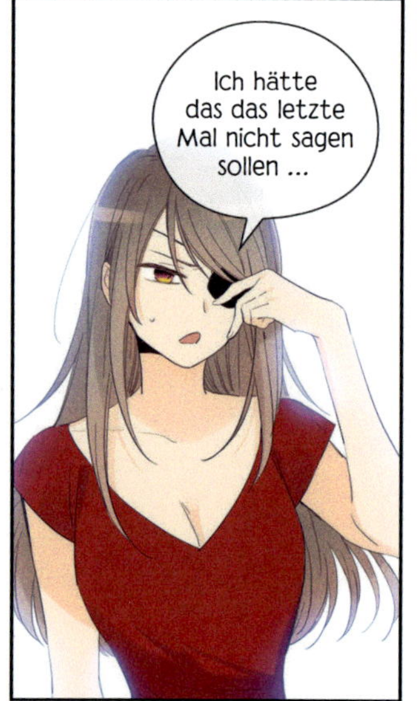

Immer und immer wieder ... Doch die Erinnerungen blieben.

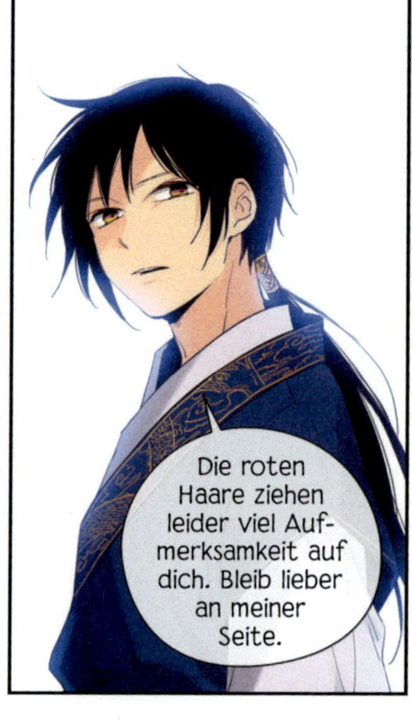

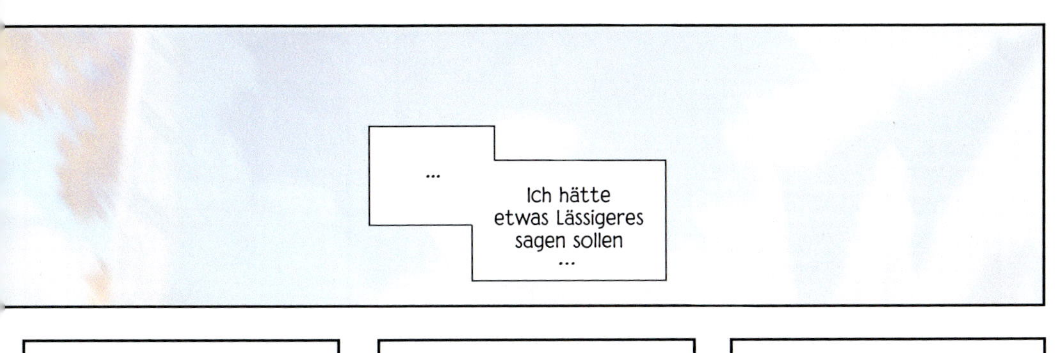

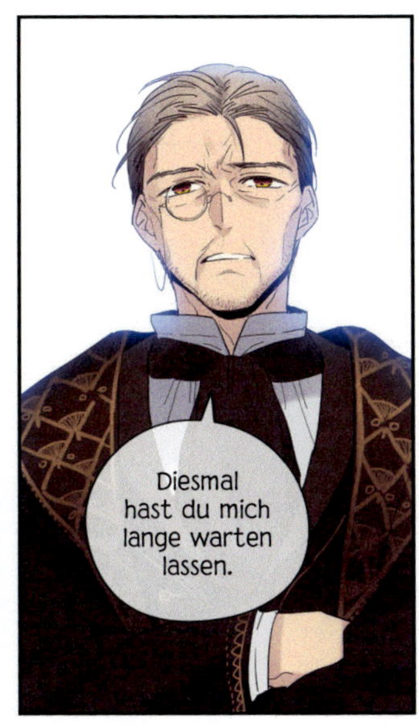

Jedoch ...

... starb der Junge jedes Mal einen plötzlichen Tod.

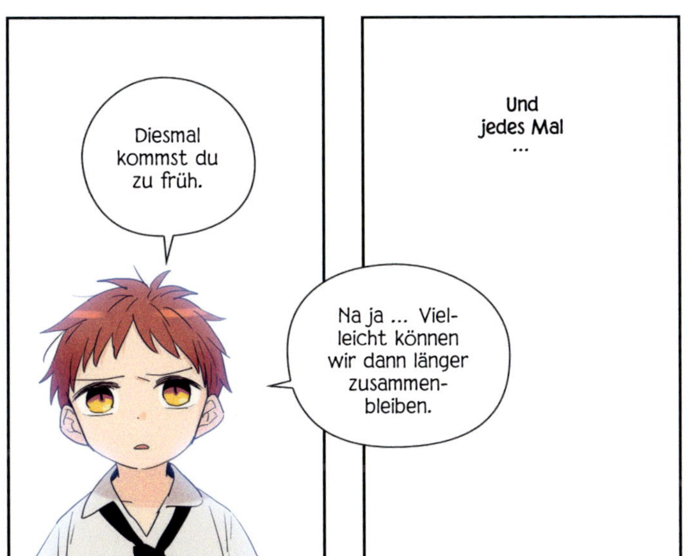

... war ihre gemeinsame Zeit begrenzt.

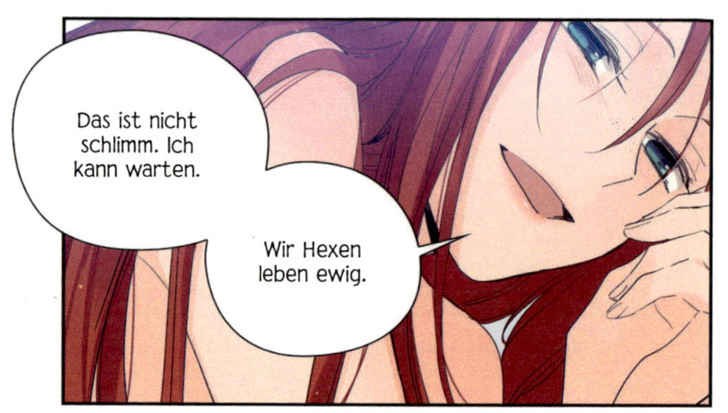

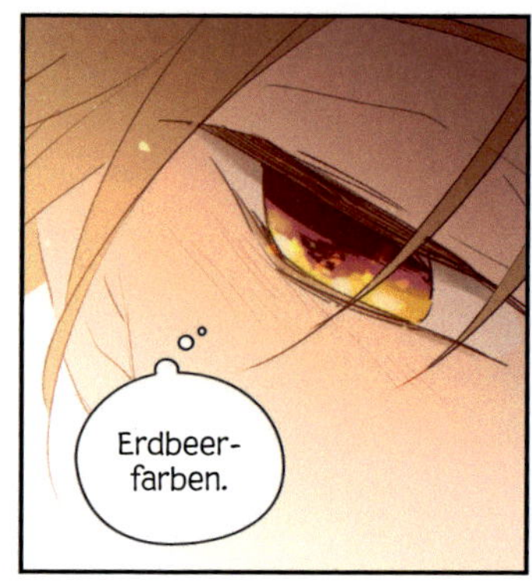

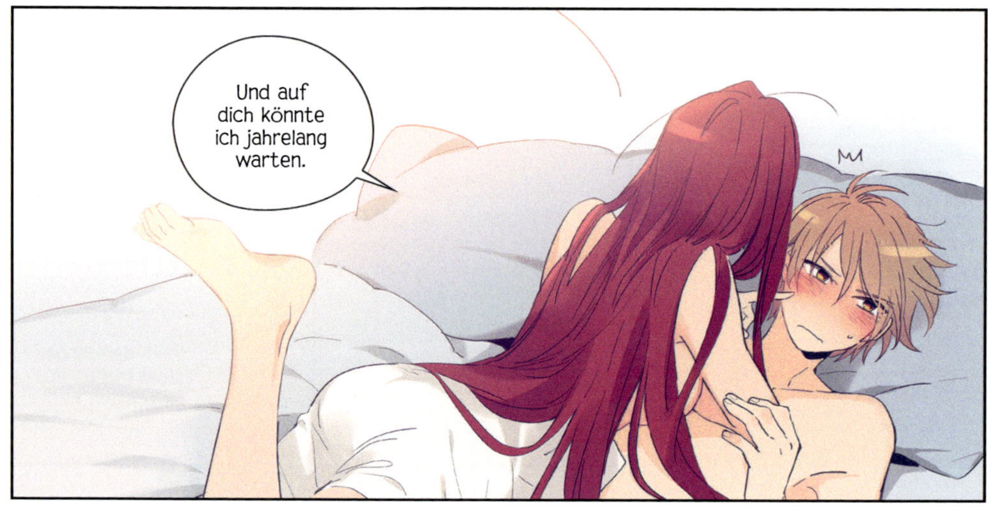

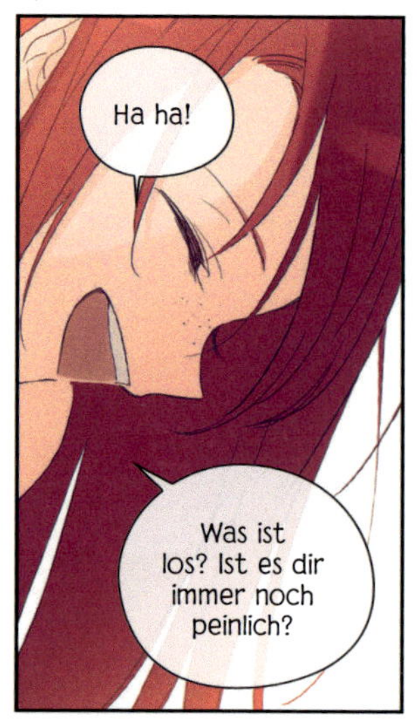

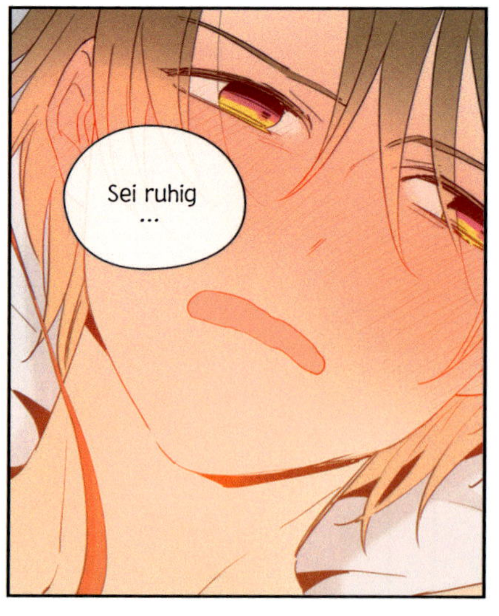

Als wäre ich ins Feuer gefallen. Als wäre meine Nase betäubt von Blumenduft.

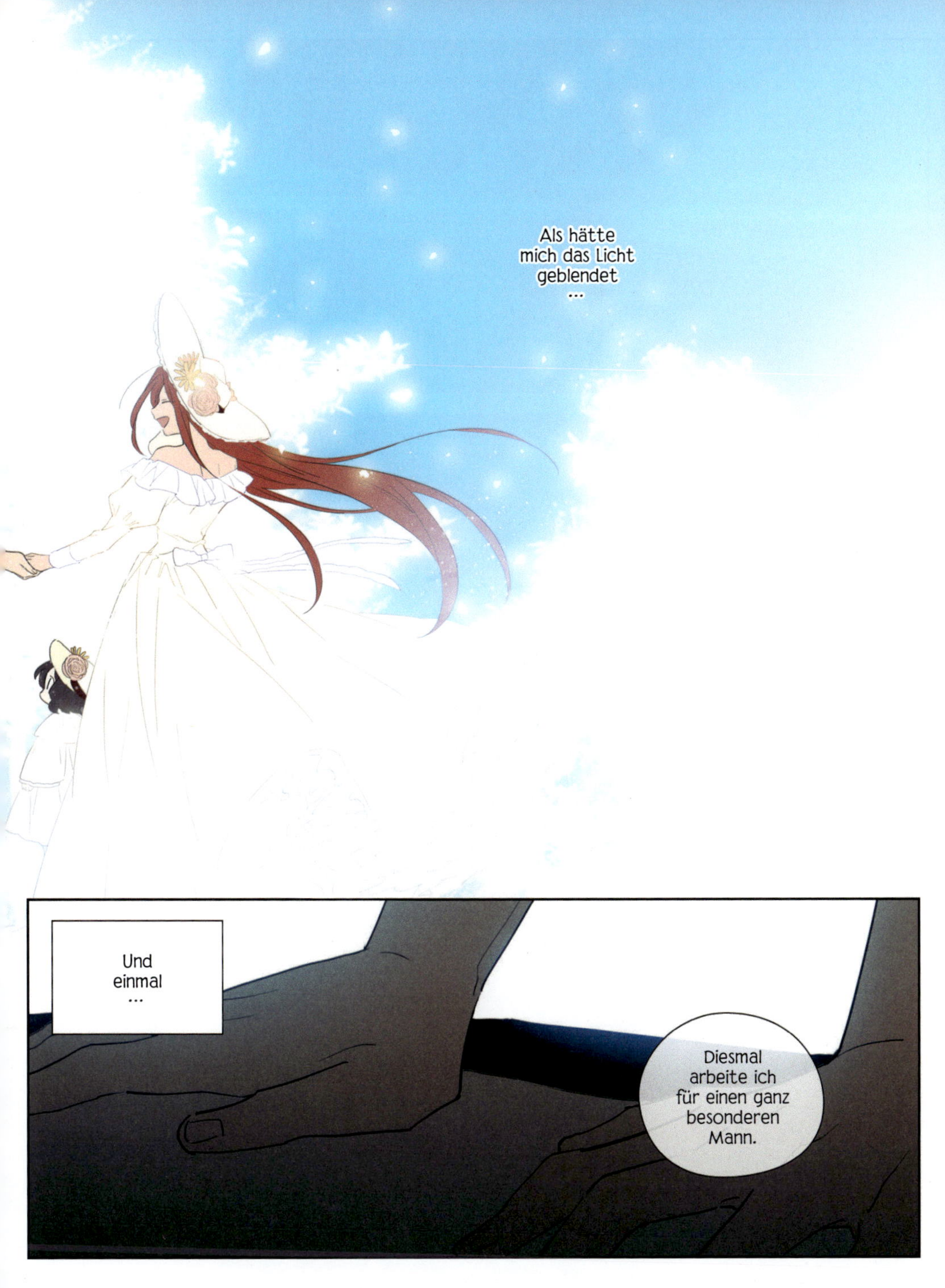
Als hätte mich das Licht geblendet ...
Und einmal ...
Diesmal arbeite ich für einen ganz besonderen Mann.

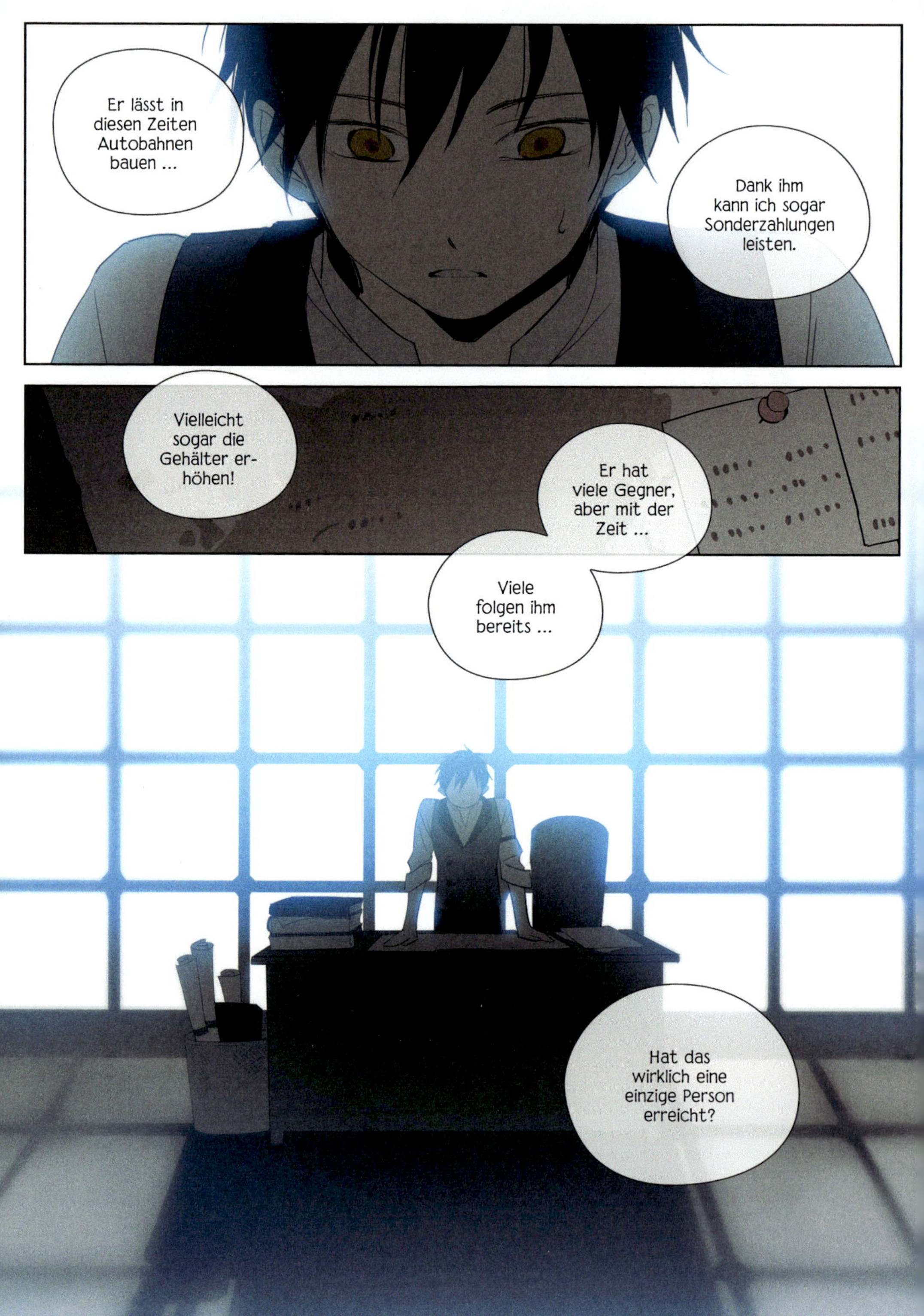
Er lässt in diesen Zeiten Autobahnen bauen ...
Dank ihm kann ich sogar Sonderzahlungen leisten.
Vielleicht sogar die Gehälter erhöhen!
Er hat viele Gegner, aber mit der Zeit ...
Viele folgen ihm bereits ...
Hat das wirklich eine einzige Person erreicht?

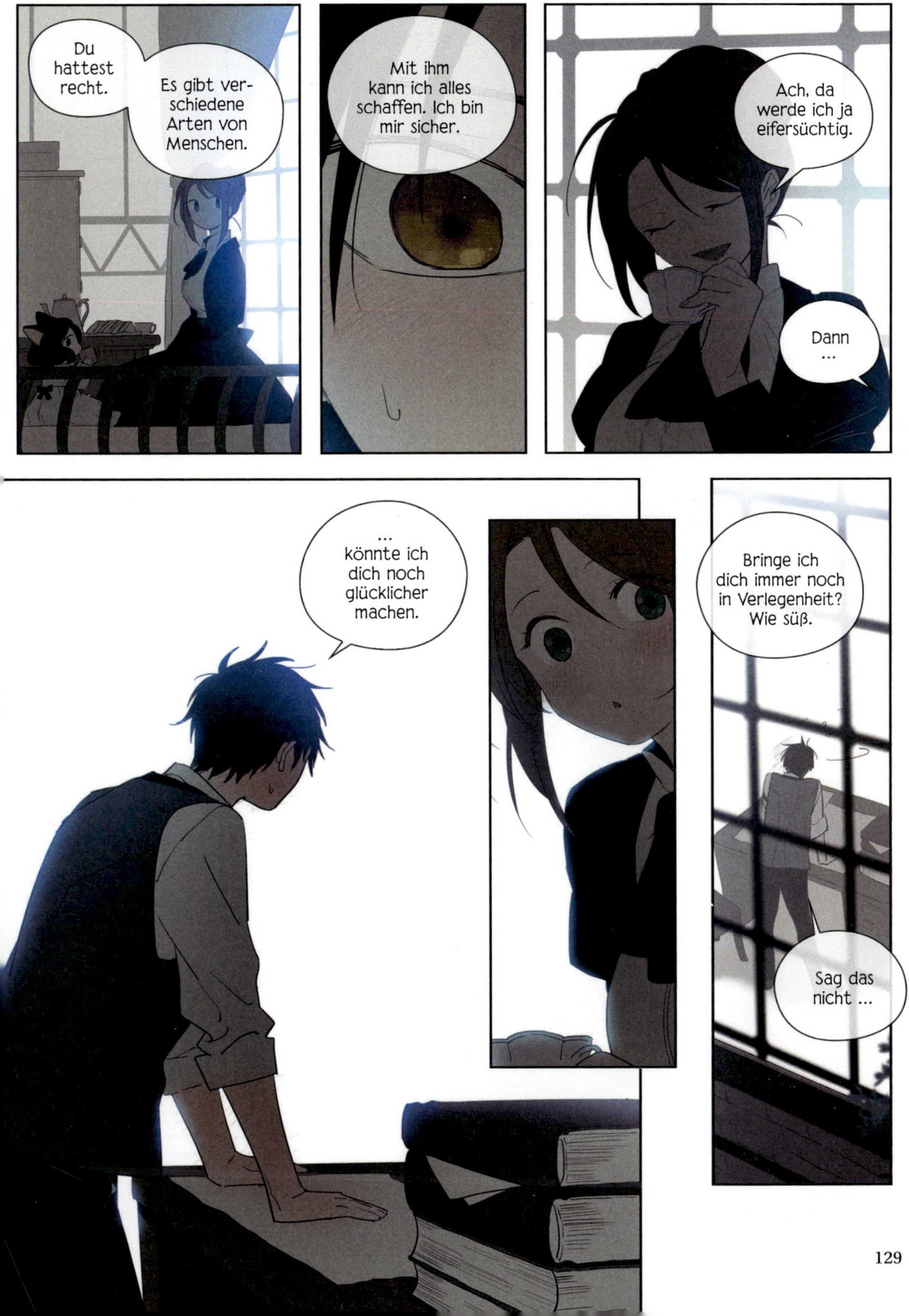

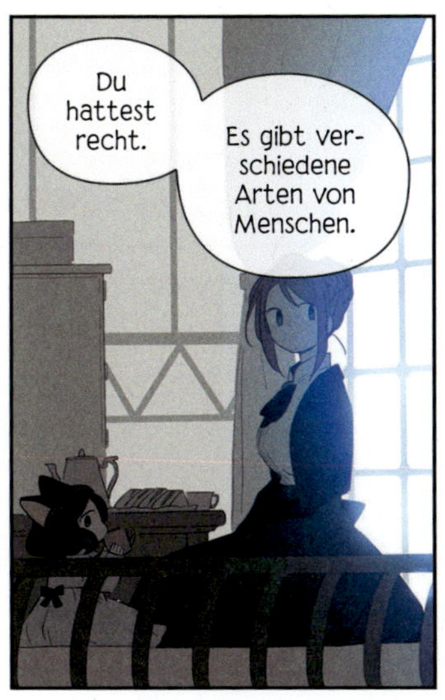
Du hattest recht.
Es gibt verschiedene Arten von Menschen.

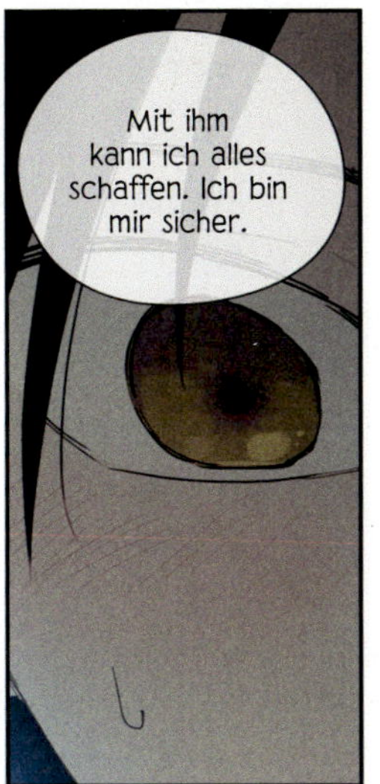
Mit ihm kann ich alles schaffen. Ich bin mir sicher.

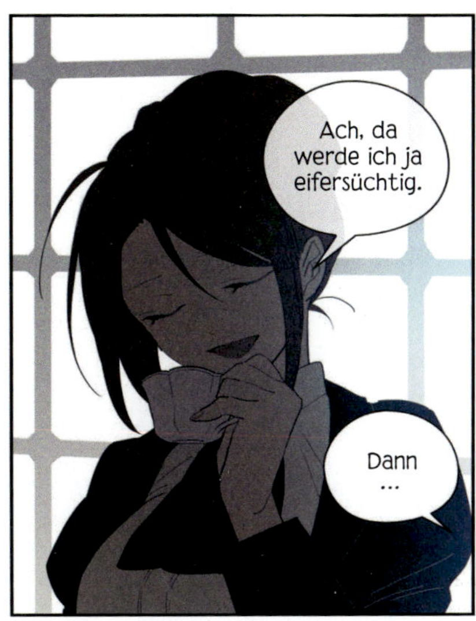
Ach, da werde ich ja eifersüchtig.
Dann ...

... könnte ich dich noch glücklicher machen.

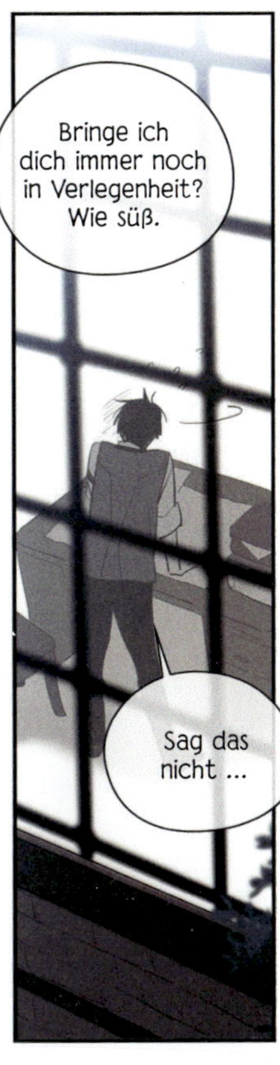
Bringe ich dich immer noch in Verlegenheit? Wie süß.
Sag das nicht ...

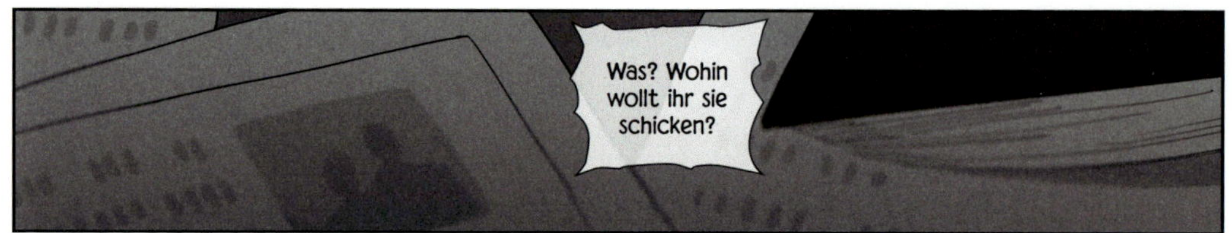
Was? Wohin wollt ihr sie schicken?

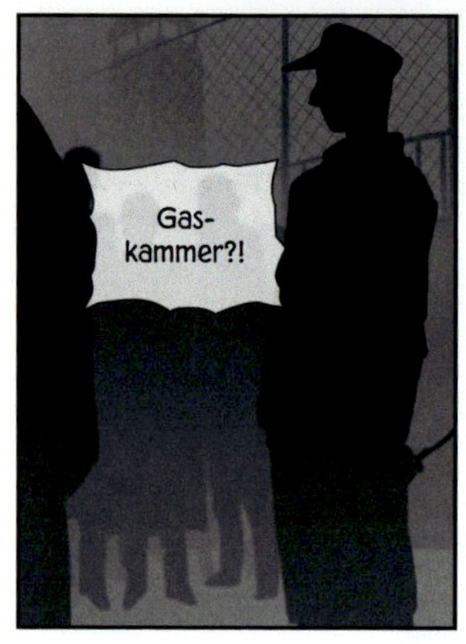
Gas-kammer?!

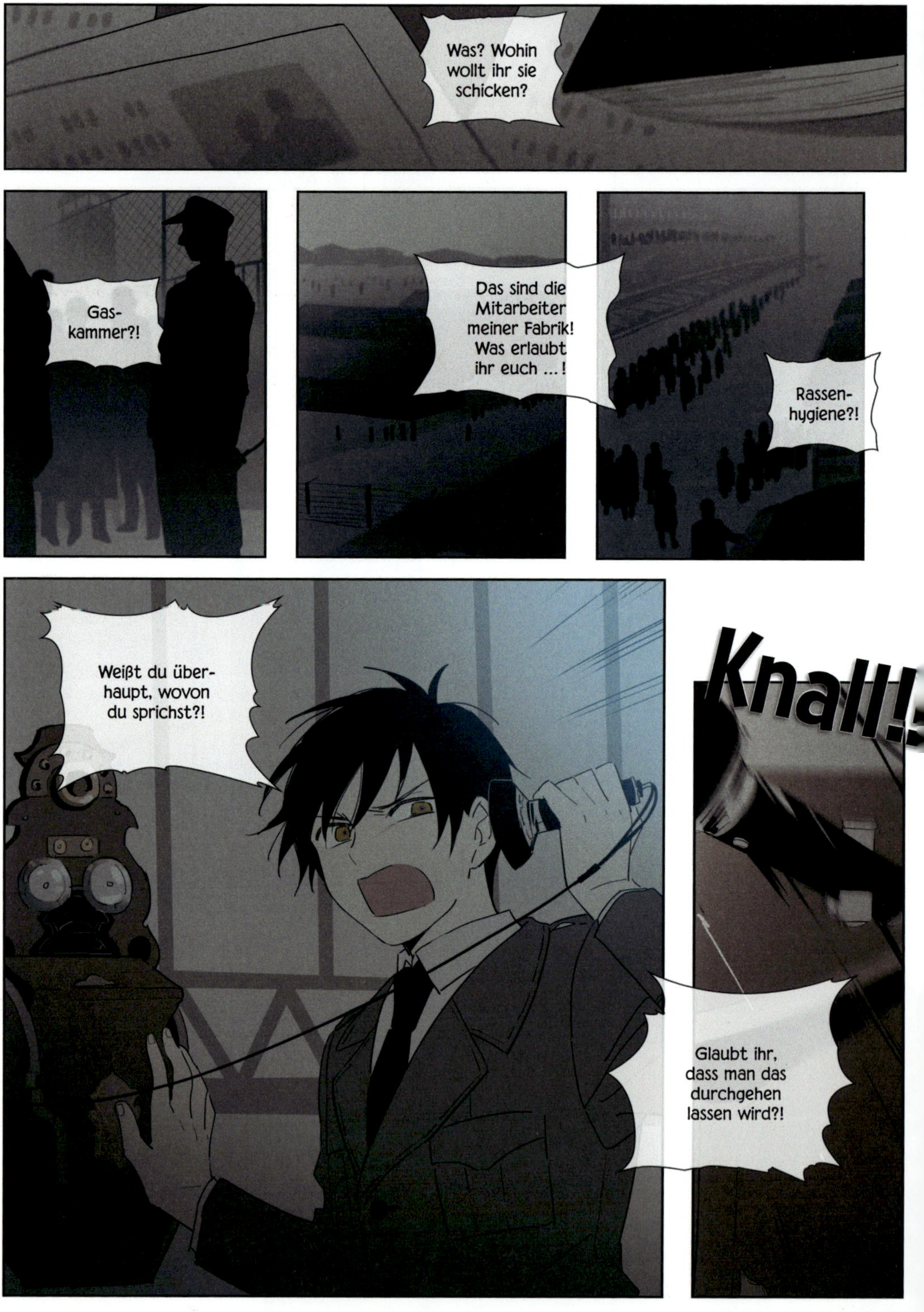

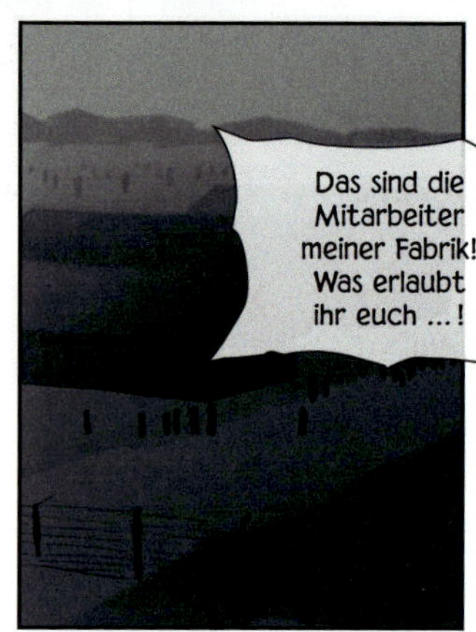
Das sind die Mitarbeiter meiner Fabrik! Was erlaubt ihr euch ...!

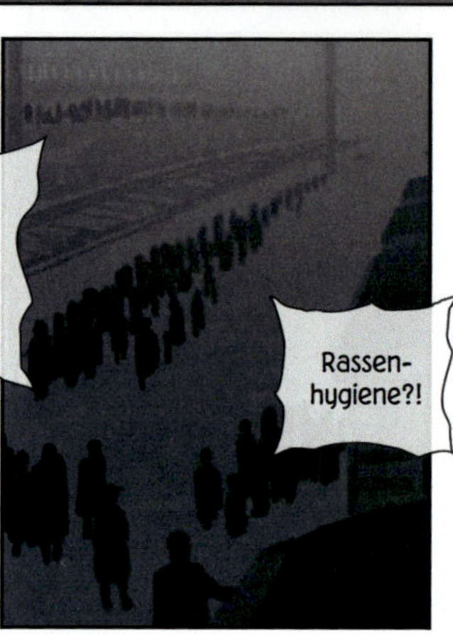
Rassen-hygiene?!

Weißt du über-haupt, wovon du sprichst?!
Glaubt ihr, dass man das durchgehen lassen wird?!

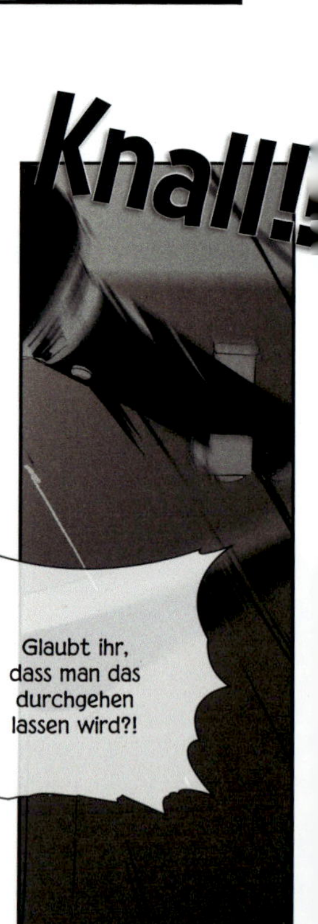
Knall!!

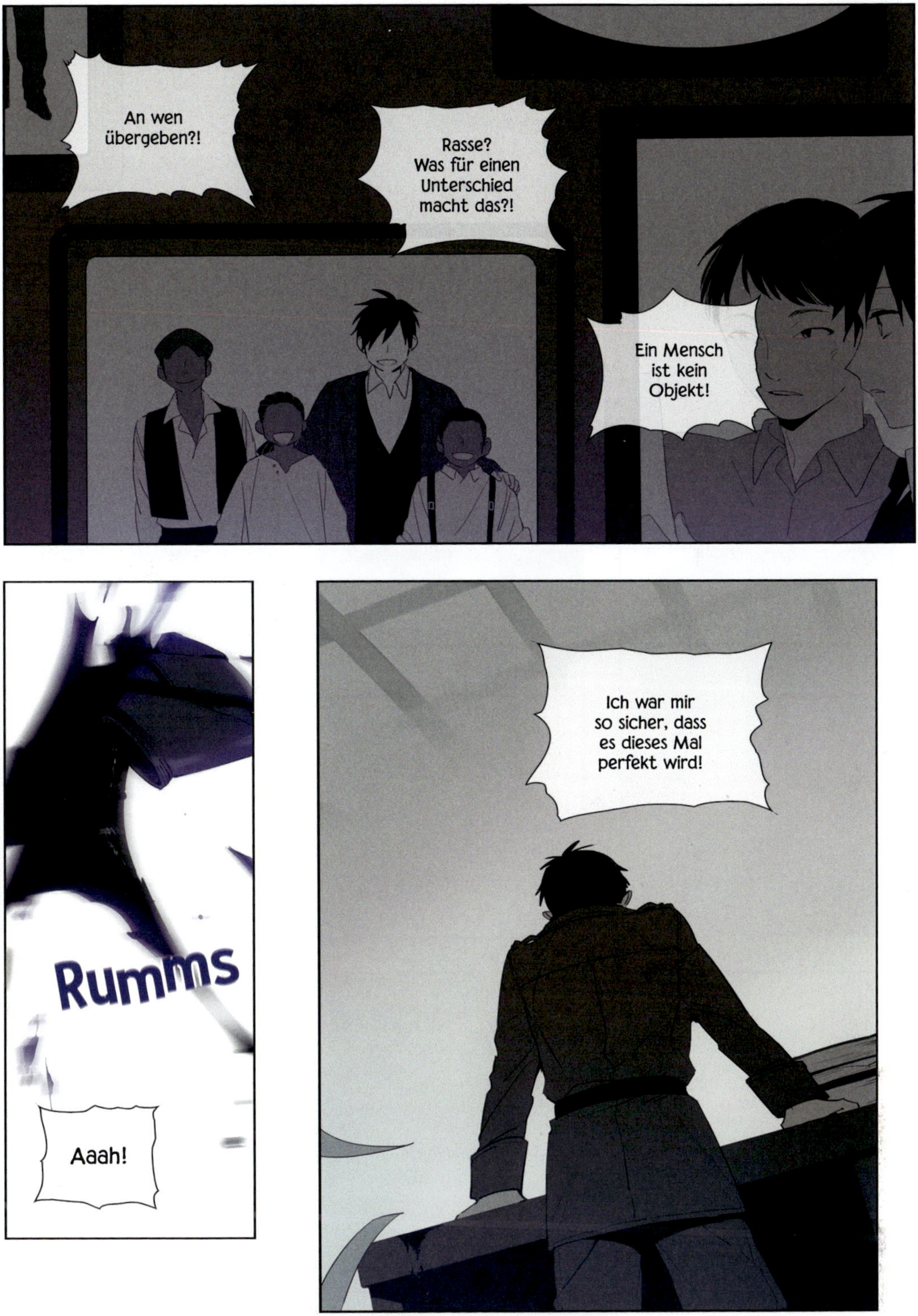

An wen übergeben?!
Rasse? Was für einen Unterschied macht das?!
Ein Mensch ist kein Objekt!

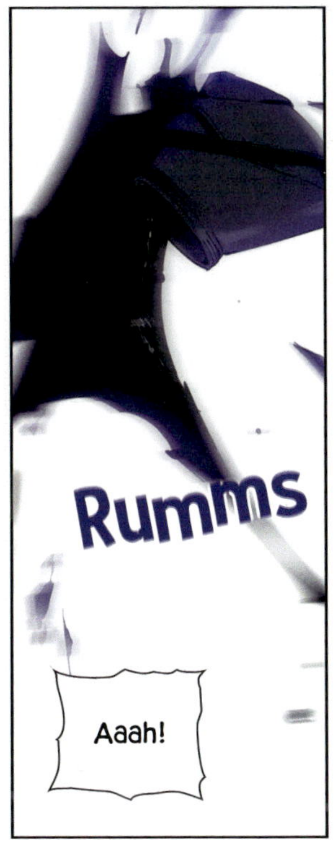

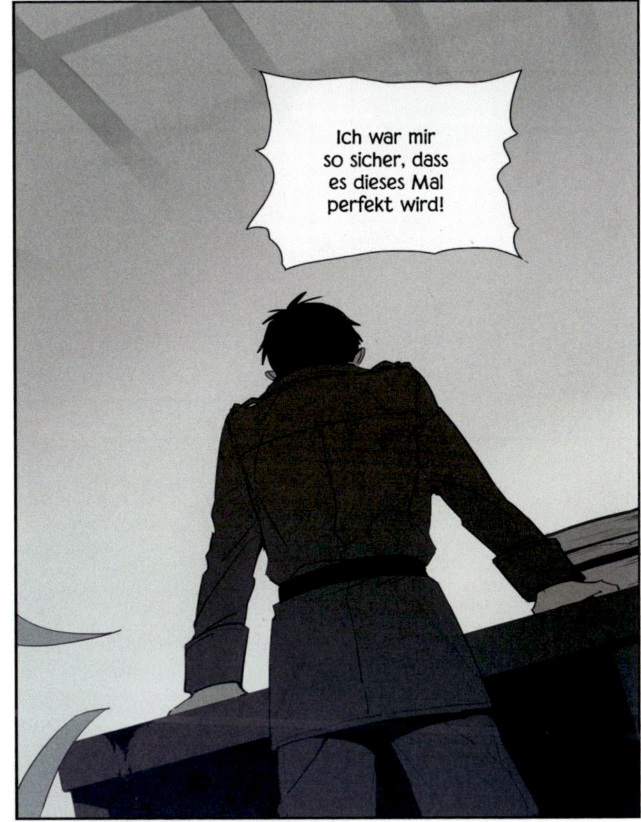

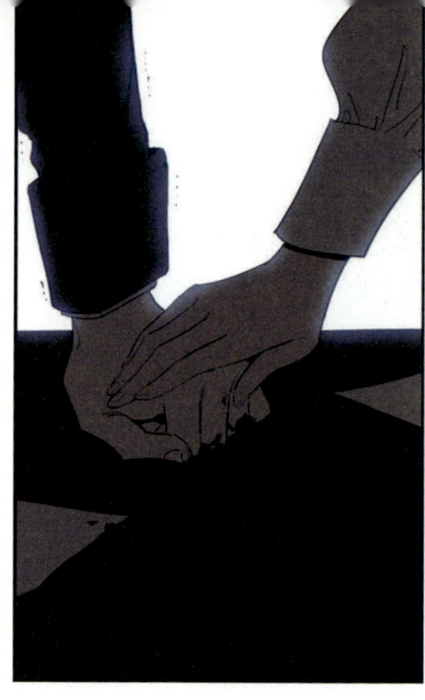

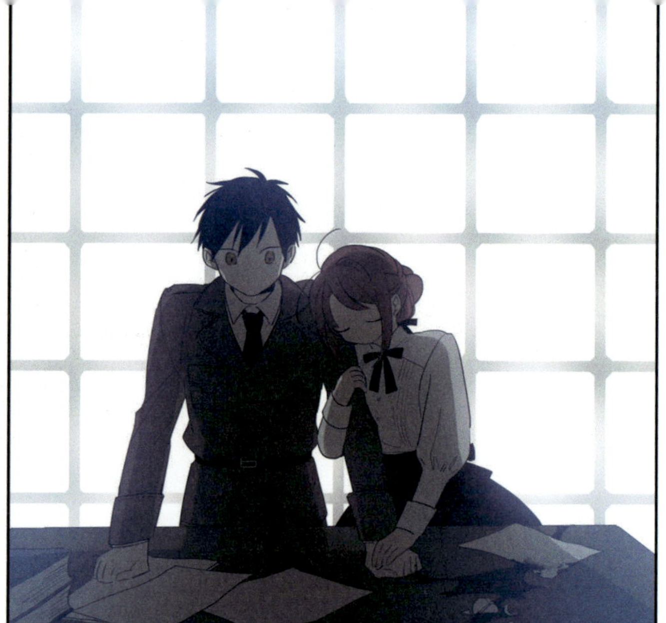

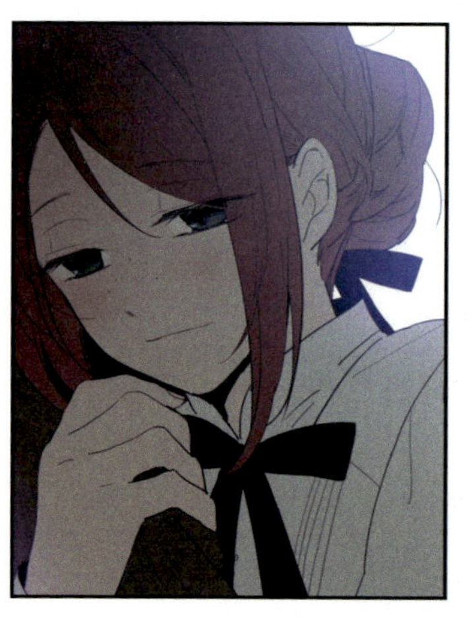

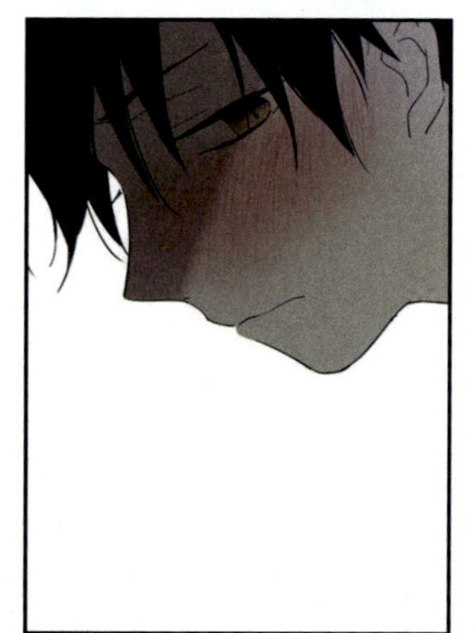

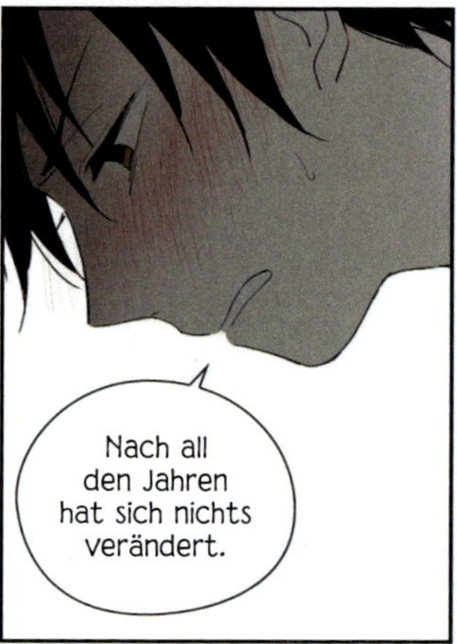

Nach all
den Jahren
hat sich nichts
verändert.

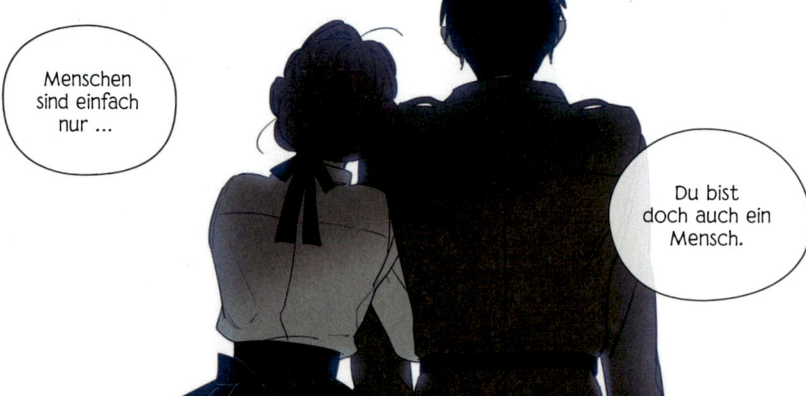

Menschen
sind einfach
nur ...
Du bist
doch auch ein
Mensch.

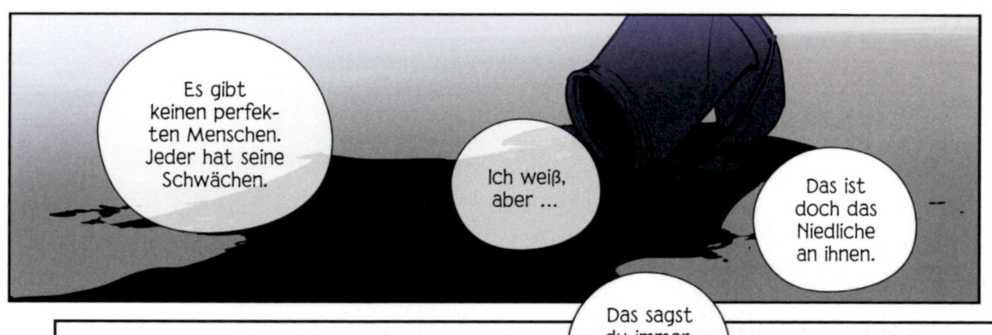
Es gibt keinen perfekten Menschen. Jeder hat seine Schwächen.
Ich weiß, aber ...
Das ist doch das Niedliche an ihnen.
Das sagst du immer. Aber gerade jetzt ...

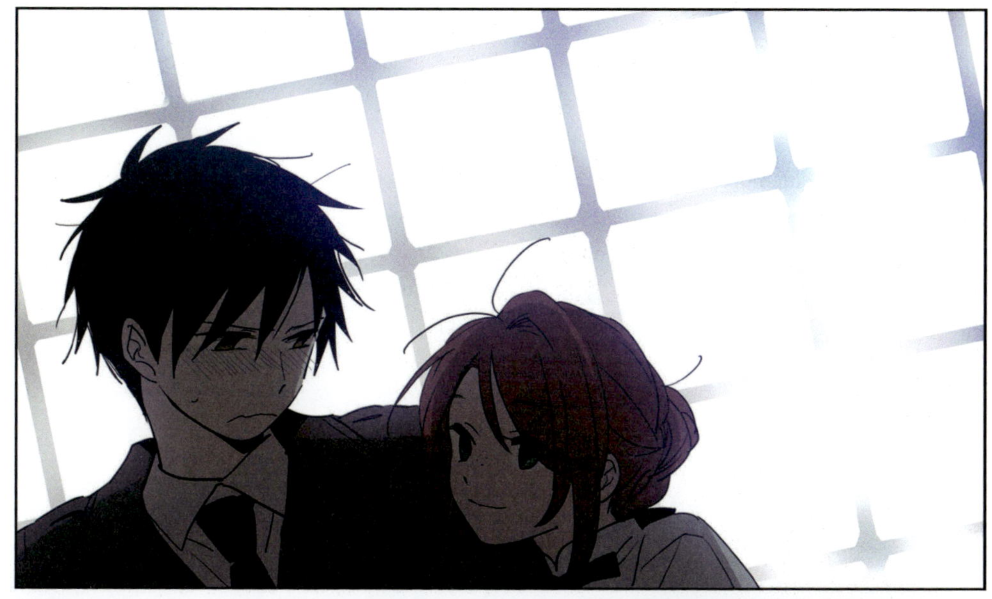

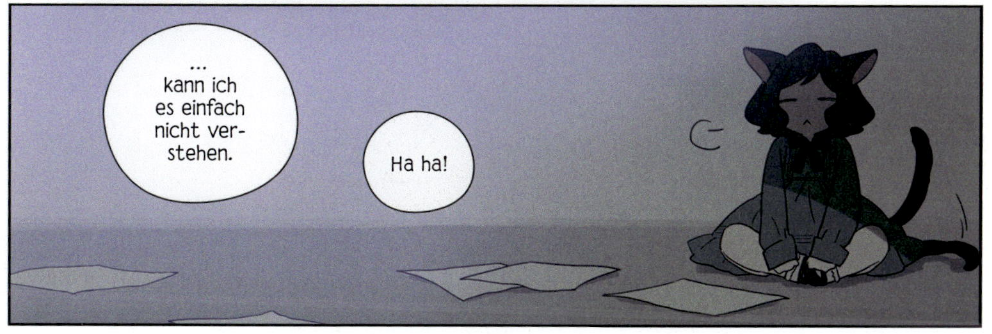
... kann ich es einfach nicht verstehen.
Ha ha!

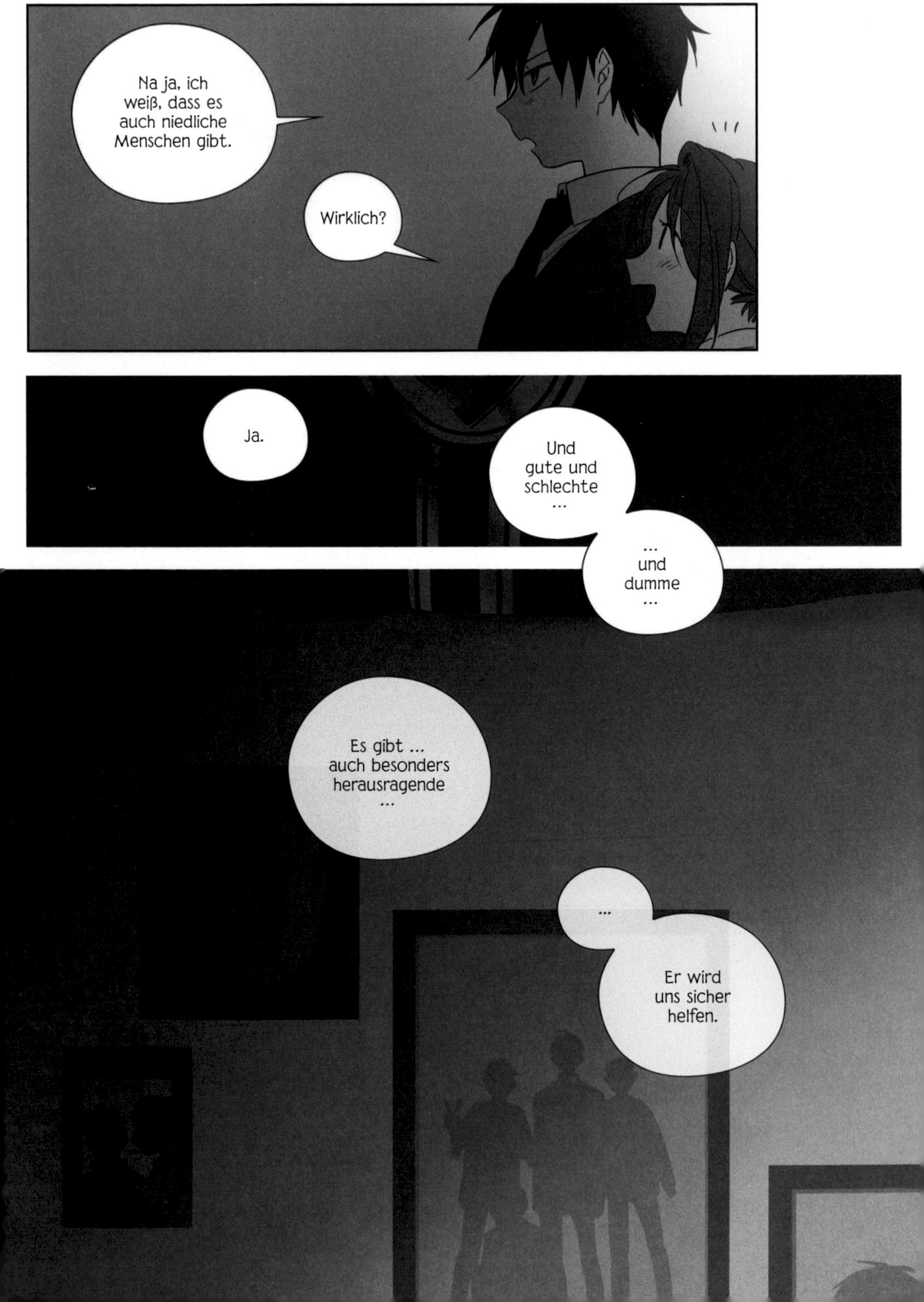

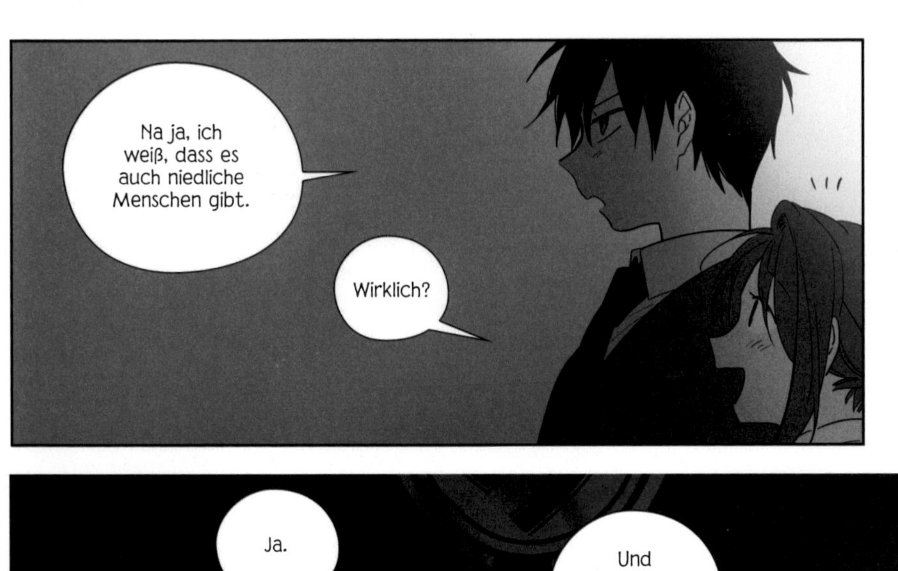
Na ja, ich weiß, dass es auch niedliche Menschen gibt.
Wirklich?
Ja.
Und gute und schlechte …
… und dumme …
Es gibt … auch besonders herausragende …
…
Er wird uns sicher helfen.

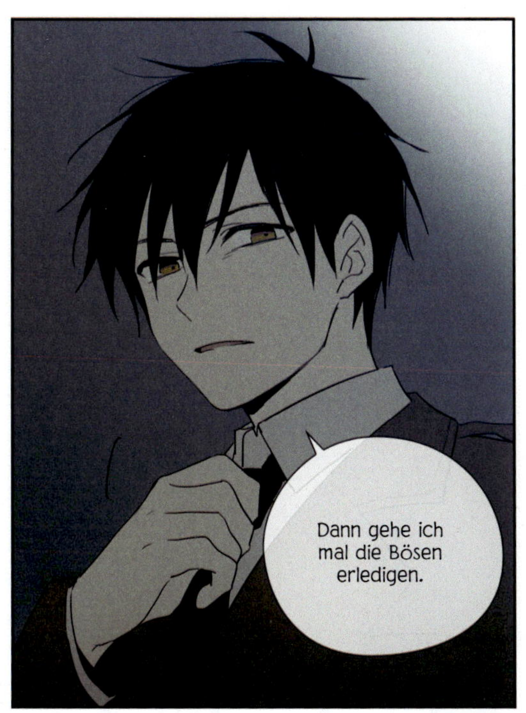
Dann gehe ich mal die Bösen erledigen.

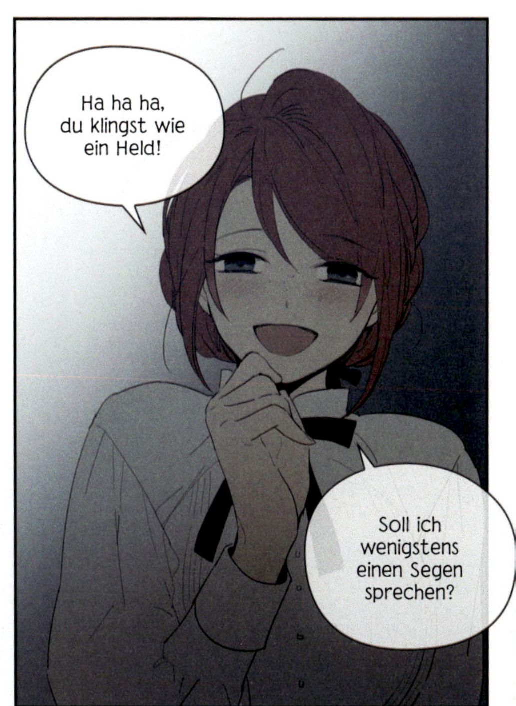
Ha ha ha, du klingst wie ein Held!
Soll ich wenigstens einen Segen sprechen?

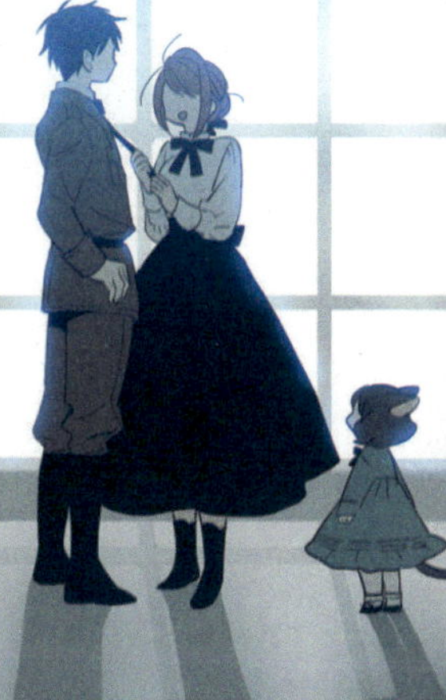
Der Segen einer Hexe? Lieber nicht …
Wende dich an Wiltz, wenn etwas ist.
Es wird nichts passieren. Versprochen.

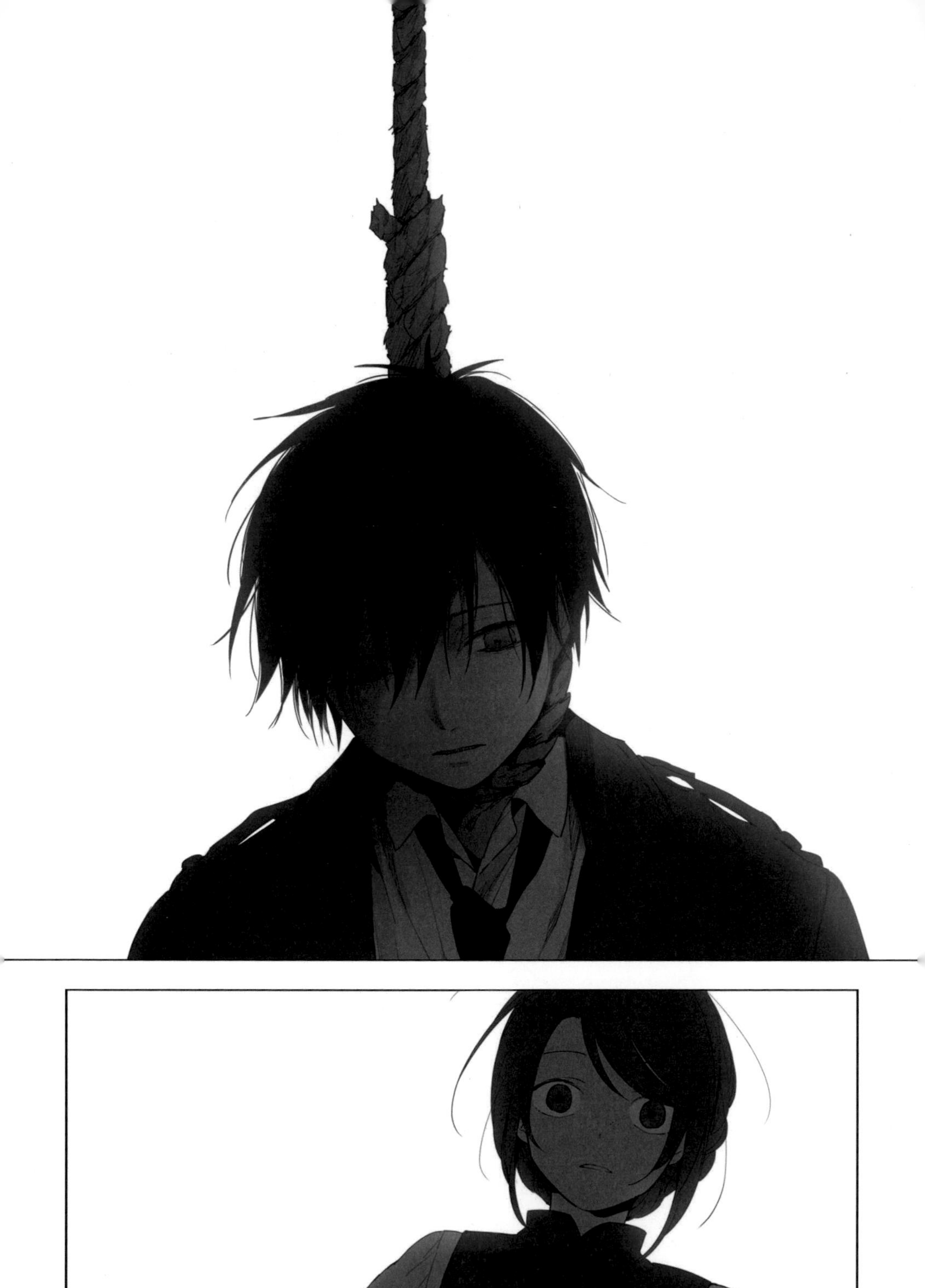

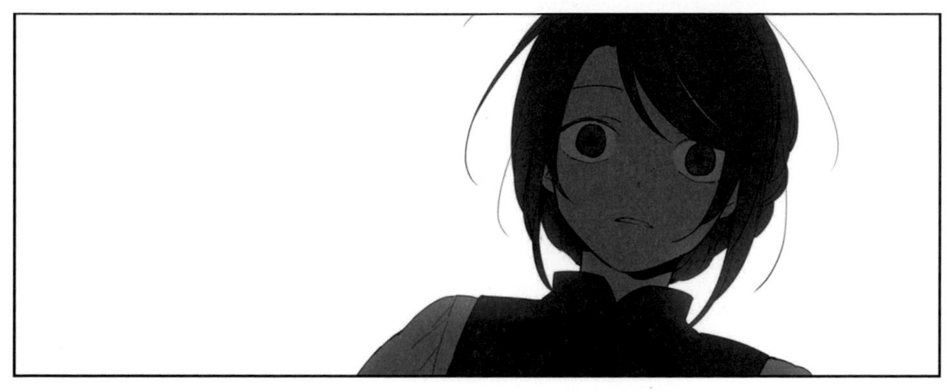

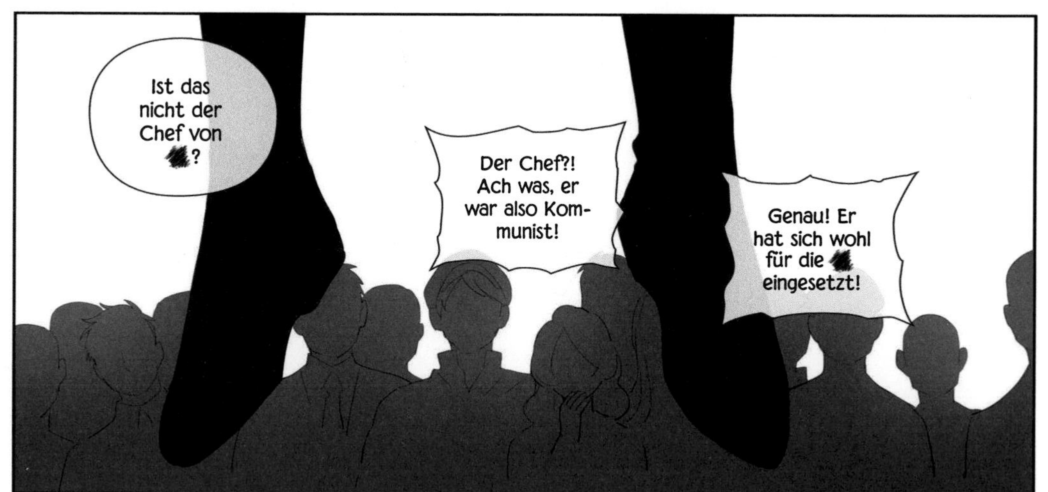
Ist das nicht der Chef von ?
Der Chef?! Ach was, er war also Kommunist!
Genau! Er hat sich wohl für die eingesetzt!

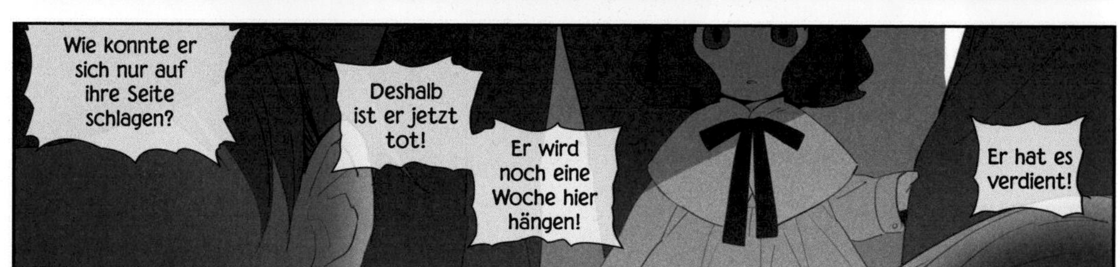
Wie konnte er sich nur auf ihre Seite schlagen?
Deshalb ist er jetzt tot!
Er wird noch eine Woche hier hängen!
Er hat es verdient!

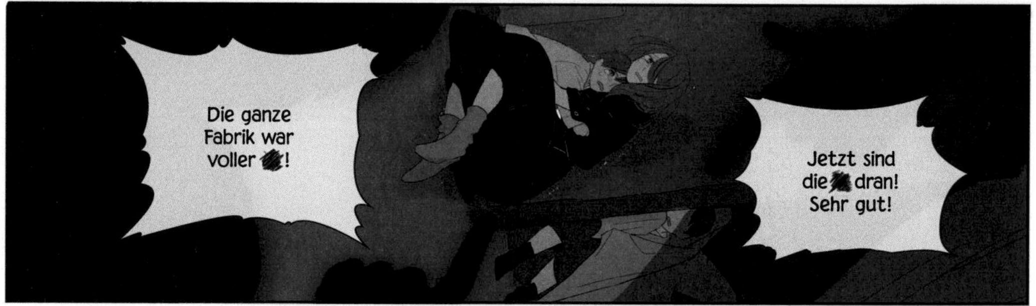
Die ganze Fabrik war voller !
Jetzt sind die dran! Sehr gut!

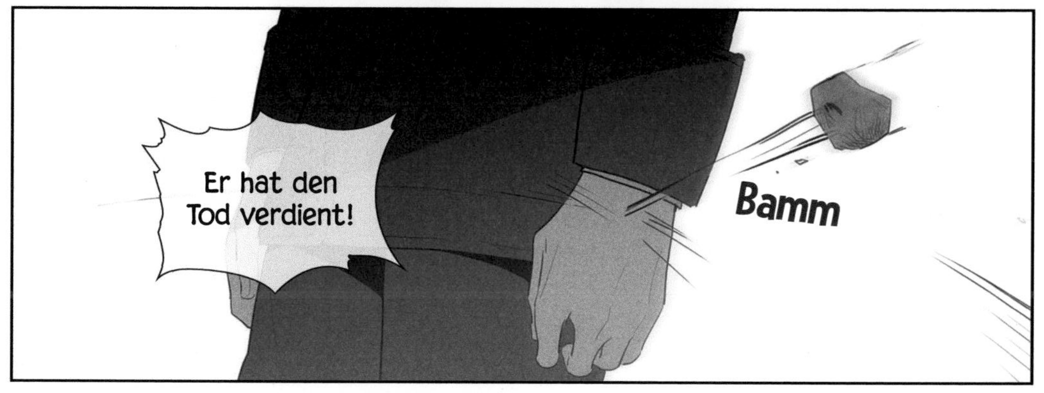
Er hat den Tod verdient!
Bamm

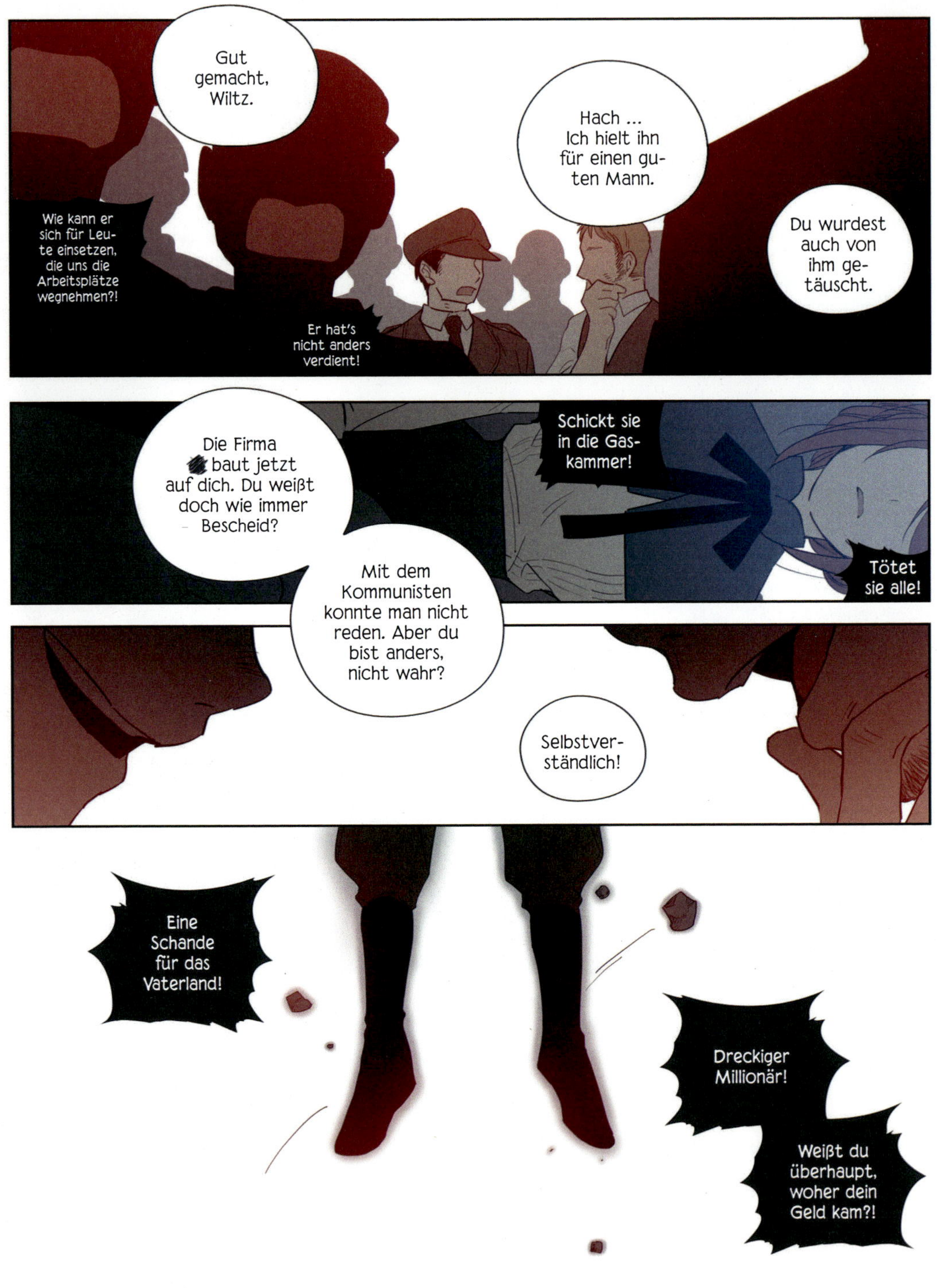
Gut gemacht, Wiltz.
Hach ... Ich hielt ihn für einen guten Mann.
Du wurdest auch von ihm getäuscht.
Wie kann er sich für Leute einsetzen, die uns die Arbeitsplätze wegnehmen?!
Er hat's nicht anders verdient!
Die Firma baut jetzt auf dich. Du weißt doch wie immer Bescheid?
Schickt sie in die Gaskammer!
Mit dem Kommunisten konnte man nicht reden. Aber du bist anders, nicht wahr?
Tötet sie alle!
Selbstverständlich!
Eine Schande für das Vaterland!
Dreckiger Millionär!
Weißt du überhaupt, woher dein Geld kam?!

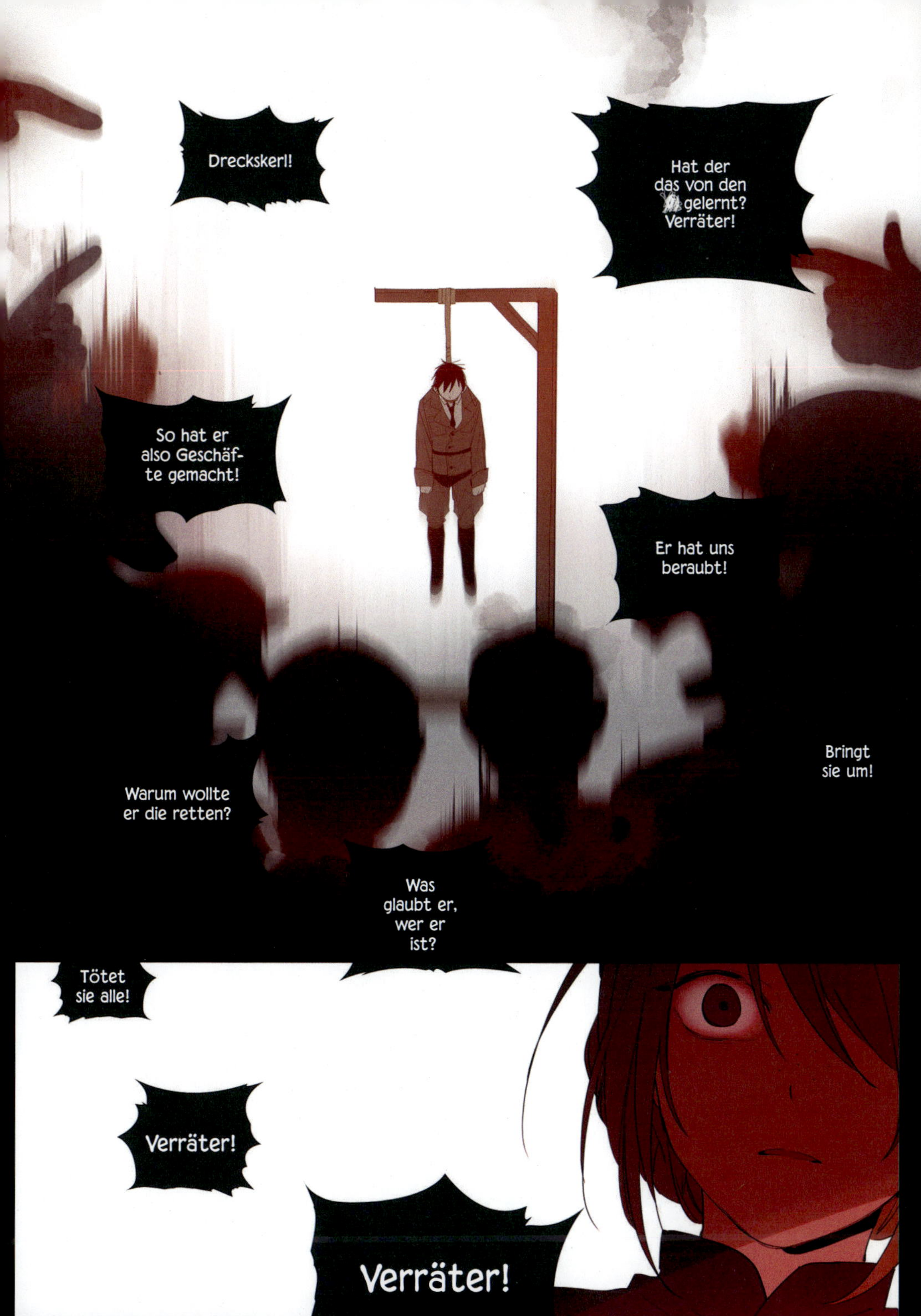

Dreckskerl!
Hat der das von den gelernt? Verräter!
So hat er also Geschäf-te gemacht!
Er hat uns beraubt!
Warum wollte er die retten?
Bringt sie um!
Was glaubt er, wer er ist?
Tötet sie alle!
Verräter!
Verräter!

Es war eine
schreckliche Zeit.

Und doch war
es nur einer seiner
vielen Tode.

Vielleicht war
es auch ... einer
seiner Unfälle.

Die Menschen ändern
sich wirklich nicht ...

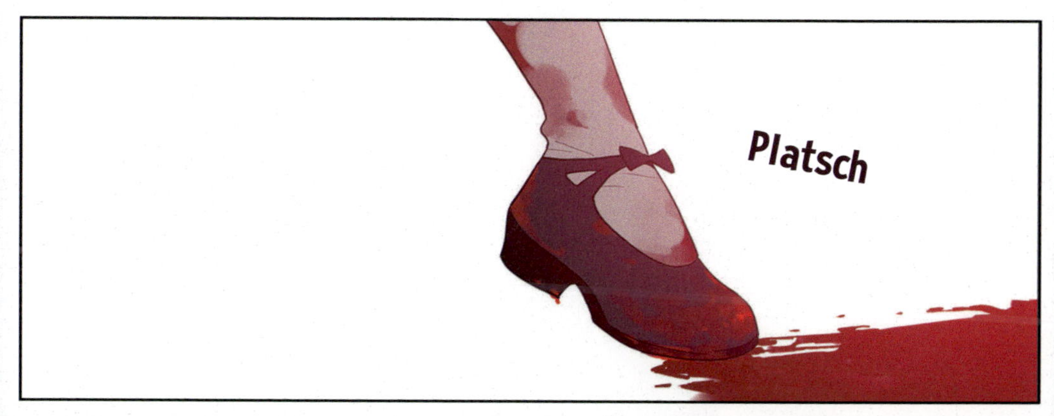
Platsch

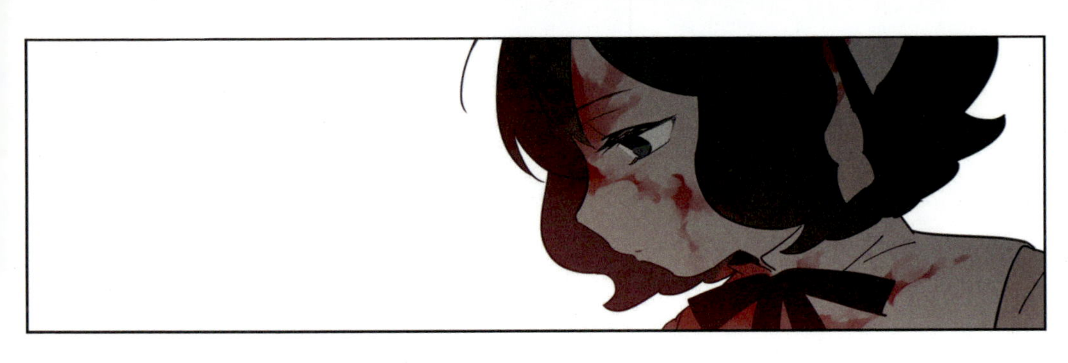

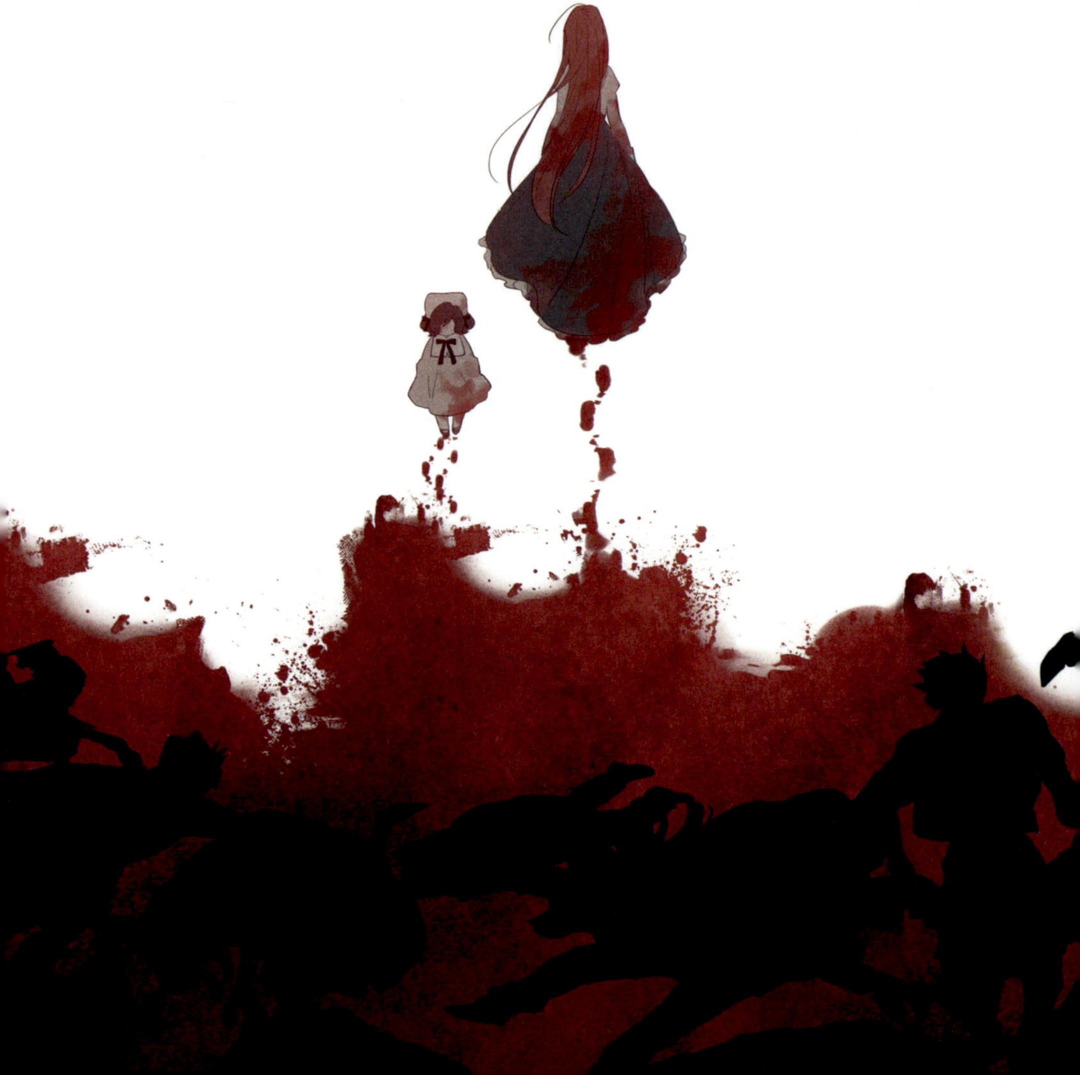

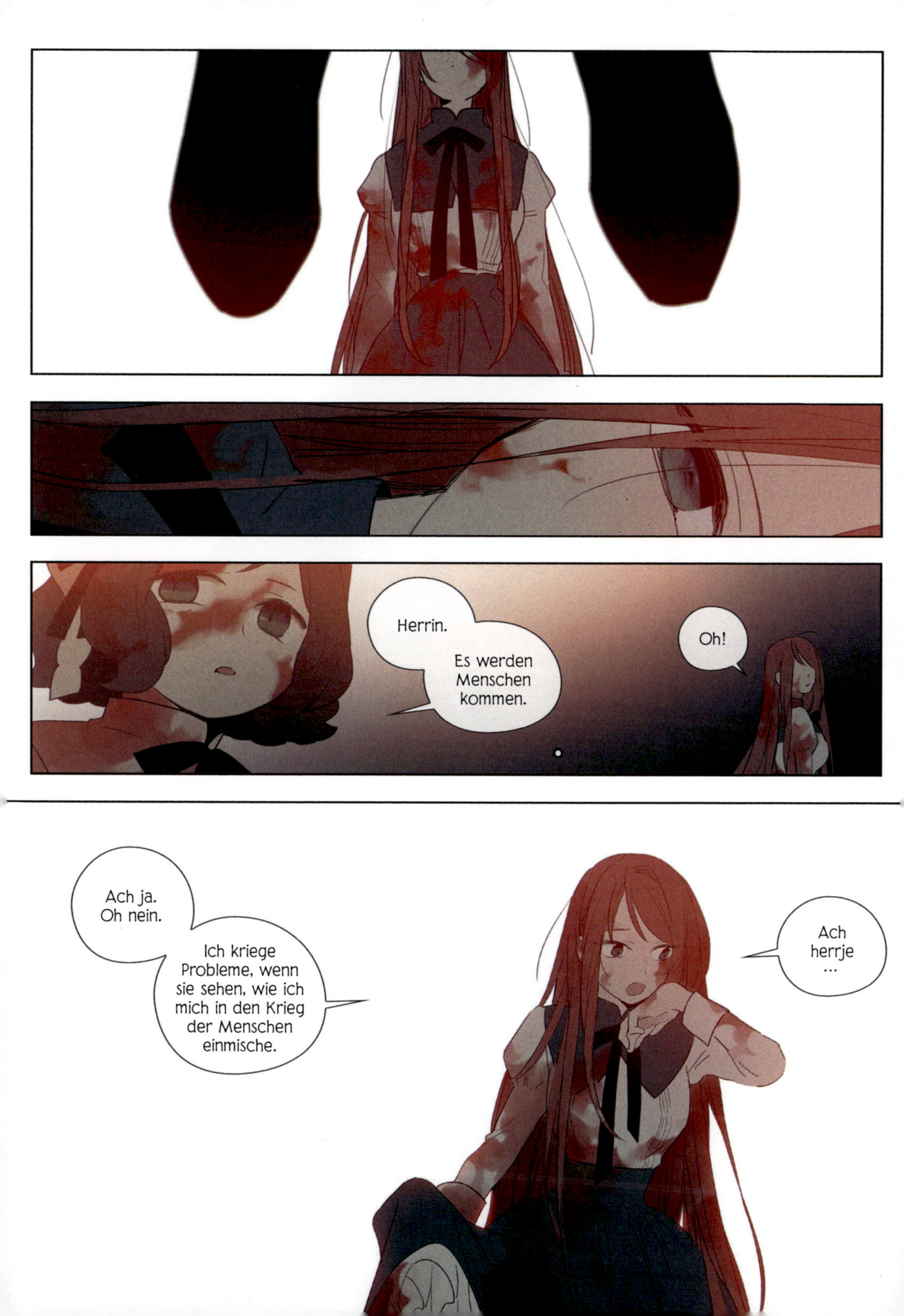

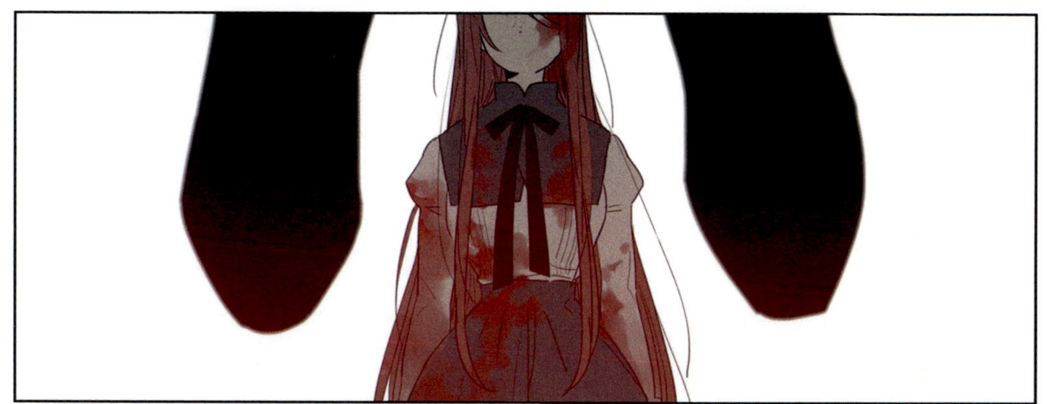

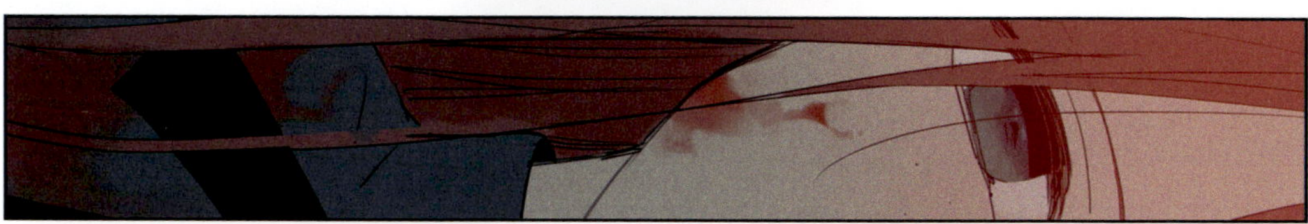

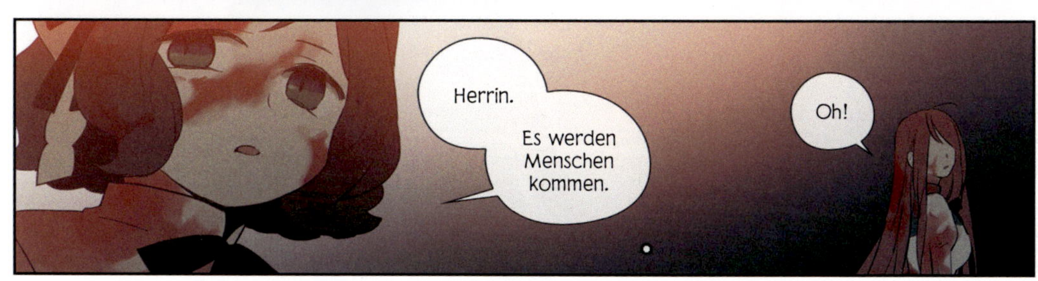
Herrin.
Es werden Menschen kommen.
Oh!

Ach ja. Oh nein.
Ich kriege Probleme, wenn sie sehen, wie ich mich in den Krieg der Menschen einmische.
Ach herrje ...

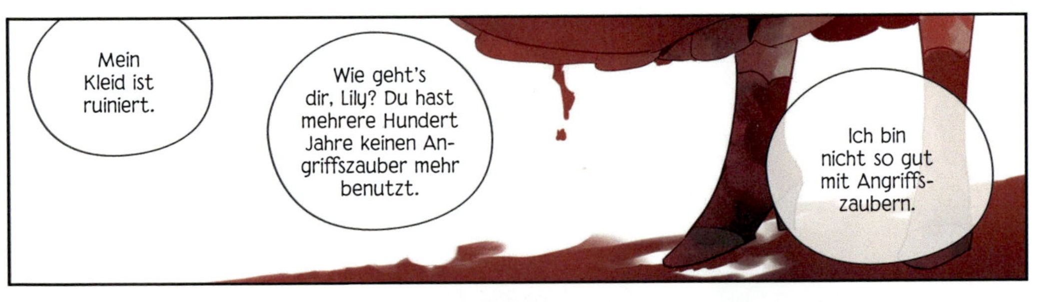

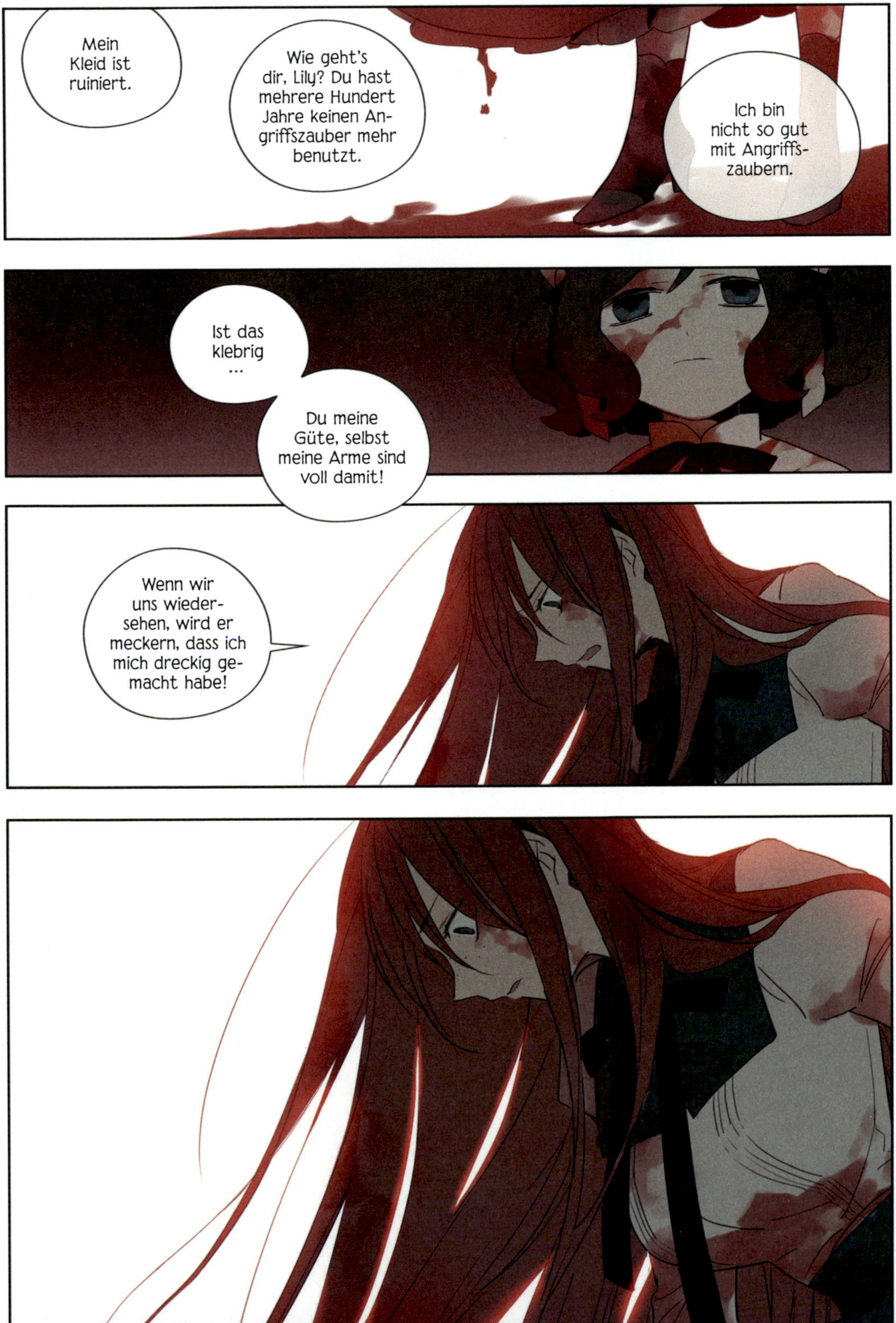

Ist das klebrig ...

Du meine Güte, selbst meine Arme sind voll damit!

Wenn wir uns wiedersehen, wird er meckern, dass ich mich dreckig gemacht habe!

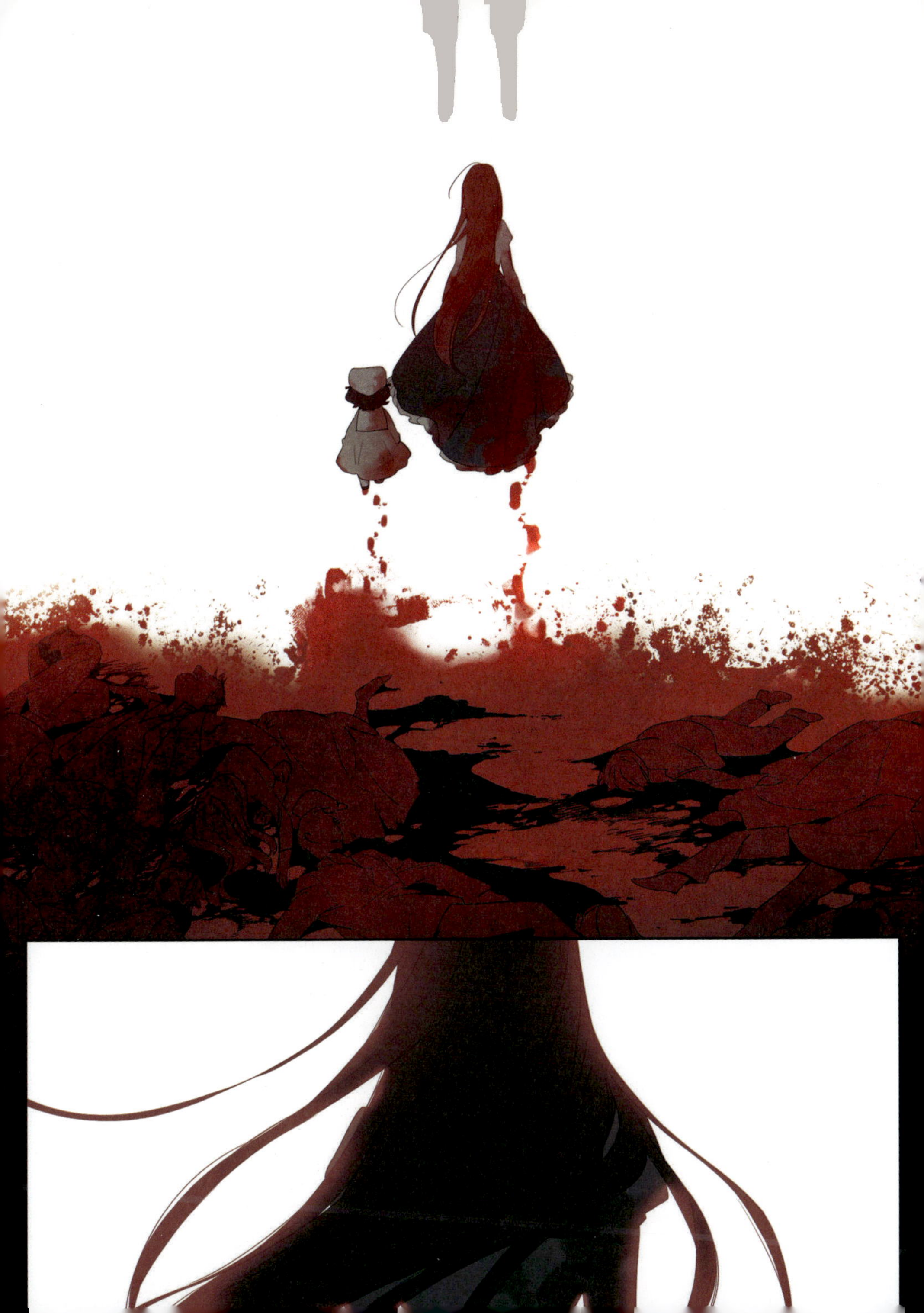

Es war einer der vielen Tode, die er erlitten hatte.

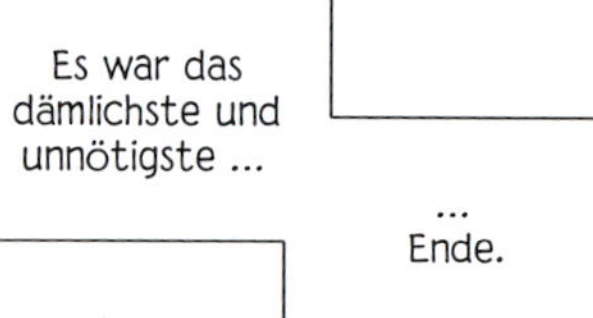

Es war auch der erste Mord der Hexe.

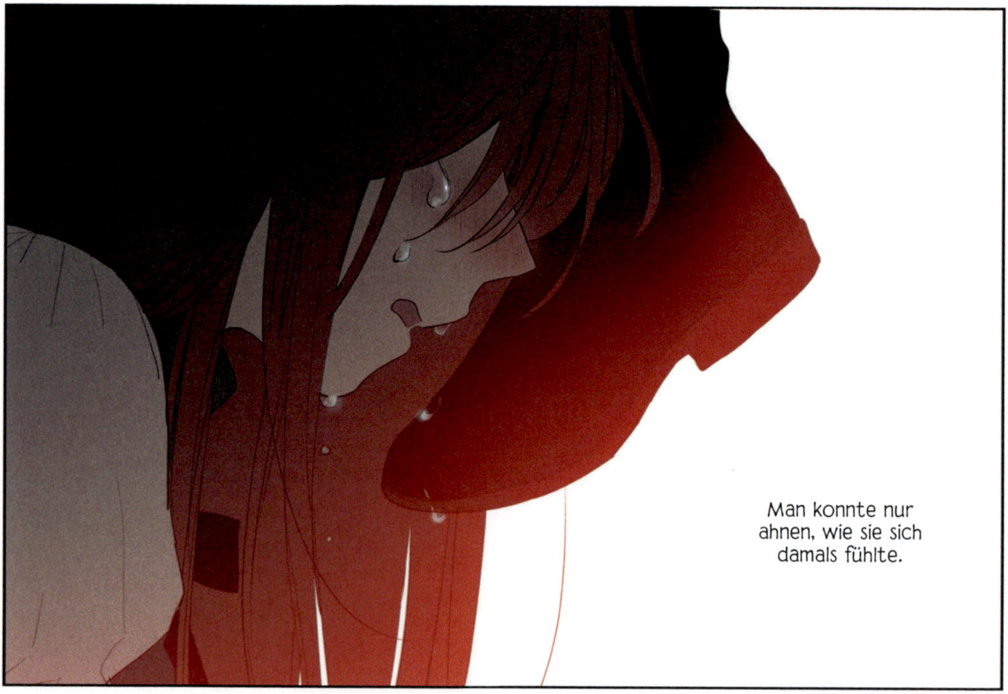

Man konnte nur ahnen, wie sie sich damals fühlte.

Weil man die Hexe
seitdem nicht mehr
gesehen hatte.

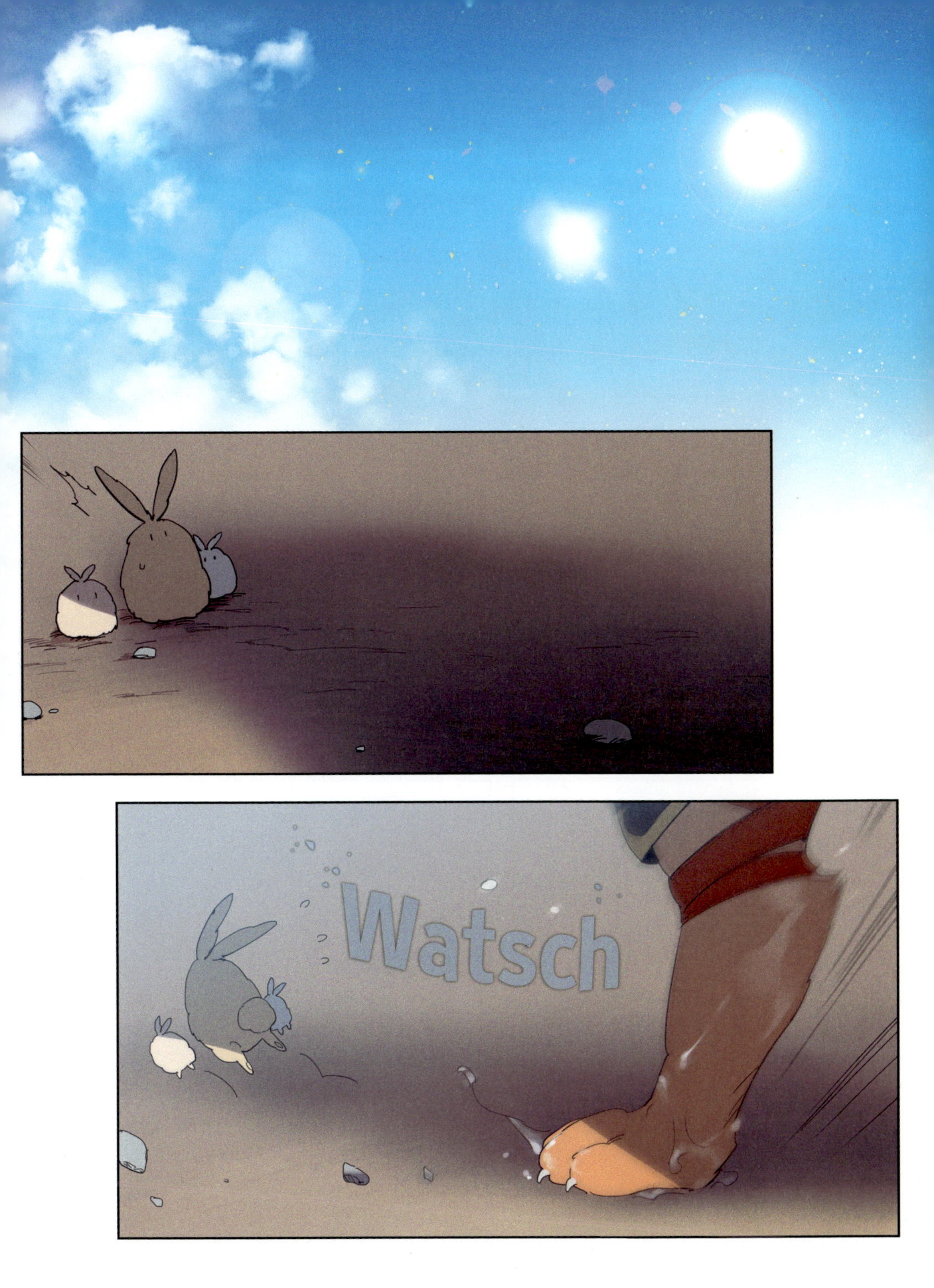

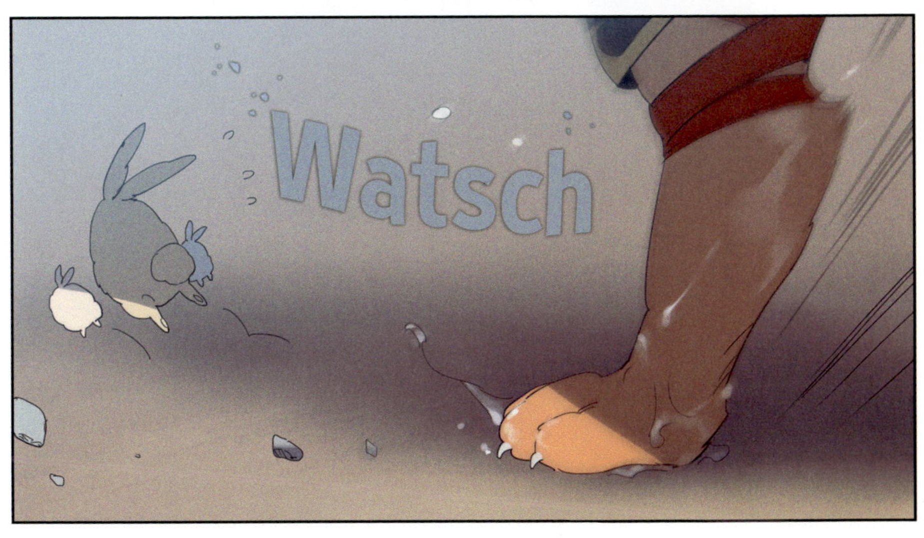
Watsch

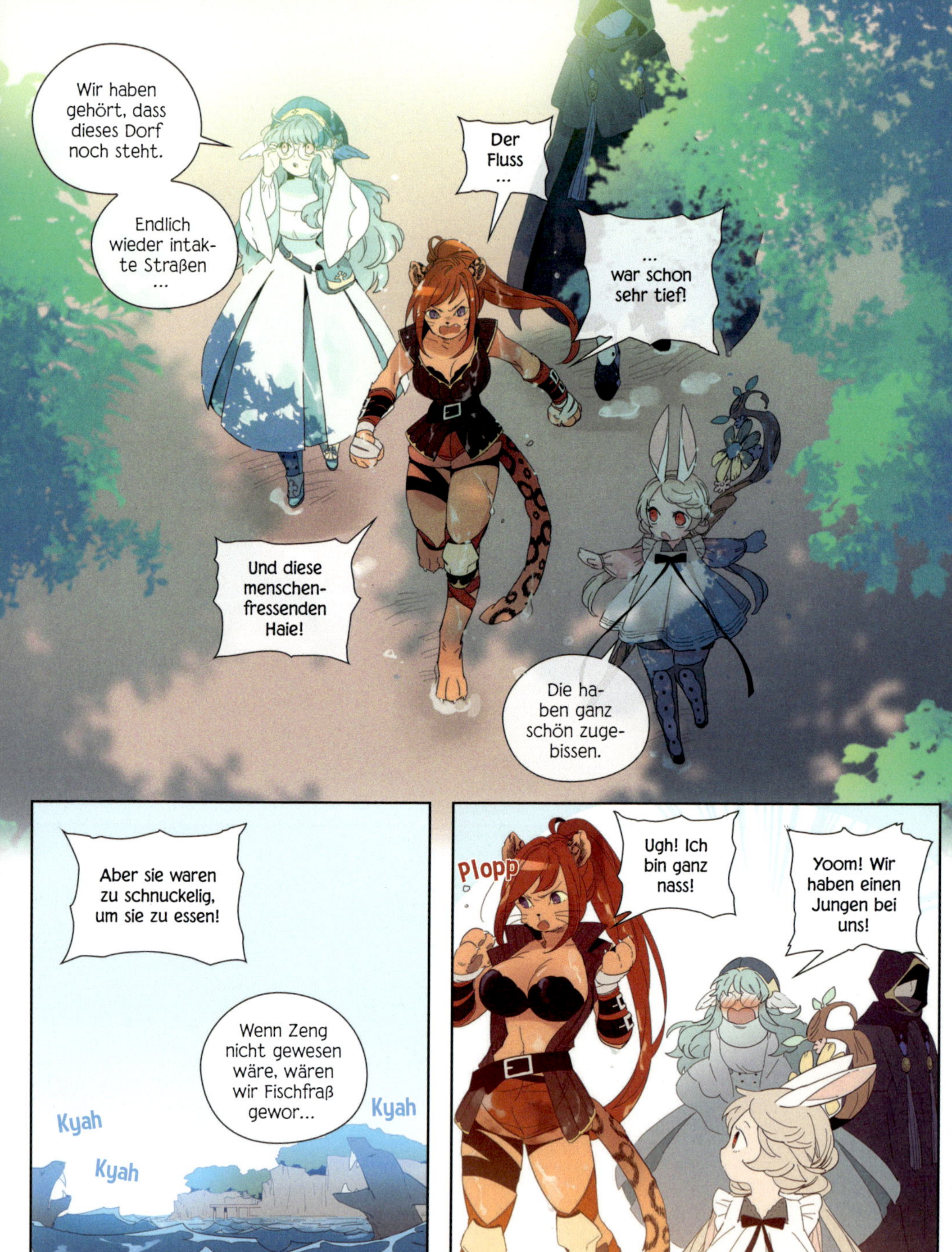
Wir haben gehört, dass dieses Dorf noch steht.
Endlich wieder intakte Straßen ...
Der Fluss ...
... war schon sehr tief!
Und diese menschenfressenden Haie!
Die haben ganz schön zugebissen.
Aber sie waren zu schnuckelig, um sie zu essen!
Wenn Zeng nicht gewesen wäre, wären wir Fischfraß gewor...
Kyah
Kyah
Kyah
Plopp
Ugh! Ich bin ganz nass!
Yoom! Wir haben einen Jungen bei uns!

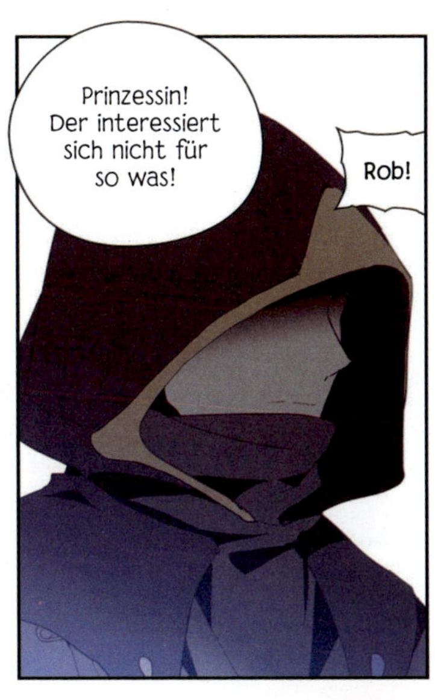
Prinzessin! Der interessiert sich nicht für so was!
Rob!

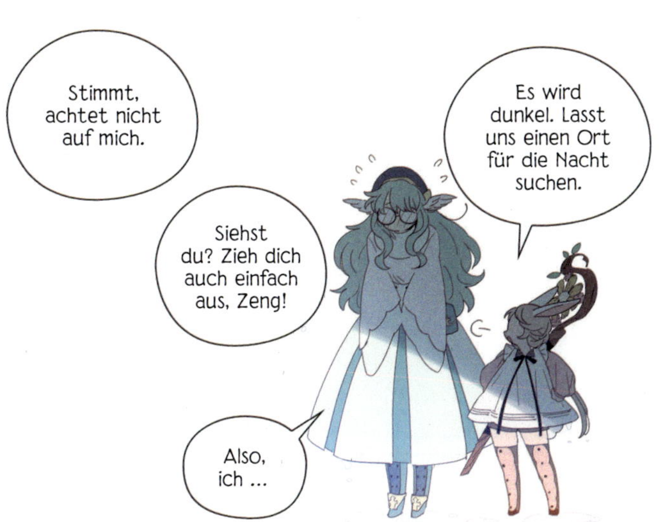
Stimmt, achtet nicht auf mich.
Es wird dunkel. Lasst uns einen Ort für die Nacht suchen.
Siehst du? Zieh dich auch einfach aus, Zeng!
Also, ich ...

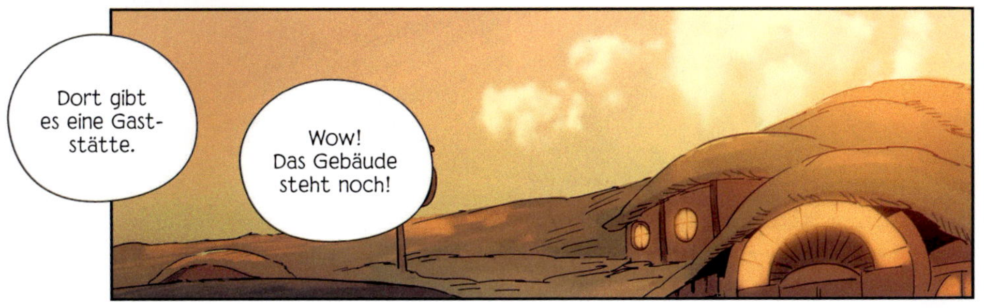
Dort gibt es eine Gast-stätte.
Wow! Das Gebäude steht noch!

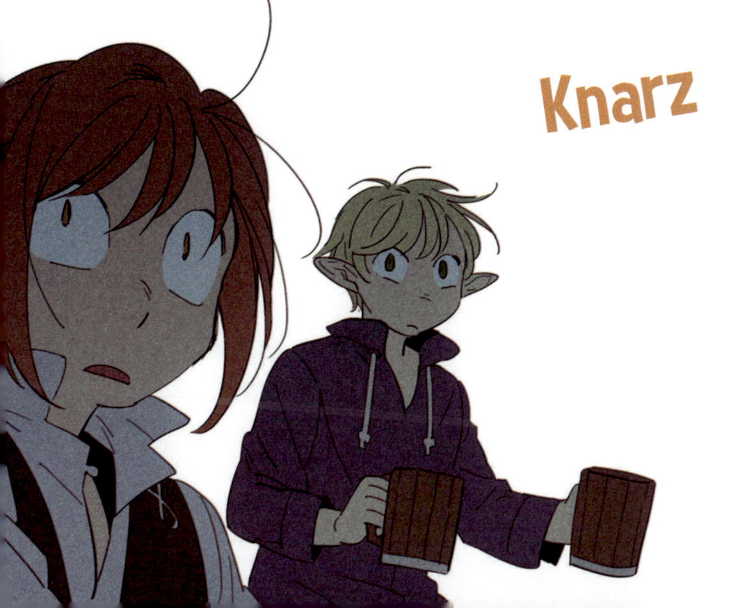
Knarz

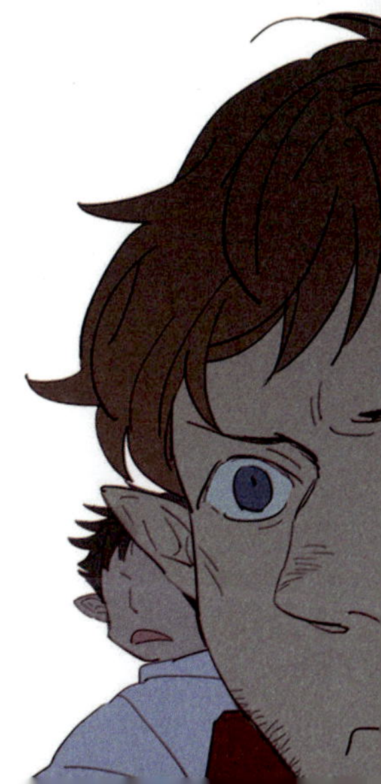

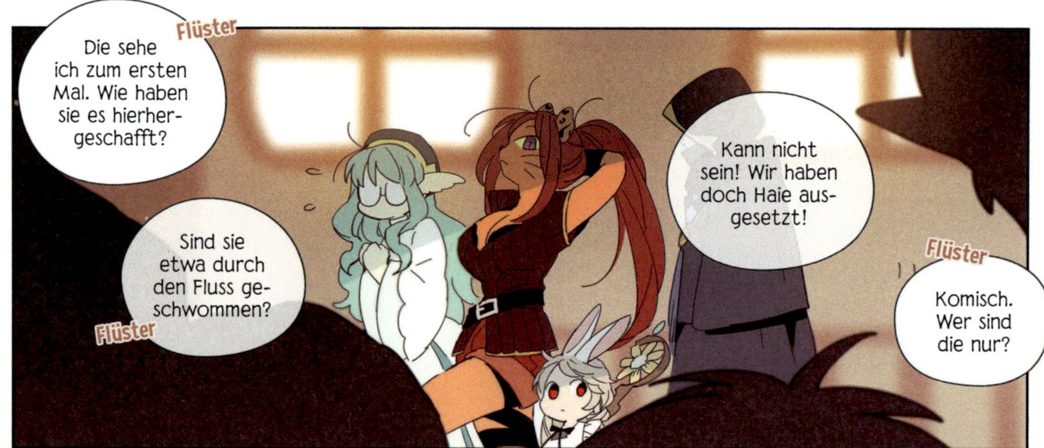
Flüster
Die sehe ich zum ersten Mal. Wie haben sie es hierhergeschafft?
Flüster
Sind sie etwa durch den Fluss geschwommen?
Kann nicht sein! Wir haben doch Haie ausgesetzt!
Flüster
Komisch. Wer sind die nur?

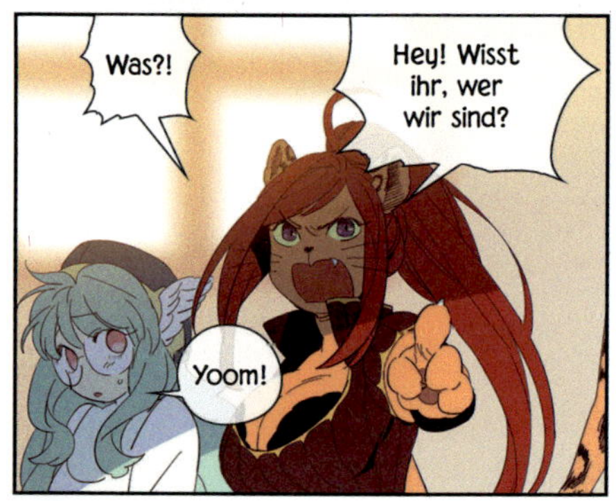
Hey! Wisst ihr, wer wir sind?
Was?!
Yoom!

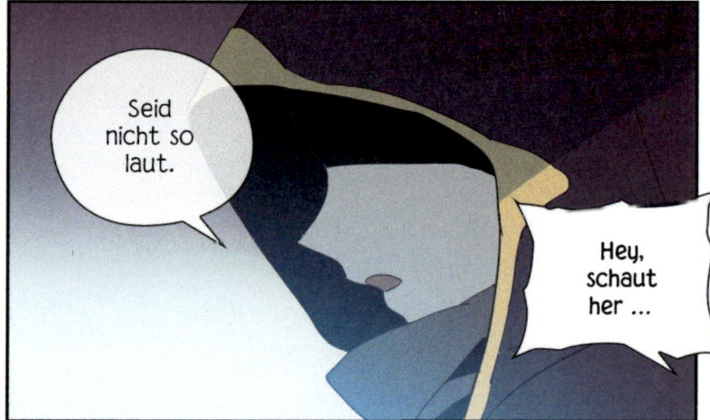
Seid nicht so laut.
Hey, schaut her ...

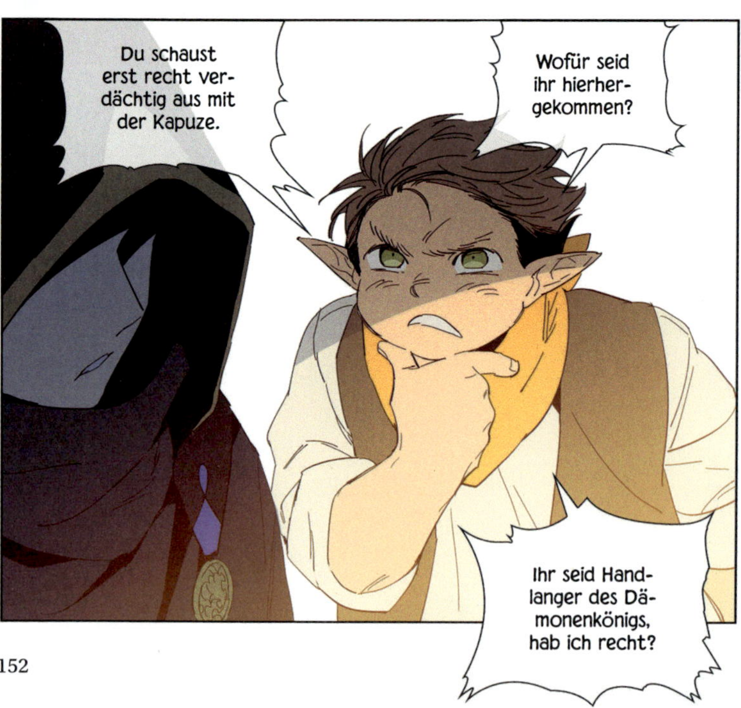
Wofür seid ihr hierhergekommen?
Du schaust erst recht verdächtig aus mit der Kapuze.
Ihr seid Handlanger des Dämonenkönigs, hab ich recht?

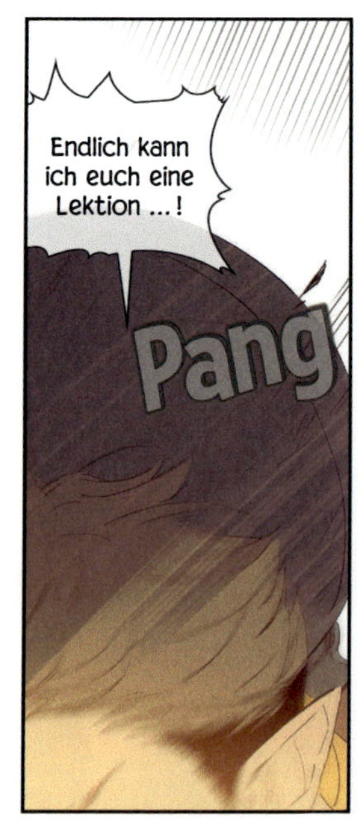
Endlich kann ich euch eine Lektion ... !
Pang

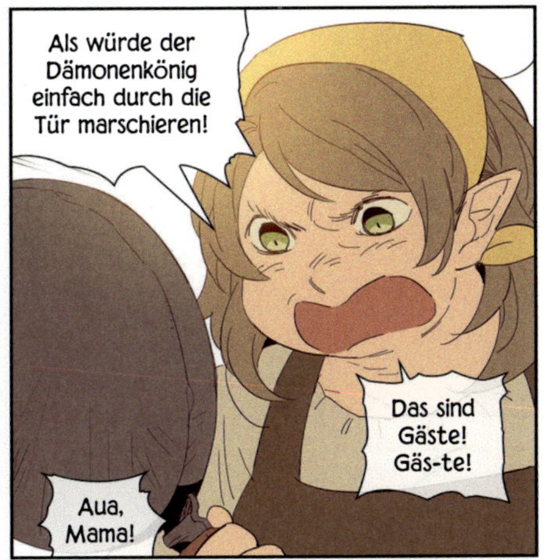
Als würde der Dämonenkönig einfach durch die Tür marschieren!
Das sind Gäste! Gäs-te!
Aua, Mama!

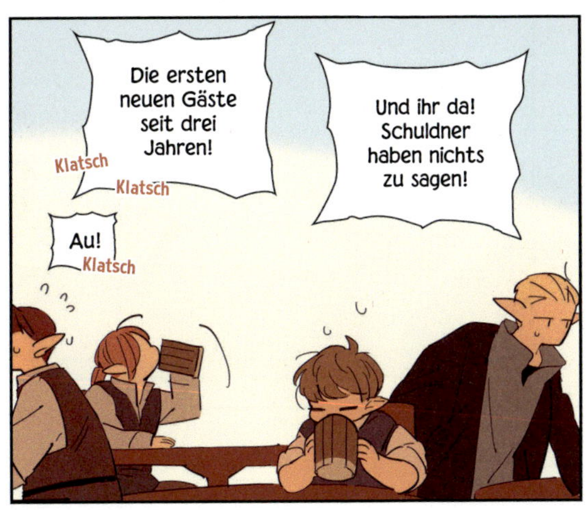
Die ersten neuen Gäste seit drei Jahren!
Klatsch
Klatsch
Au!
Klatsch
Und ihr da! Schuldner haben nichts zu sagen!

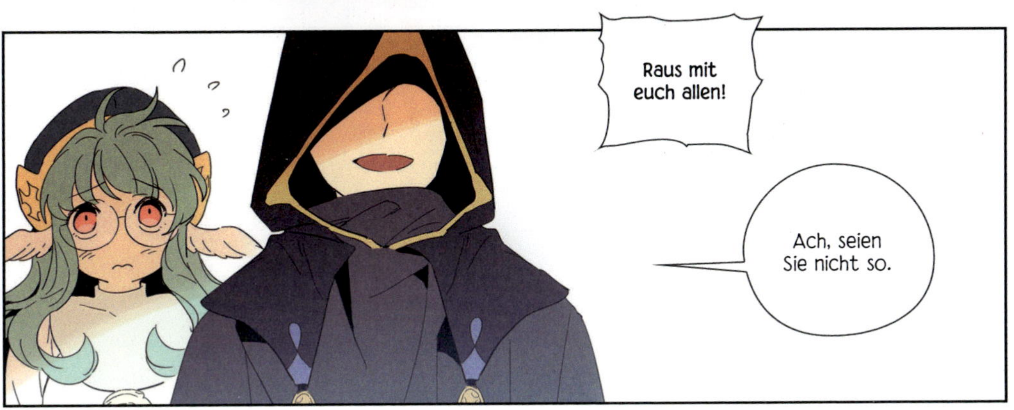
Raus mit euch allen!
Ach, seien Sie nicht so.

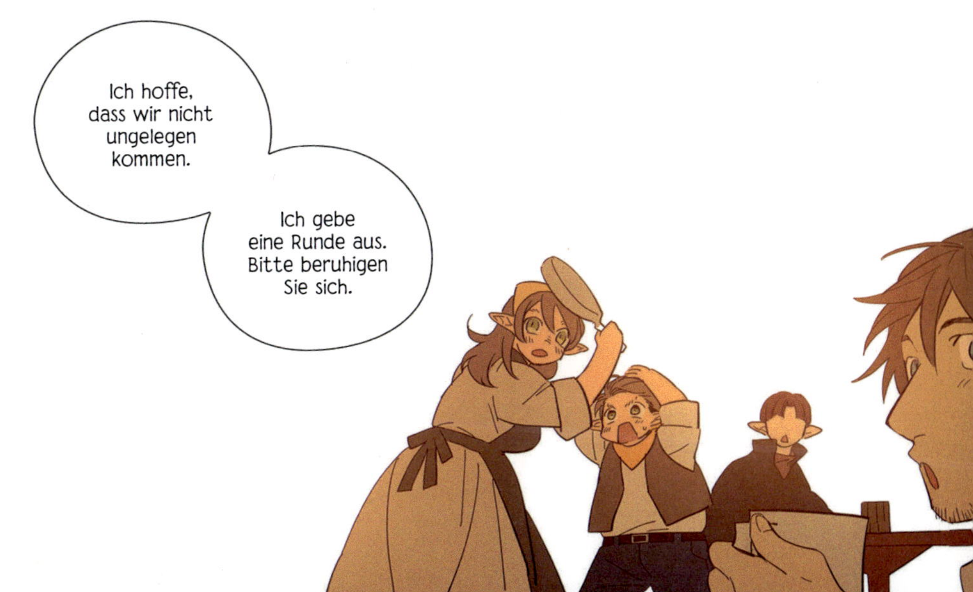
Ich hoffe, dass wir nicht ungelegen kommen.
Ich gebe eine Runde aus. Bitte beruhigen Sie sich.

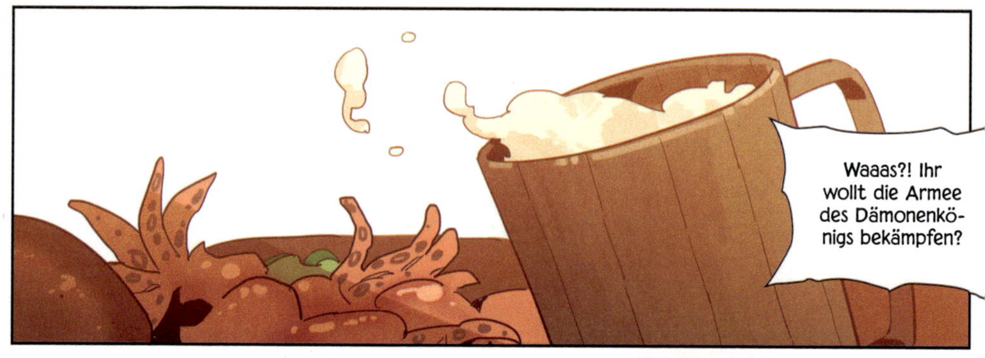
Waaas?! Ihr wollt die Armee des Dämonenkönigs bekämpfen?

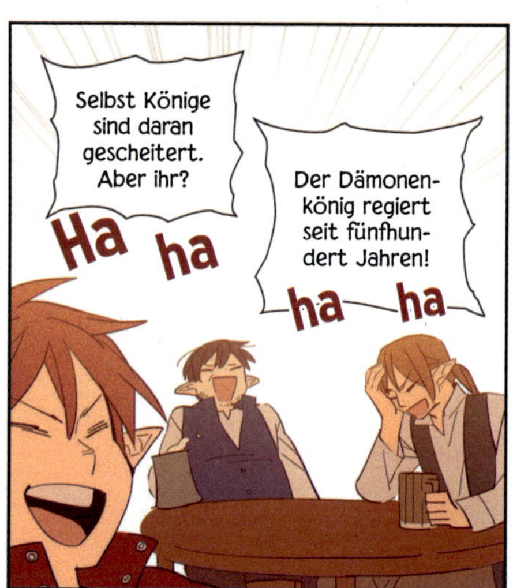
Selbst Könige sind daran gescheitert. Aber ihr?
Ha ha
Der Dämonenkönig regiert seit fünfhundert Jahren!
ha ha

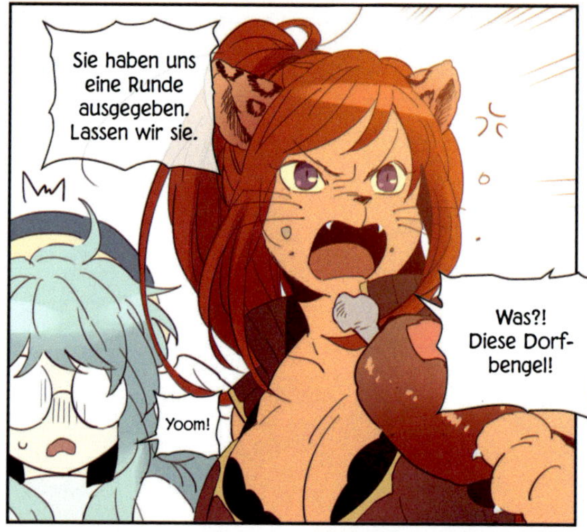
Sie haben uns eine Runde ausgegeben. Lassen wir sie.
Was?! Diese Dorfbengel!
Yoom!

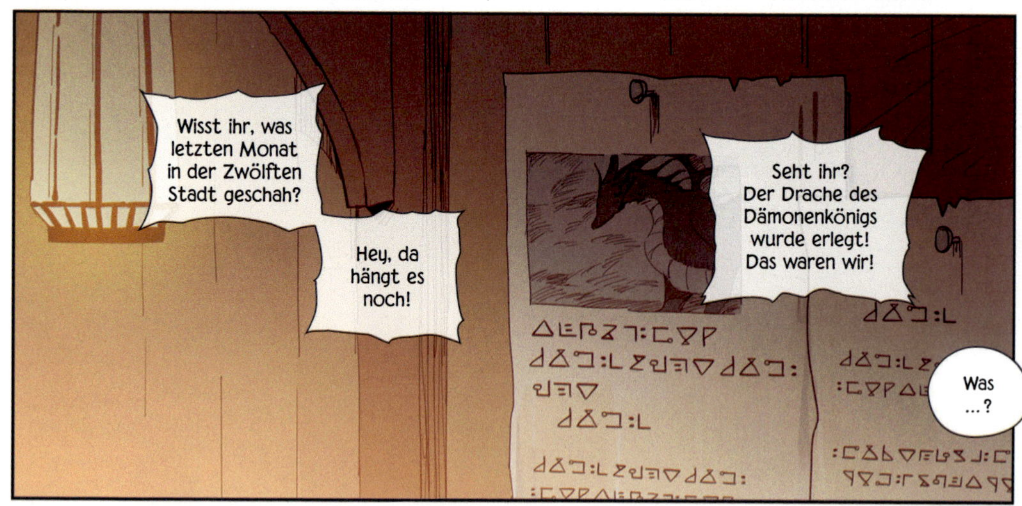
Wisst ihr, was letzten Monat in der Zwölften Stadt geschah?
Hey, da hängt es noch!
Seht ihr? Der Drache des Dämonenkönigs wurde erlegt! Das waren wir!
Was …?

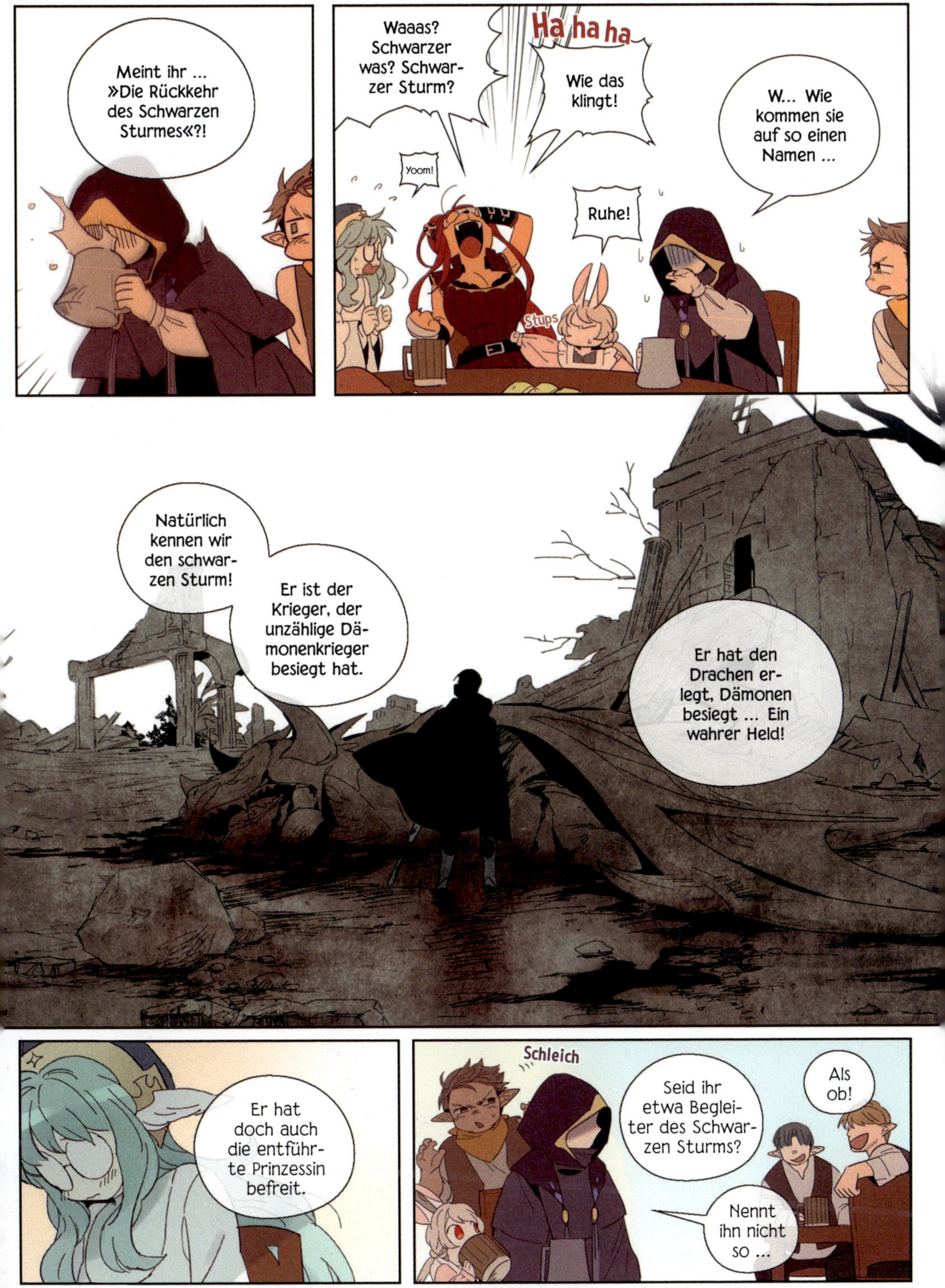

Meint ihr ... »Die Rückkehr des Schwarzen Sturmes«?!

Waaas? Schwarzer was? Schwarzer Sturm?

Ha ha ha

Wie das klingt!

Yoom!

Ruhe!

Stups

W... Wie kommen sie auf so einen Namen ...

Natürlich kennen wir den schwarzen Sturm!

Er ist der Krieger, der unzählige Dämonenkrieger besiegt hat.

Er hat den Drachen erlegt, Dämonen besiegt ... Ein wahrer Held!

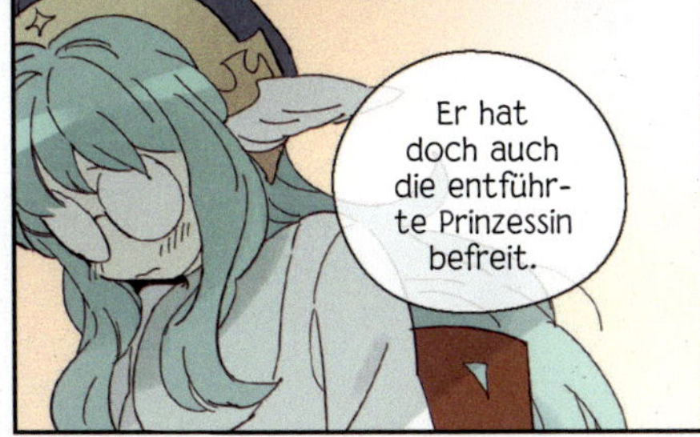

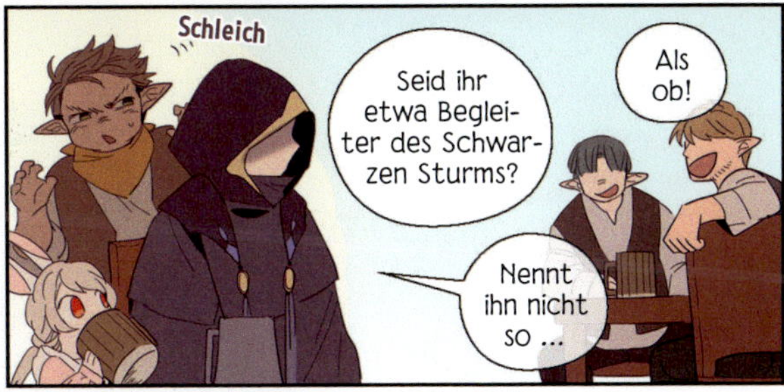

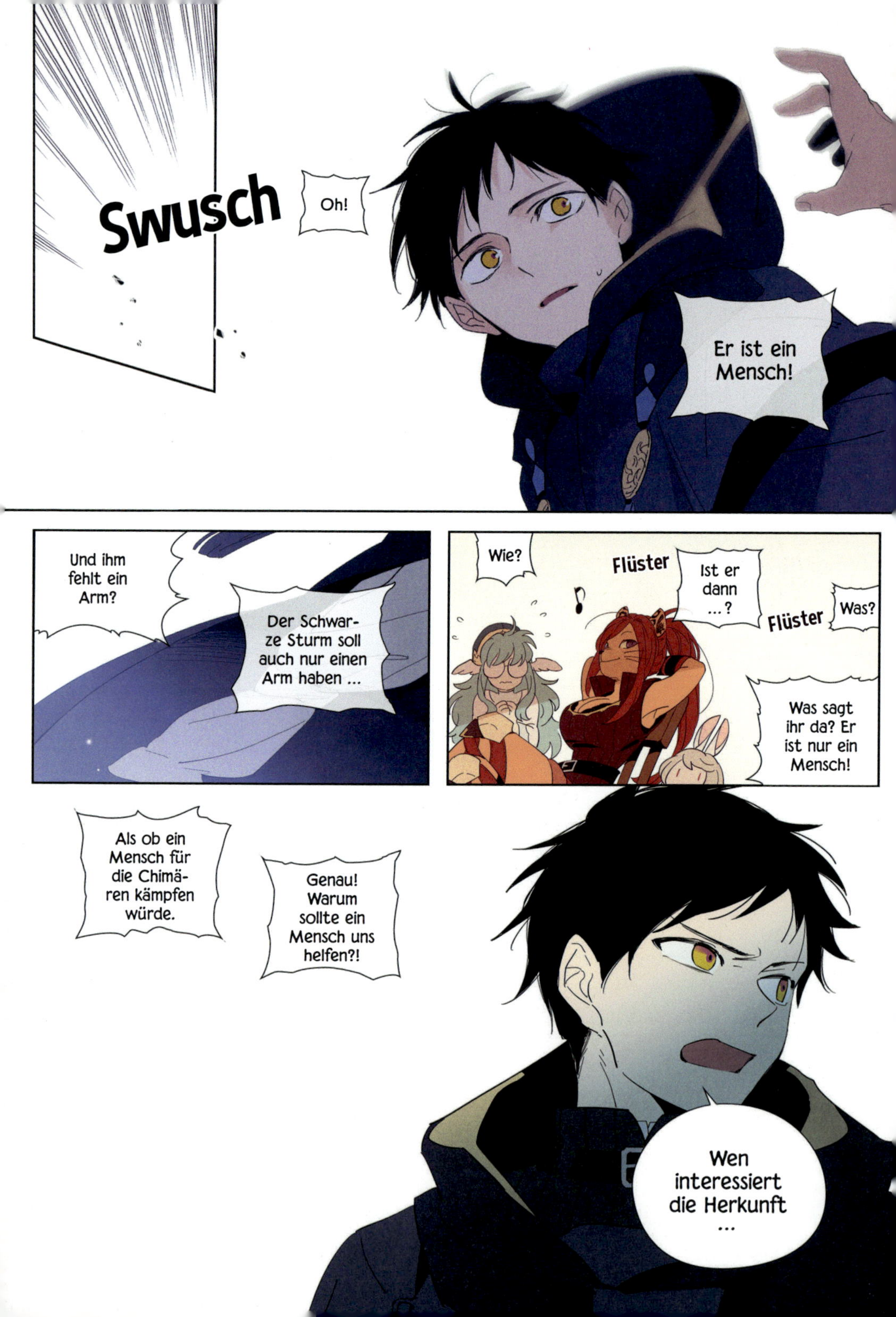

Swusch

Oh!

Er ist ein Mensch!

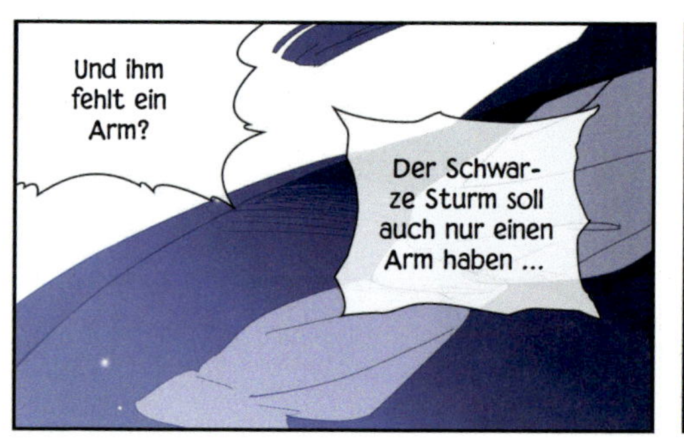

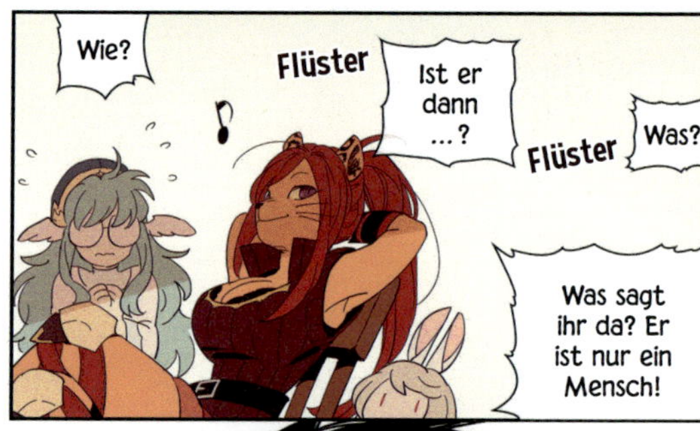

Als ob ein Mensch für die Chimären kämpfen würde.

Genau! Warum sollte ein Mensch uns helfen?!

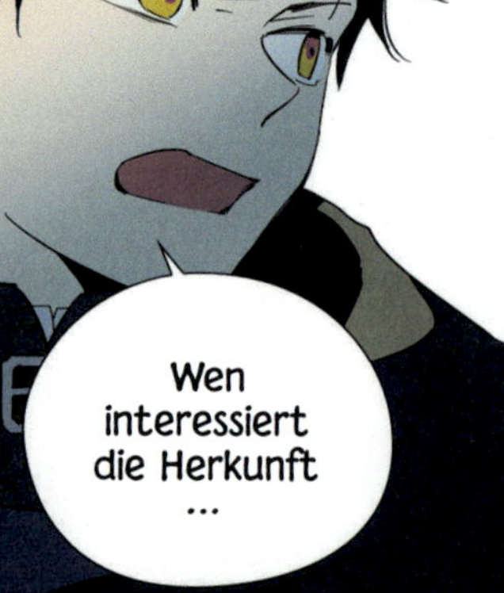

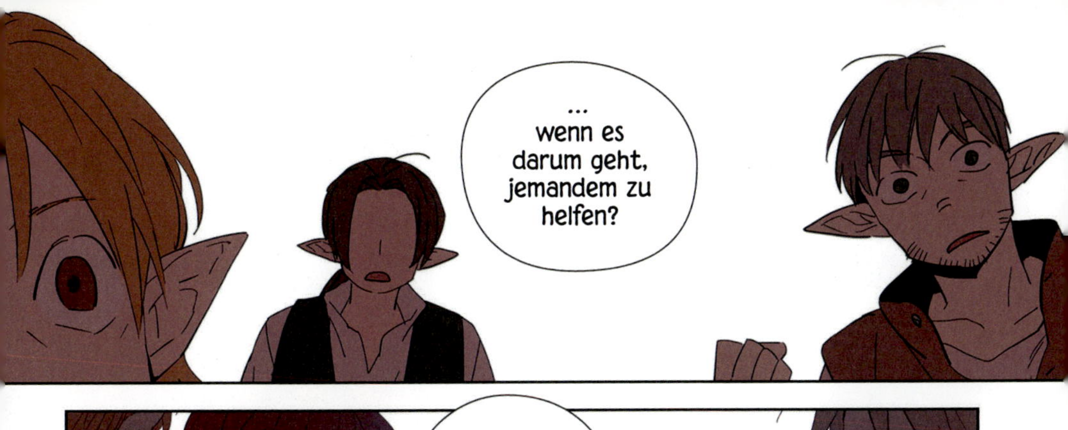
...
wenn es darum geht, jemandem zu helfen?

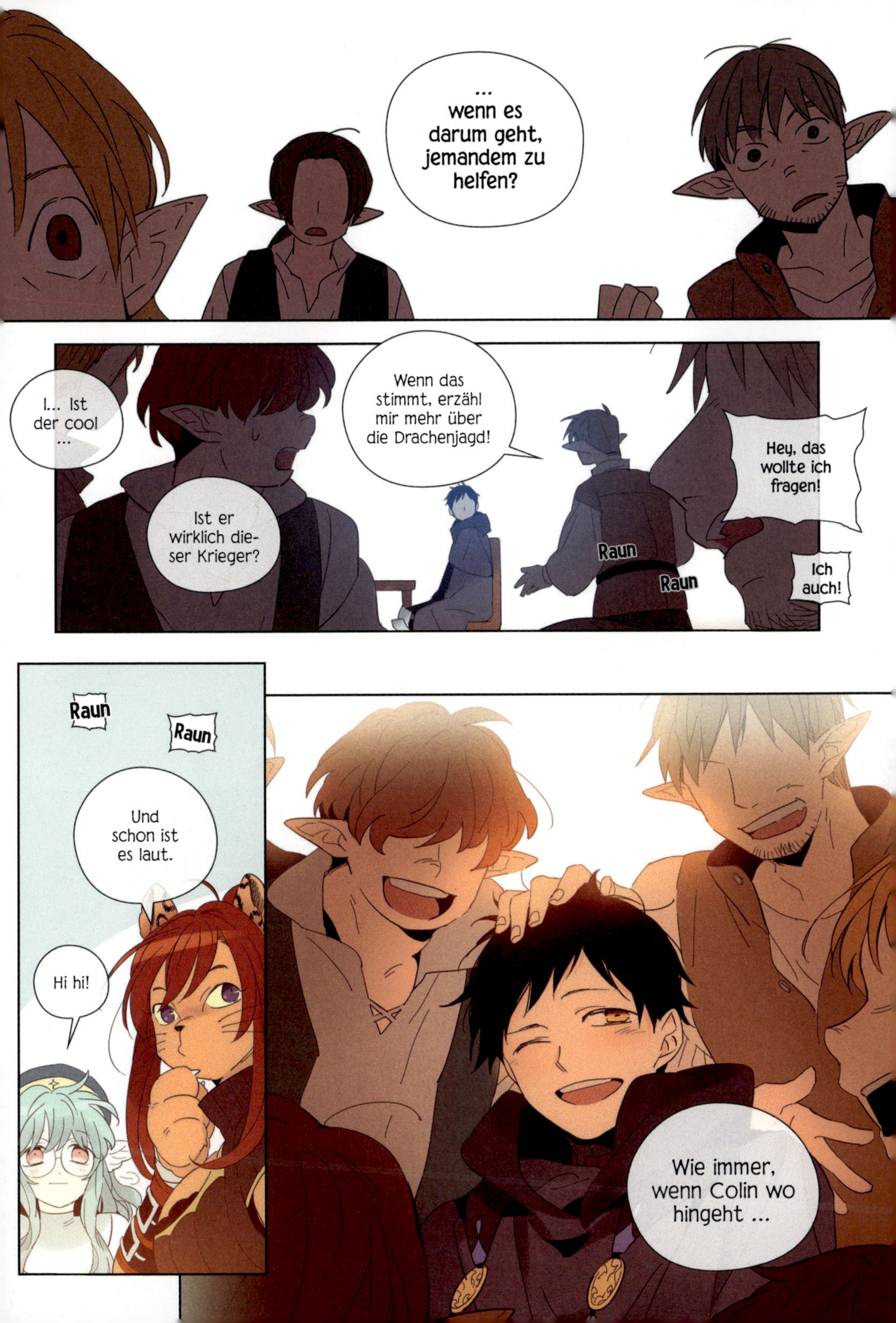

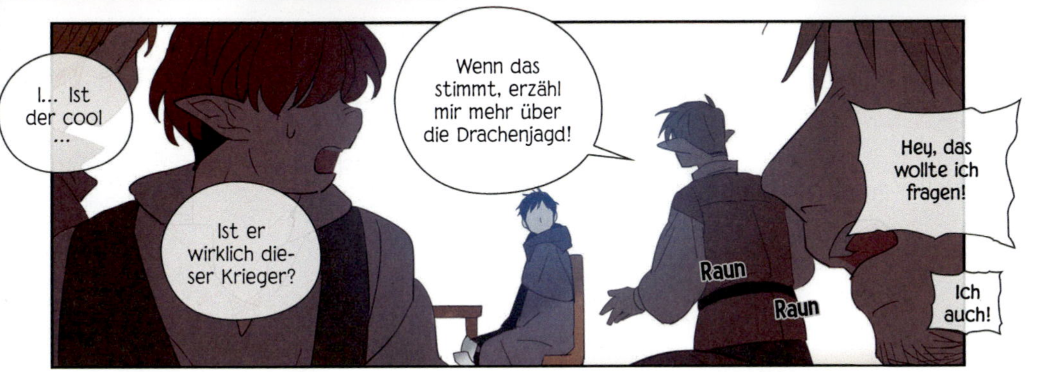
I... Ist der cool ...
Ist er wirklich die-ser Krieger?
Wenn das stimmt, erzähl mir mehr über die Drachenjagd!
Raun
Raun
Hey, das wollte ich fragen!
Ich auch!

Raun
Raun
Und schon ist es laut.
Hi hi!
Wie immer, wenn Colin wo hingeht ...

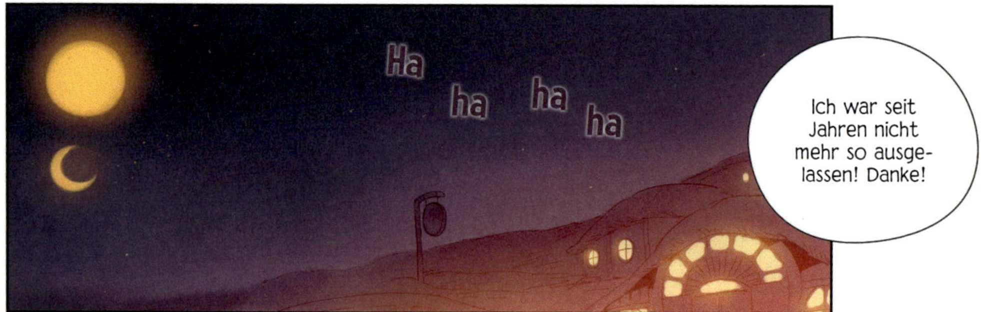
Ha
ha
ha
ha
Ich war seit Jahren nicht mehr so ausgelassen! Danke!

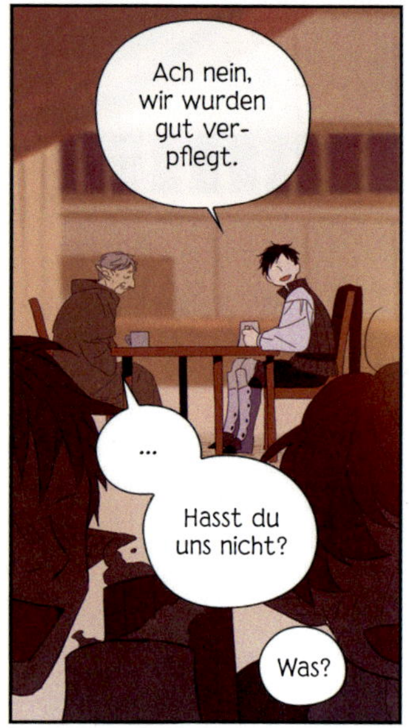
Ach nein, wir wurden gut verpflegt.
...
Hasst du uns nicht?
Was?

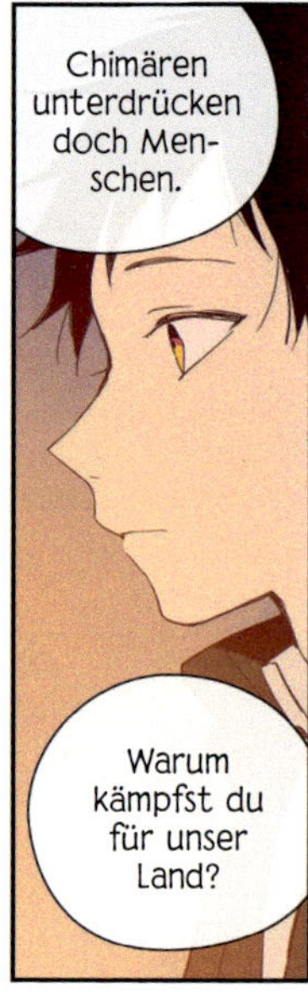
Chimären unterdrücken doch Menschen.
Warum kämpfst du für unser Land?

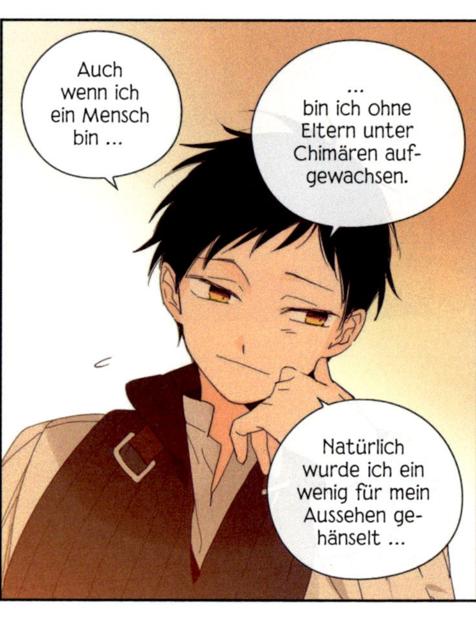
Auch wenn ich ein Mensch bin ...
... bin ich ohne Eltern unter Chimären aufgewachsen.
Natürlich wurde ich ein wenig für mein Aussehen gehänselt ...

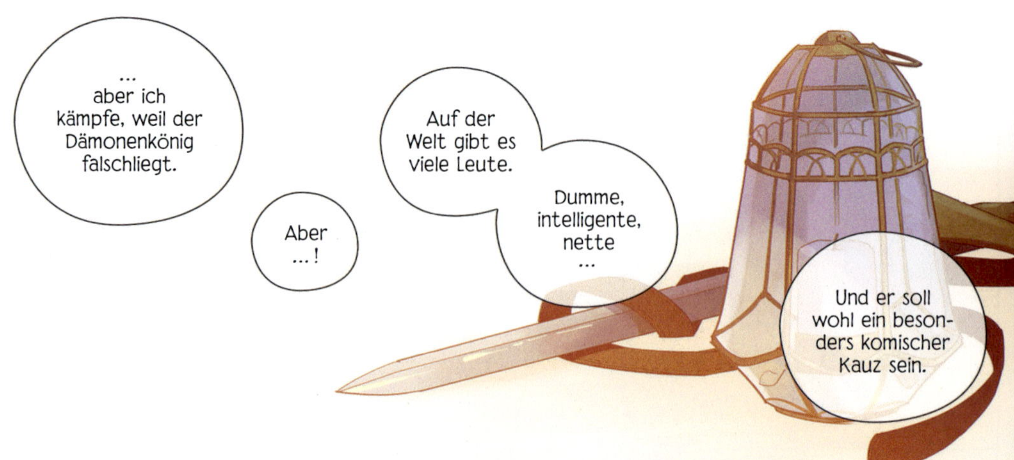
... aber ich kämpfe, weil der Dämonenkönig falschliegt.
Aber ...!
Auf der Welt gibt es viele Leute.
Dumme, intelligente, nette ...
Und er soll wohl ein besonders komischer Kauz sein.

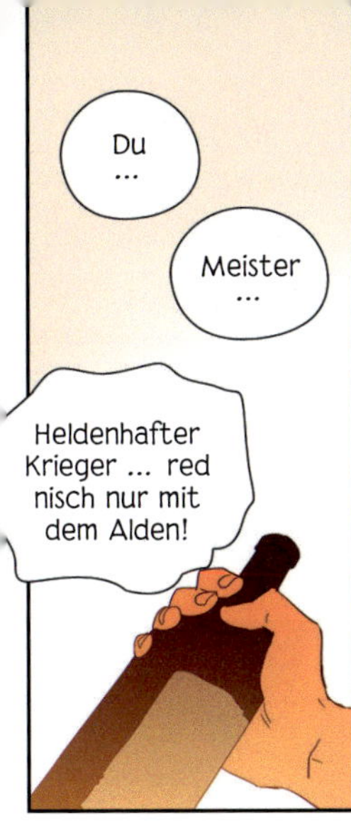
Du
...
Meister
...
Heldenhafter Krieger ... red nisch nur mit dem Alden!

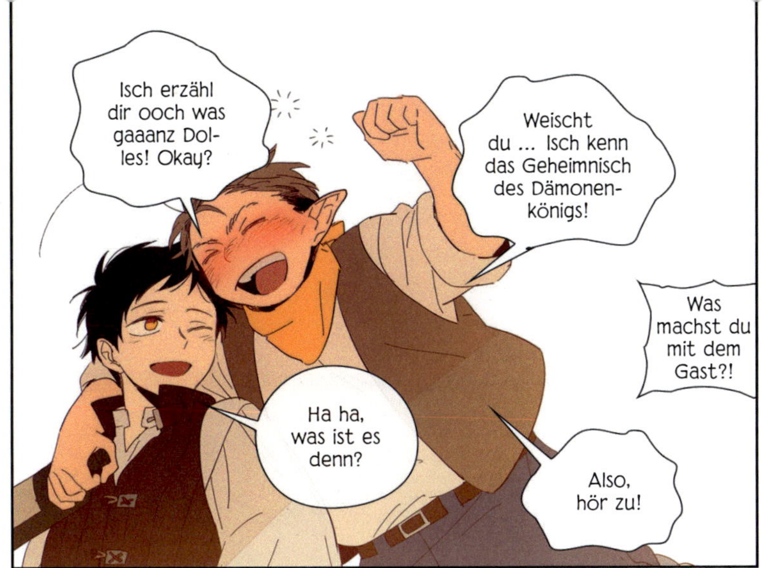
Isch erzähl dir ooch was gaaanz Dolles! Okay?
Weischt du ... Isch kenn das Geheimnisch des Dämonenkönigs!
Ha ha, was ist es denn?
Also, hör zu!
Was machst du mit dem Gast?!

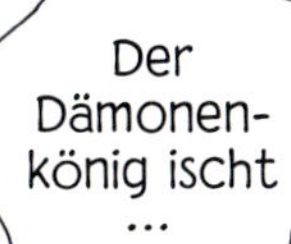

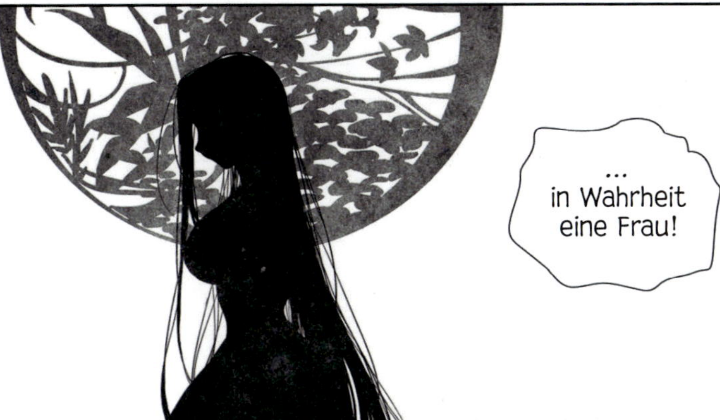
Der Dämonenkönig ischt ...
... in Wahrheit eine Frau!

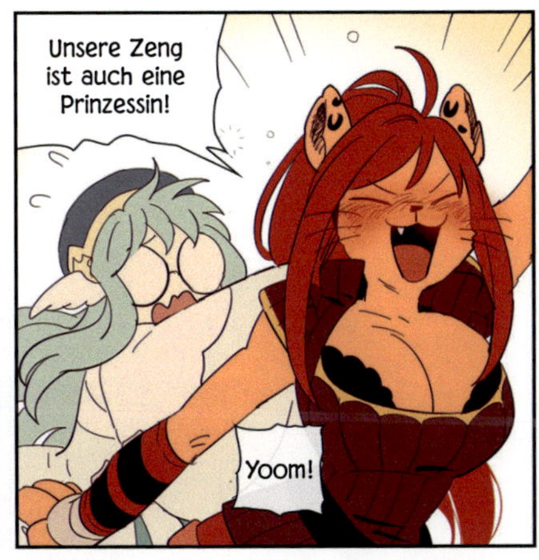
Unsere Zeng ist auch eine Prinzessin!
Yoom!

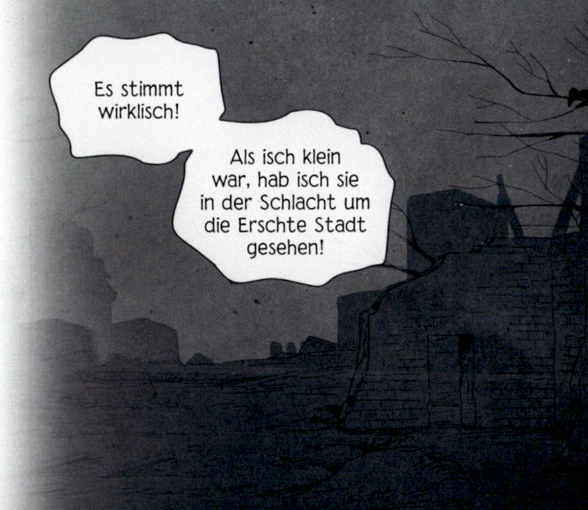
Es stimmt wirklisch!
Als isch klein war, hab isch sie in der Schlacht um die Erschte Stadt gesehen!

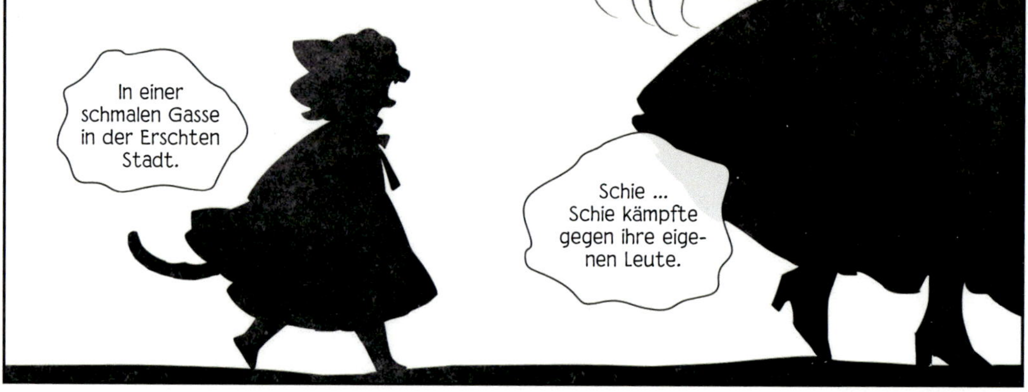
In einer schmalen Gasse in der Erschten Stadt.
Schie ... Schie kämpfte gegen ihre eigenen Leute.

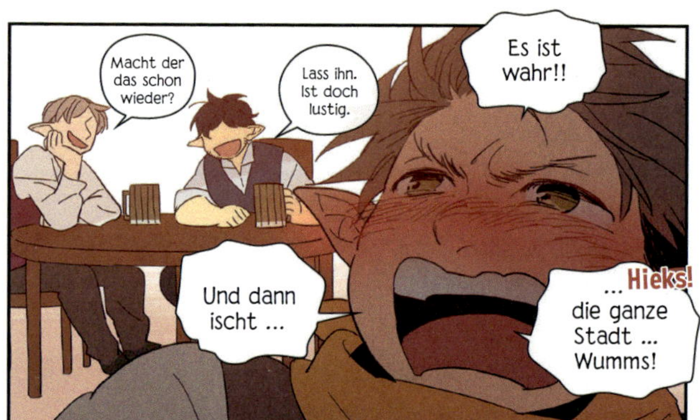
Es ist wahr!!
Macht der das schon wieder?
Lass ihn. Ist doch lustig.
Und dann ischt ...
... Hieks!
die ganze Stadt ... Wumms!

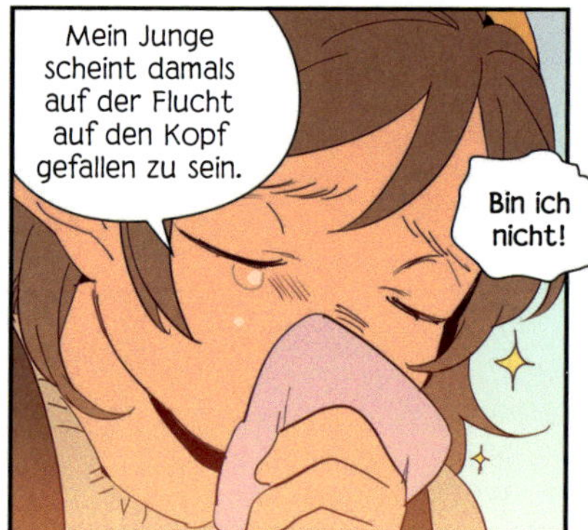
Mein Junge scheint damals auf der Flucht auf den Kopf gefallen zu sein.
Bin ich nicht!

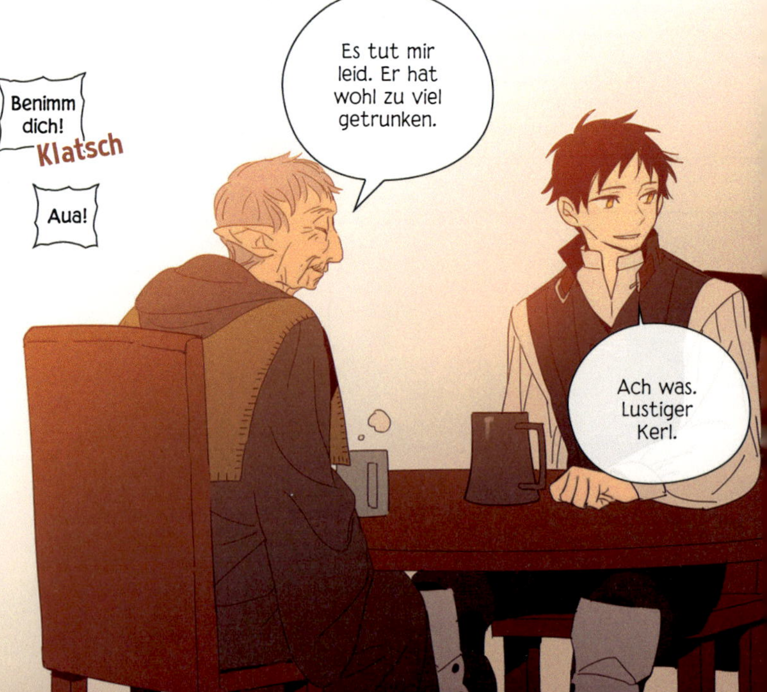
Isch war in der Gasse der Handwerker. Schie hat nur die Kertschen mitgenommen und dann ... Knall! Allesch explodiert! So eine Sch...
Benimm dich!
Klatsch
Aua!
Es tut mir leid. Er hat wohl zu viel getrunken.
Ach was. Lustiger Kerl.

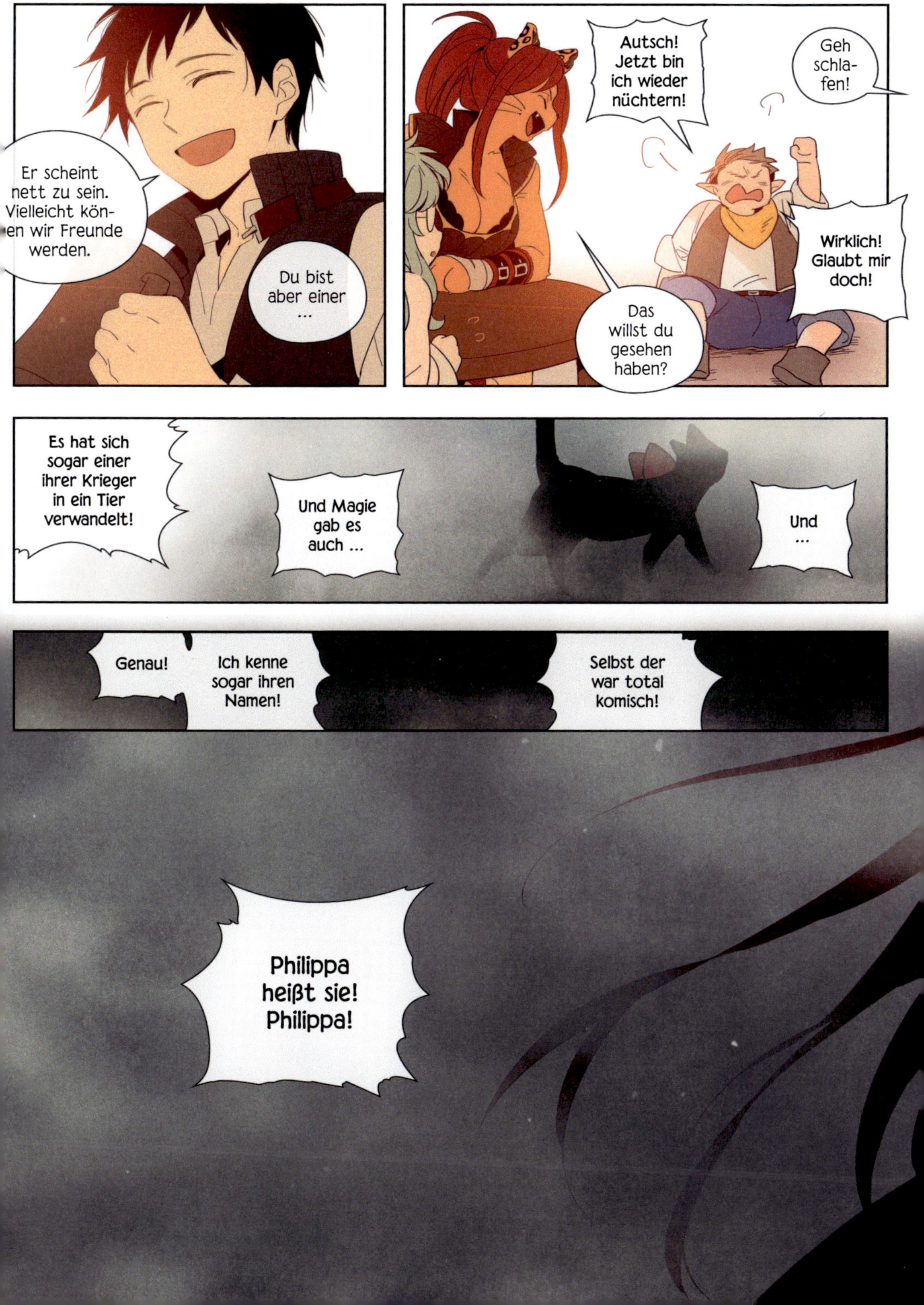

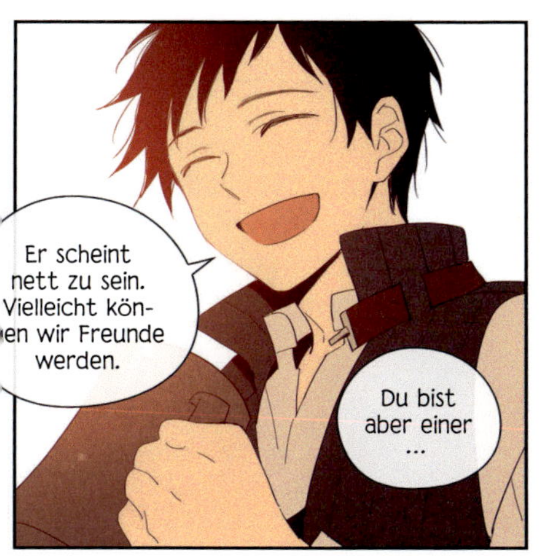

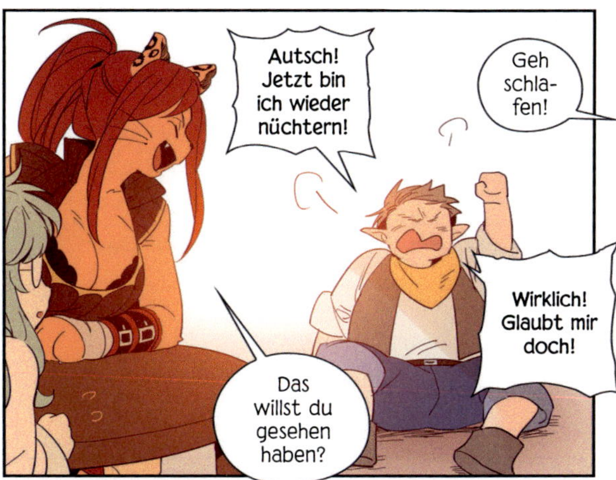

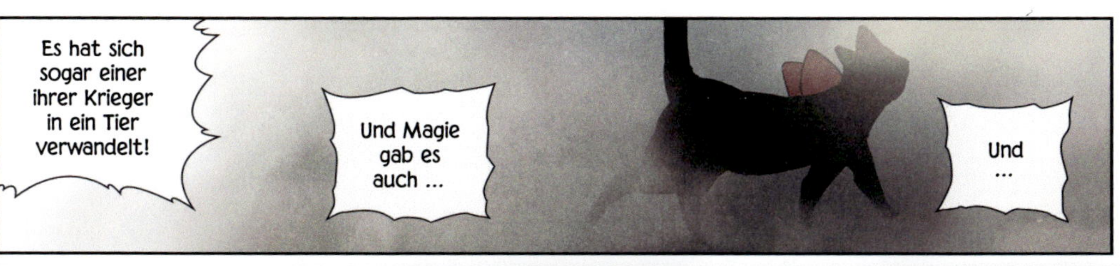

Genau!

Ich kenne sogar ihren Namen!

Selbst der war total komisch!

Philippa heißt sie! Philippa!

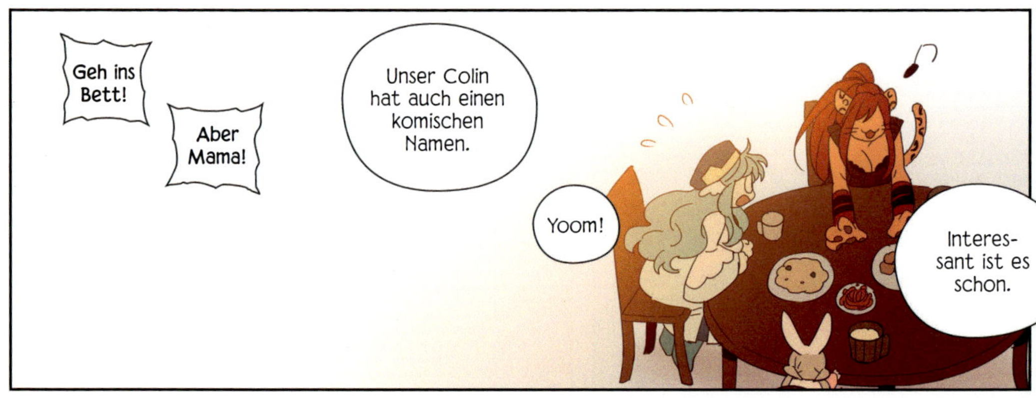
Geh ins Bett!
Aber Mama!
Unser Colin hat auch einen komischen Namen.
Yoom!
Interes-sant ist es schon.

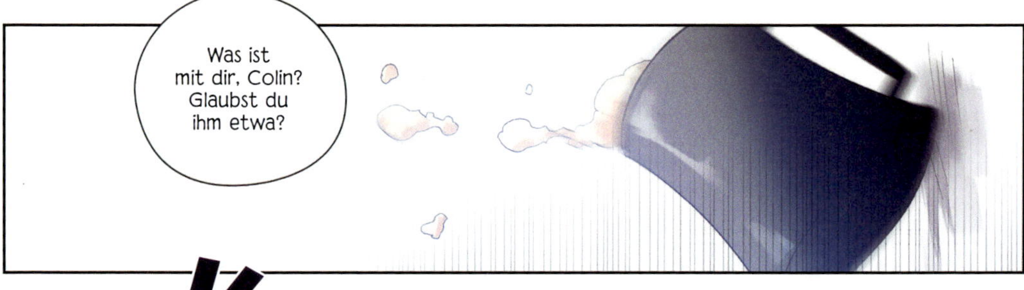
Was ist mit dir, Colin? Glaubst du ihm etwa?

Knall

Colin …?

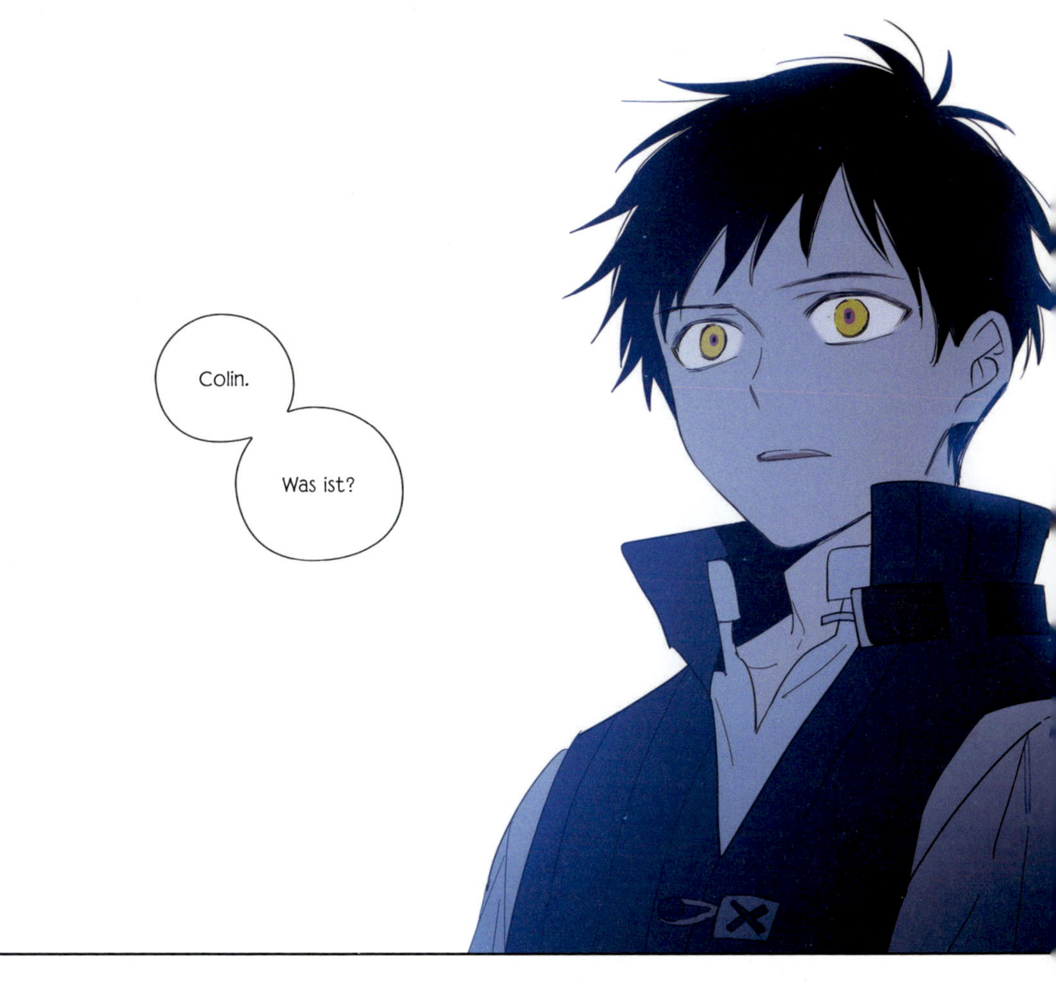

Sogar in einer ganz anderen Welt sollten wir uns begegnen.

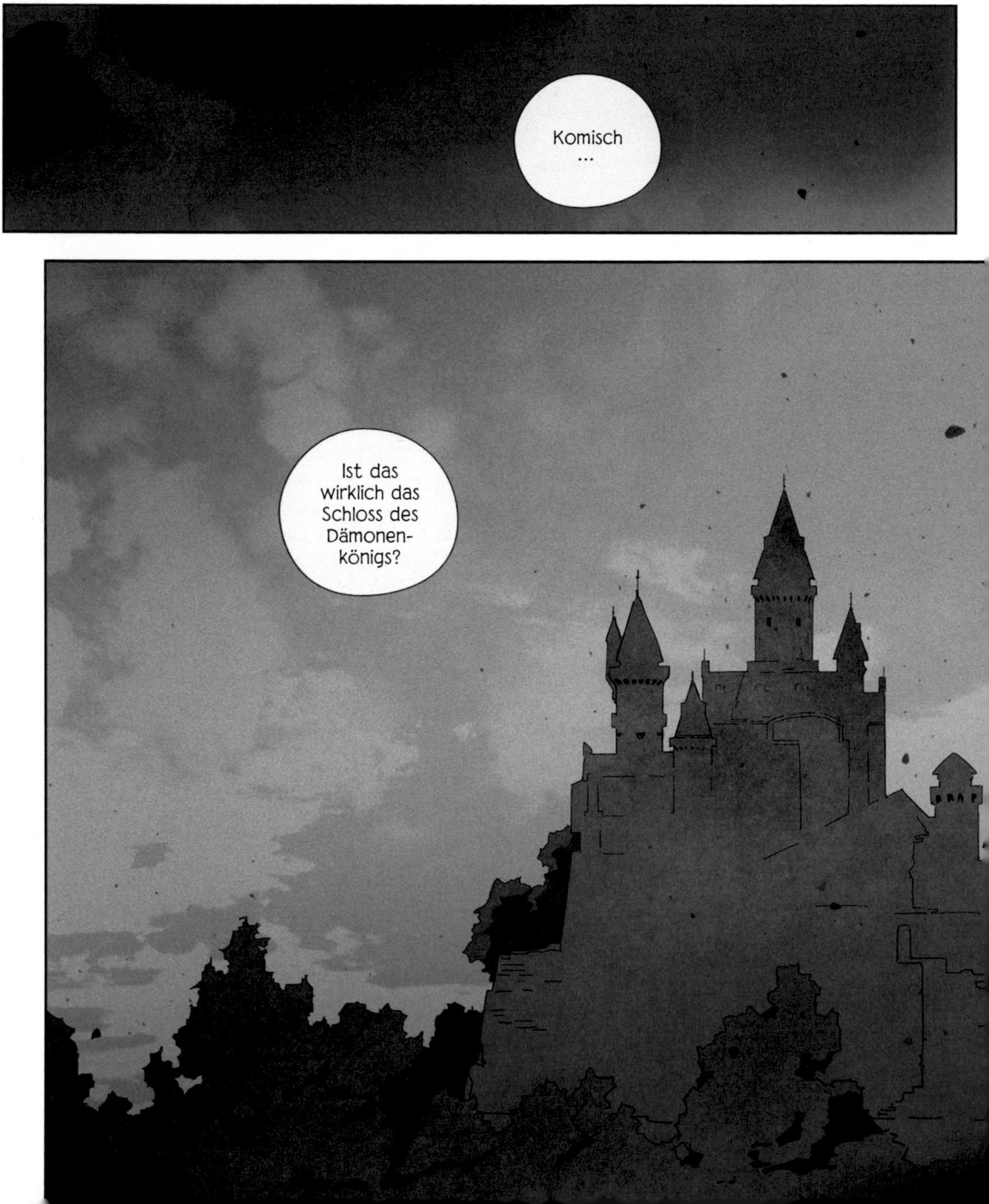

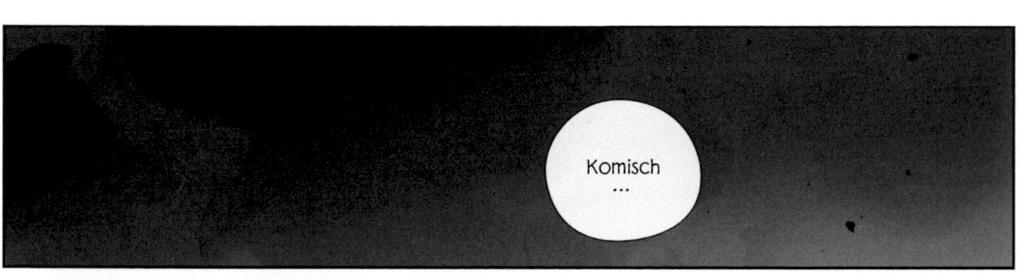

Ist das wirklich das Schloss des Dämonenkönigs?

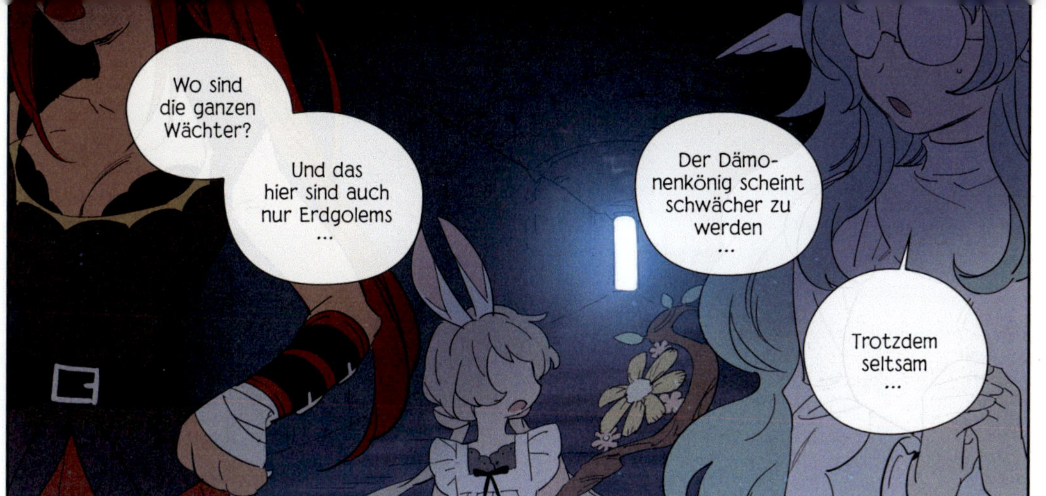
Wo sind die ganzen Wächter?
Und das hier sind auch nur Erdgolems …
Der Dämonenkönig scheint schwächer zu werden …
Trotzdem seltsam …

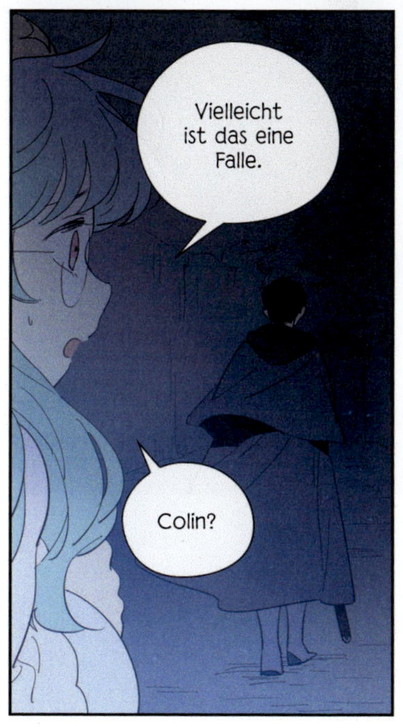
Vielleicht ist das eine Falle.
Colin?

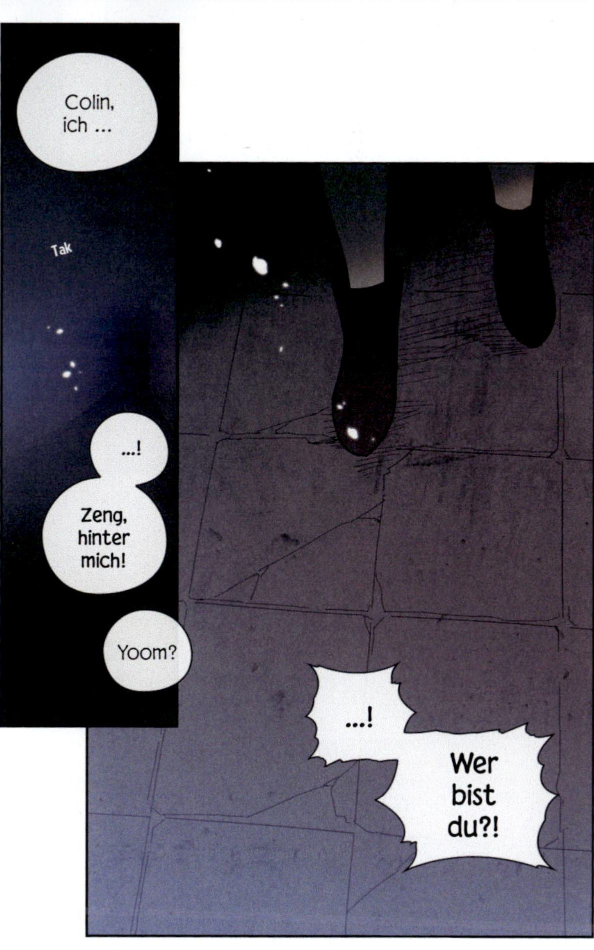
Colin, ich …
Tak
…!
Zeng, hinter mich!
Yoom?
…!
Wer bist du?!

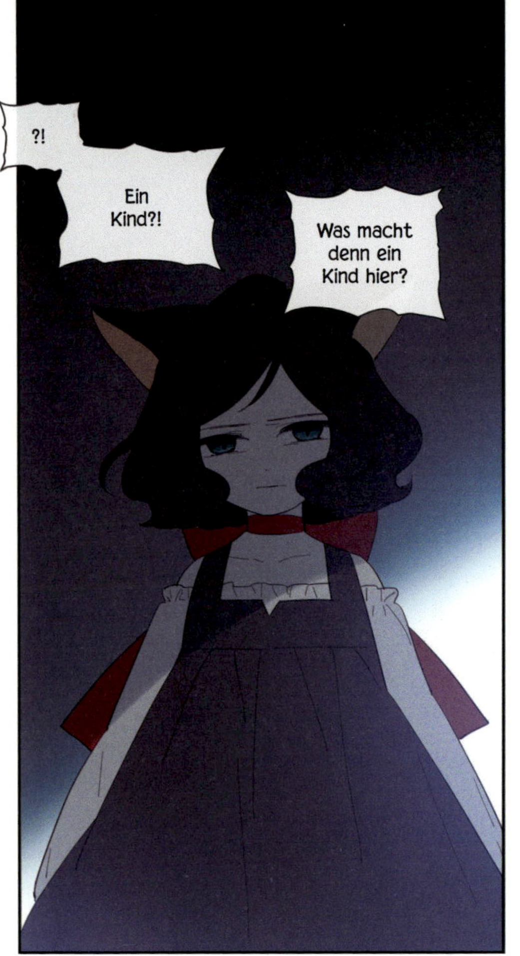

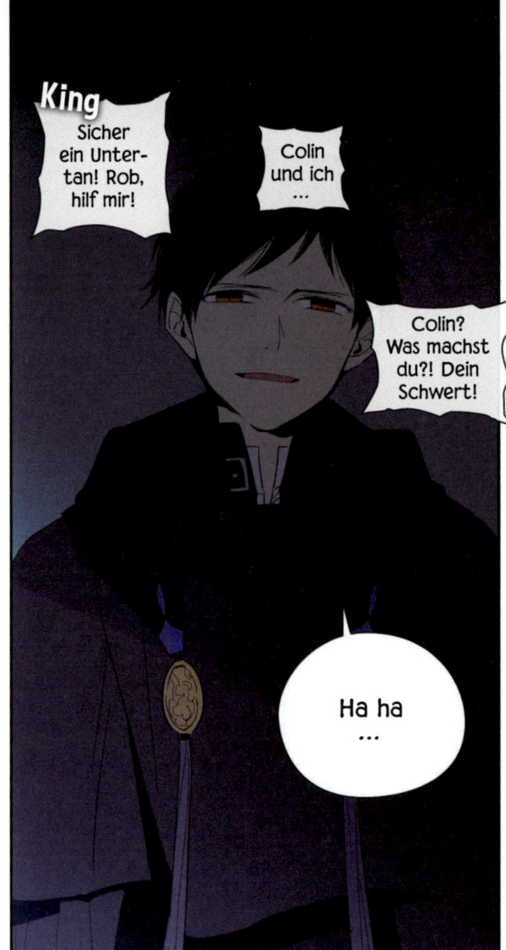

Dämonenkönigin also ...

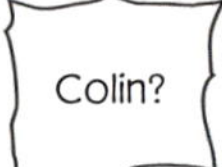

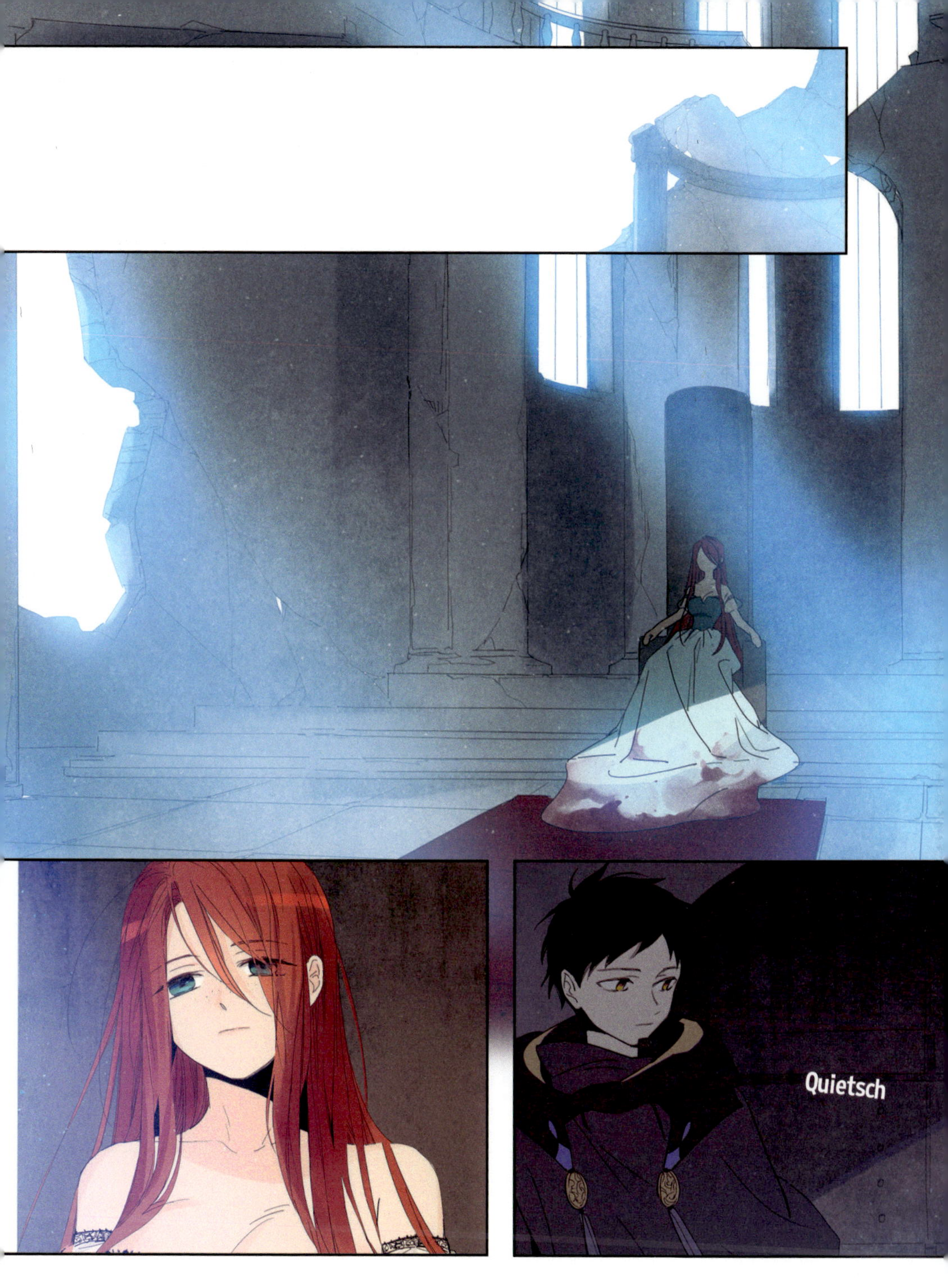
Quietsch

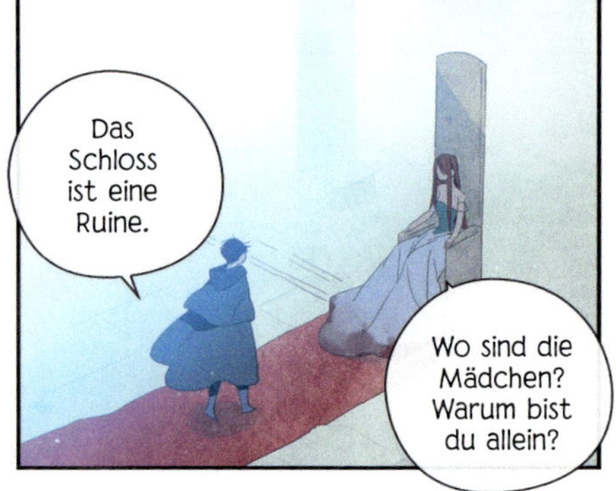
Das Schloss ist eine Ruine.
Wo sind die Mädchen? Warum bist du allein?

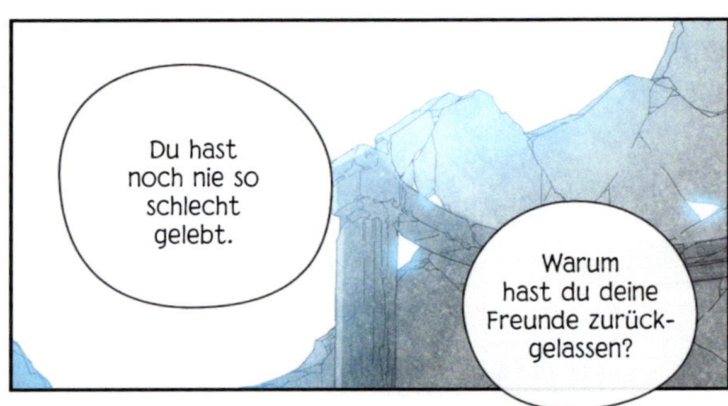
Du hast noch nie so schlecht gelebt.
Warum hast du deine Freunde zurückgelassen?

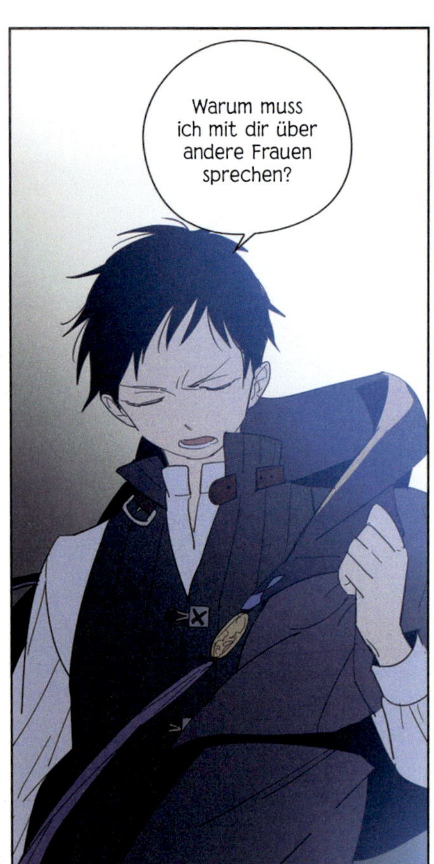
Warum muss ich mit dir über andere Frauen sprechen?

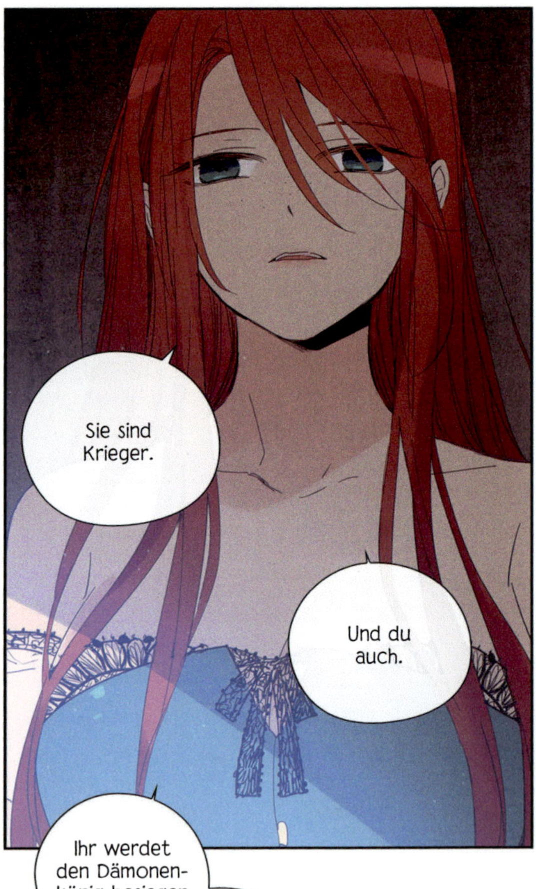
Sie sind Krieger.
Und du auch.
Ihr werdet den Dämonenkönig besiegen …
… und diese Welt retten.

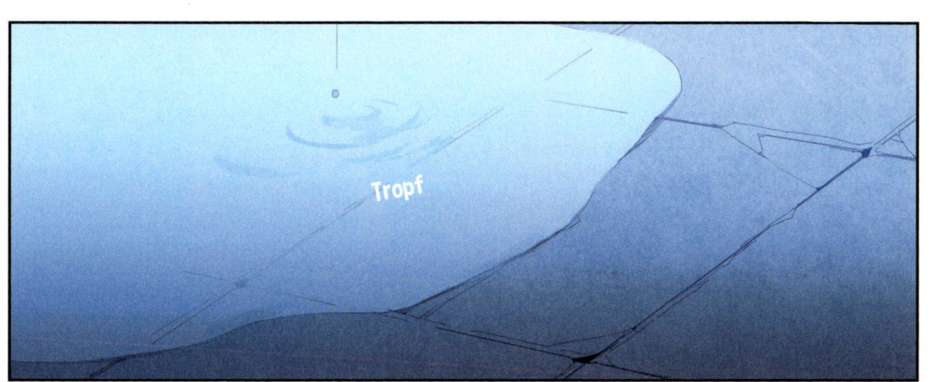
Tropf

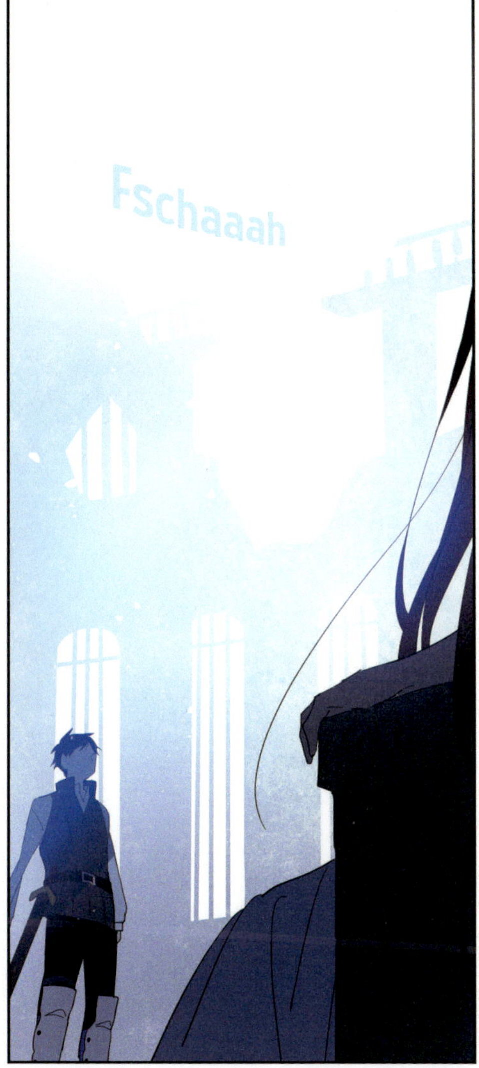
Fschaaah

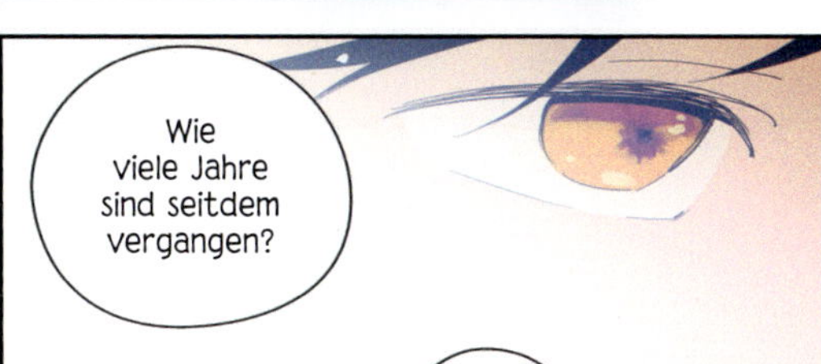
Wie viele Jahre sind seitdem vergangen?

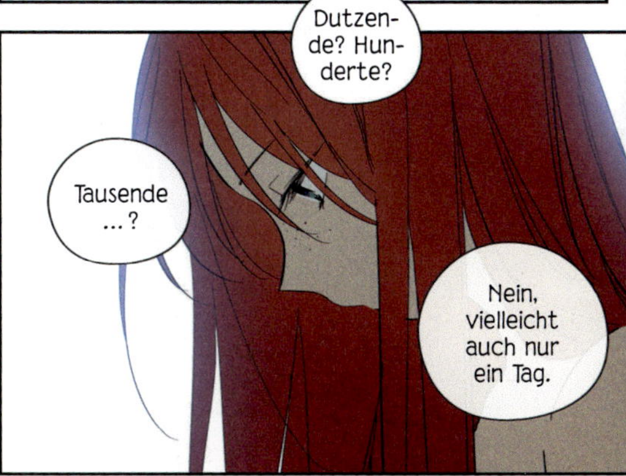
Dutzende? Hunderte?
Tausende ...?
Nein, vielleicht auch nur ein Tag.

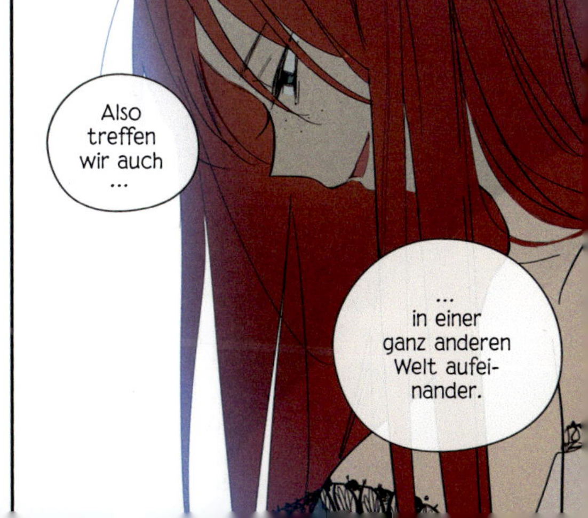
Also treffen wir auch ...
... in einer ganz anderen Welt aufeinander.

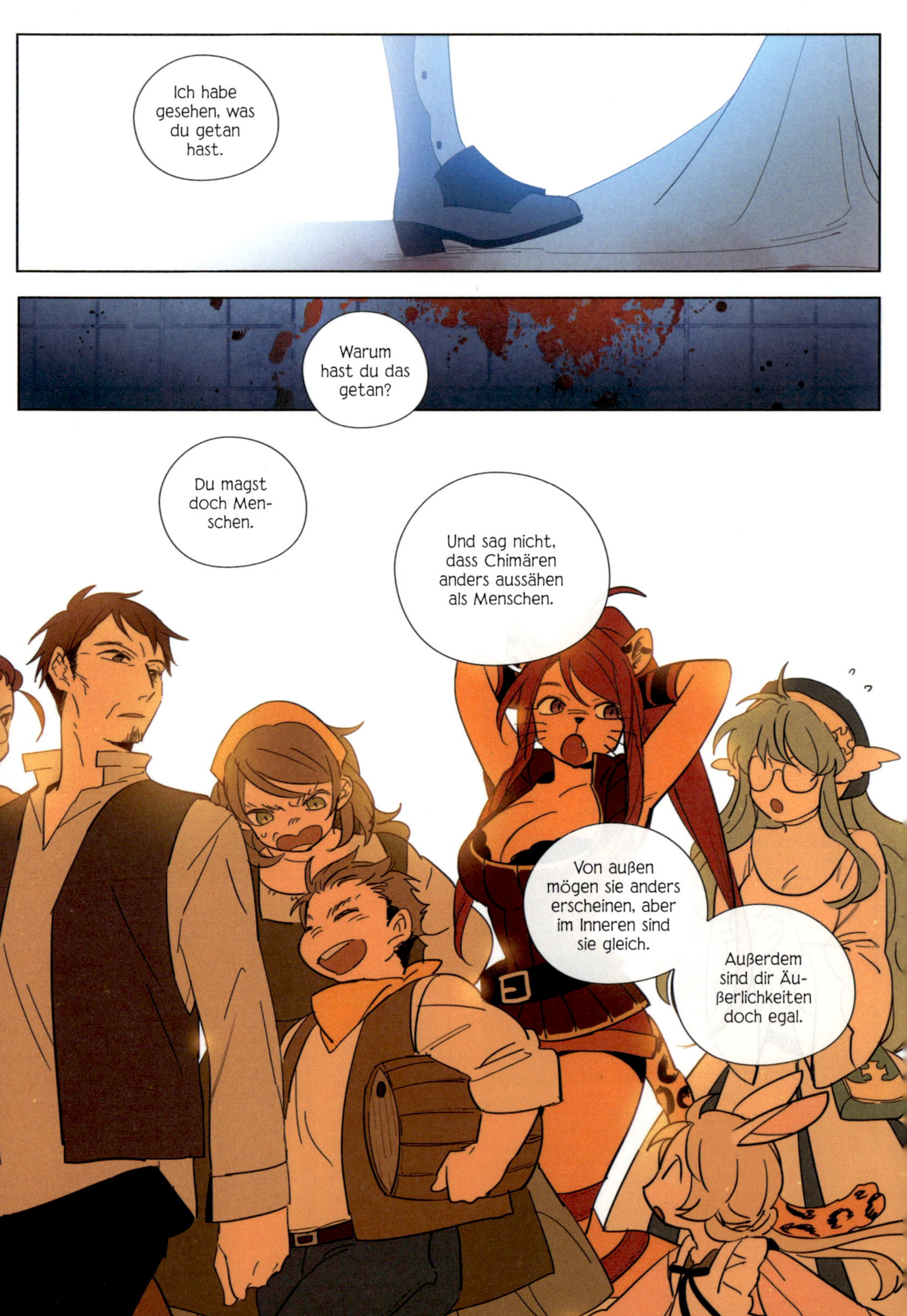
Ich habe gesehen, was du getan hast.
Warum hast du das getan?
Du magst doch Menschen.
Und sag nicht, dass Chimären anders aussähen als Menschen.
Von außen mögen sie anders erscheinen, aber im Inneren sind sie gleich.
Außerdem sind dir Äußerlichkeiten doch egal.

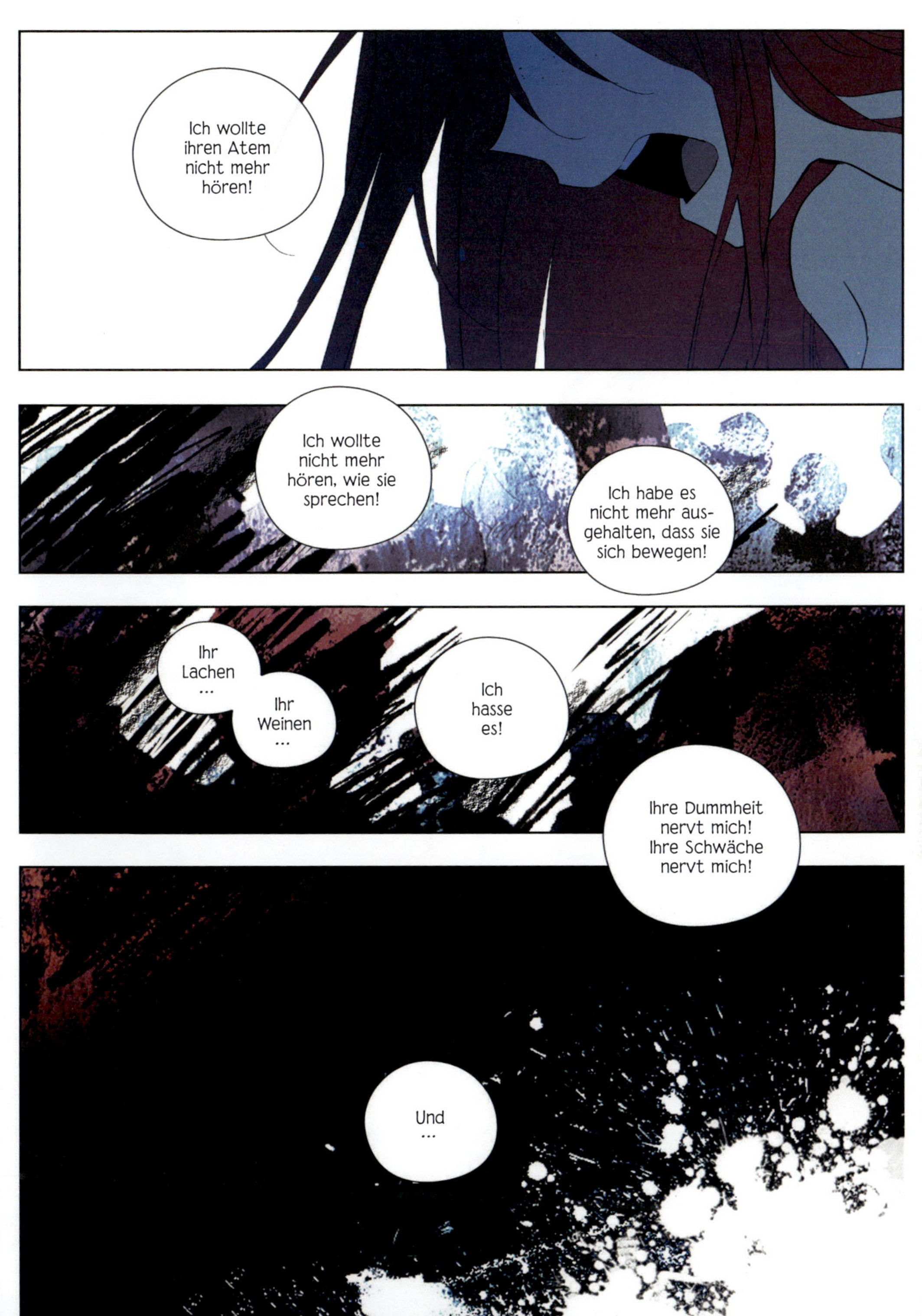

Ich wollte ihren Atem nicht mehr hören!
Ich wollte nicht mehr hören, wie sie sprechen!
Ich habe es nicht mehr ausgehalten, dass sie sich bewegen!
Ihr Lachen ...
Ihr Weinen ...
Ich hasse es!
Ihre Dummheit nervt mich! Ihre Schwäche nervt mich!
Und ...

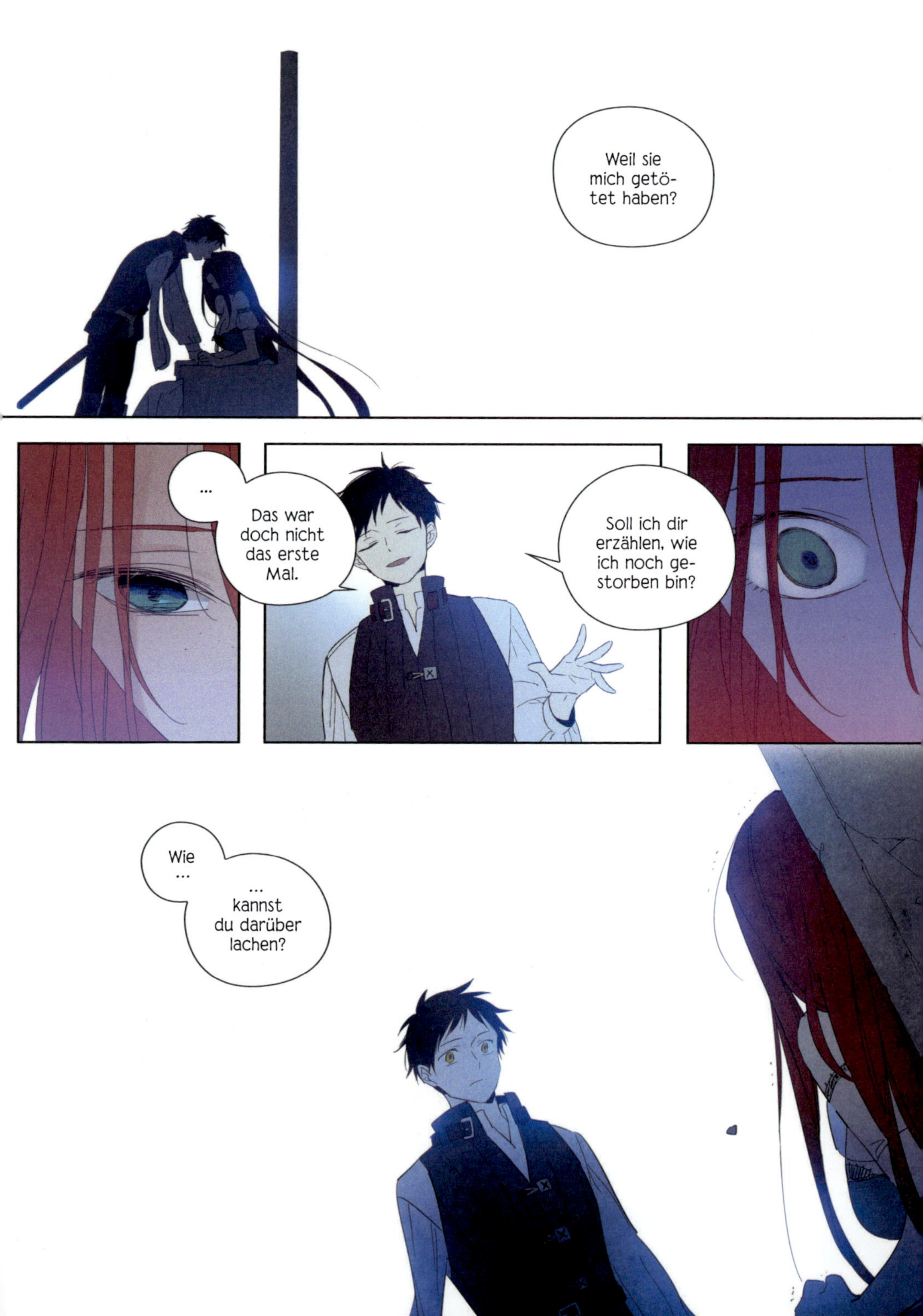
Weil sie mich getötet haben?
...
Das war doch nicht das erste Mal.
Soll ich dir erzählen, wie ich noch gestorben bin?
Wie ...
... kannst du darüber lachen?

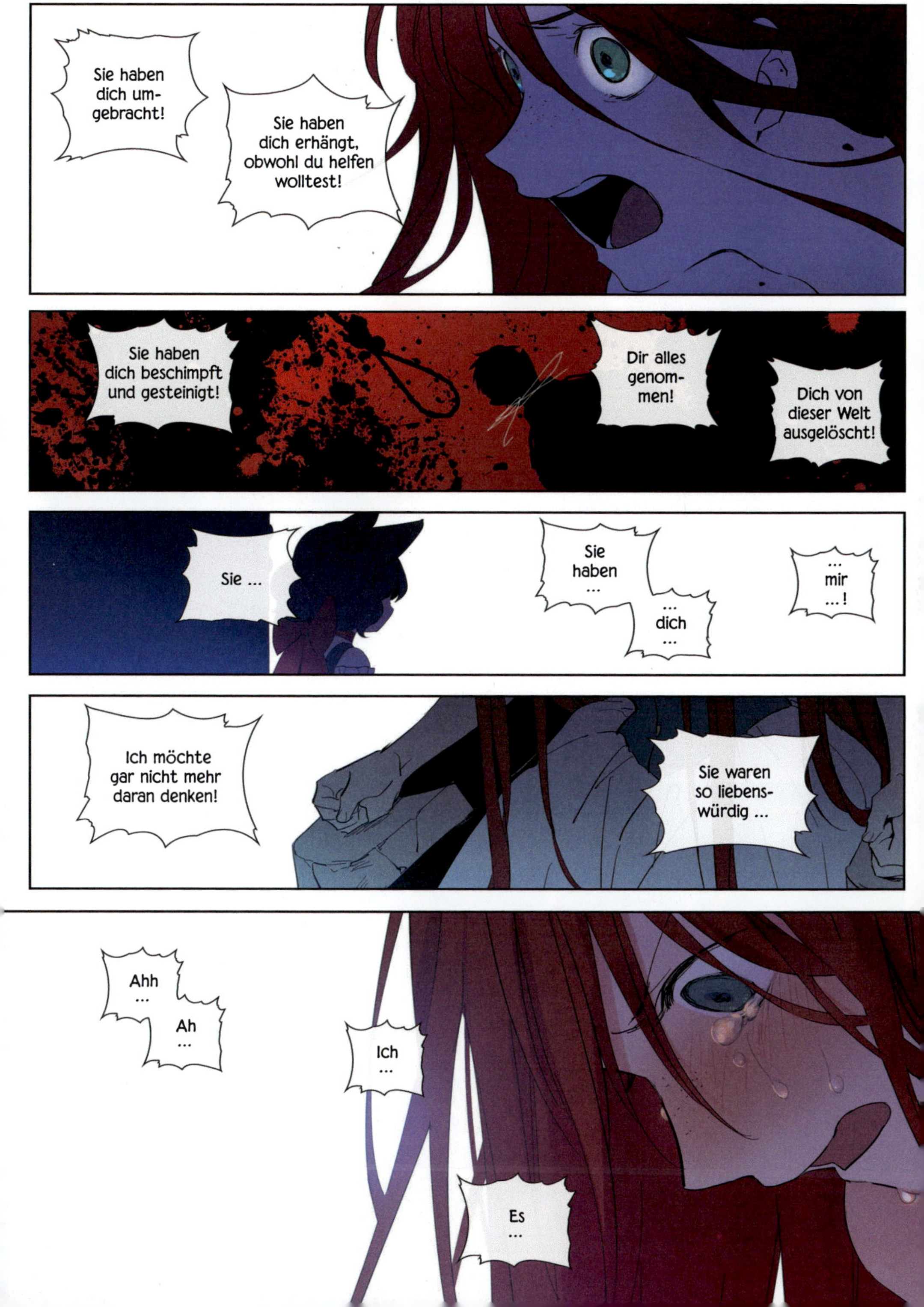

Sie haben dich umgebracht!
Sie haben dich erhängt, obwohl du helfen wolltest!

Sie haben dich beschimpft und gesteinigt!
Dir alles genommen!
Dich von dieser Welt ausgelöscht!

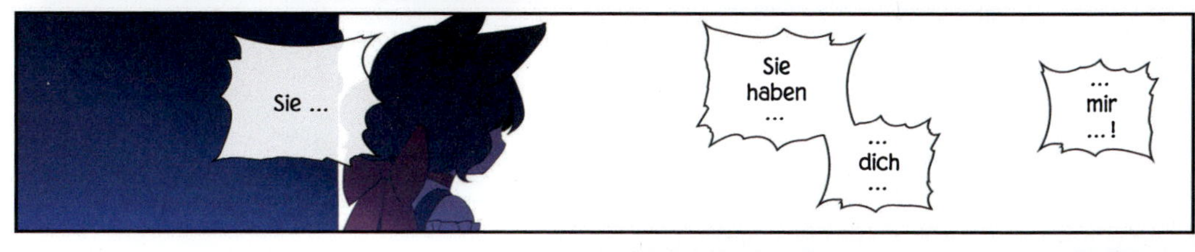

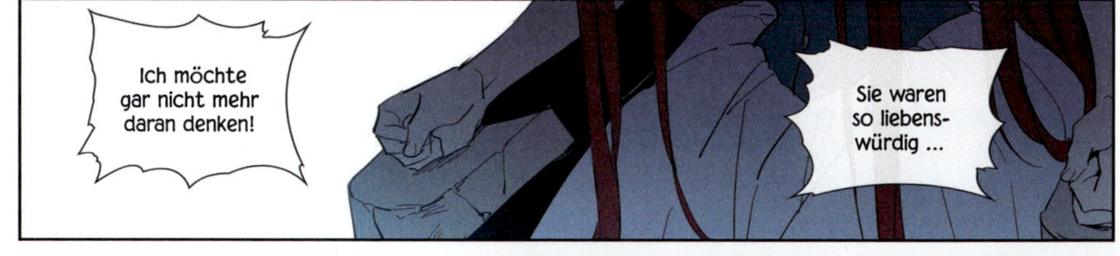

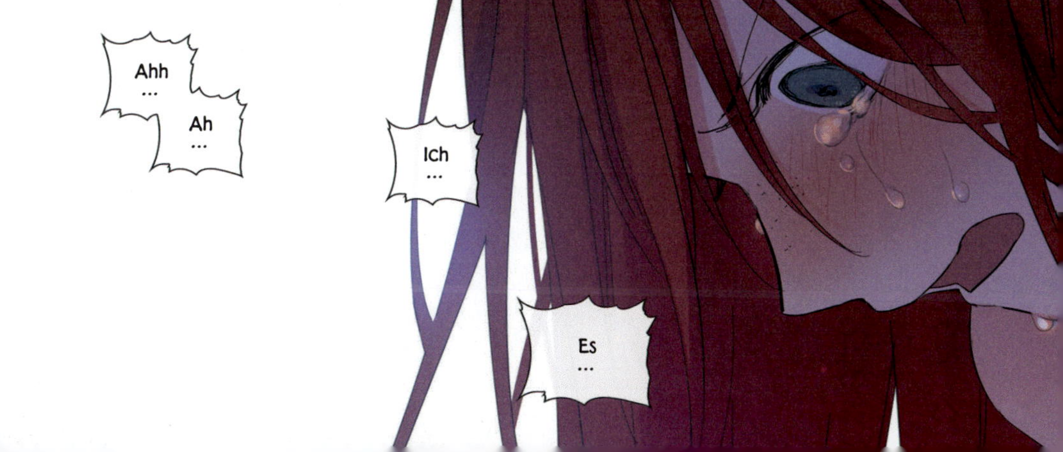

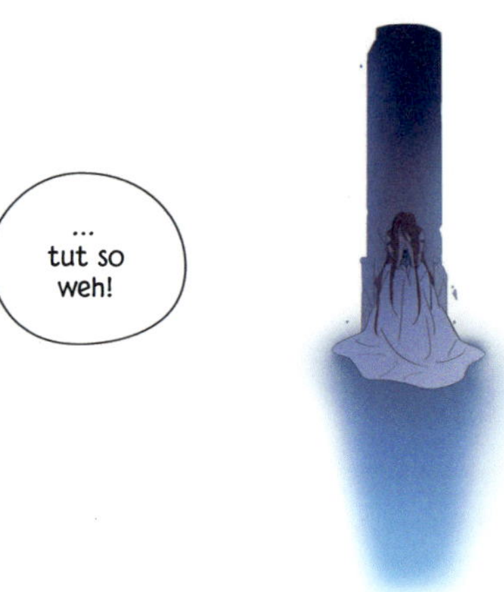
... tut so weh!

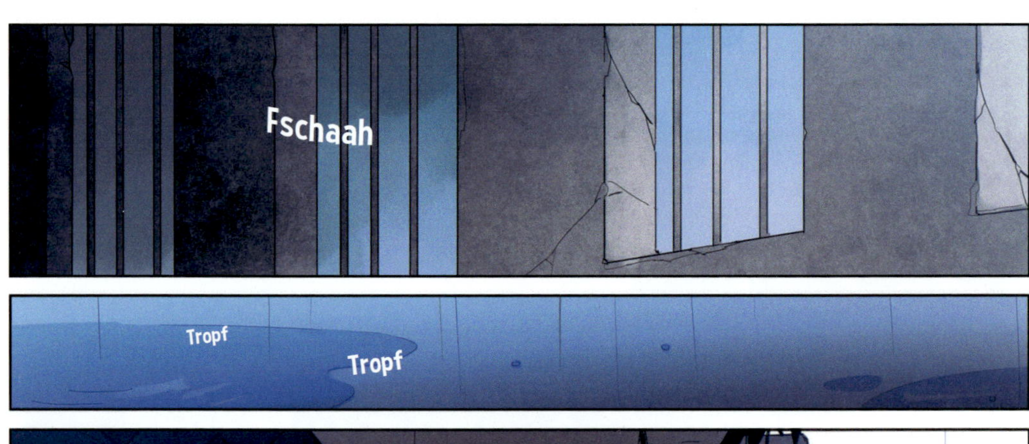
Fschaah

Tropf
Tropf

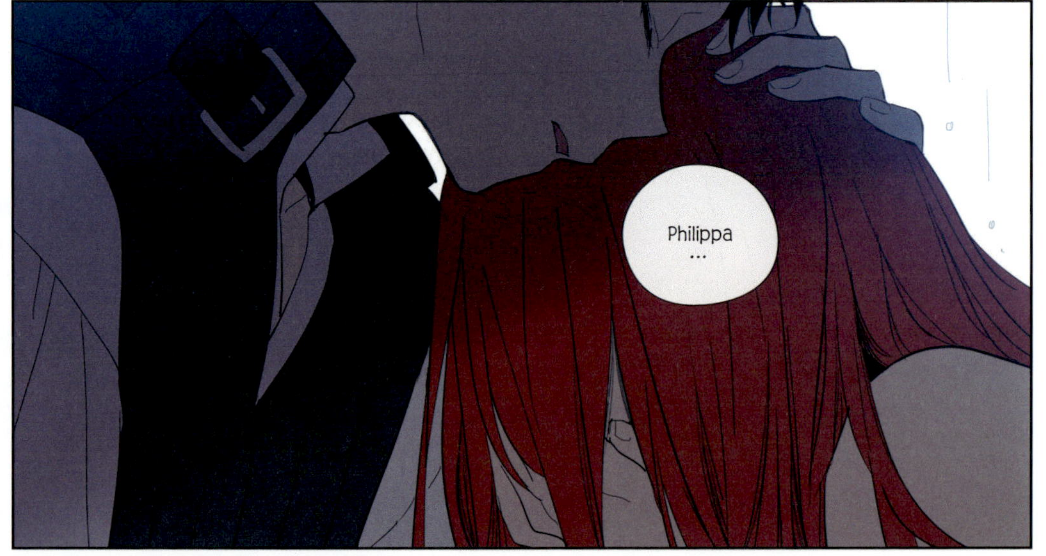
Philippa ...

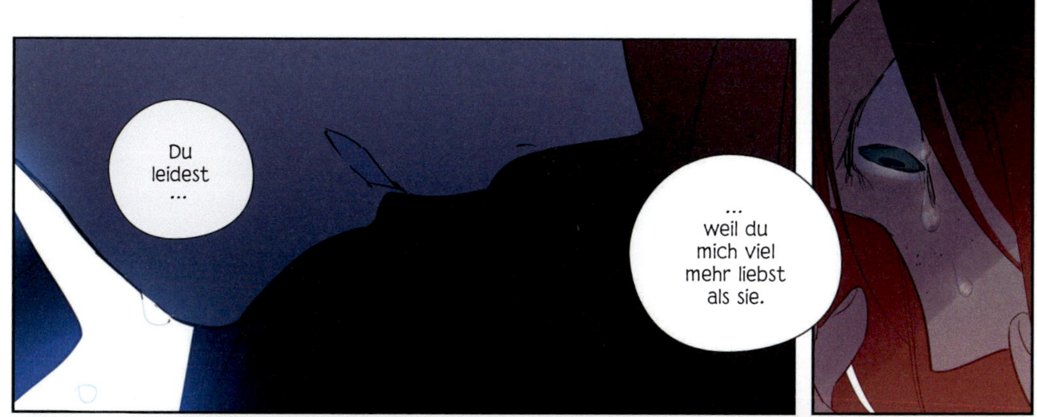
Du
leidest
...
...
weil du
mich viel
mehr liebst
als sie.

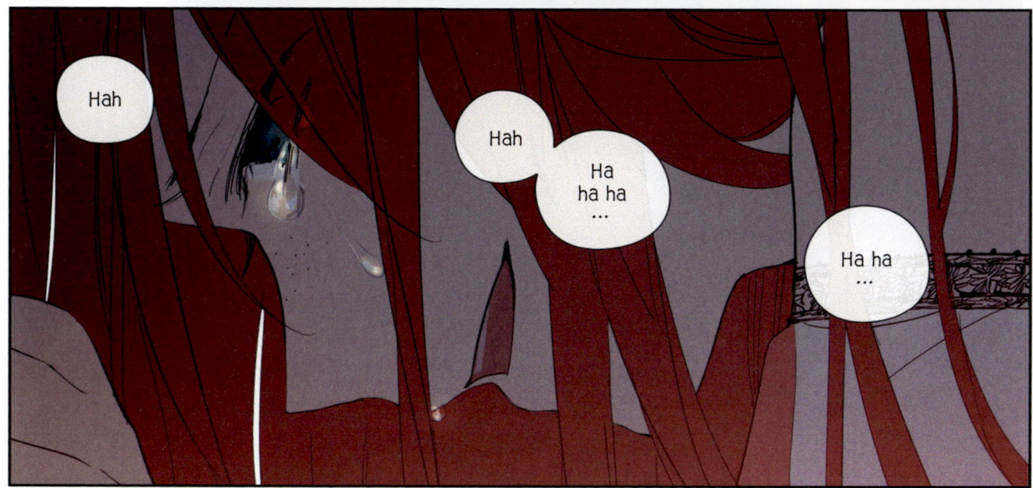
Hah
Hah
Ha
ha ha
...
Ha ha
...

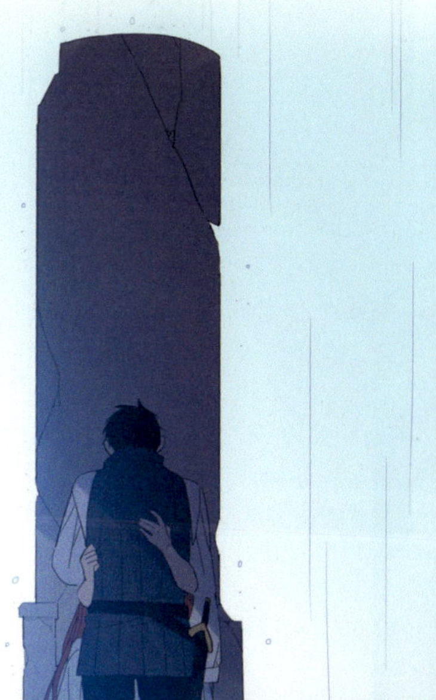
Ich bin
jetzt hier.
Alles ist
gut.
Jetzt
können wir
beide wieder
...

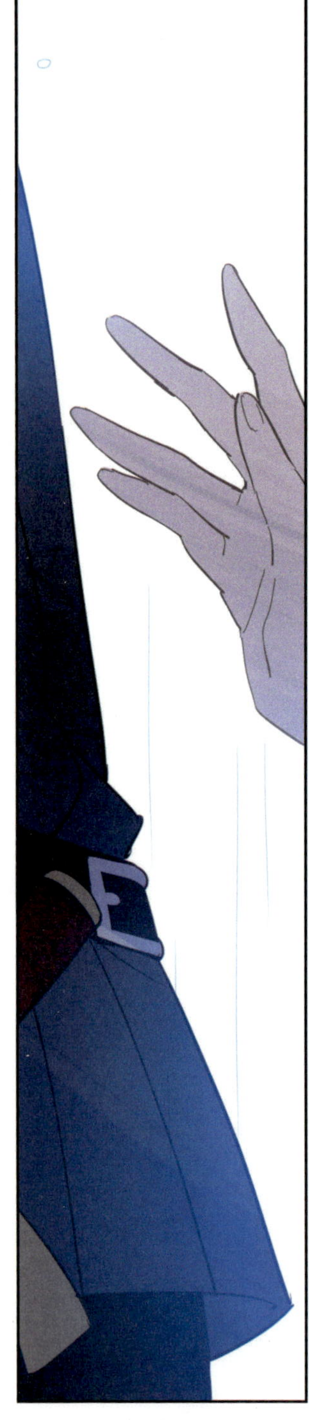

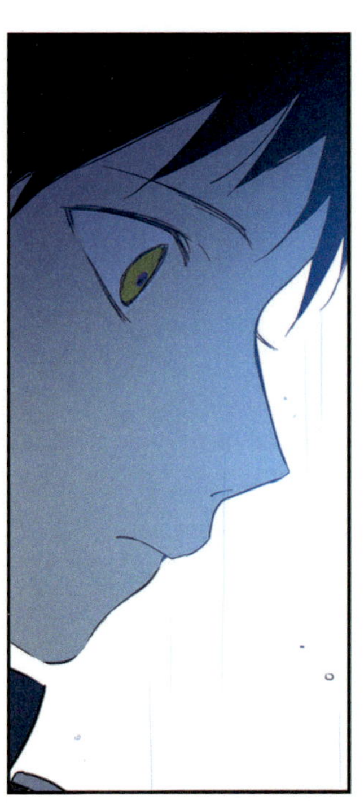

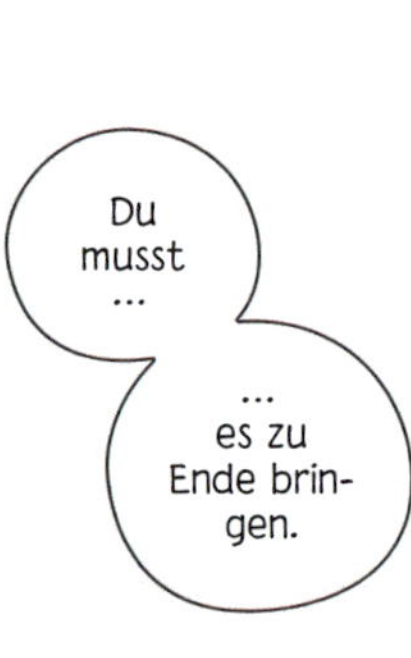
Du musst …
… es zu Ende bringen.

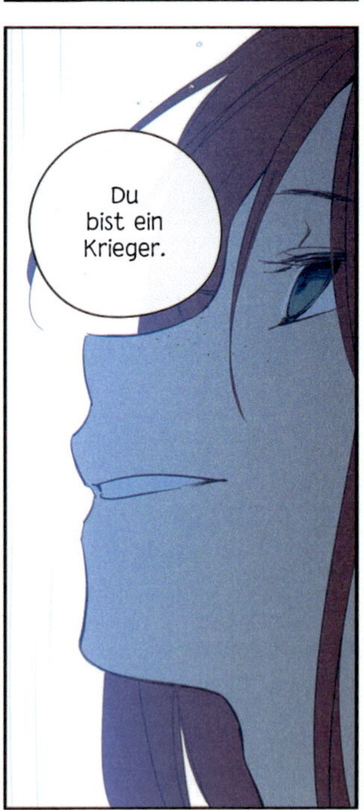
Du bist ein Krieger.

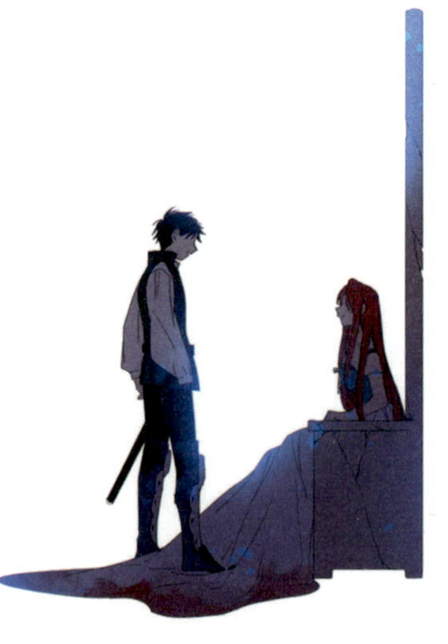

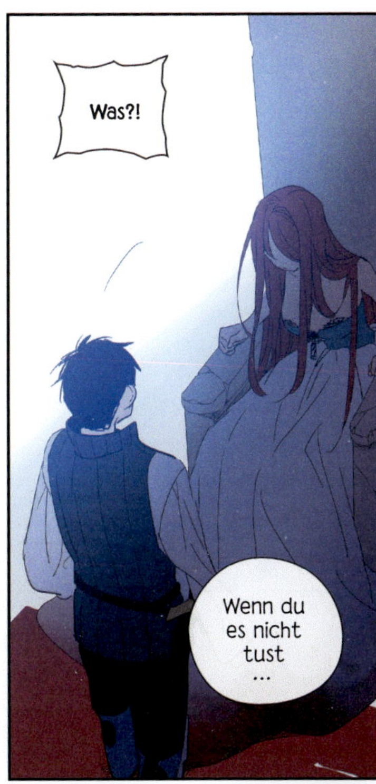

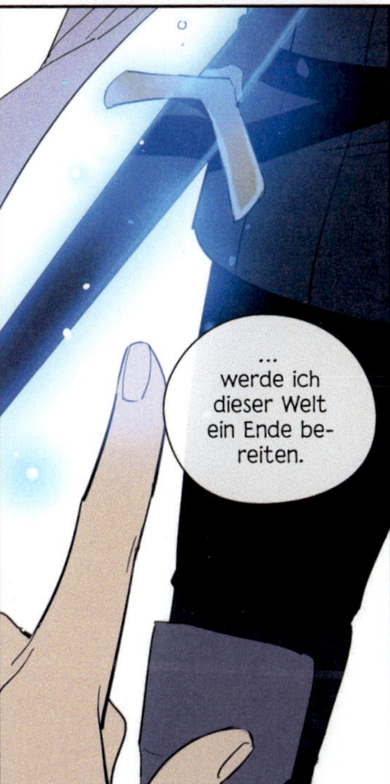

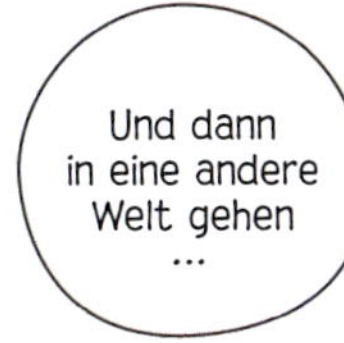

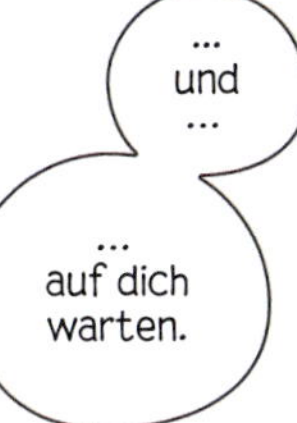

Für immer!

Das ist das Schicksal einer Hexe.

Aber jetzt bin ich zu erschöpft …

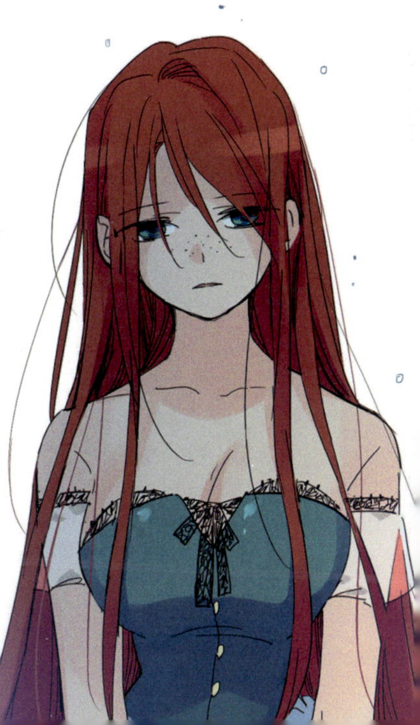

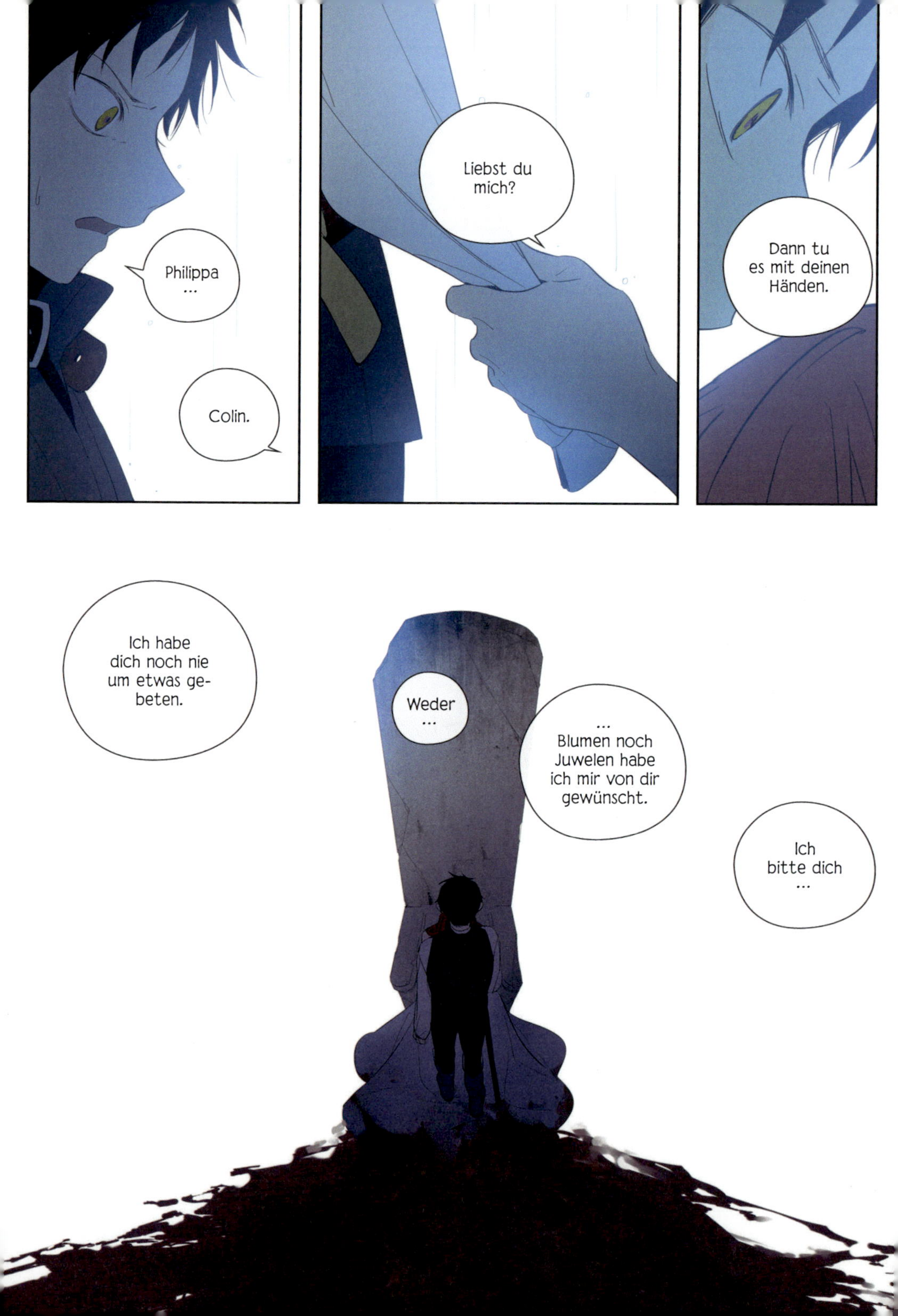

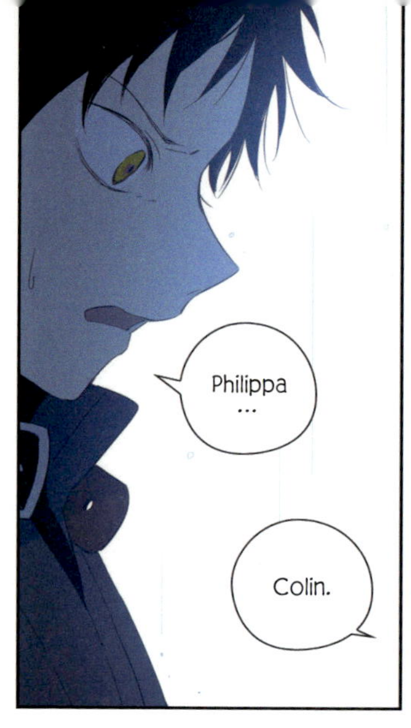
Philippa
...
Colin.

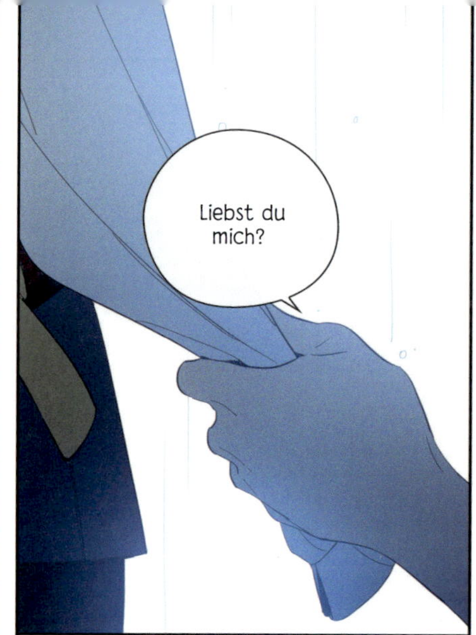
Liebst du mich?

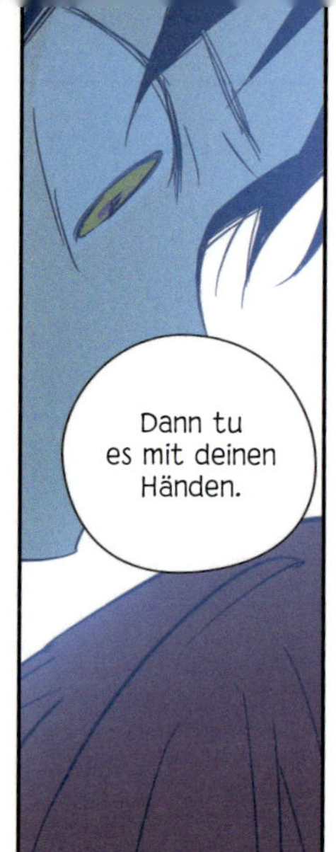
Dann tu es mit deinen Händen.

Ich habe dich noch nie um etwas gebeten.
Weder ...
... Blumen noch Juwelen habe ich mir von dir gewünscht.
Ich bitte dich ...

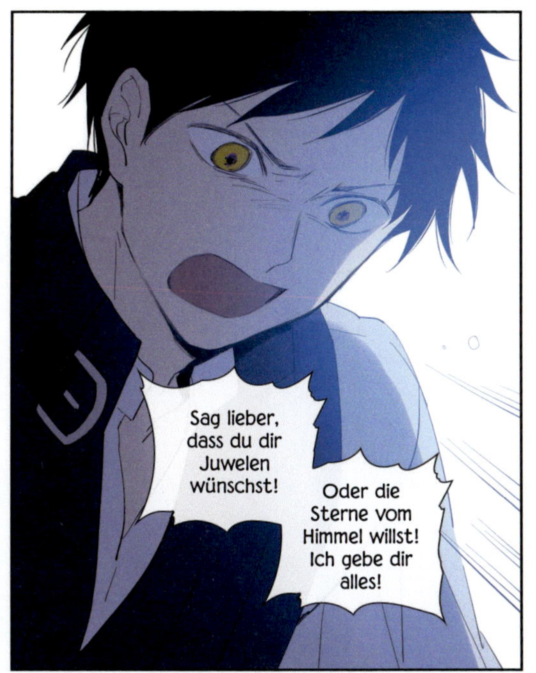
Sag lieber, dass du dir Juwelen wünschst!
Oder die Sterne vom Himmel willst! Ich gebe dir alles!

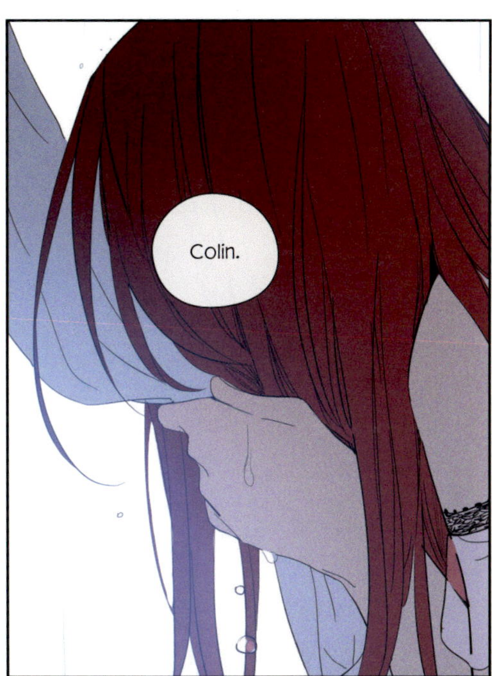
Colin.

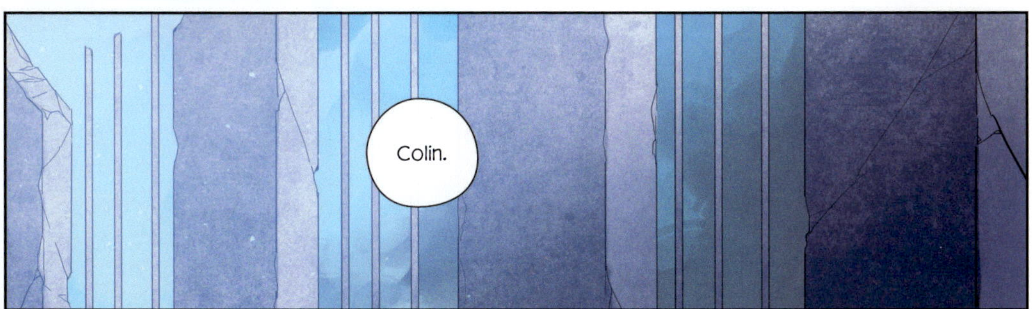
Colin.

Colin.

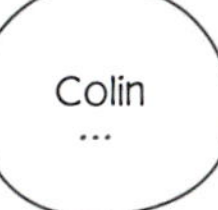
Colin …

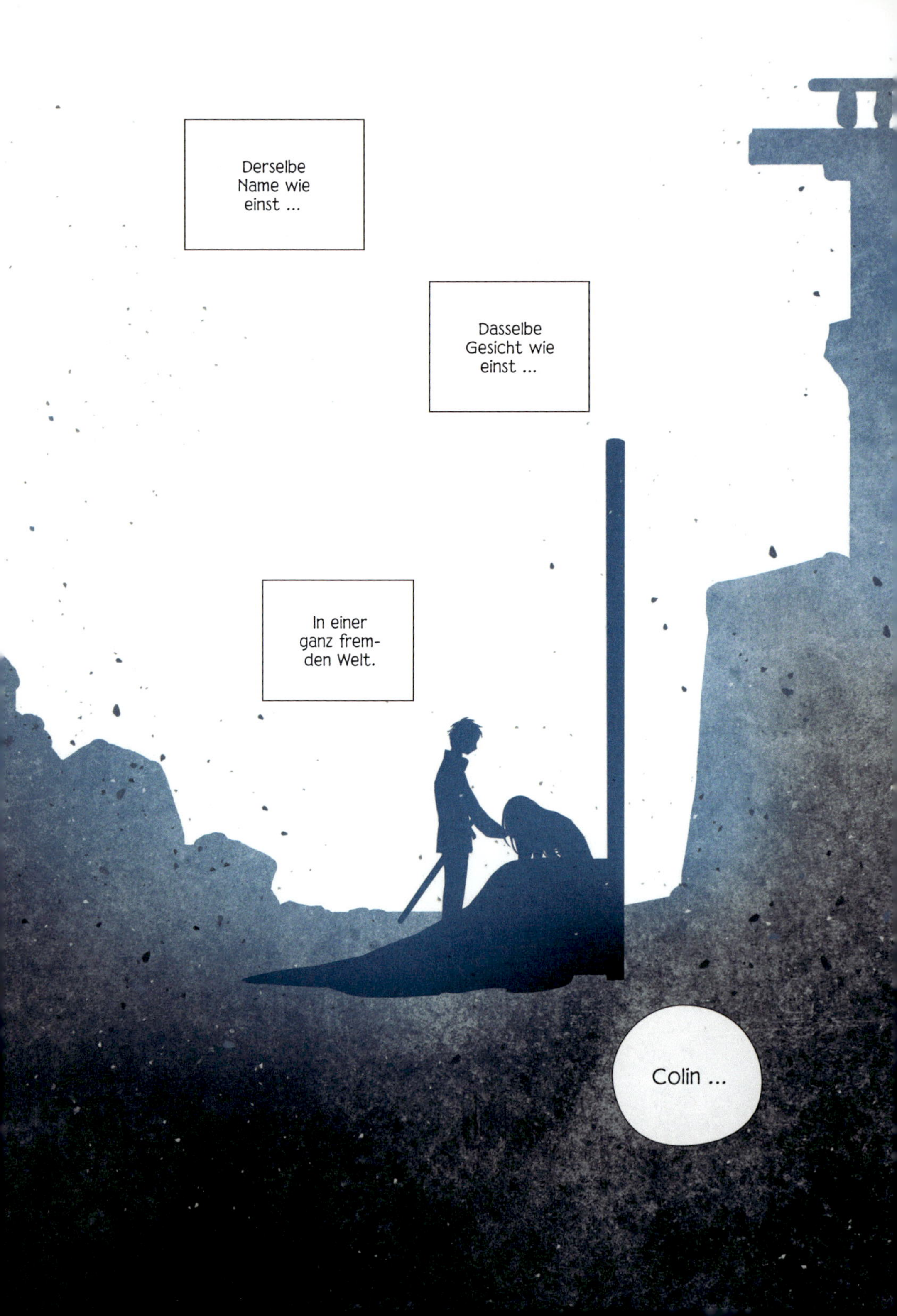

Derselbe
Name wie
einst ...

Dasselbe
Gesicht wie
einst ...

In einer
ganz frem-
den Welt.

Colin ...

Der Junge
und die Hexe.

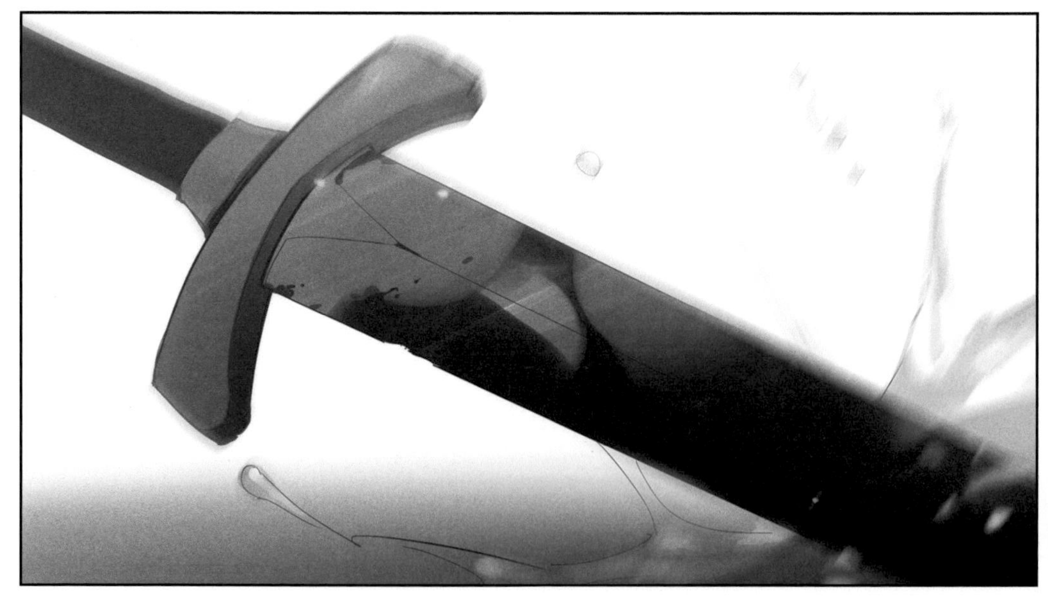

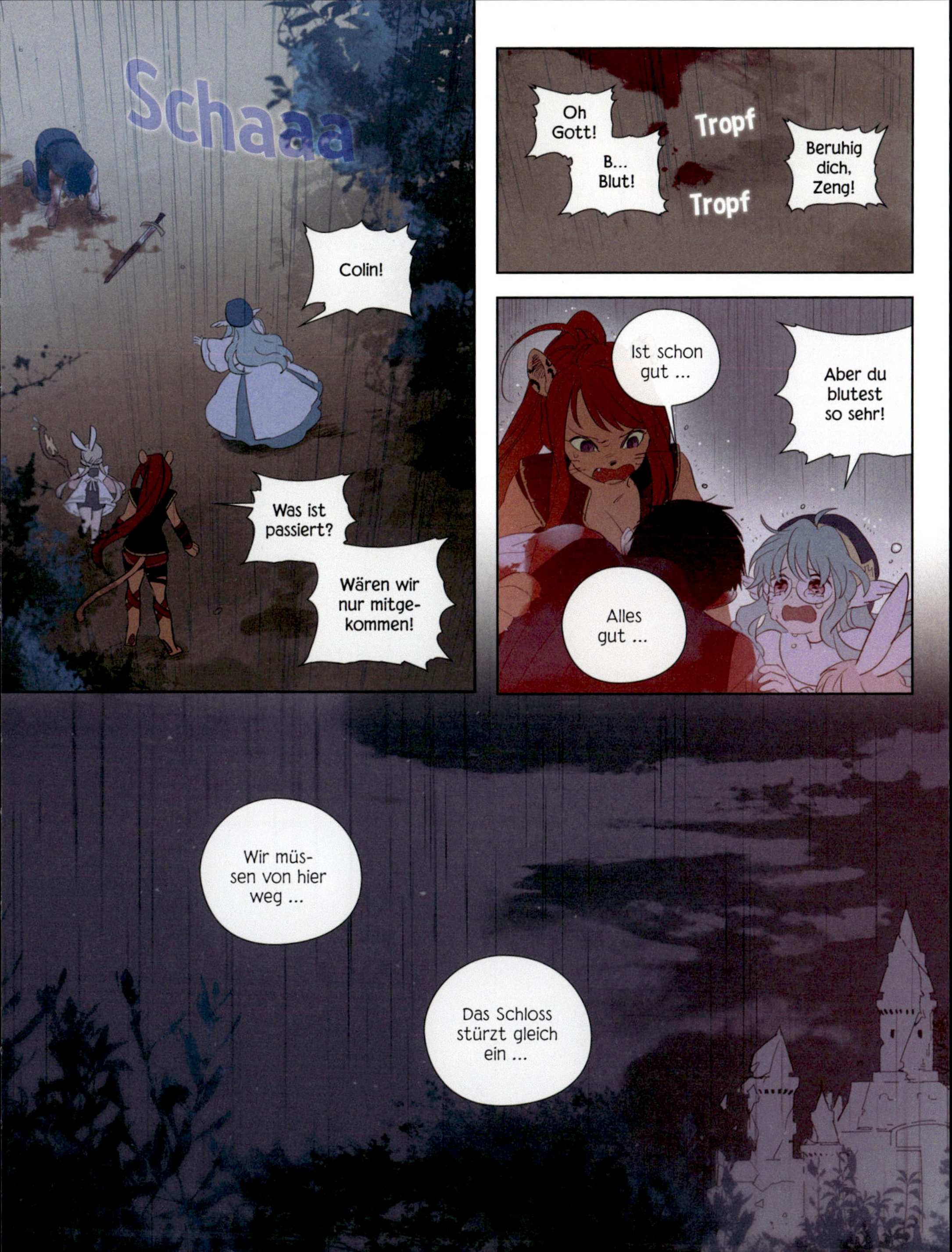

Schaaa

Colin!

Was ist passiert?

Wären wir nur mitgekommen!

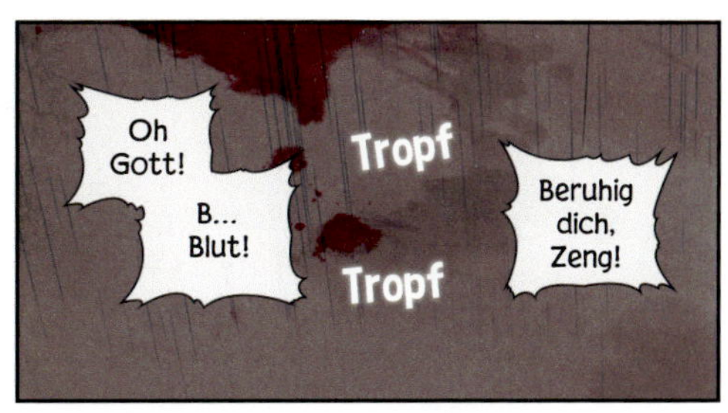

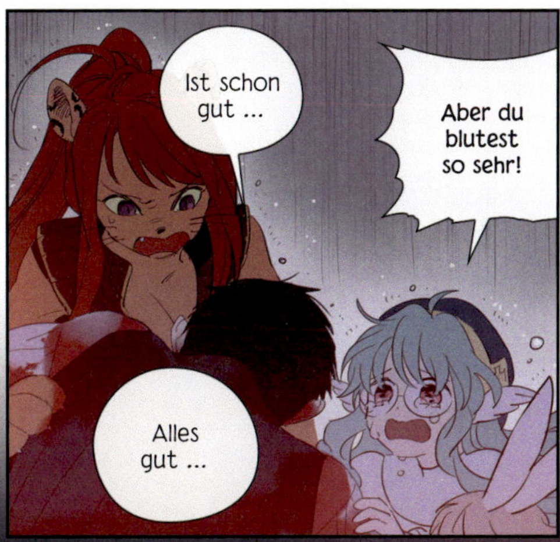

Wir müssen von hier weg ...

Das Schloss stürzt gleich ein ...

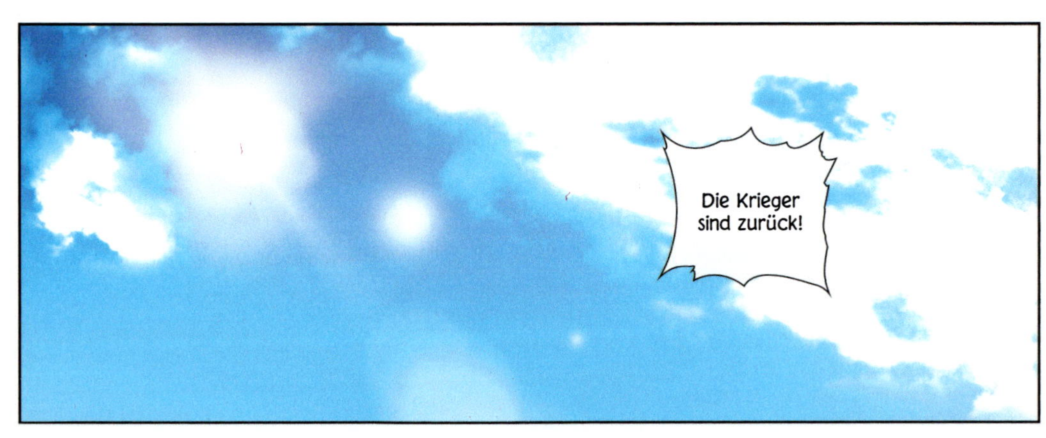

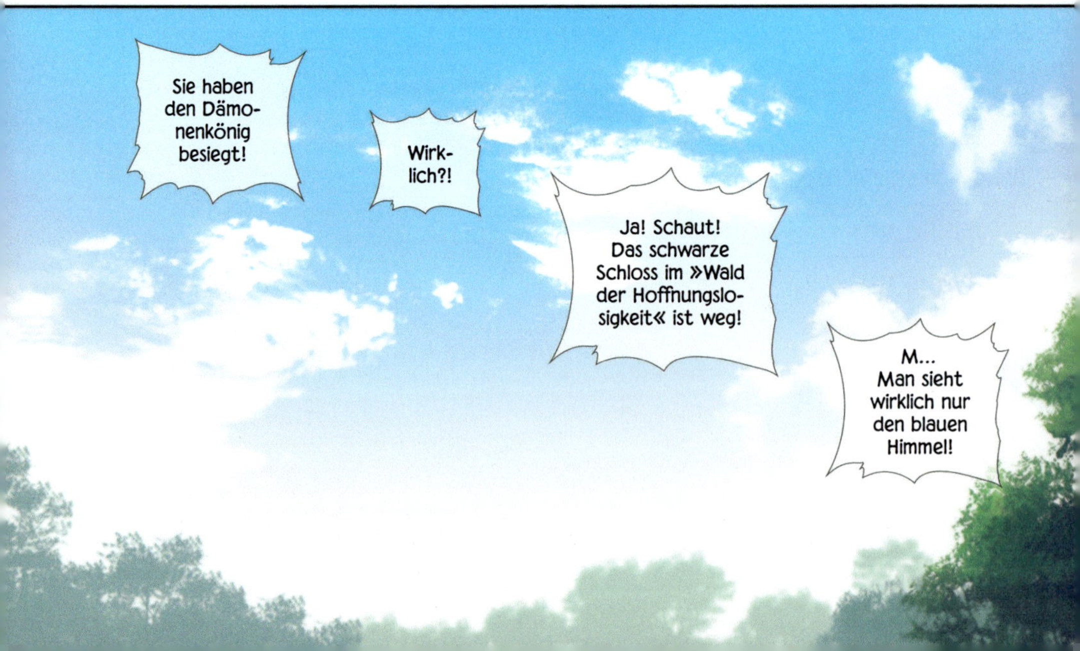

Sie haben den Dämonenkönig besiegt!

Wirklich?!

Ja! Schaut! Das schwarze Schloss im »Wald der Hoffnungslosigkeit« ist weg!

M... Man sieht wirklich nur den blauen Himmel!

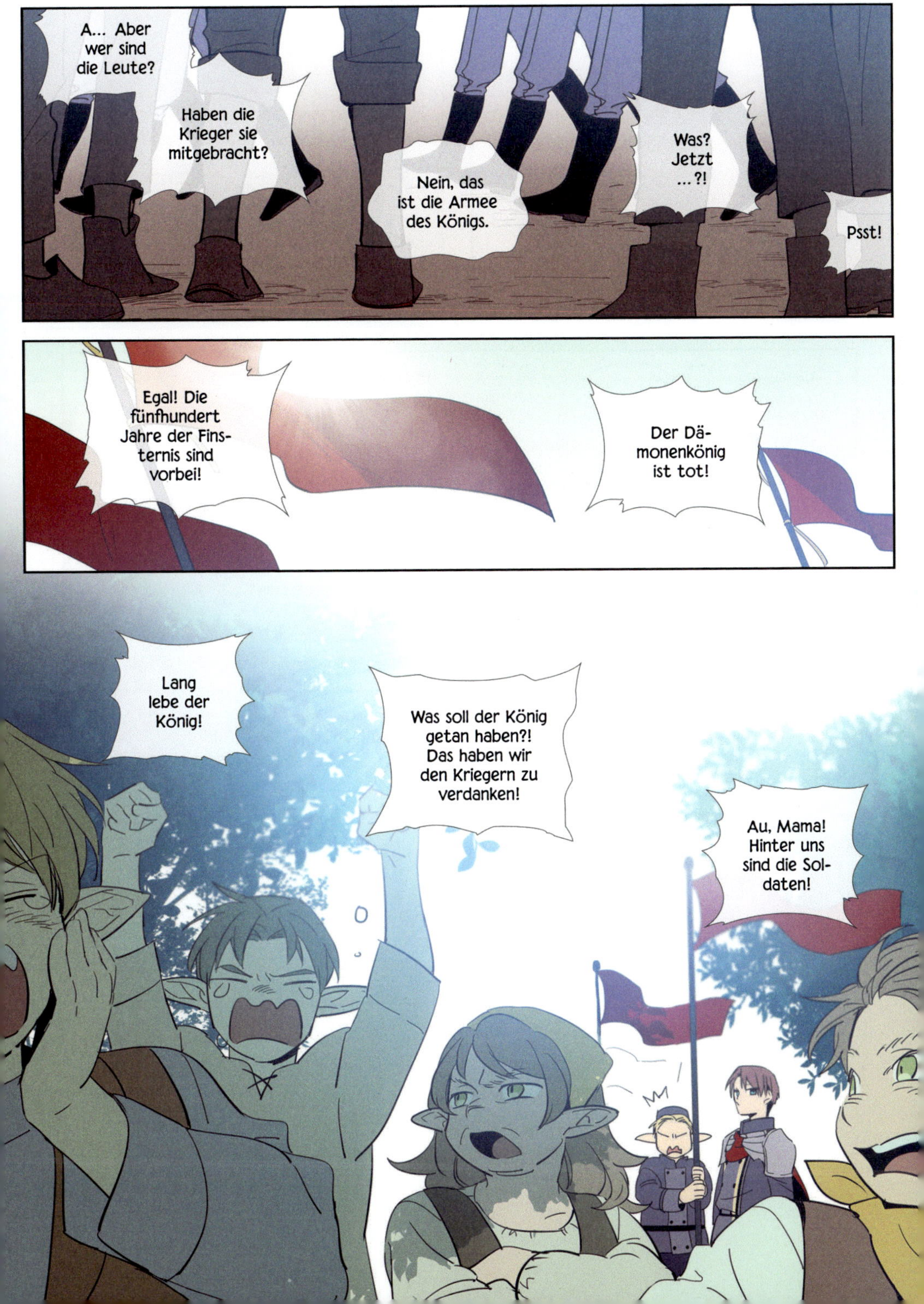

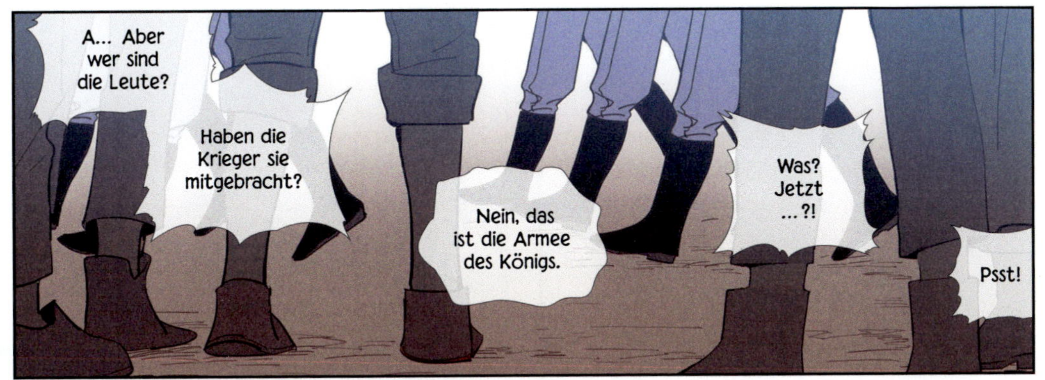
A... Aber wer sind die Leute?
Haben die Krieger sie mitgebracht?
Nein, das ist die Armee des Königs.
Was? Jetzt ...?!
Psst!

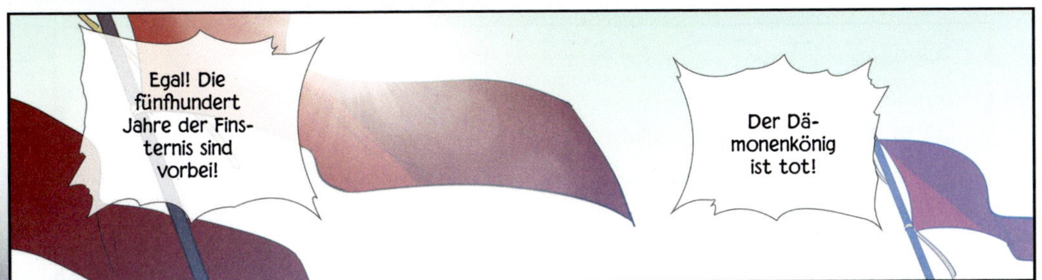
Egal! Die fünfhundert Jahre der Finsternis sind vorbei!
Der Dämonenkönig ist tot!

Lang lebe der König!
Was soll der König getan haben?! Das haben wir den Kriegern zu verdanken!
Au, Mama! Hinter uns sind die Soldaten!

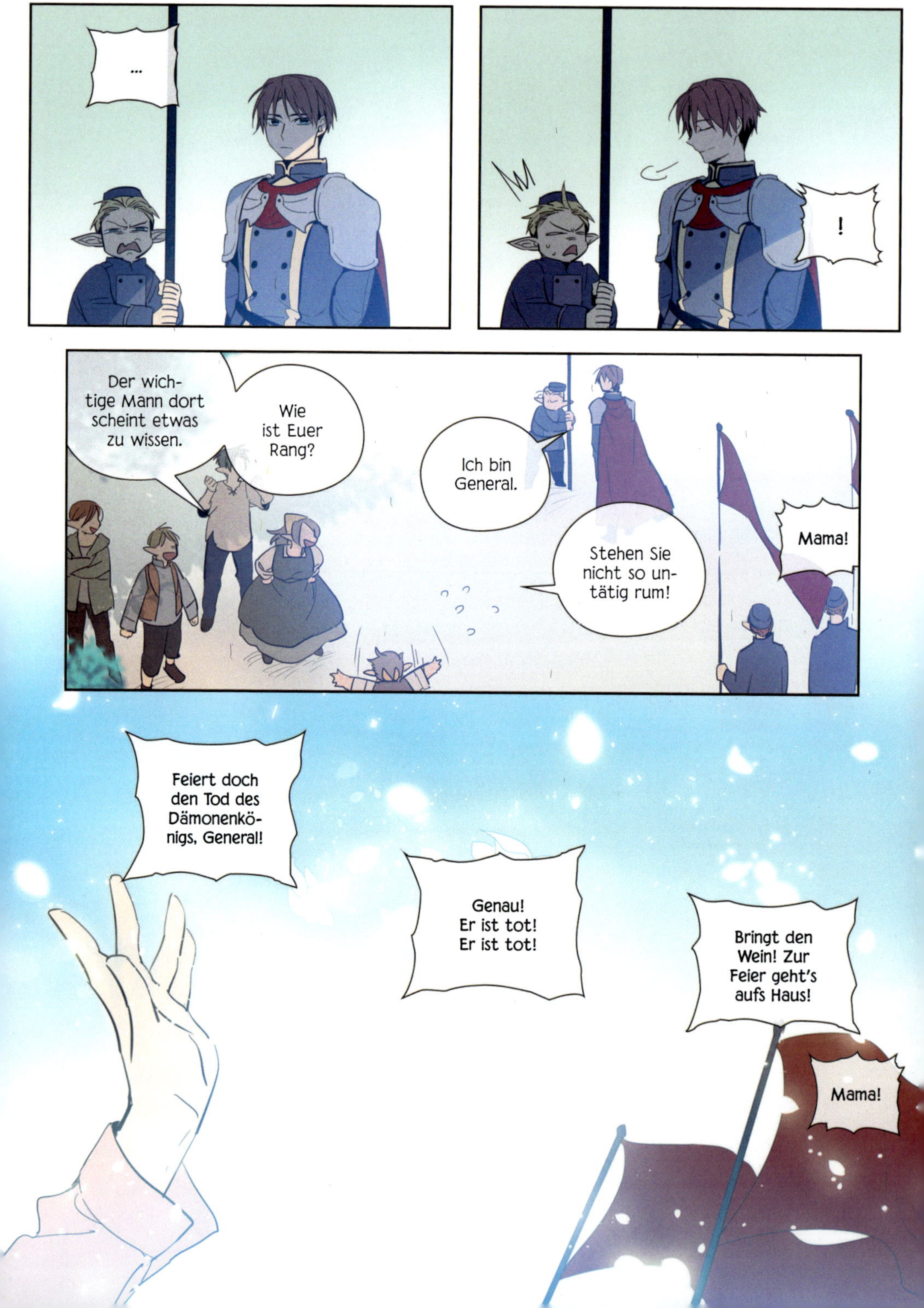

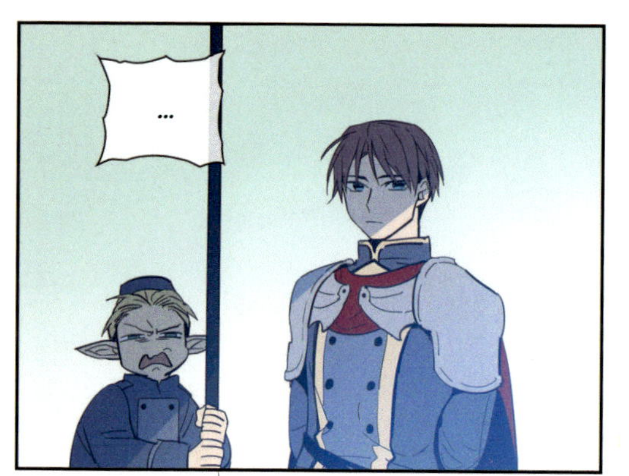

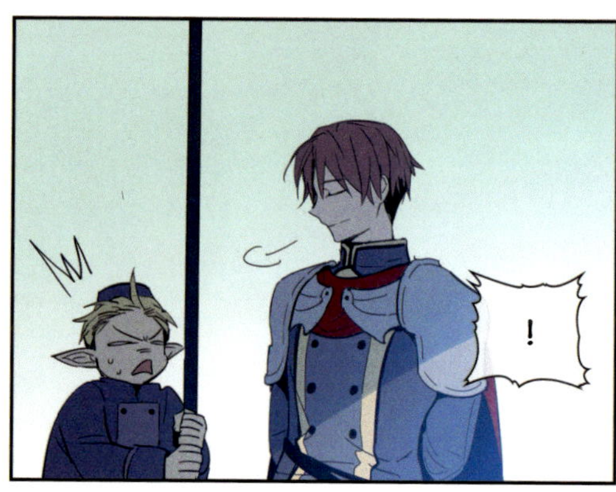

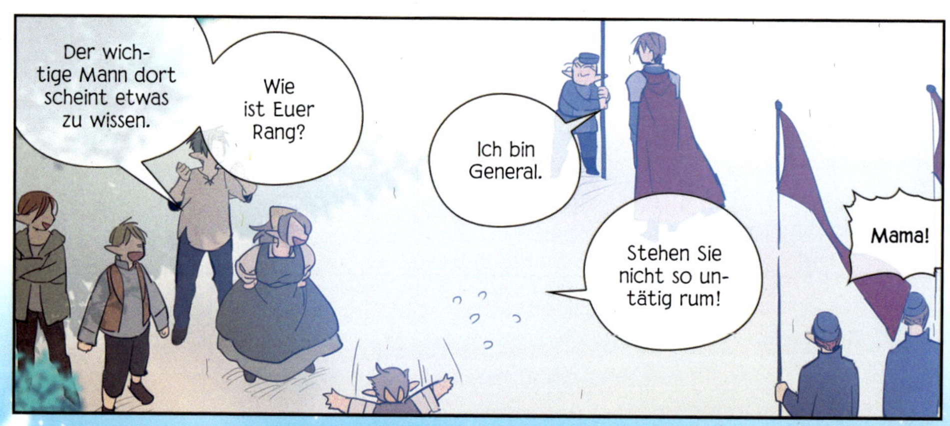

Feiert doch den Tod des Dämonenkönigs, General!

Genau! Er ist tot! Er ist tot!

Bringt den Wein! Zur Feier geht's aufs Haus!

Mama!

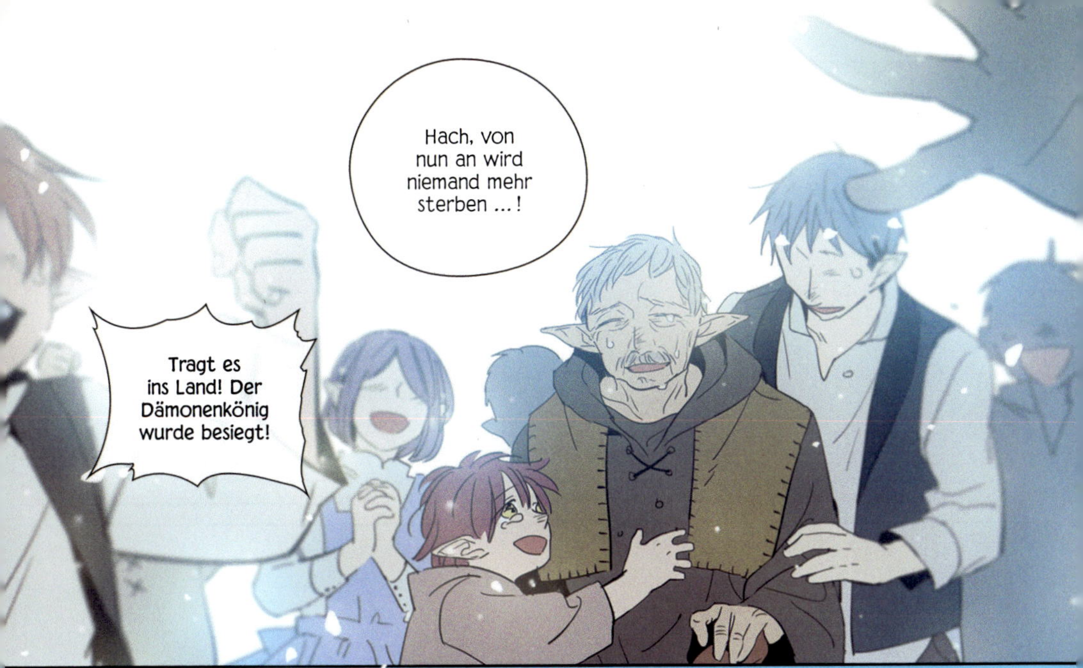

Hach, von nun an wird niemand mehr sterben ... !

Tragt es ins Land! Der Dämonenkönig wurde besiegt!

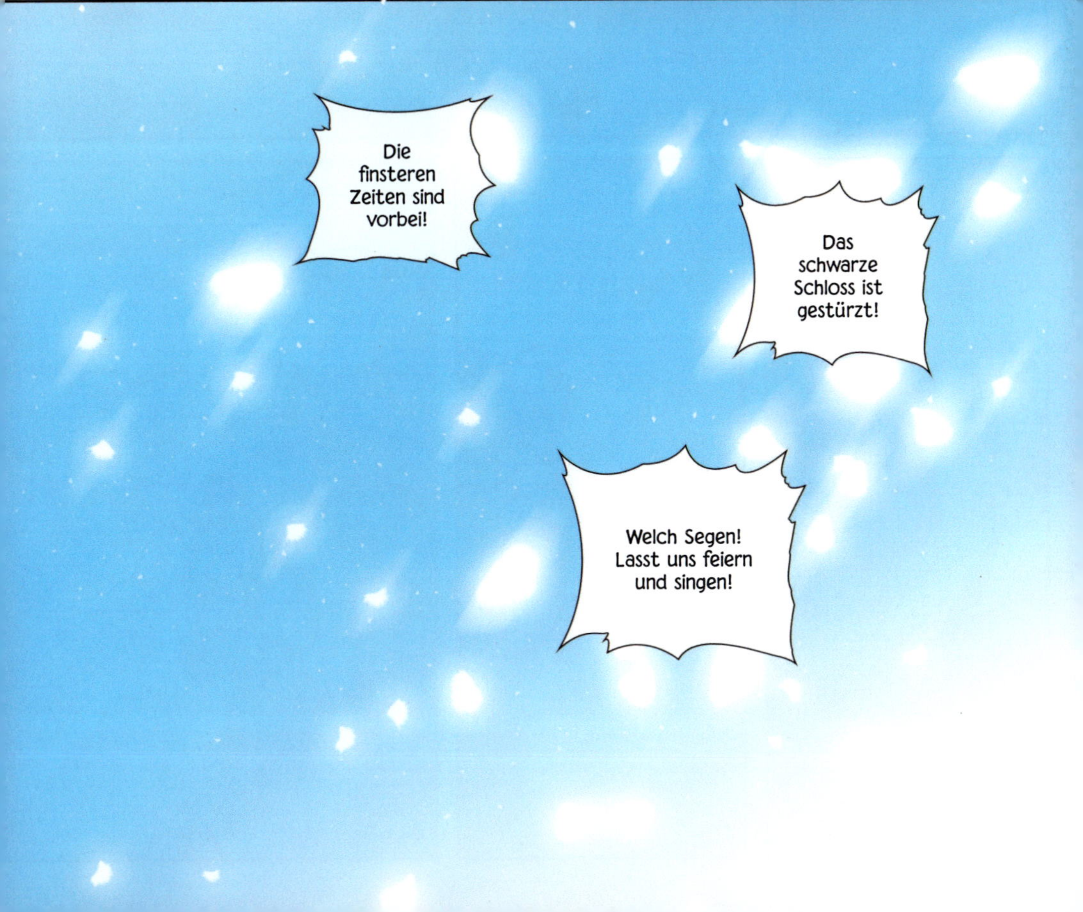

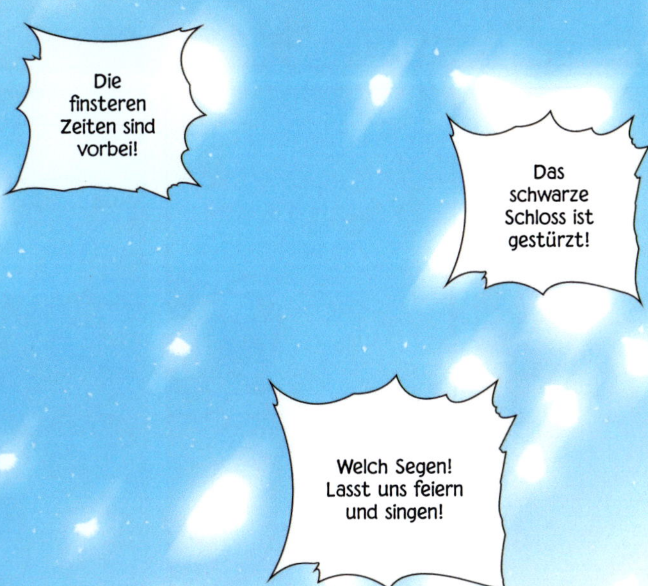

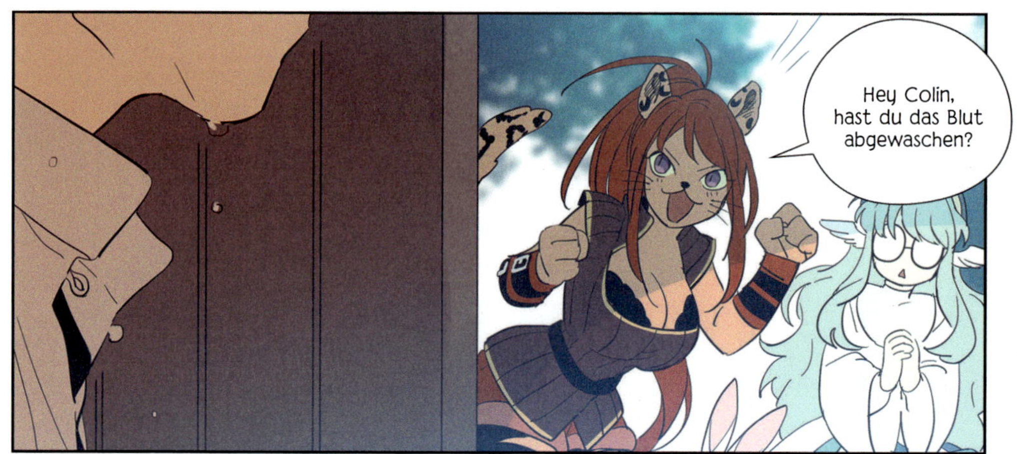
Hey Colin,
hast du das Blut
abgewaschen?

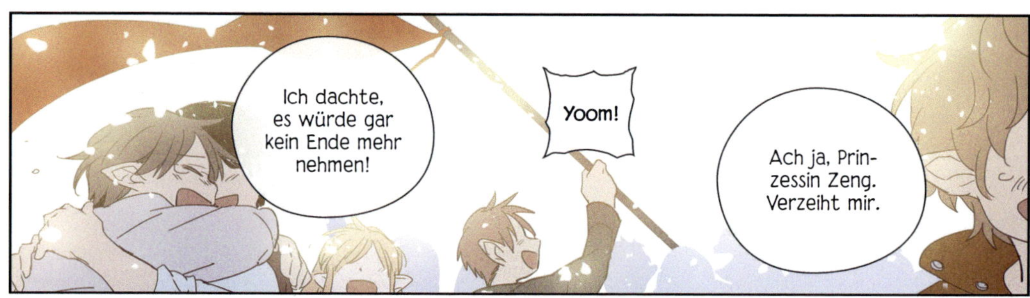
Ich dachte,
es würde gar
kein Ende mehr
nehmen!
Yoom!
Ach ja, Prin-
zessin Zeng.
Verzeiht mir.

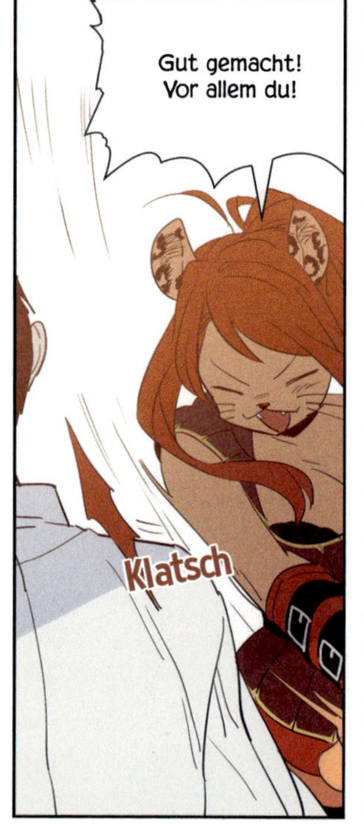
Gut gemacht!
Vor allem du!
Klatsch

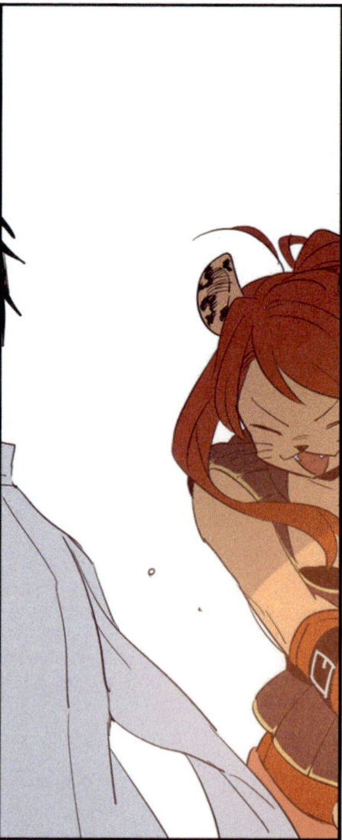

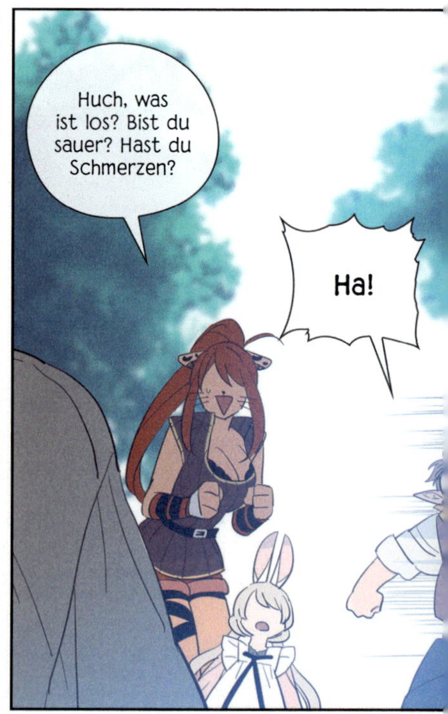
Huch, was
ist los? Bist du
sauer? Hast du
Schmerzen?
Ha!

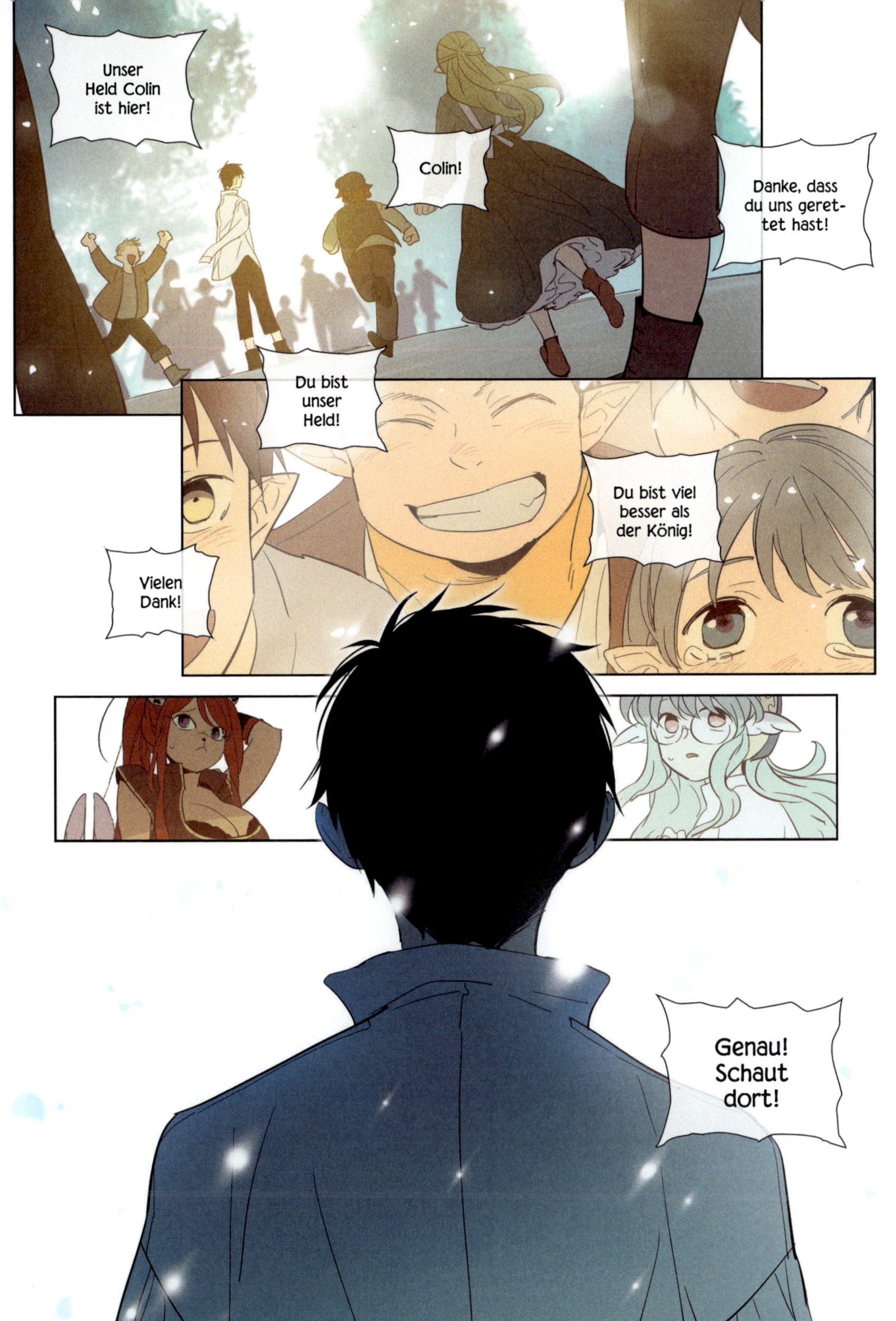

Unser Held Colin ist hier!
Colin!
Danke, dass du uns gerettet hast!
Du bist unser Held!
Du bist viel besser als der König!
Vielen Dank!
Genau! Schaut dort!

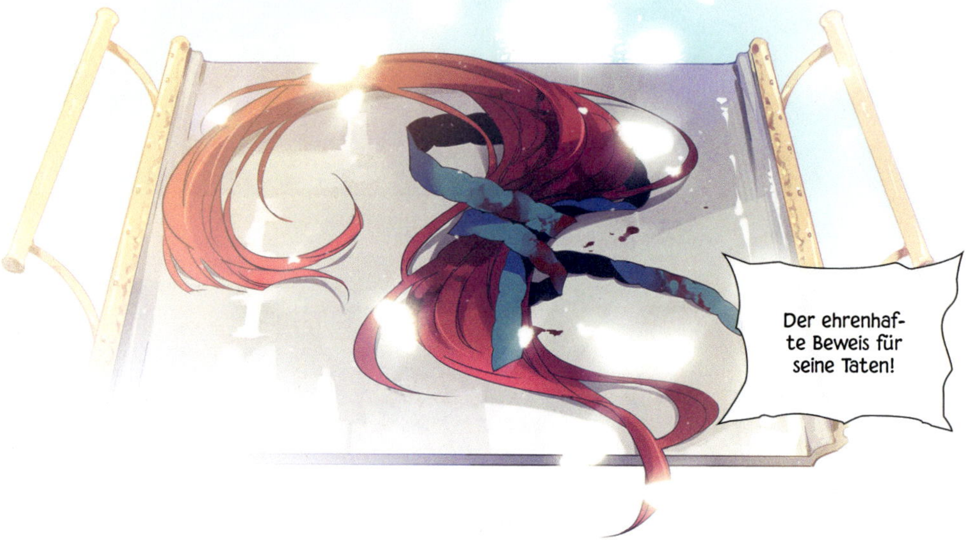

Der ehrenhaf-
te Beweis für
seine Taten!

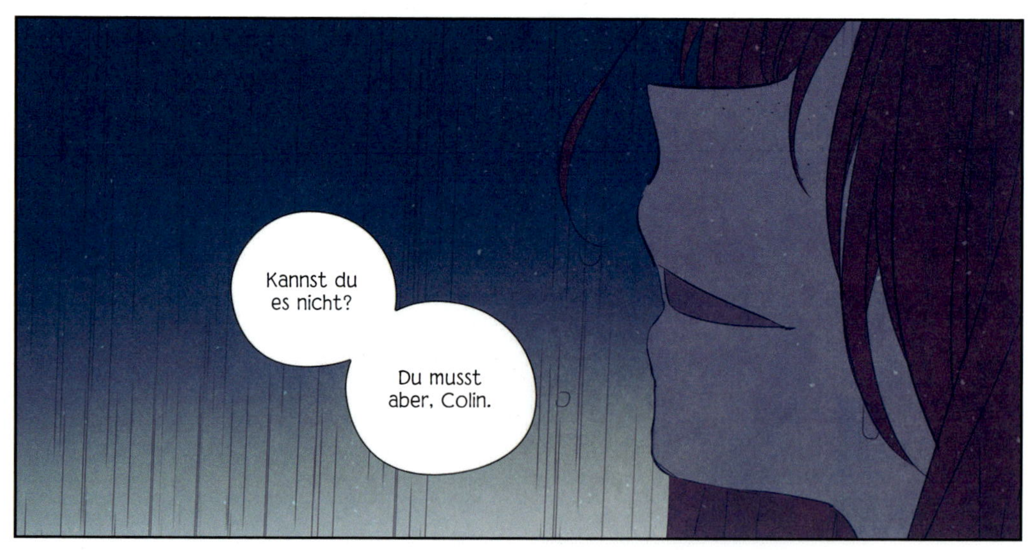

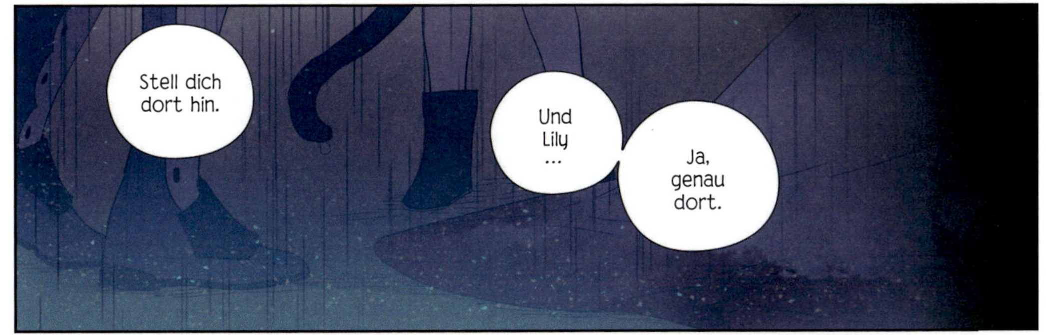
Stell dich dort hin.
Und Lily ...
Ja, genau dort.

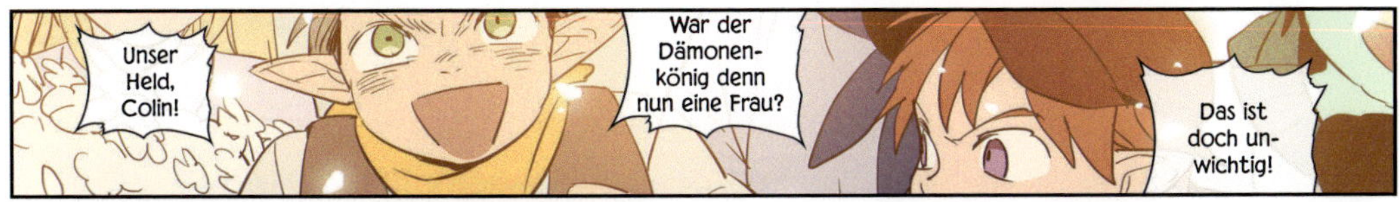
Unser Held, Colin!
War der Dämonenkönig denn nun eine Frau?
Das ist doch unwichtig!

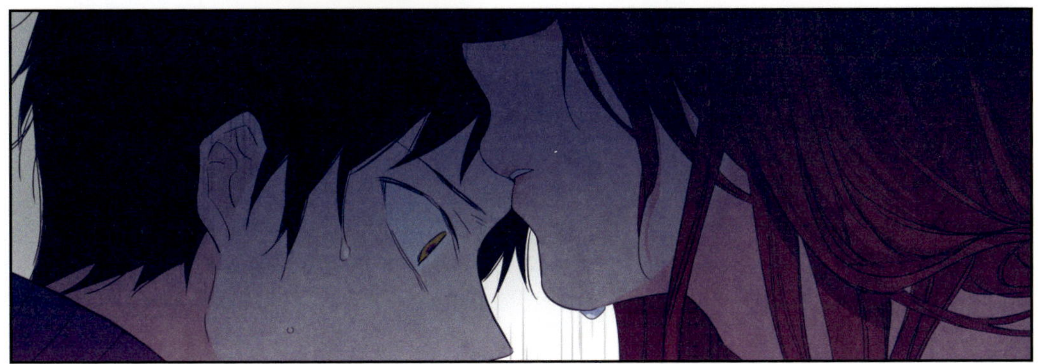

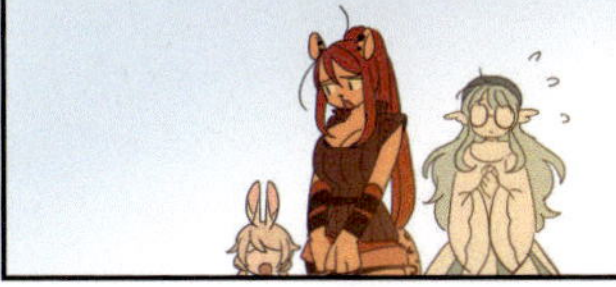
Was ist mit ihm?
Es war sicher nicht einfach.
Ja, bestimmt. Colin ...

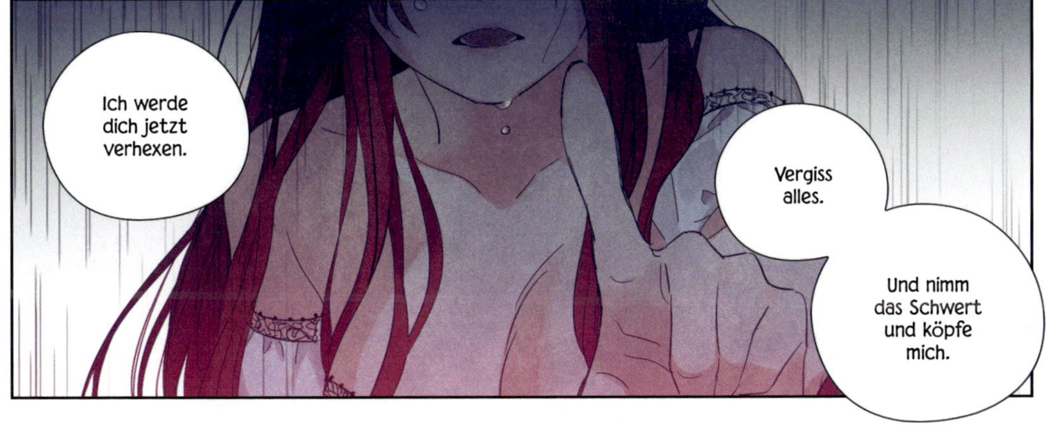
Ich werde dich jetzt verhexen.
Vergiss alles.
Und nimm das Schwert und köpfe mich.

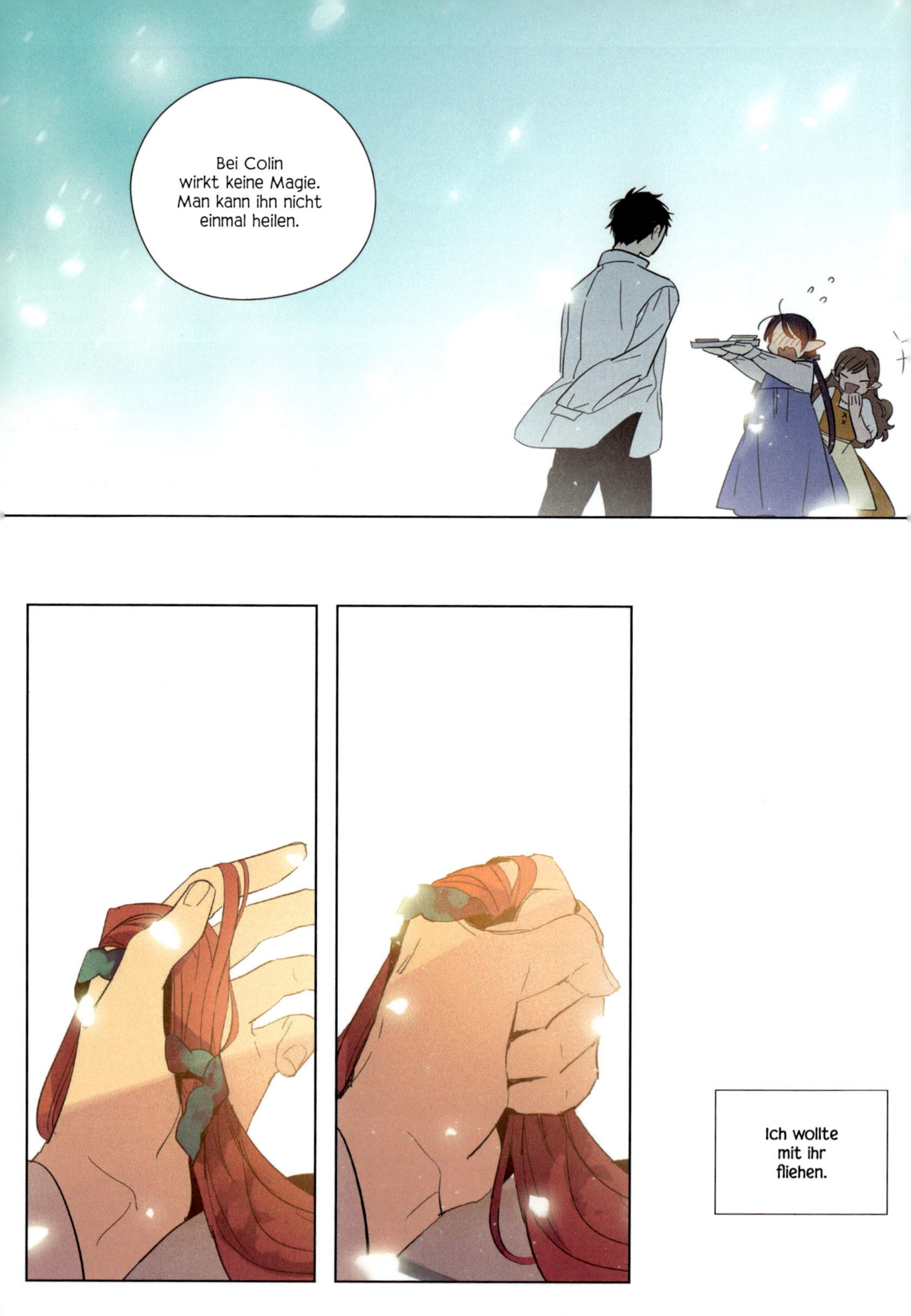

Bei Colin
wirkt keine Magie.
Man kann ihn nicht
einmal heilen.

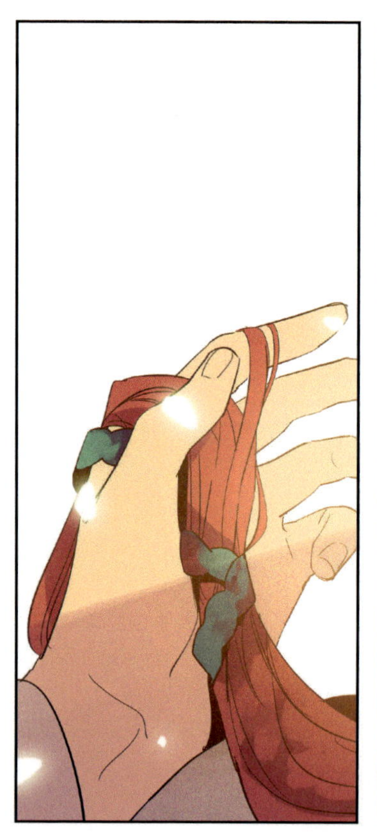

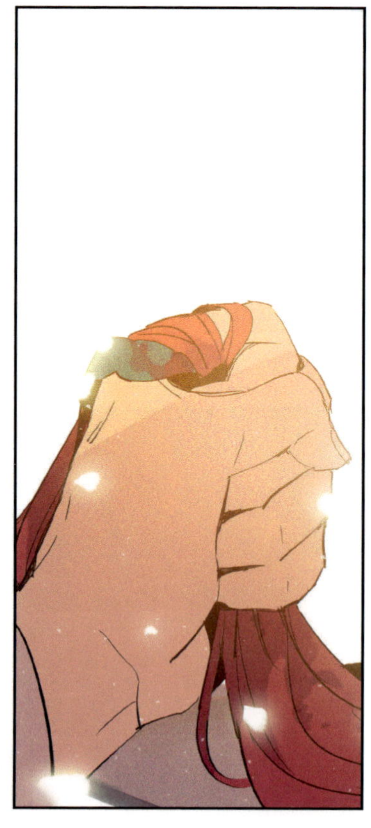

Ich wollte
mit ihr
fliehen.

Ich hätte für immer auf der Flucht sein können.

Ich hätte alles aufgeben können, was ich hatte.

Aber ...

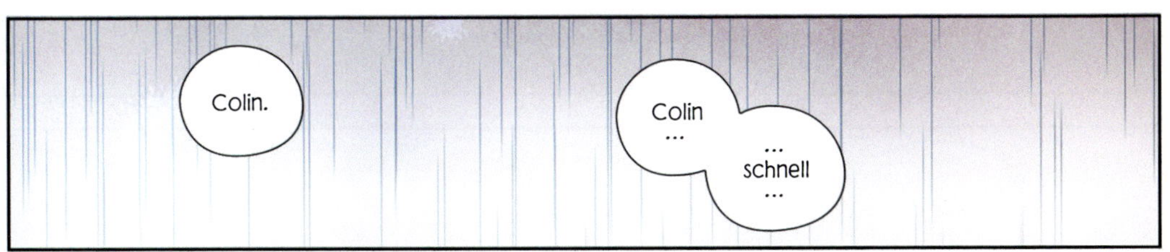

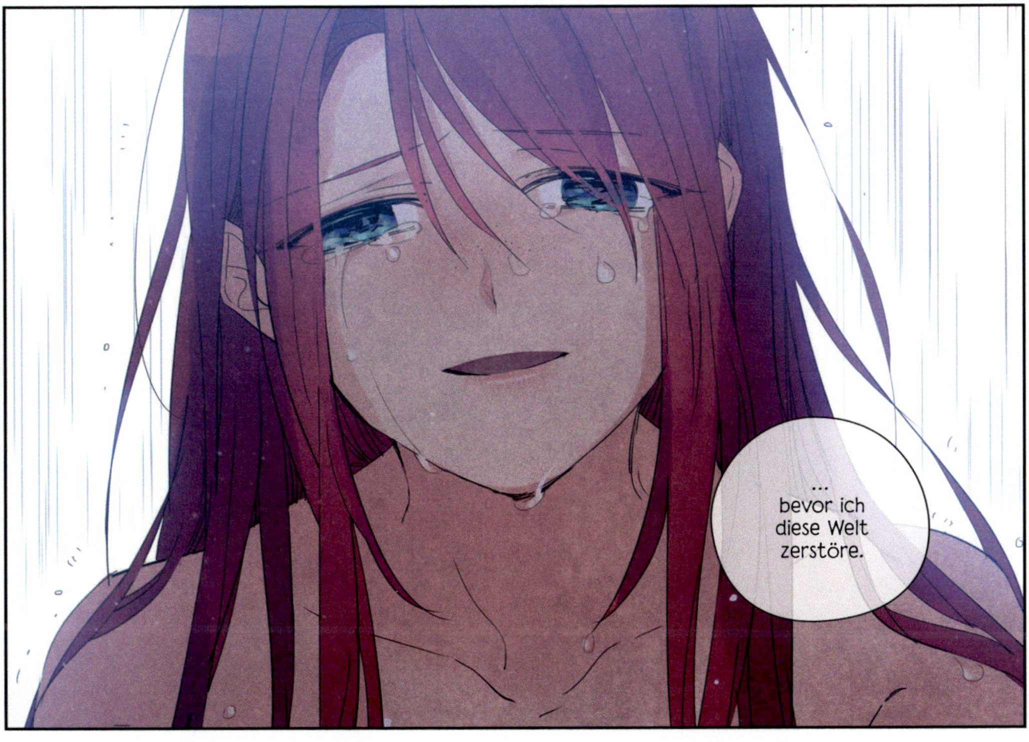

... bevor ich diese Welt zerstöre.

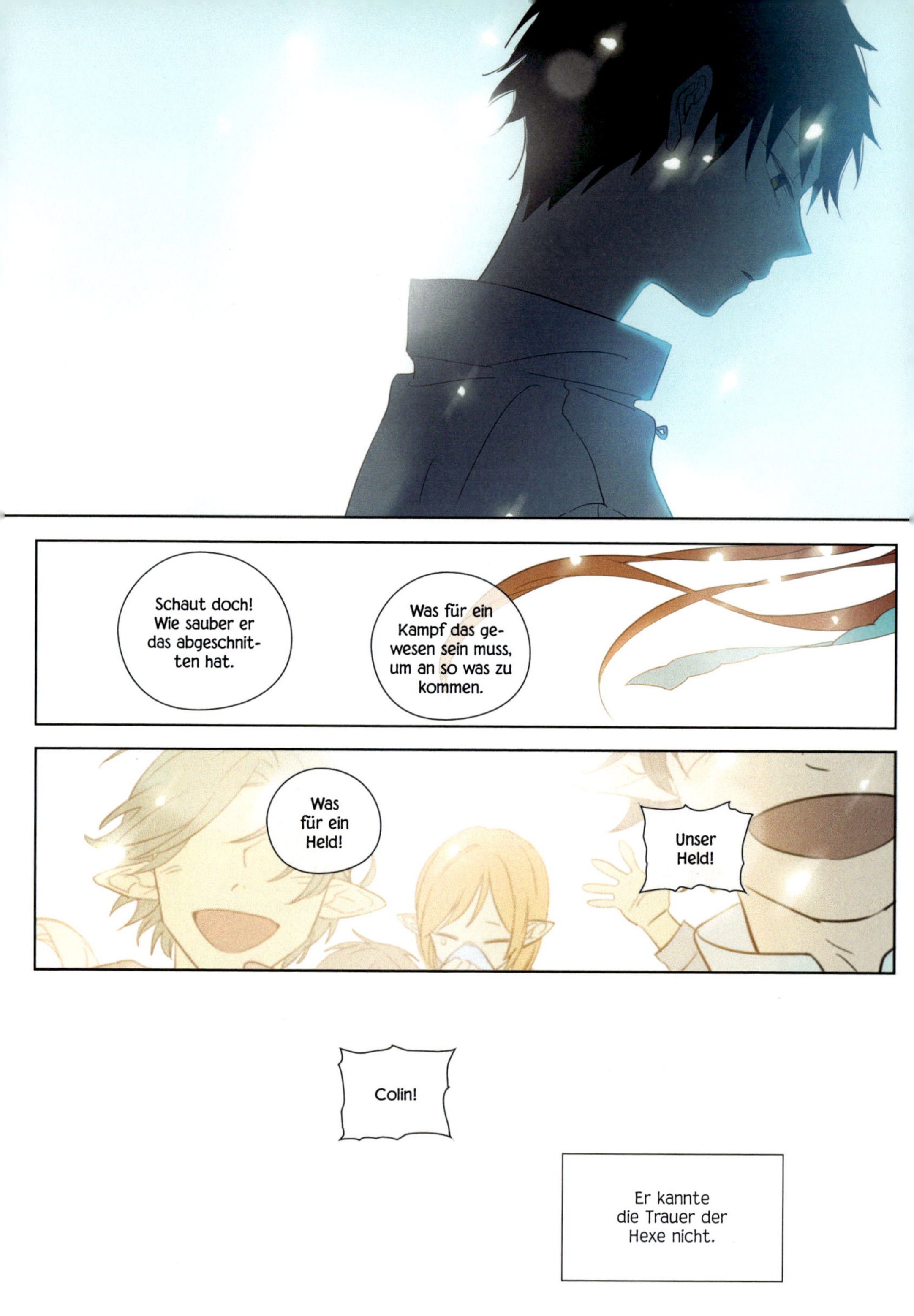

Schaut doch! Wie sauber er das abgeschnitten hat.

Was für ein Kampf das gewesen sein muss, um an so was zu kommen.

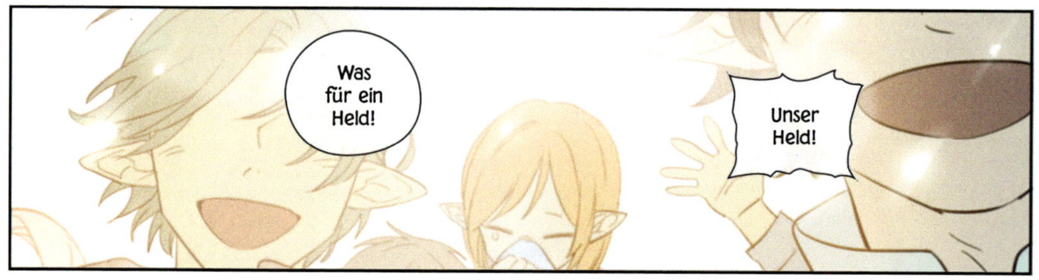

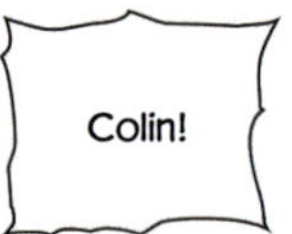

Er kannte die Trauer der Hexe nicht.

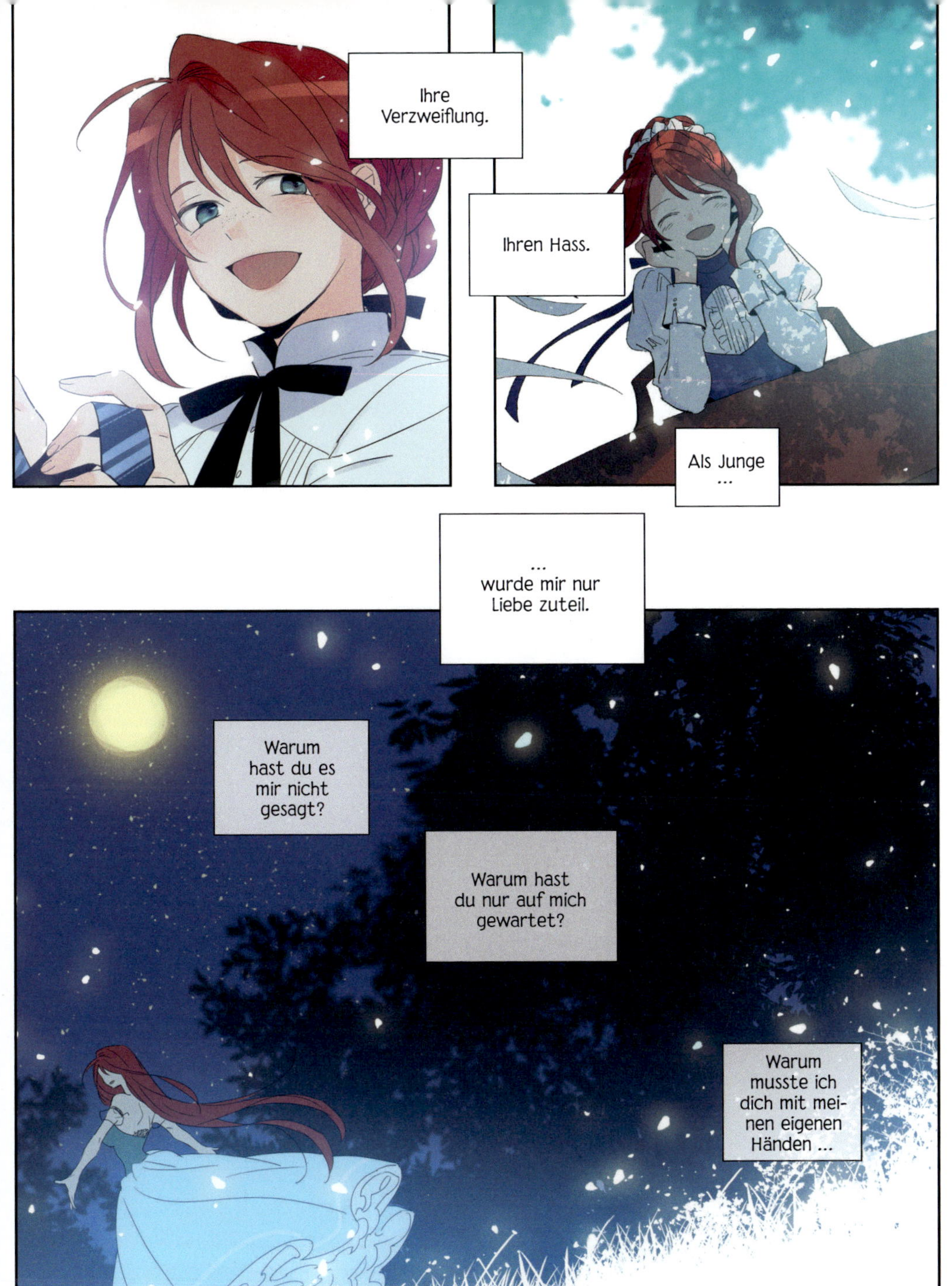
Ihre Verzweiflung.
Ihren Hass.
Als Junge …
… wurde mir nur Liebe zuteil.
Warum hast du es mir nicht gesagt?
Warum hast du nur auf mich gewartet?
Warum musste ich dich mit meinen eigenen Händen …

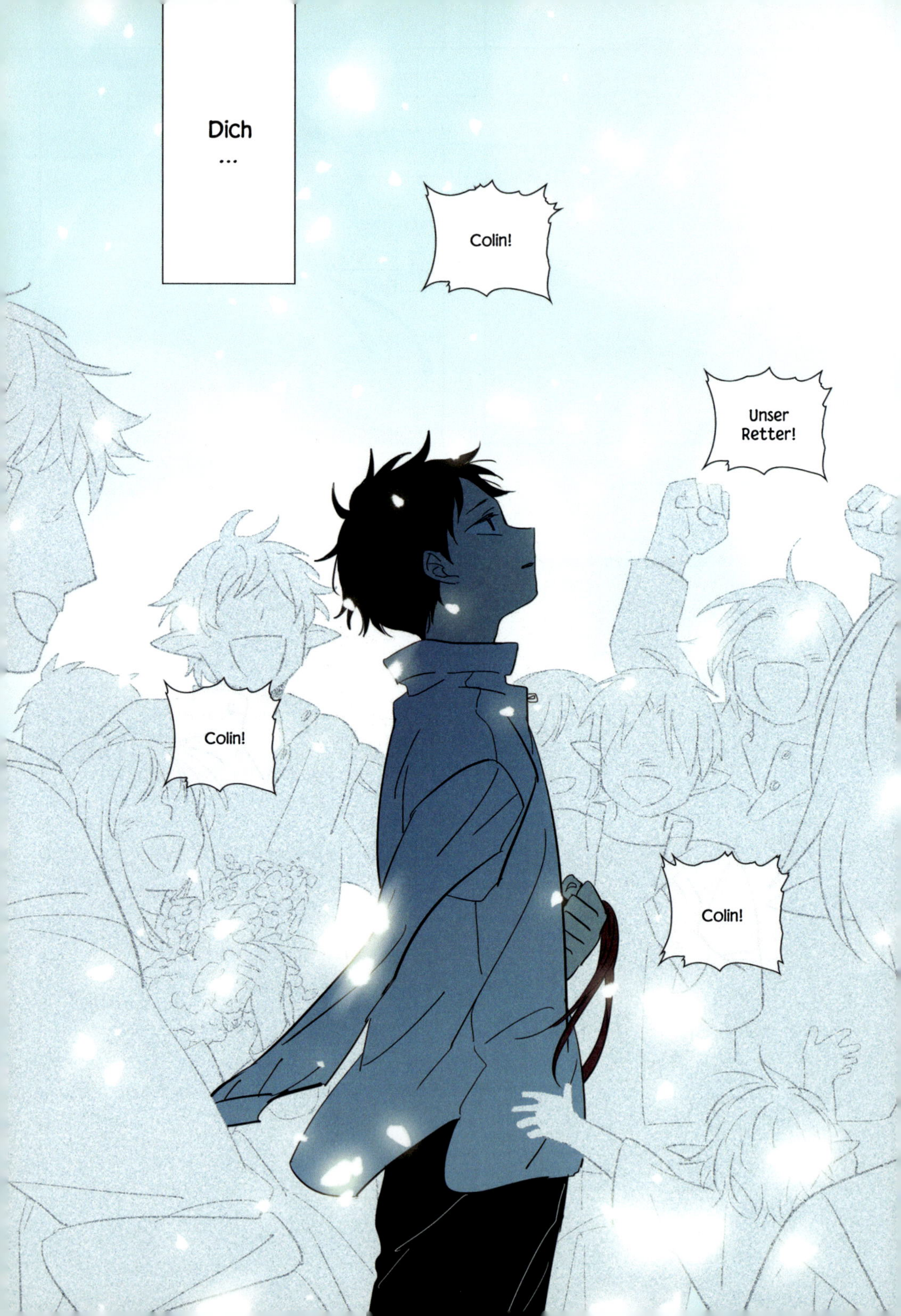
Dich
...
Colin!
Unser Retter!
Colin!
Colin!

Colin wurde ein Held,
genau so wie es sich die Hexe
einst gewünscht hatte.

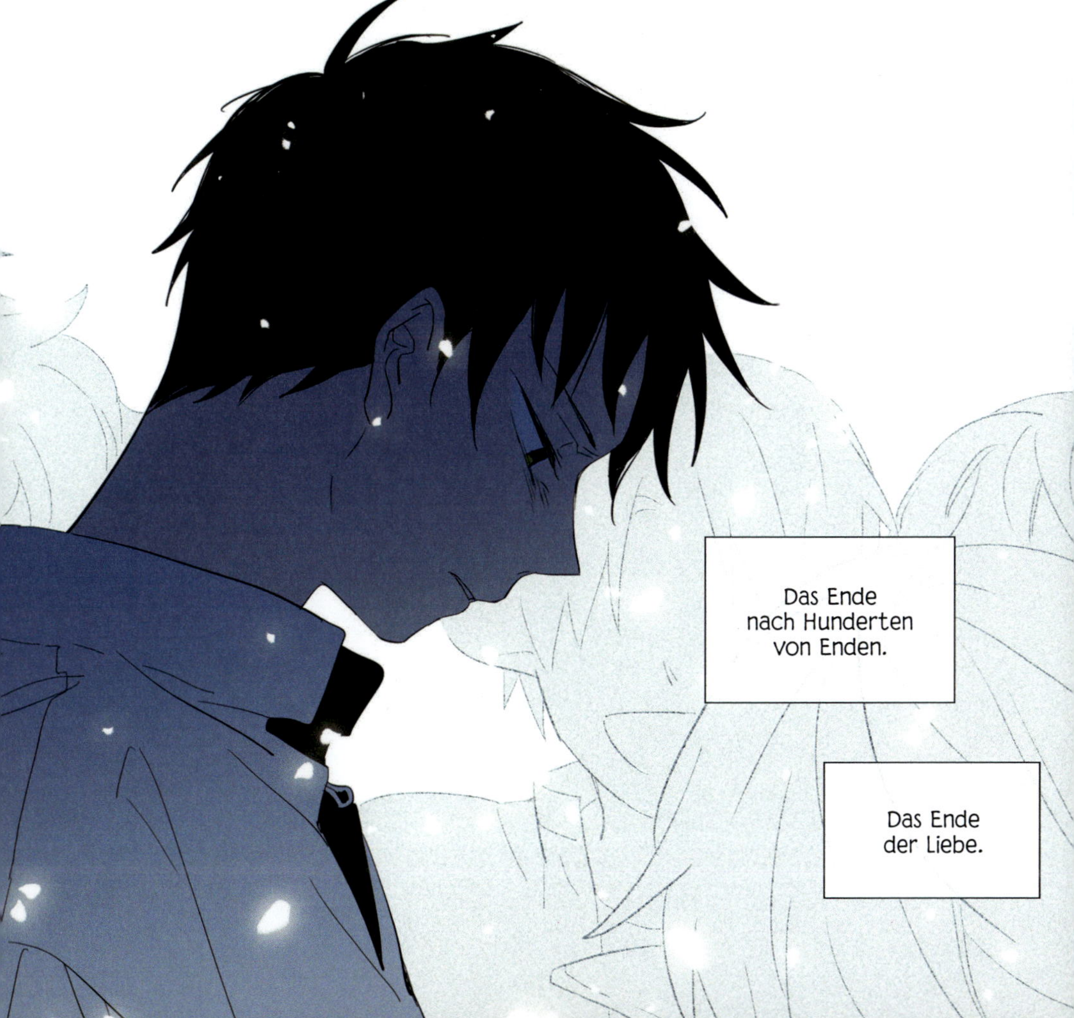

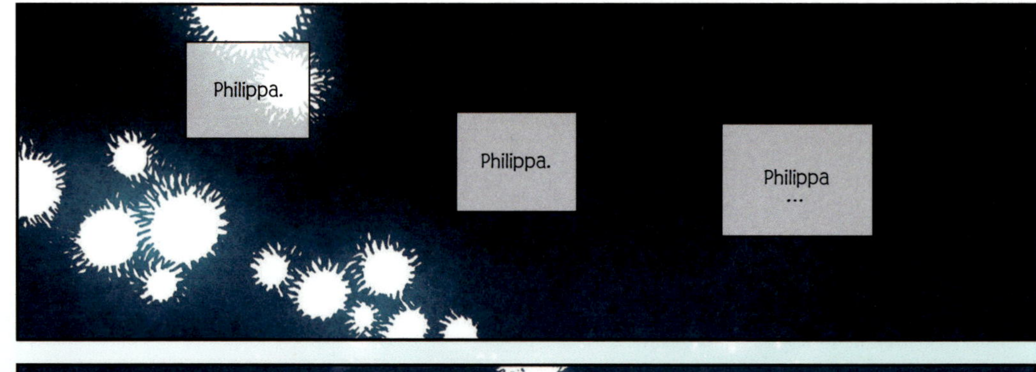

Jetzt könnte ich in der Ewigkeit herumirren.

Auch wenn du
nicht kommen solltest,
werde ich dich lieben.

Im nächsten
Leben. In der
nächsten Welt.

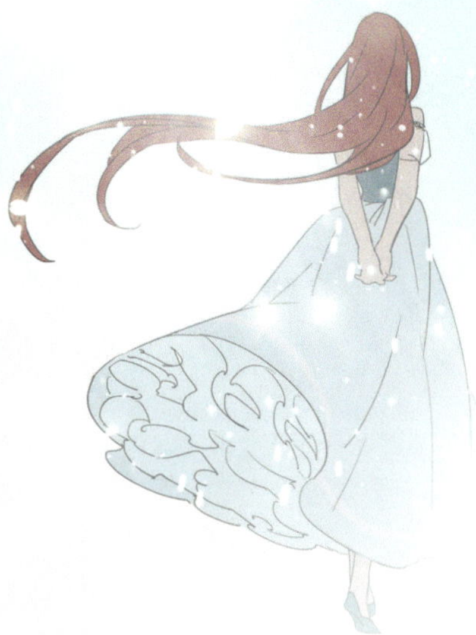

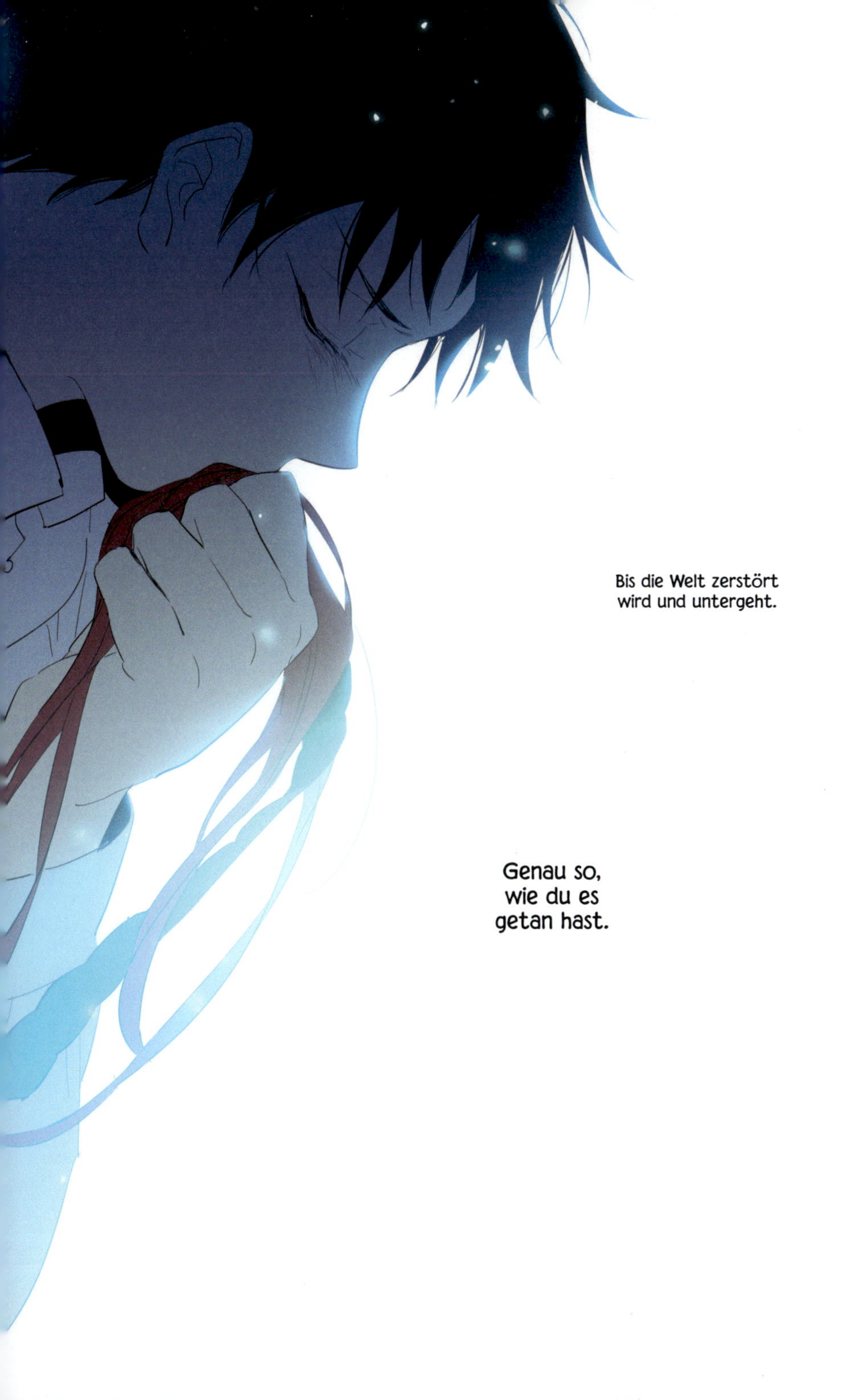
Bis die Welt zerstört
wird und untergeht.
Genau so,
wie du es
getan hast.

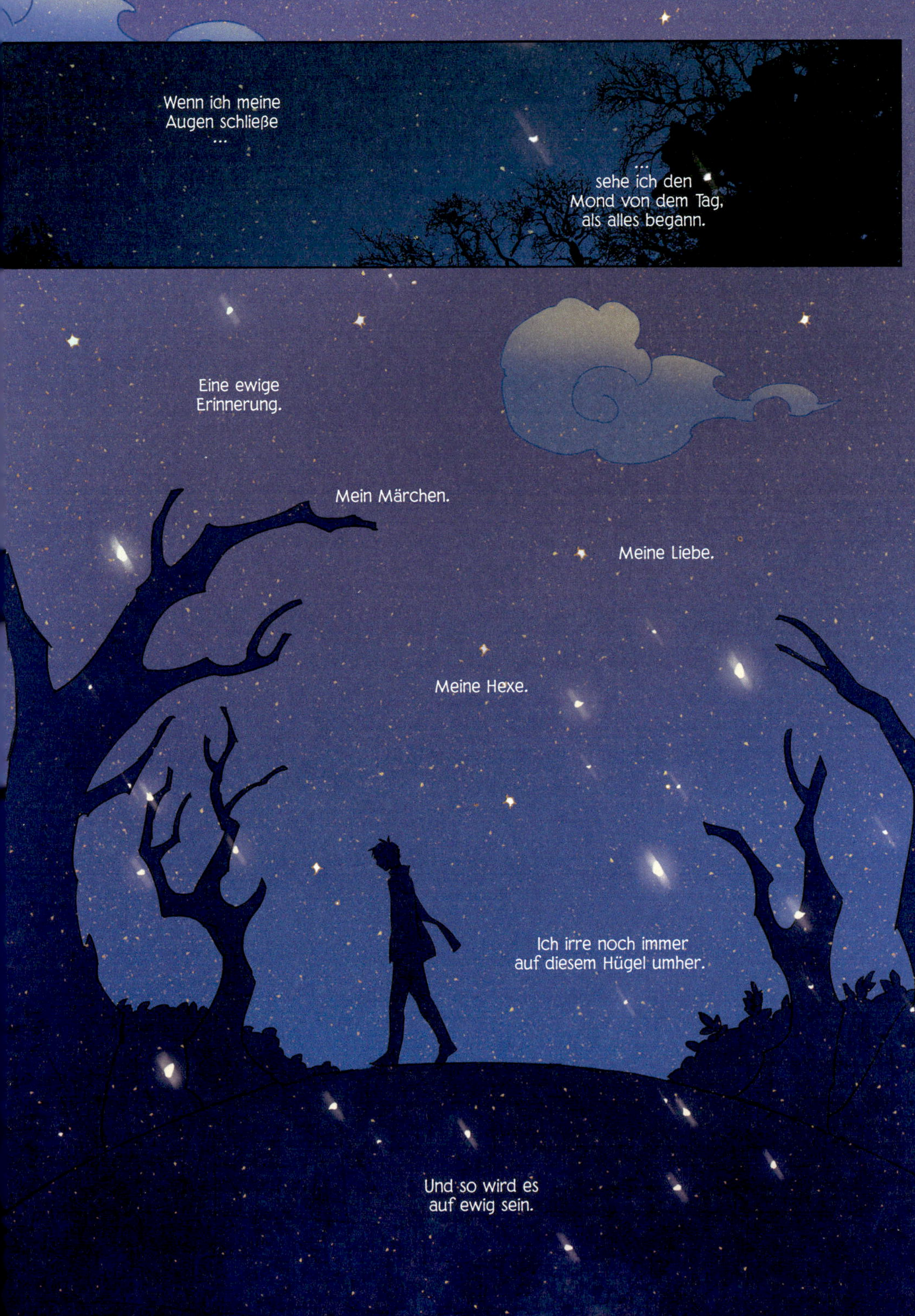
Wenn ich meine
Augen schließe
...
...
sehe ich den
Mond von dem Tag,
als alles begann.
Eine ewige
Erinnerung.
Mein Märchen.
Meine Liebe.
Meine Hexe.
Ich irre noch immer
auf diesem Hügel umher.
Und so wird es
auf ewig sein.

My Witch

Der Hausgeist war
Hand und Fuß einer Hexe
und stellte gleichzeitig
ihre Macht dar.

Deshalb zogen
Hexen gerne viele
Tiere in ihren Bann.

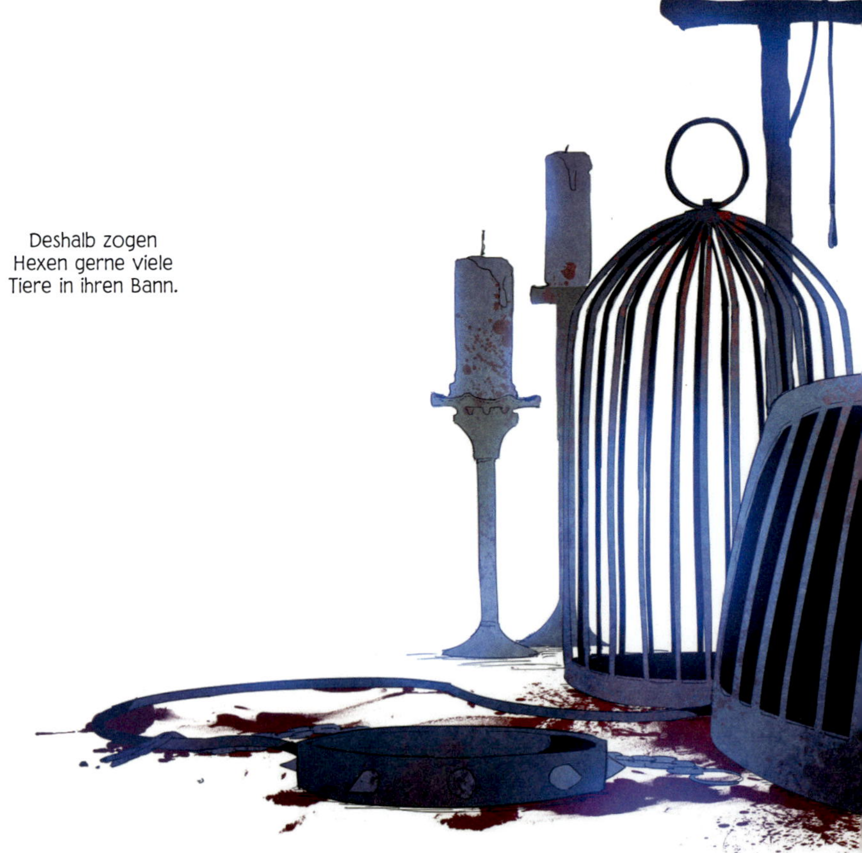

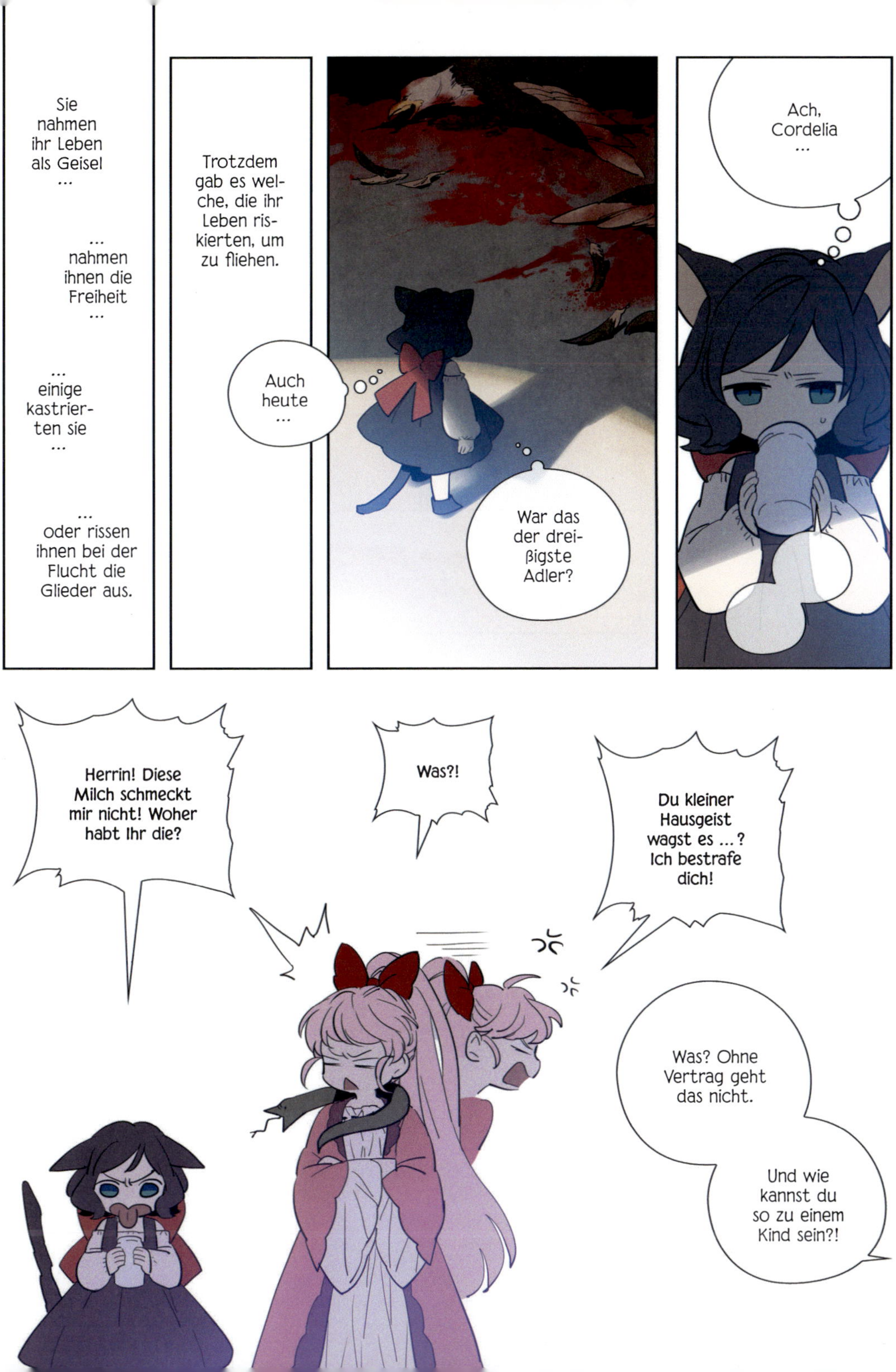

Sie nahmen ihr Leben als Geisel …

… nahmen ihnen die Freiheit …

… einige kastrierten sie …

… oder rissen ihnen bei der Flucht die Glieder aus.

Trotzdem gab es welche, die ihr Leben riskierten, um zu fliehen.

Auch heute …

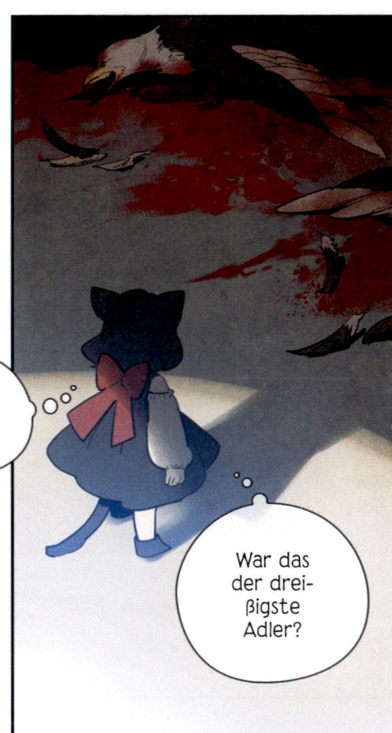

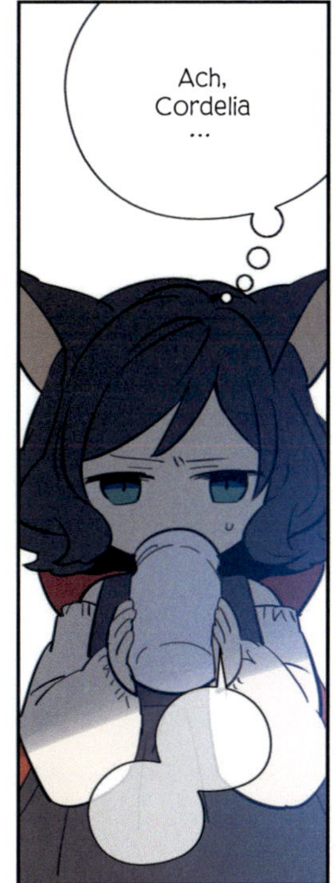

Herrin! Diese Milch schmeckt mir nicht! Woher habt Ihr die?

Was?!

Du kleiner Hausgeist wagst es …? Ich bestrafe dich!

Was? Ohne Vertrag geht das nicht.

Und wie kannst du so zu einem Kind sein?!

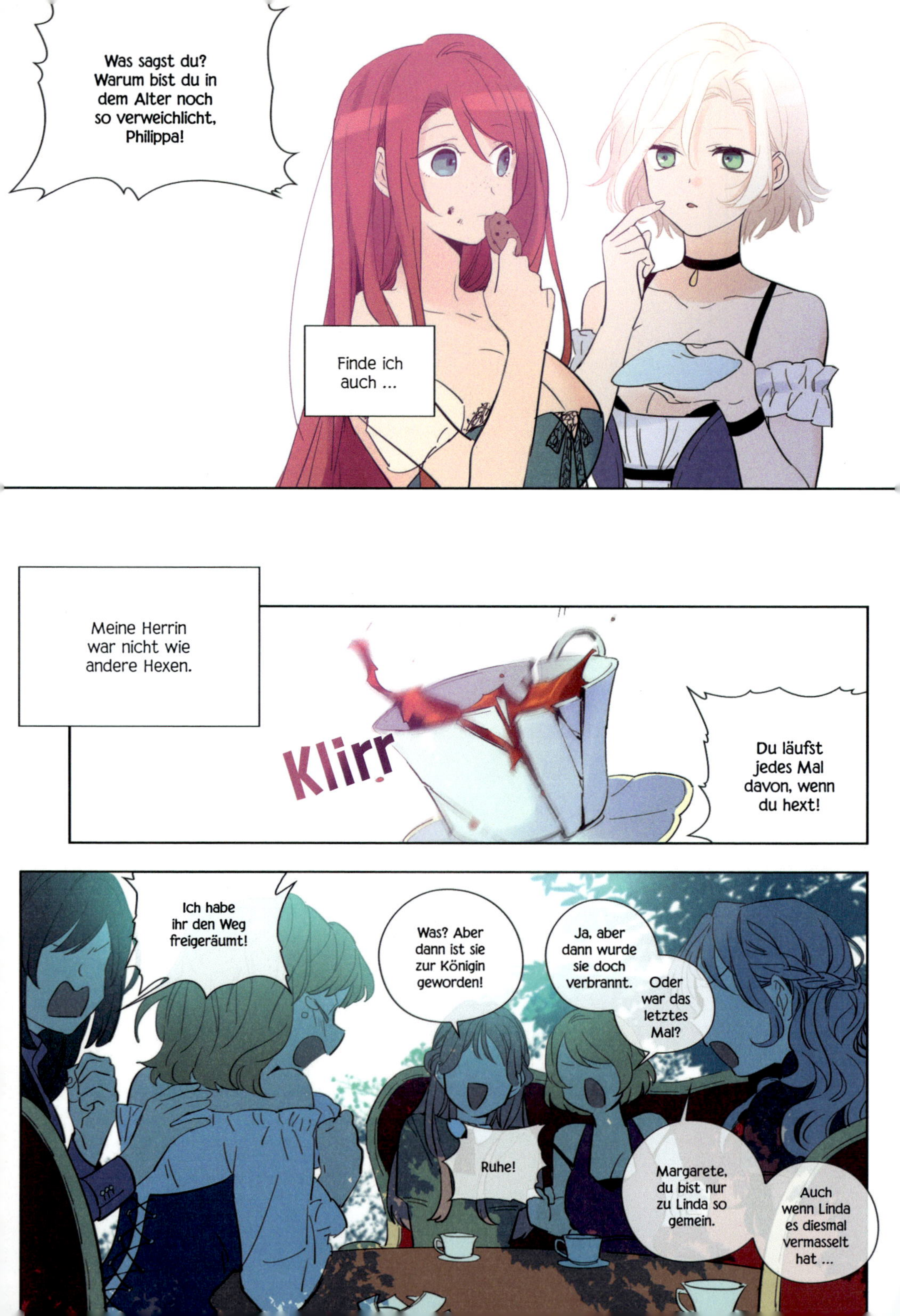

Was sagst du? Warum bist du in dem Alter noch so verweichlicht, Philippa!

Finde ich auch ...

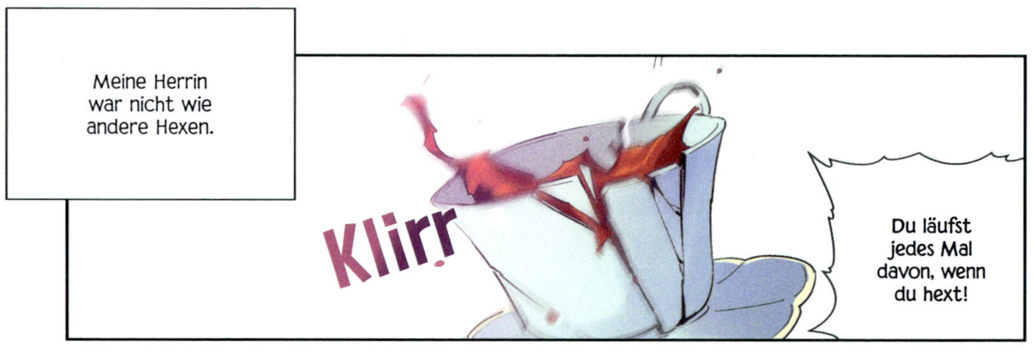

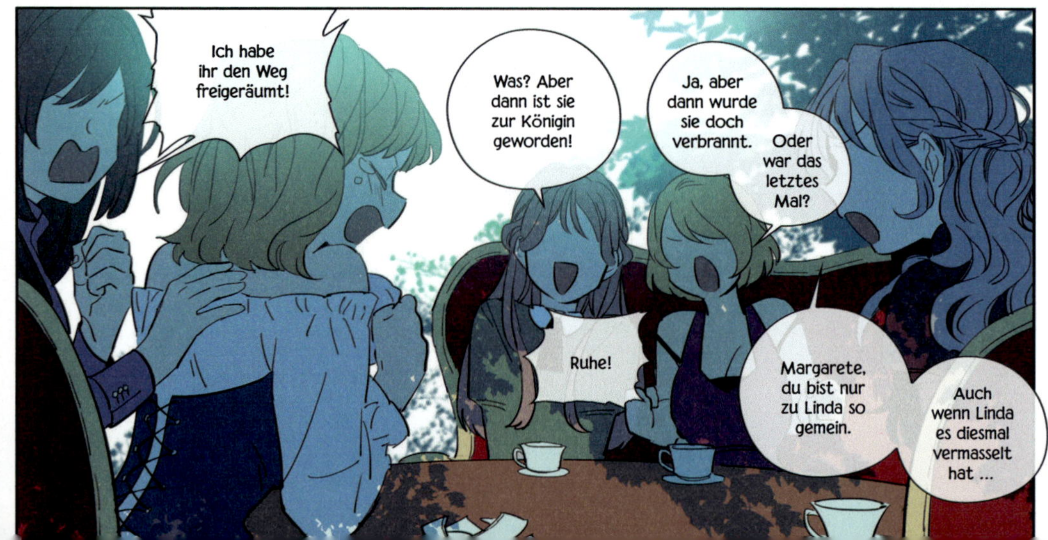

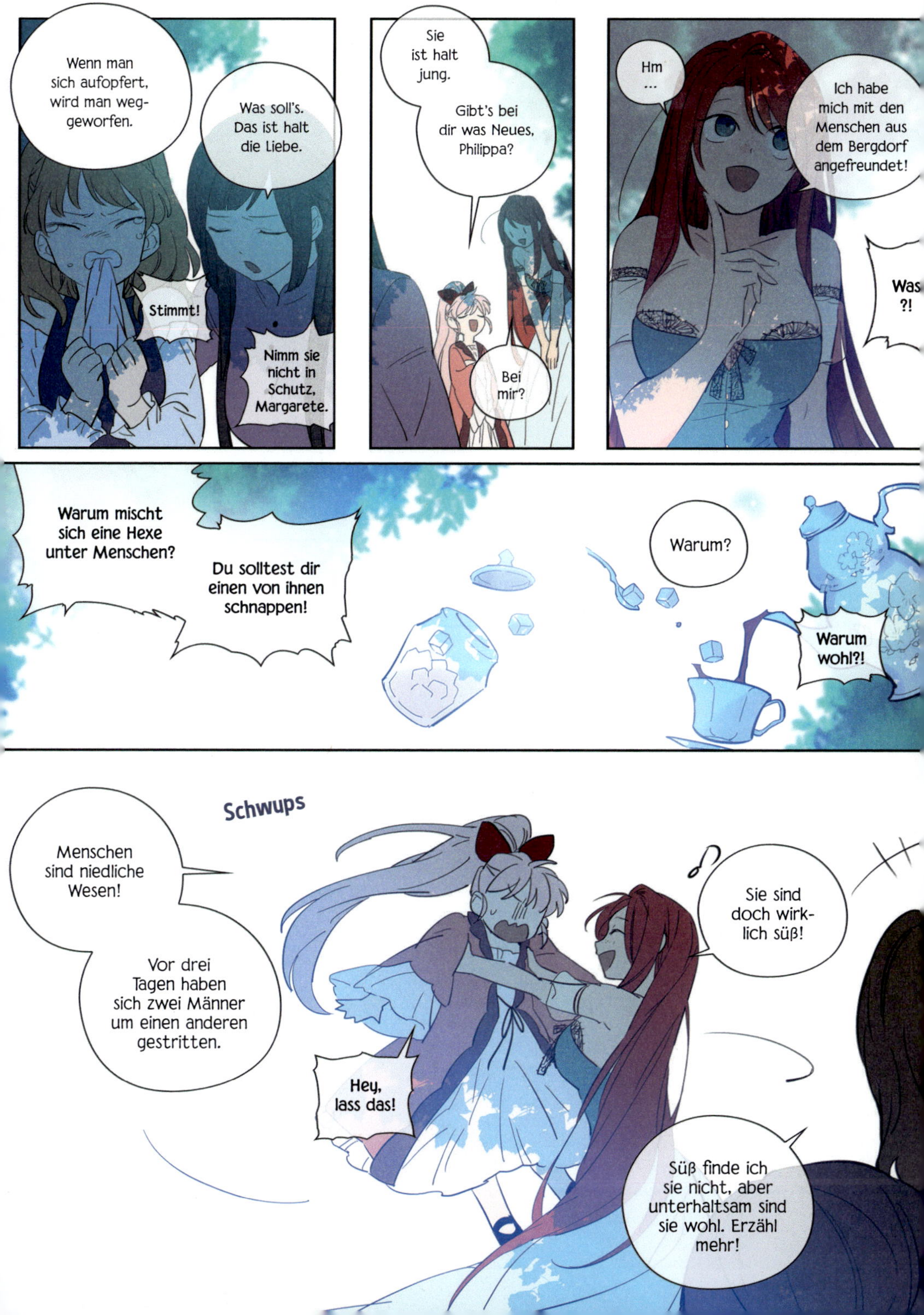

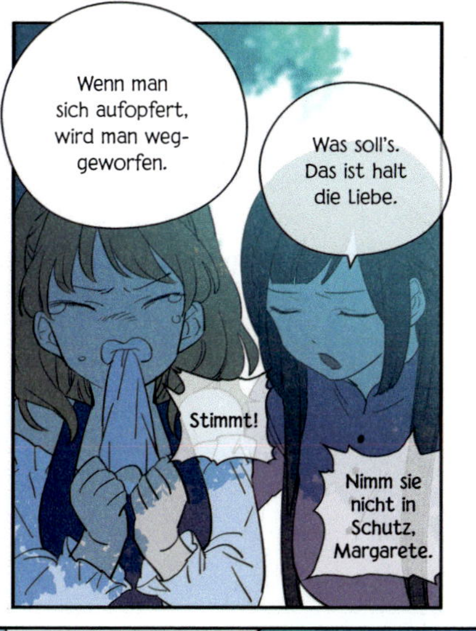
Wenn man sich aufopfert, wird man weg-geworfen.
Was soll's. Das ist halt die Liebe.
Stimmt!
Nimm sie nicht in Schutz, Margarete.

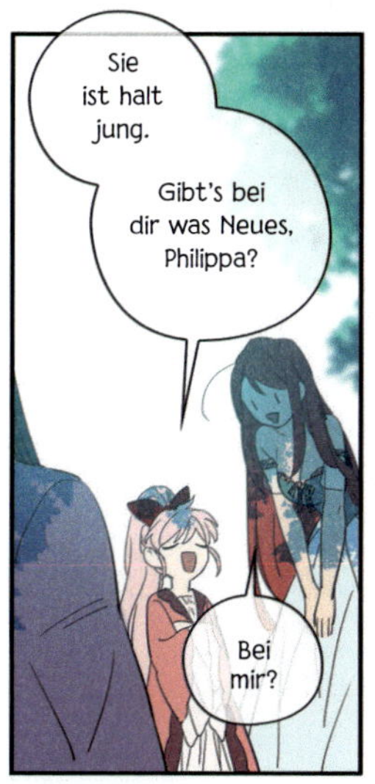
Sie ist halt jung.
Gibt's bei dir was Neues, Philippa?
Bei mir?

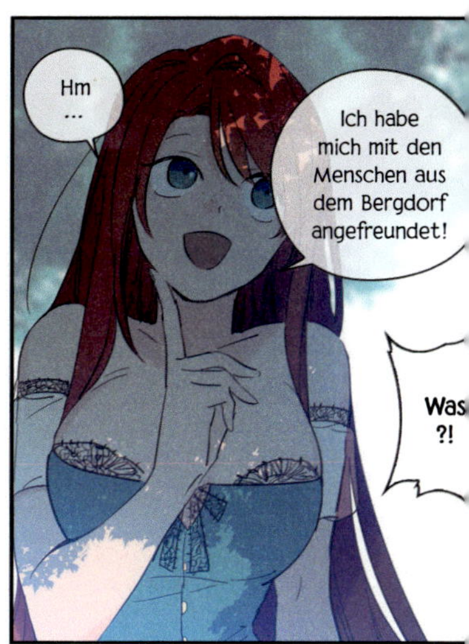
Hm …
Ich habe mich mit den Menschen aus dem Bergdorf angefreundet!
Was ?!

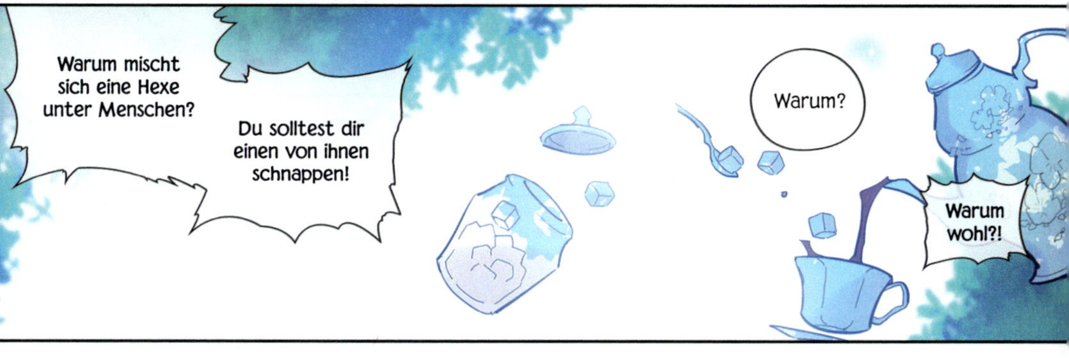
Warum mischt sich eine Hexe unter Menschen?
Du solltest dir einen von ihnen schnappen!
Warum?
Warum wohl?!

Schwups
Menschen sind niedliche Wesen!
Vor drei Tagen haben sich zwei Männer um einen anderen gestritten.
Sie sind doch wirk-lich süß!
Hey, lass das!
Süß finde ich sie nicht, aber unterhaltsam sind sie wohl. Erzähl mehr!

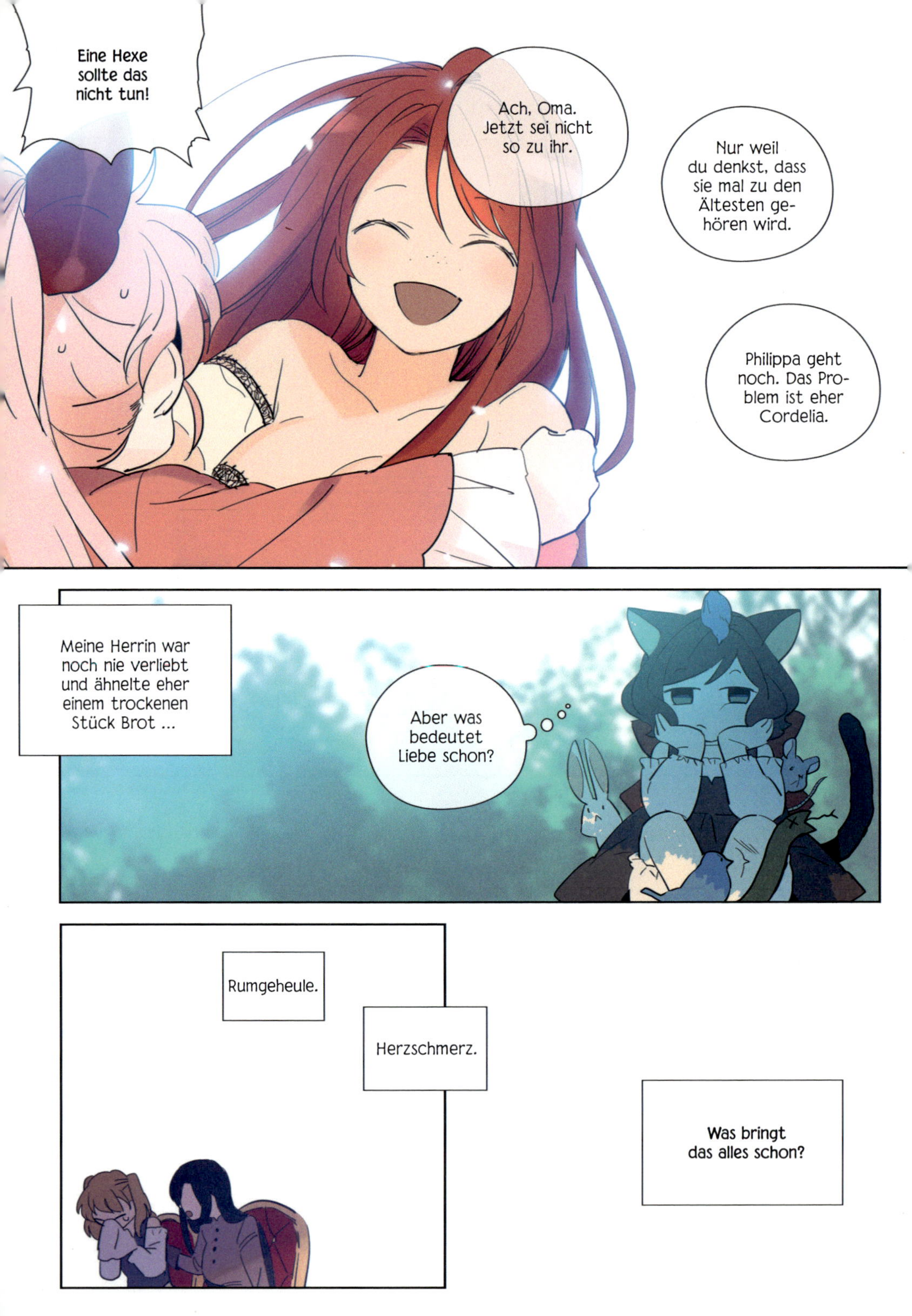

Eine Hexe sollte das nicht tun!

Ach, Oma. Jetzt sei nicht so zu ihr.

Nur weil du denkst, dass sie mal zu den Ältesten gehören wird.

Philippa geht noch. Das Problem ist eher Cordelia.

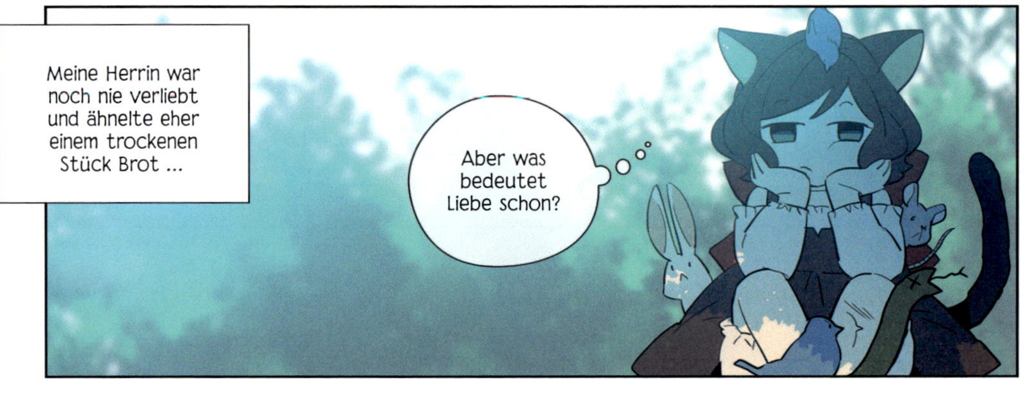

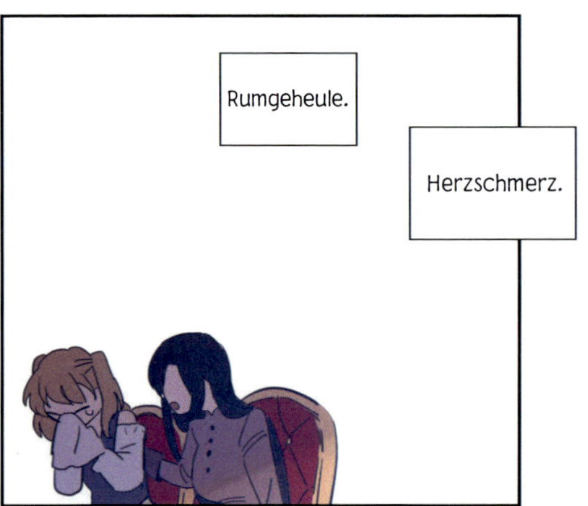

Was bringt das alles schon?

Aber es kommt immer anders, als man denkt ...

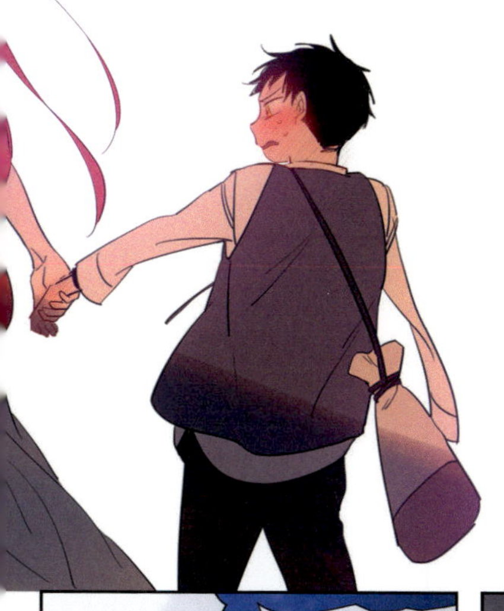

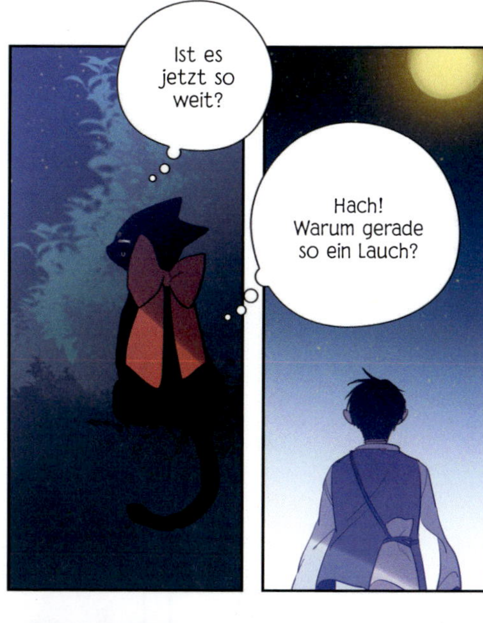

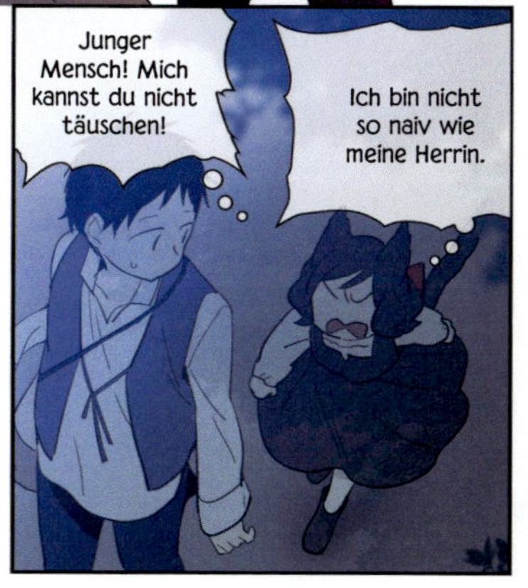

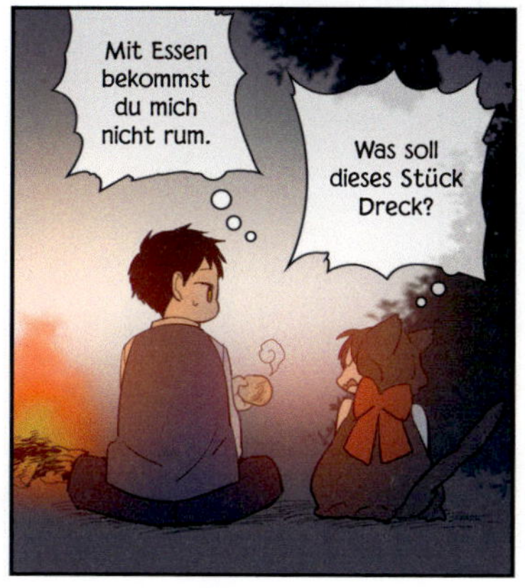

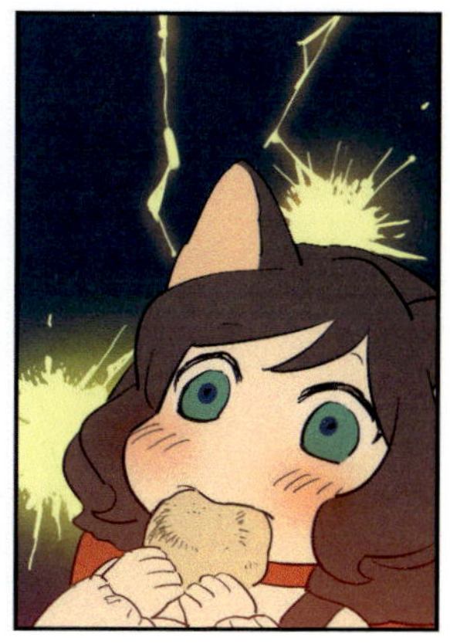

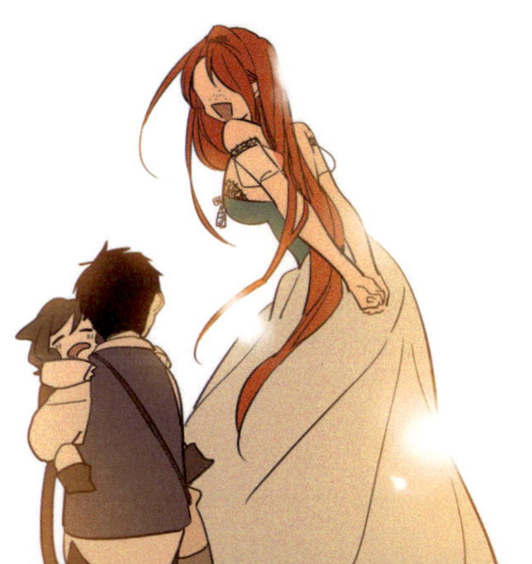

Na ja ... Liebe kann man sich nicht aussuchen ...

Ich wusste von
Anfang an, dass sie
nicht nur Mama
spielen wollte.

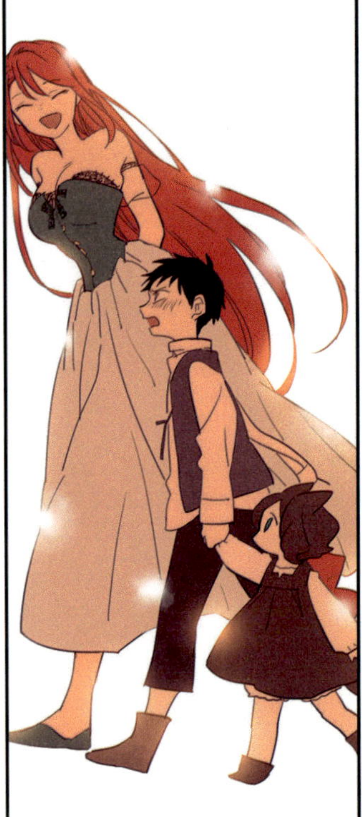

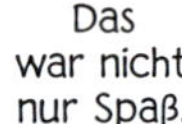

Die Hexe
konnte überall
sein und jeden
haben.

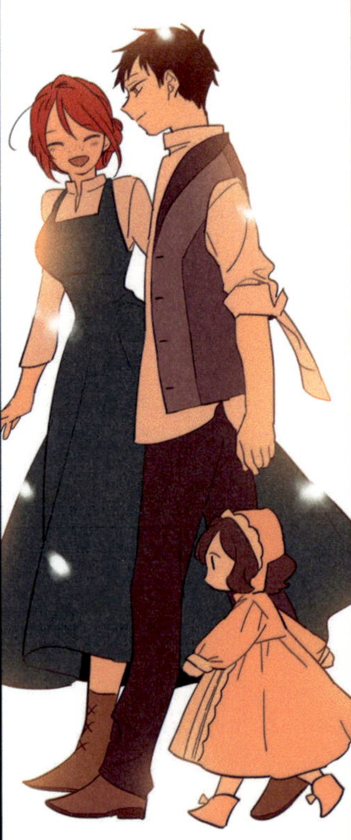

Aber sie ging
nirgendwo hin und
wollte auch niemand
anderes haben.

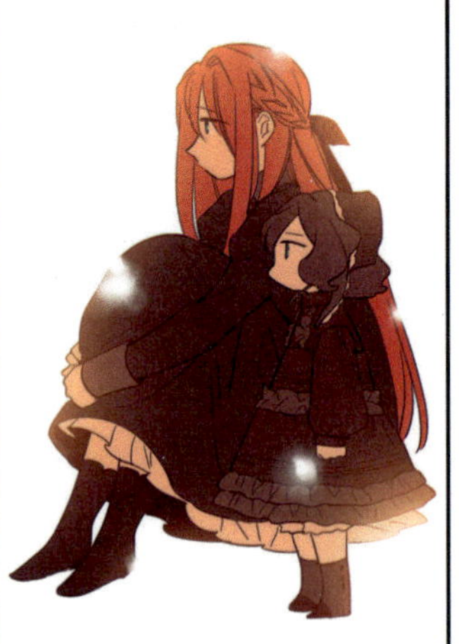

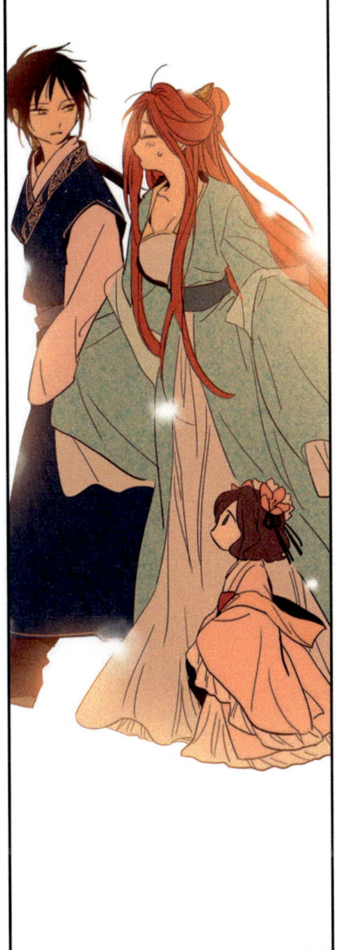

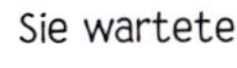

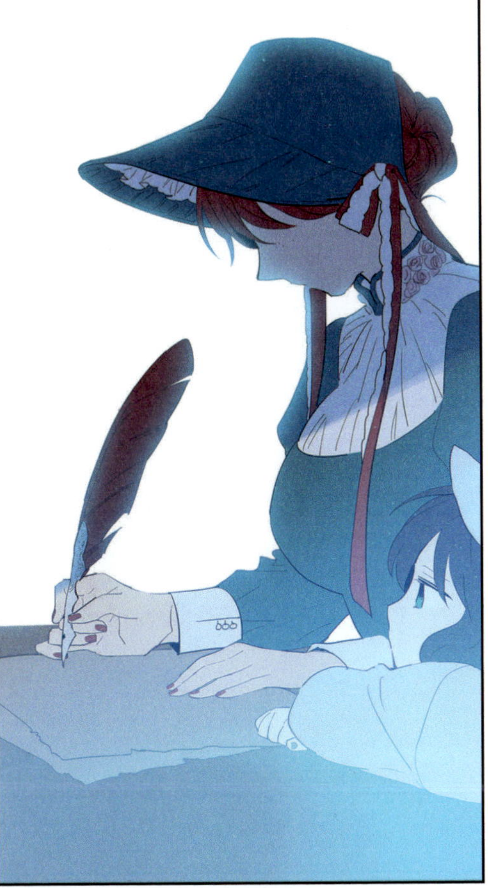

Hundert Jahre,
tausend Jahre
...

...
wartete
und wartete
...

...
liebte
und liebte
...

...
liebte
weiter
...

...
und
weiter
...

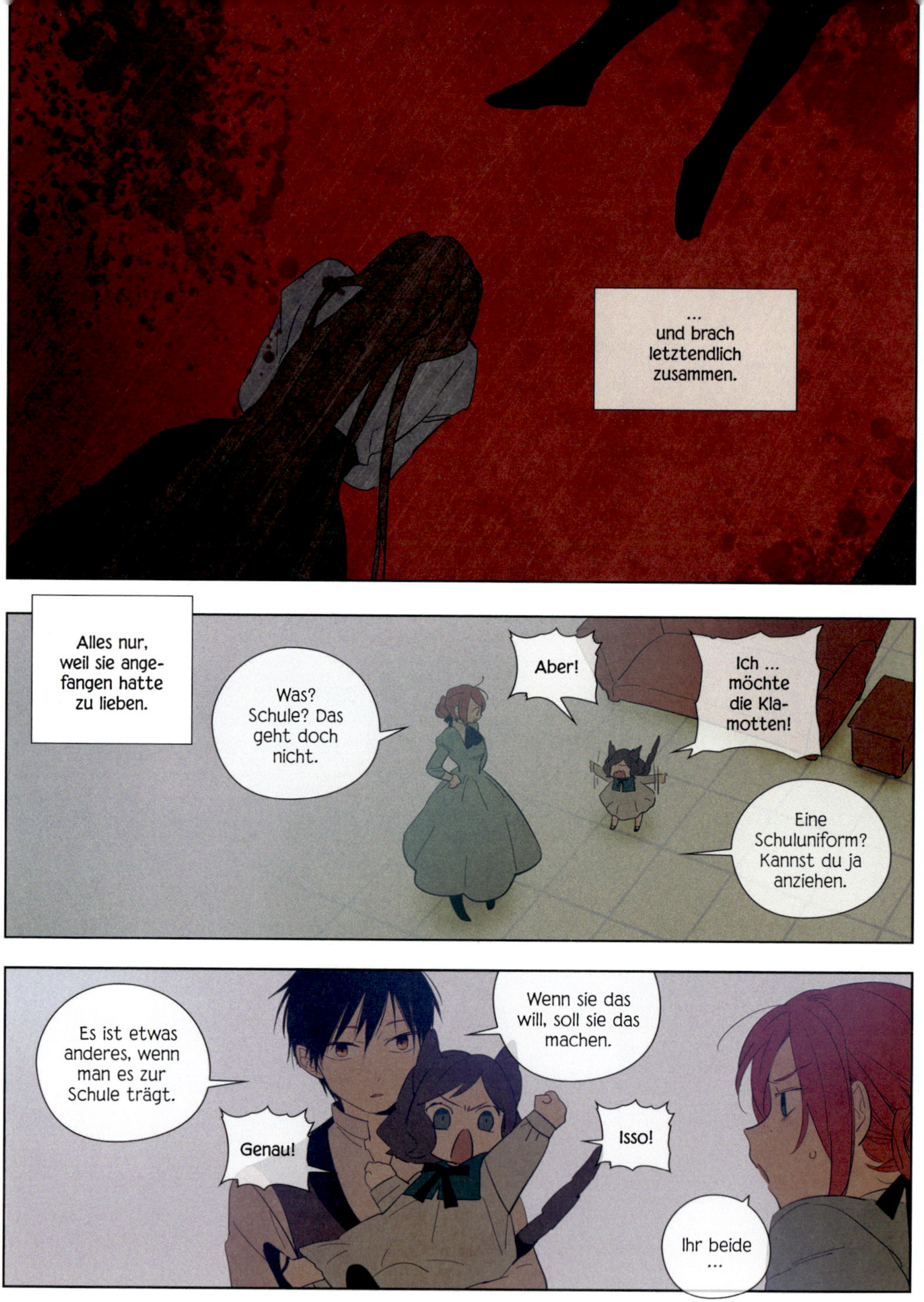

...
und brach
letztendlich
zusammen.

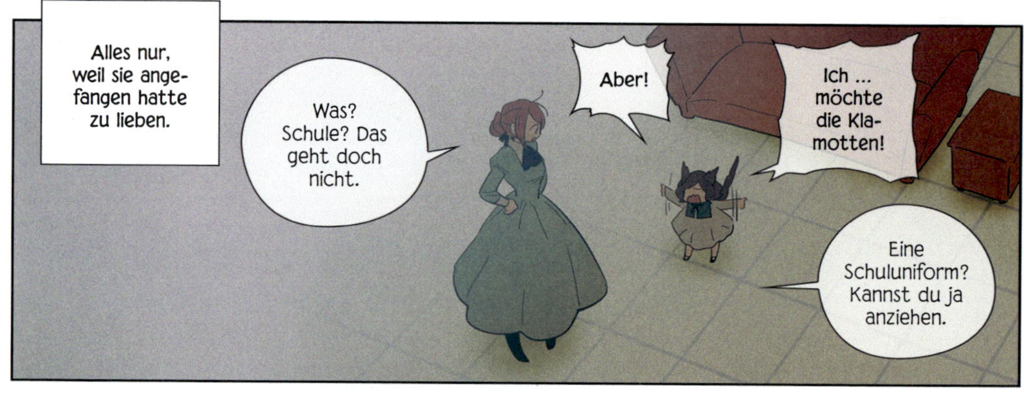

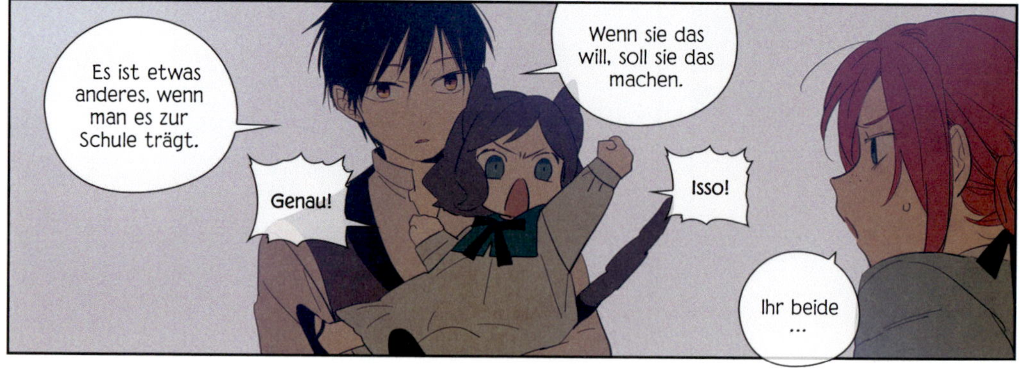

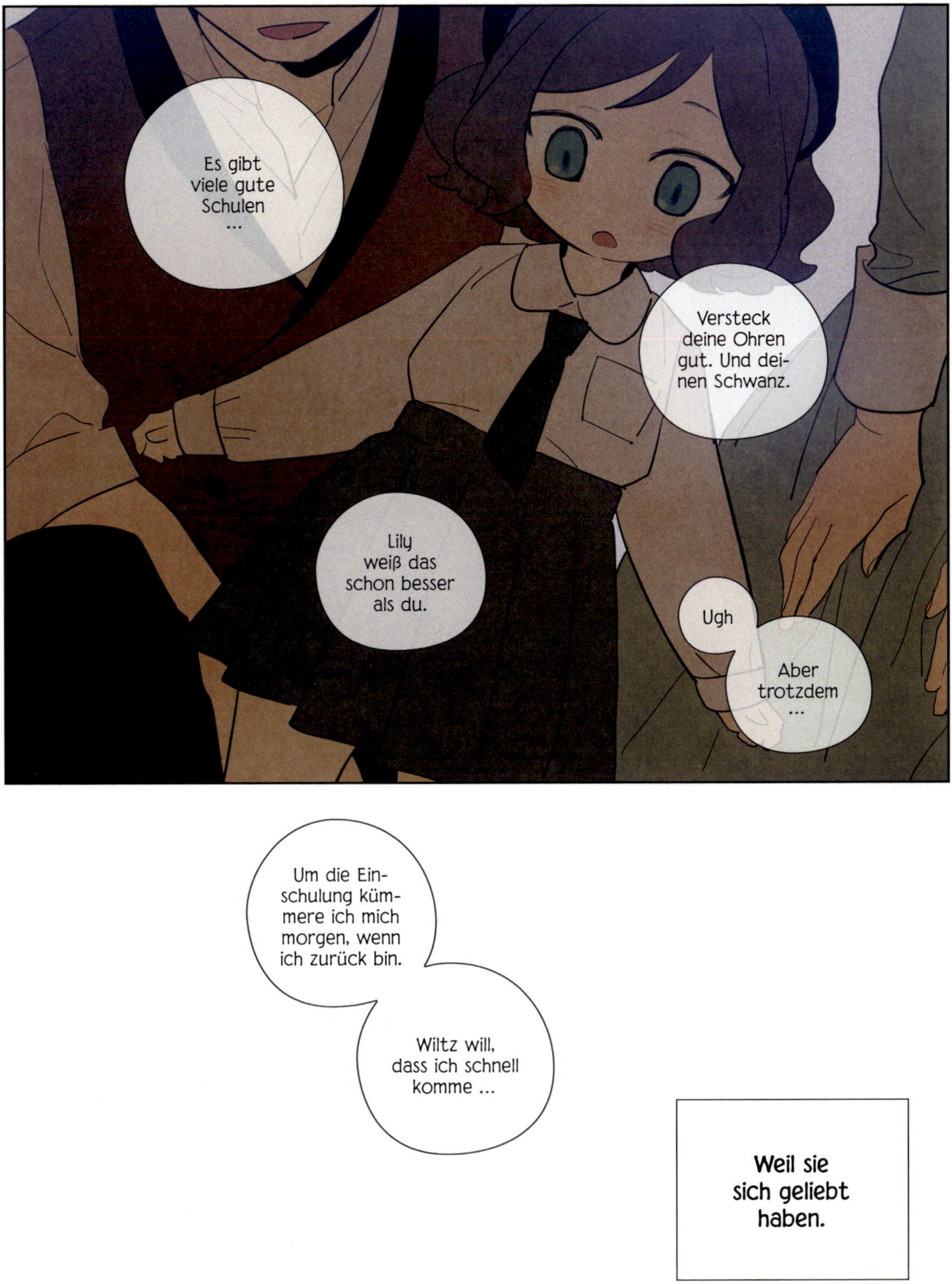

Es gibt viele gute Schulen ...

Versteck deine Ohren gut. Und deinen Schwanz.

Lily weiß das schon besser als du.

Ugh

Aber trotzdem ...

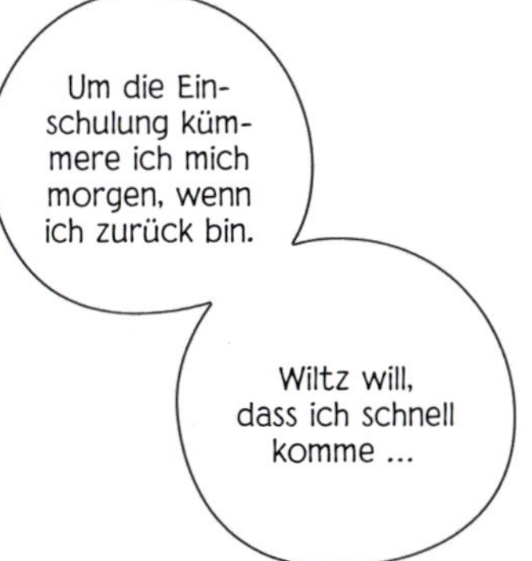

Weil sie sich geliebt haben.

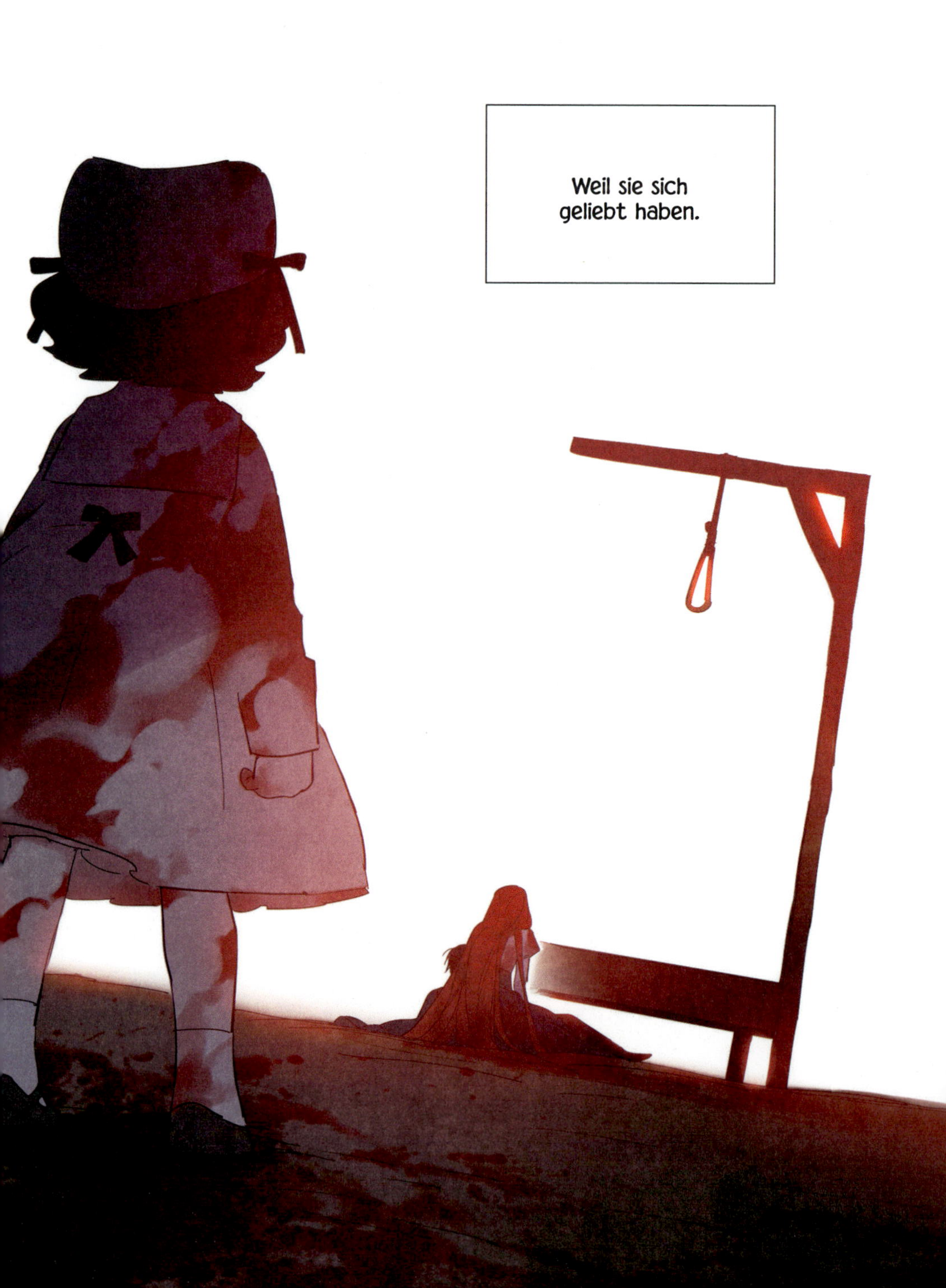
Weil sie sich
geliebt haben.

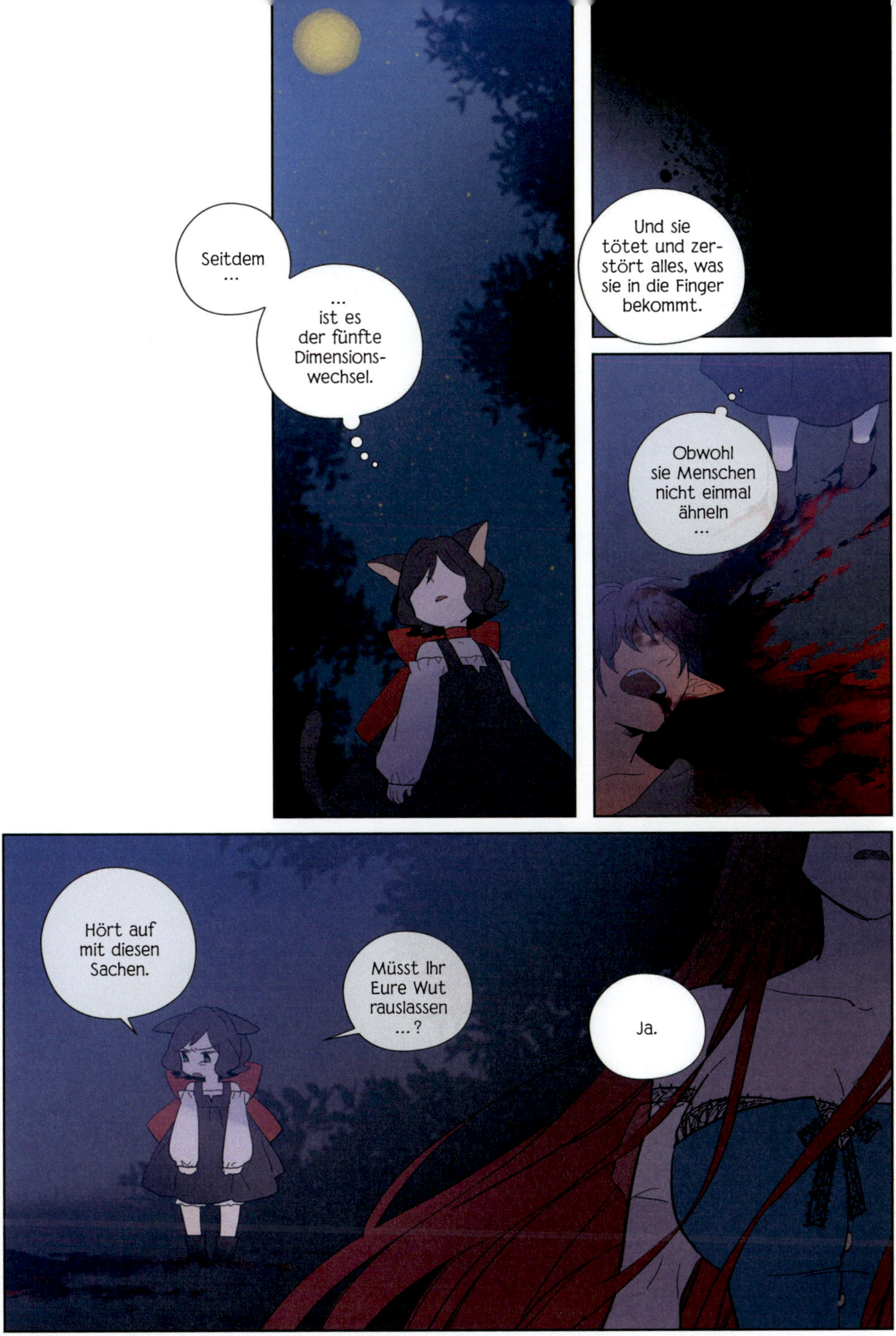

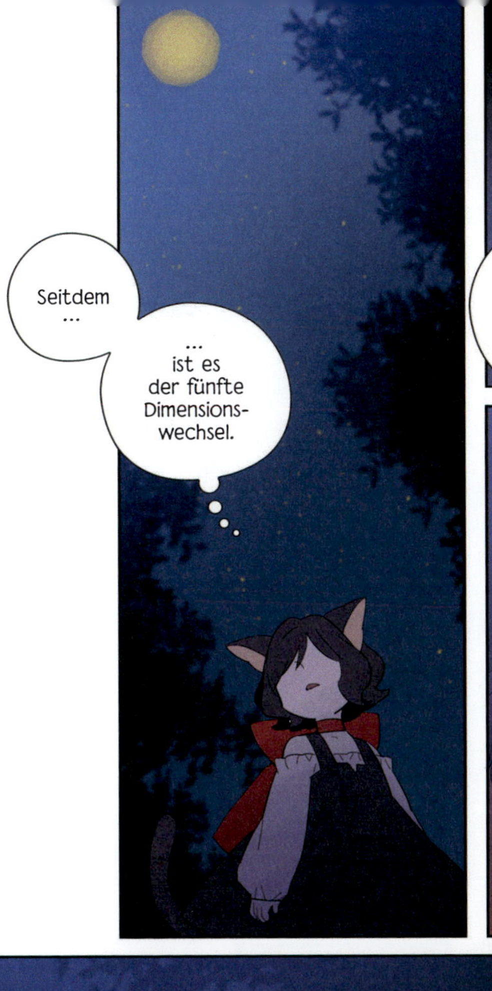

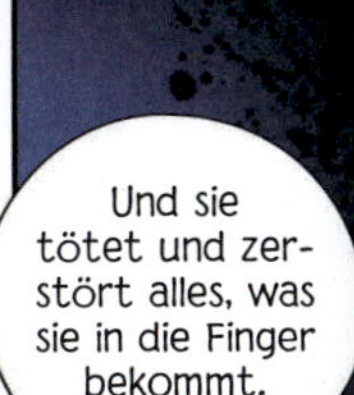

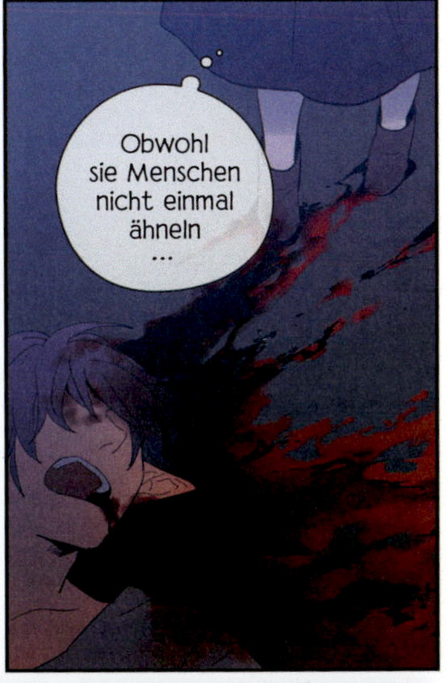

Hört auf mit diesen Sachen.

Müsst Ihr Eure Wut rauslassen ...?

Ja.

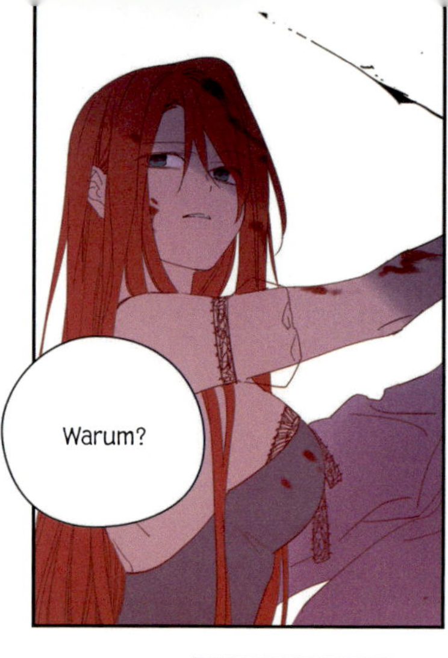

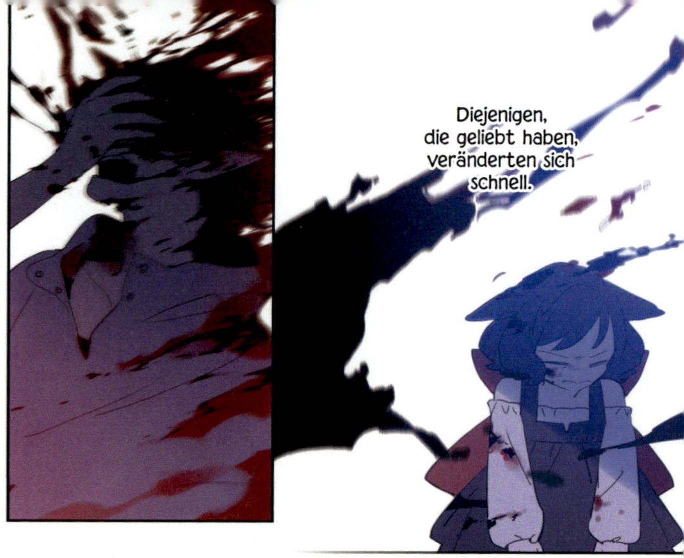

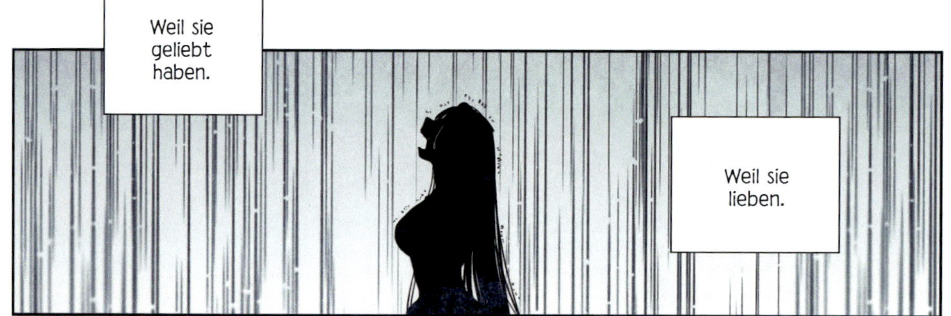

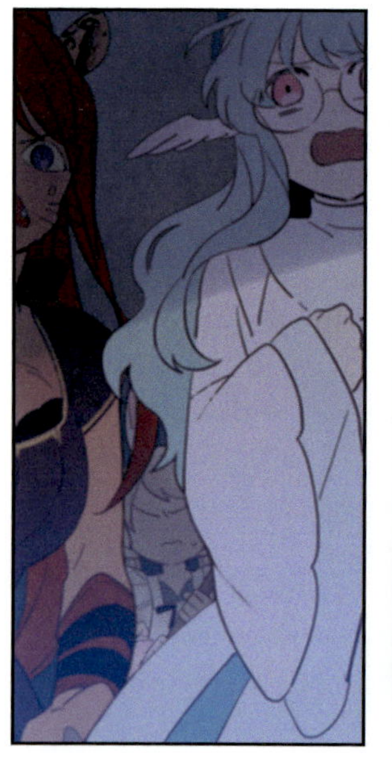

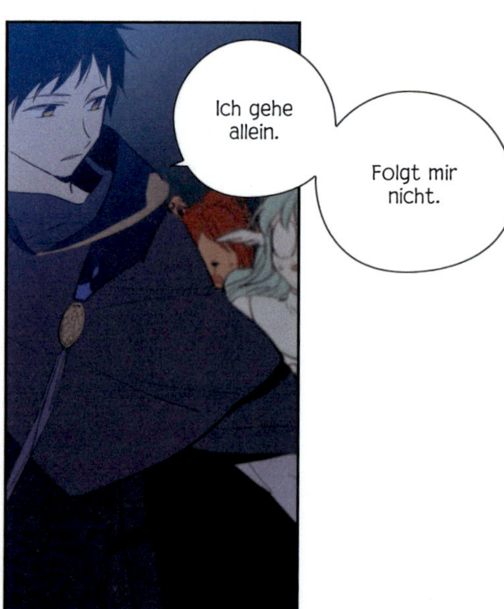

So sehen
wir uns ...
wieder ...

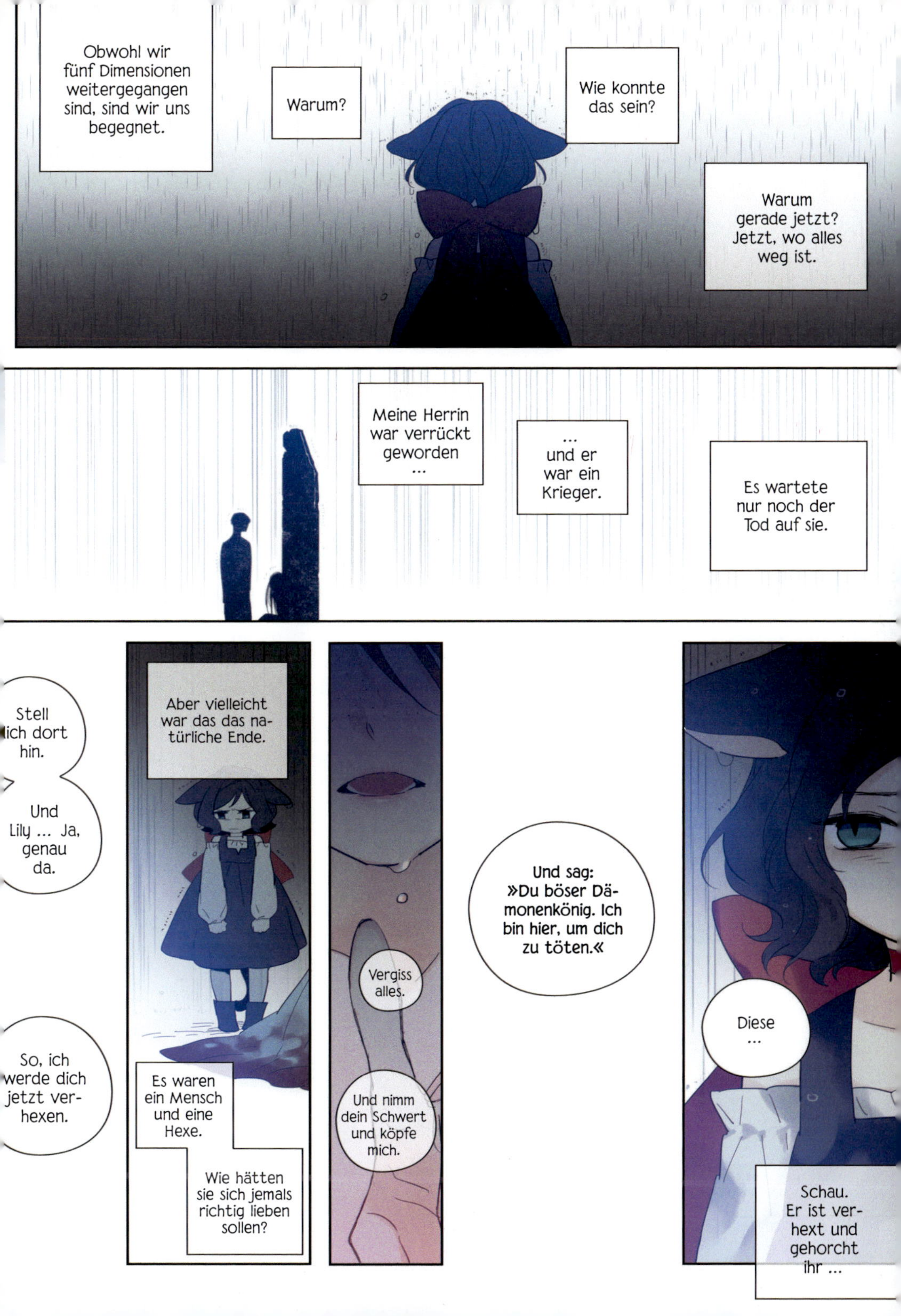

Obwohl wir fünf Dimensionen weitergegangen sind, sind wir uns begegnet.

Warum?

Wie konnte das sein?

Warum gerade jetzt? Jetzt, wo alles weg ist.

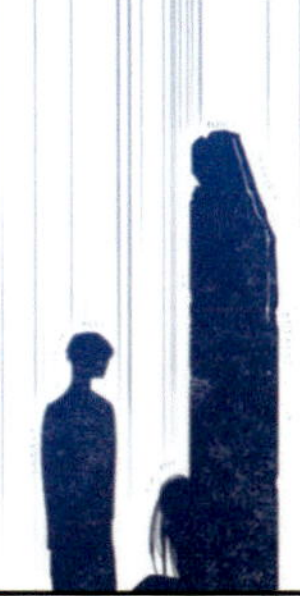

Meine Herrin war verrückt geworden …

… und er war ein Krieger.

Es wartete nur noch der Tod auf sie.

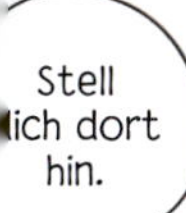

Stell ich dort hin.

Und Lily … Ja, genau da.

So, ich werde dich jetzt ver-hexen.

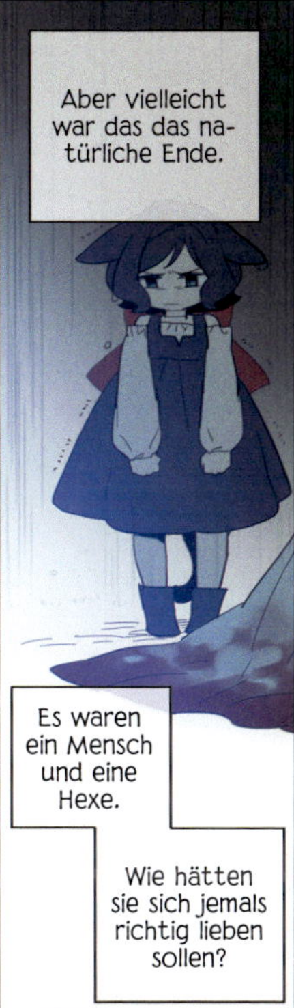

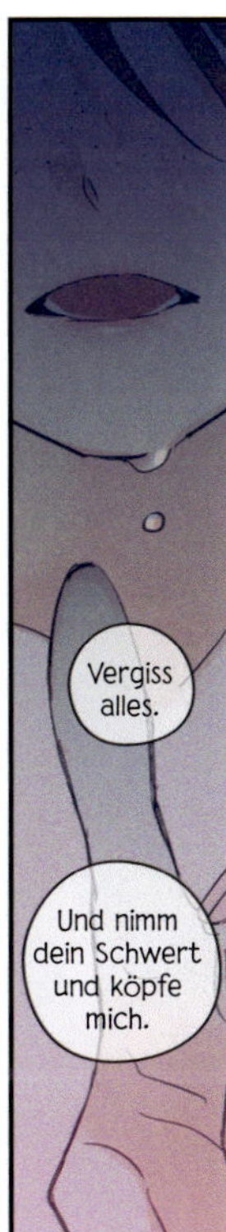

Und sag: »Du böser Dä-monenkönig. Ich bin hier, um dich zu töten.«

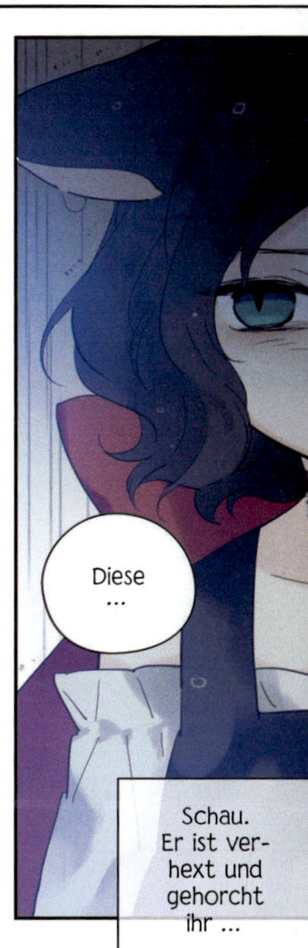

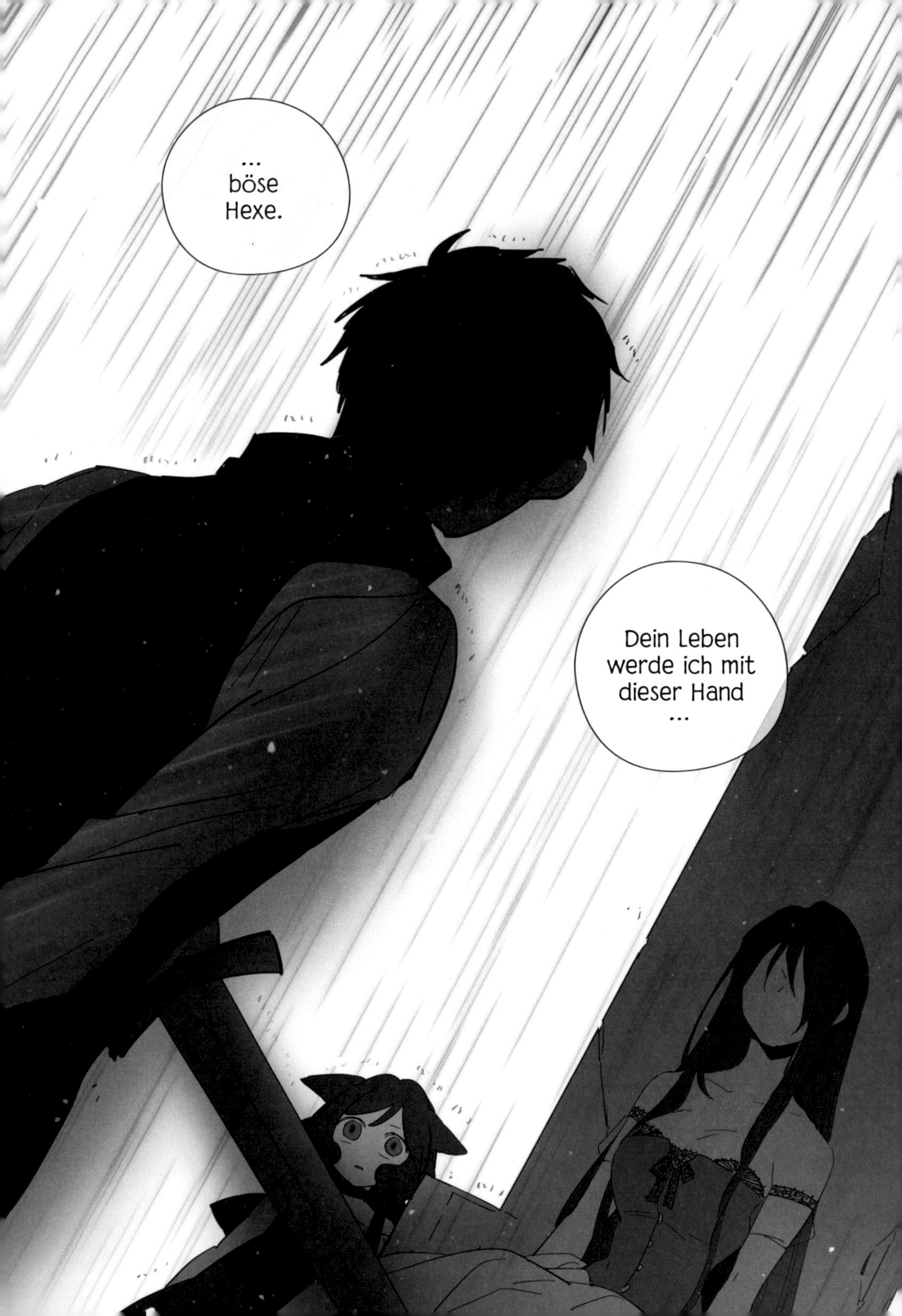
... böse Hexe.
Dein Leben werde ich mit dieser Hand ...

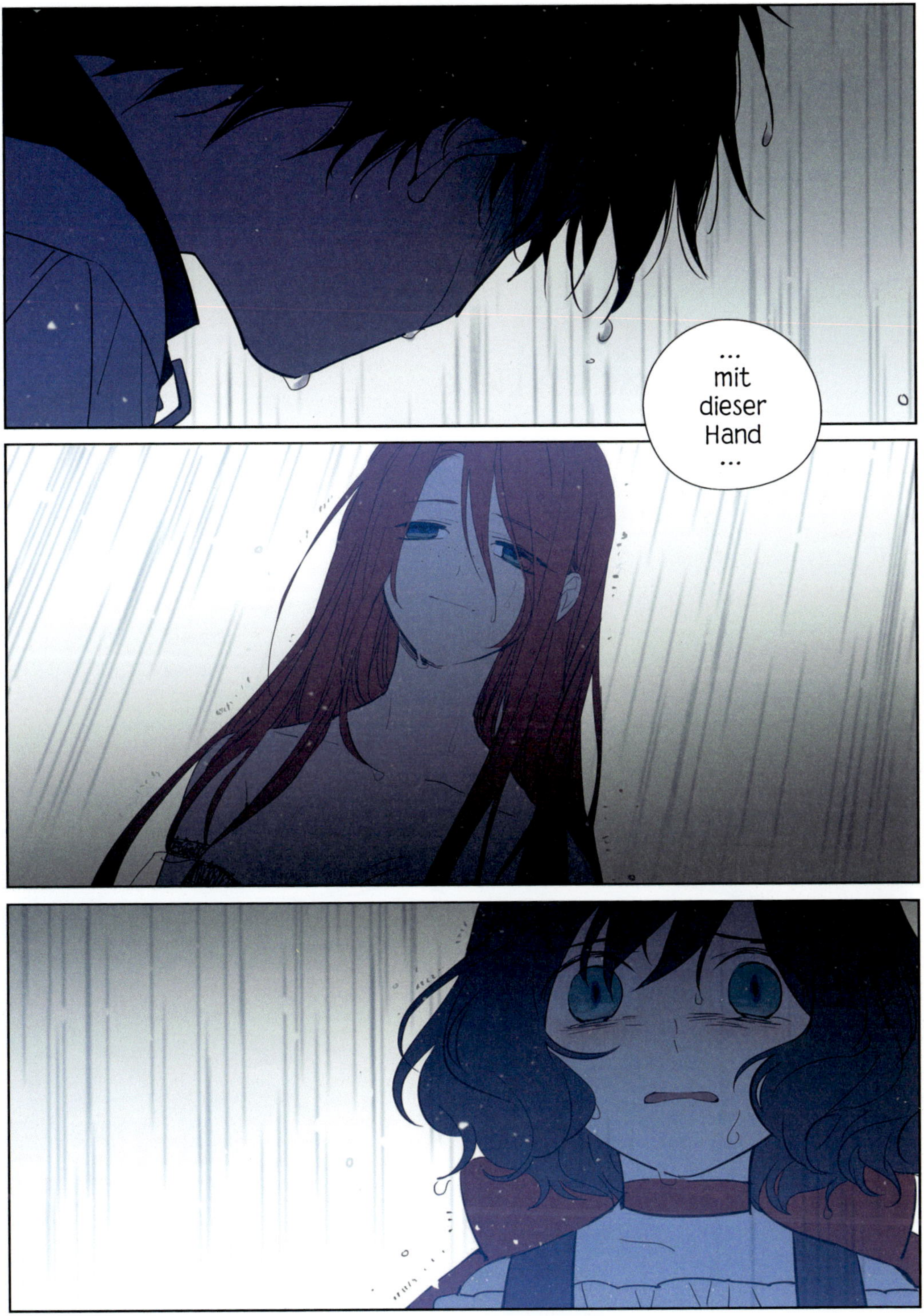

… mit dieser Hand …

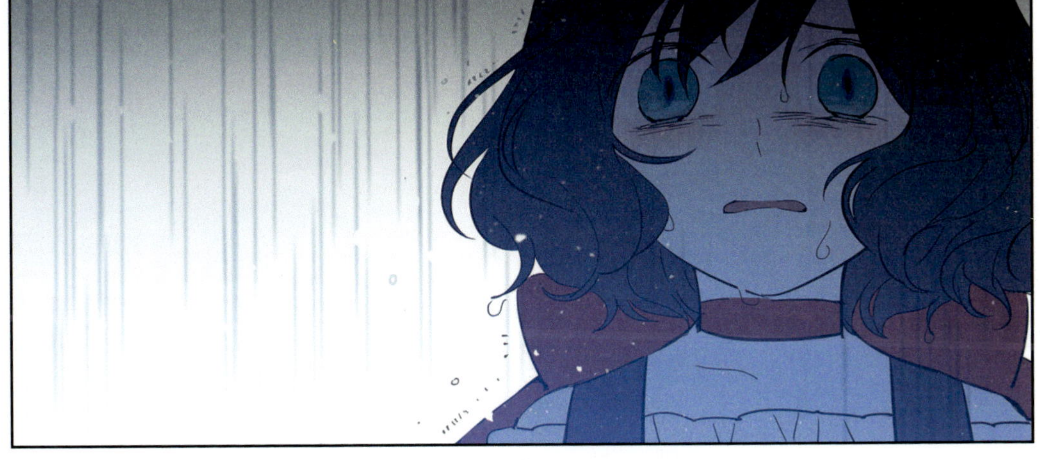

Ich hasse die Liebe.

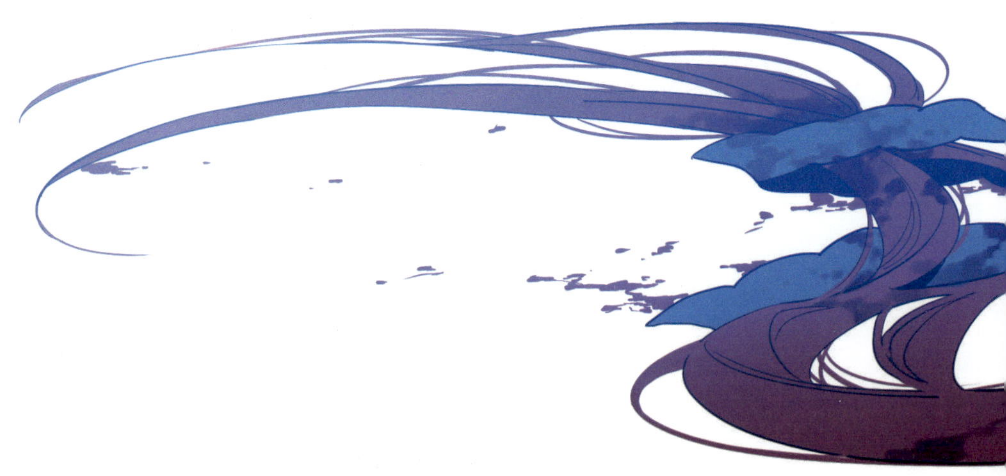

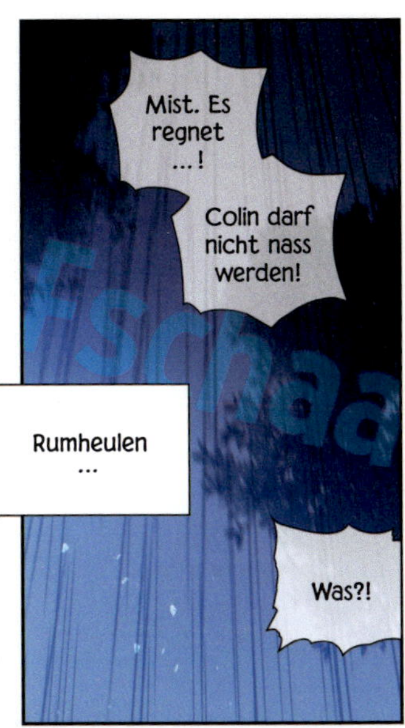

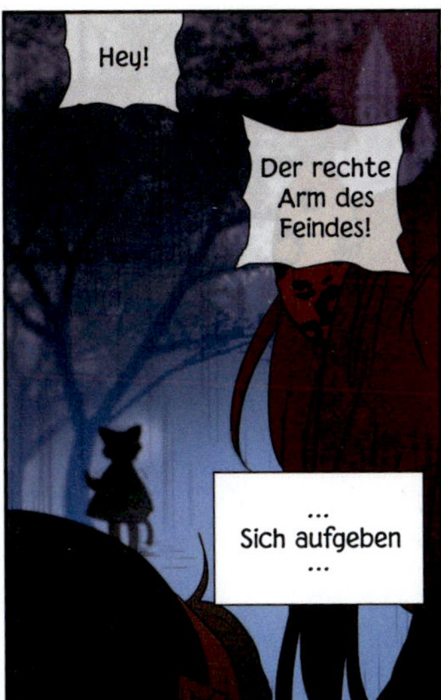

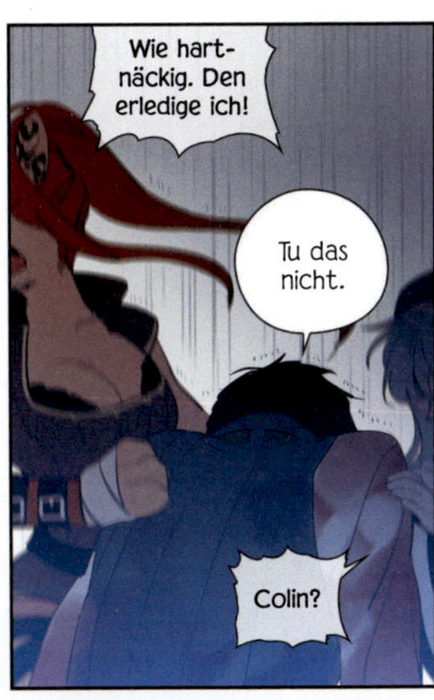

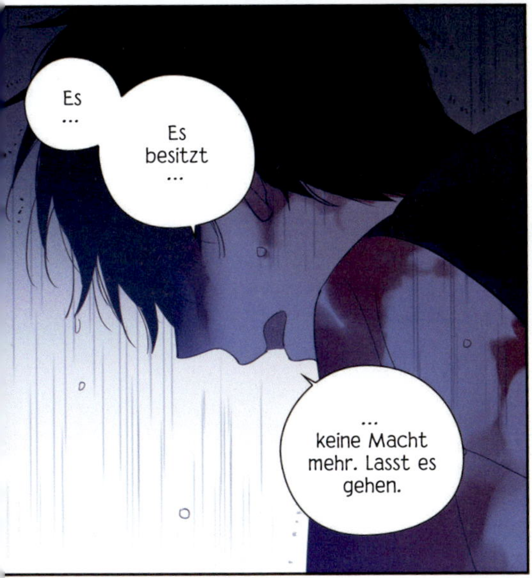

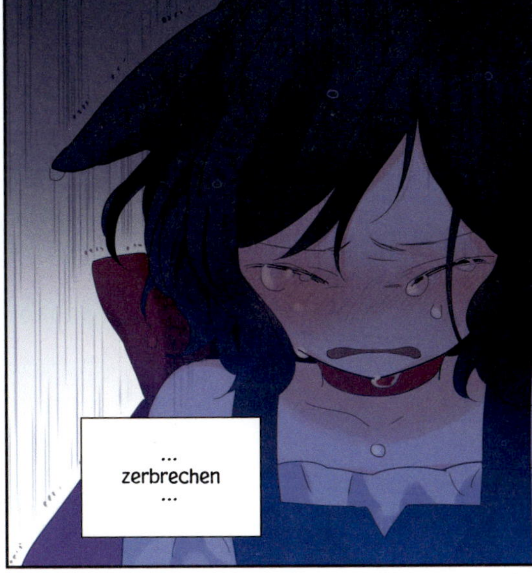

Eine Emotion, die
am Ende sinnlos war.

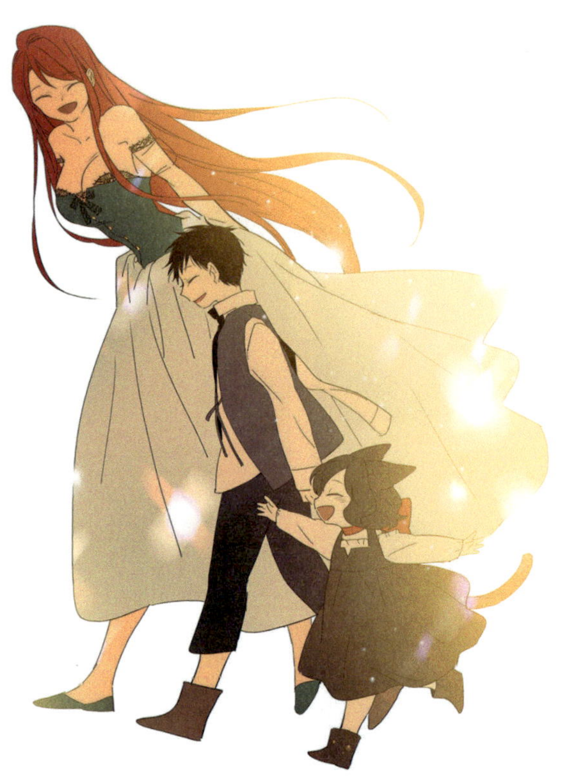

Nichts ...

... blieb übrig.

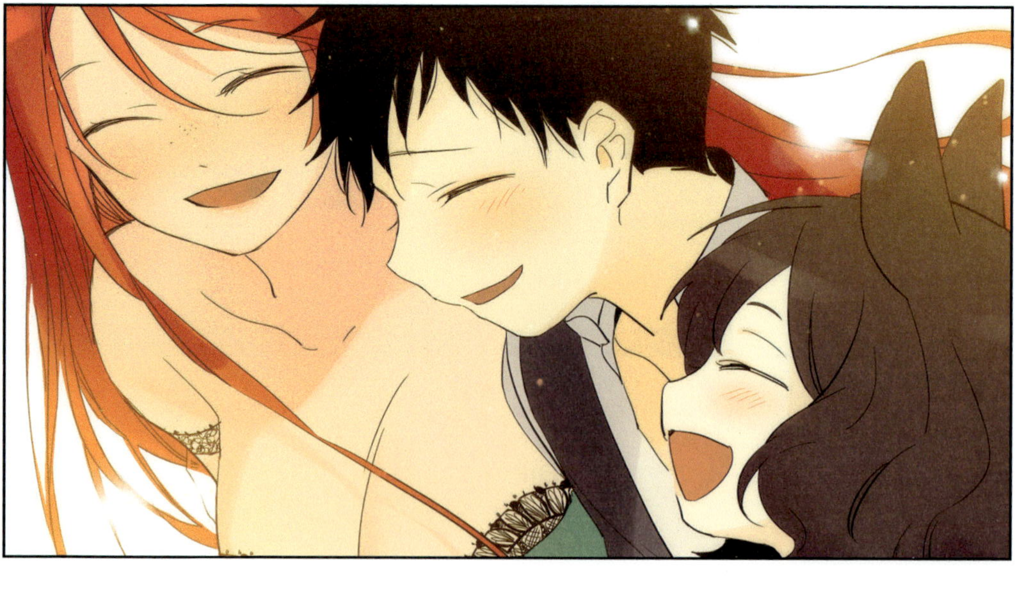

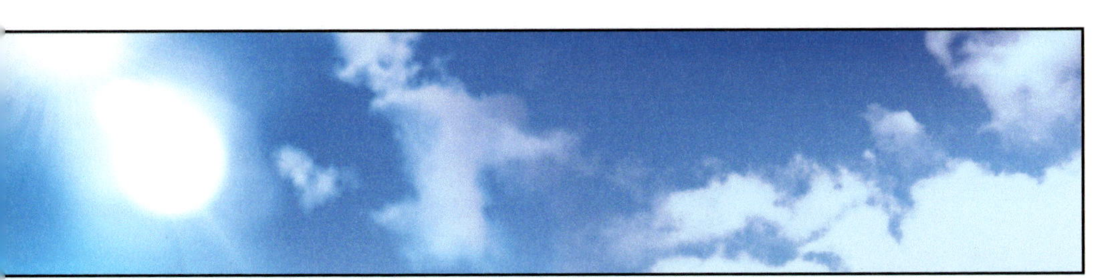

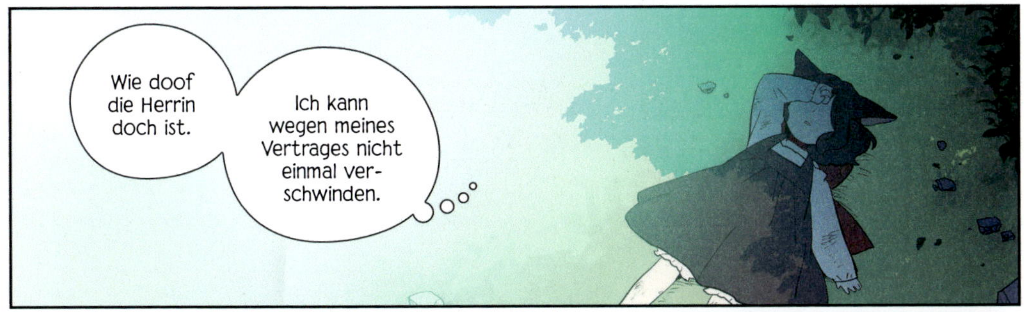
Wie doof die Herrin doch ist.
Ich kann wegen meines Vertrages nicht einmal verschwinden.

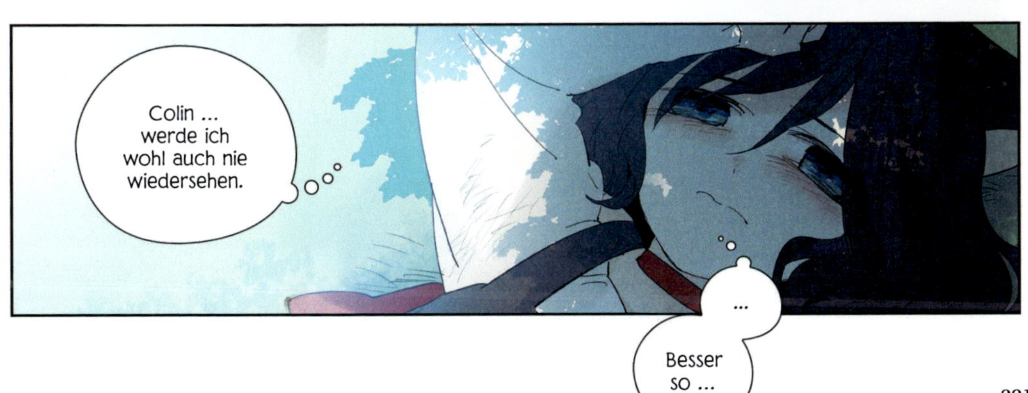
Colin ... werde ich wohl auch nie wiedersehen.
...
Besser so ...

Ich hasse
die Liebe.

Selbst zu lieben,
aber auch diejenigen,
die lieben.

Ich will es nie
wieder sehen.

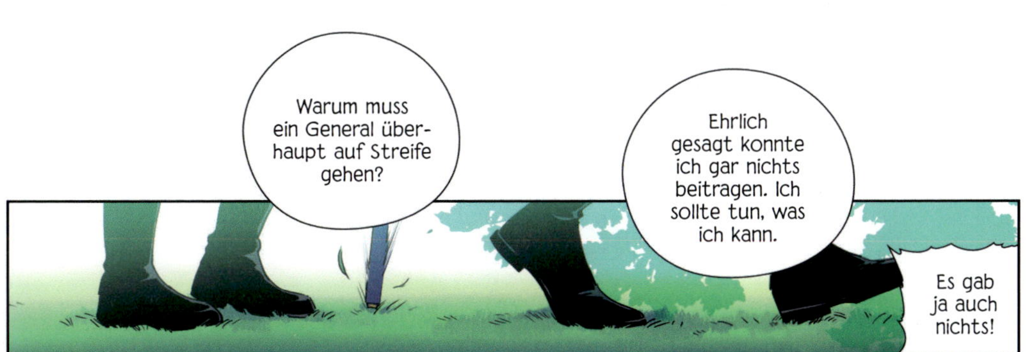
Warum muss ein General überhaupt auf Streife gehen?
Ehrlich gesagt konnte ich gar nichts beitragen. Ich sollte tun, was ich kann.
Es gab ja auch nichts!

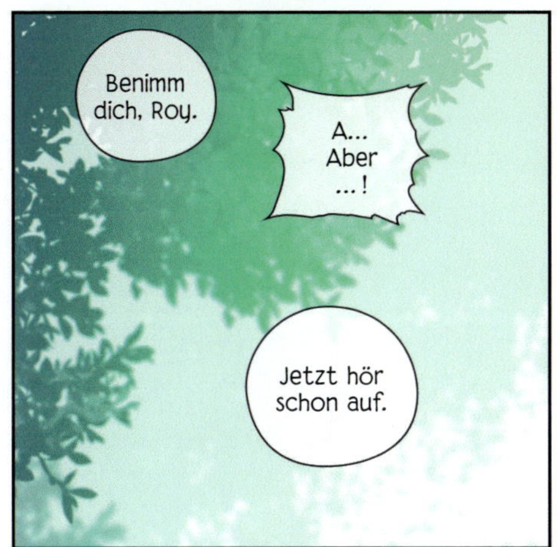
Benimm dich, Roy.
A... Aber ...!
Jetzt hör schon auf.

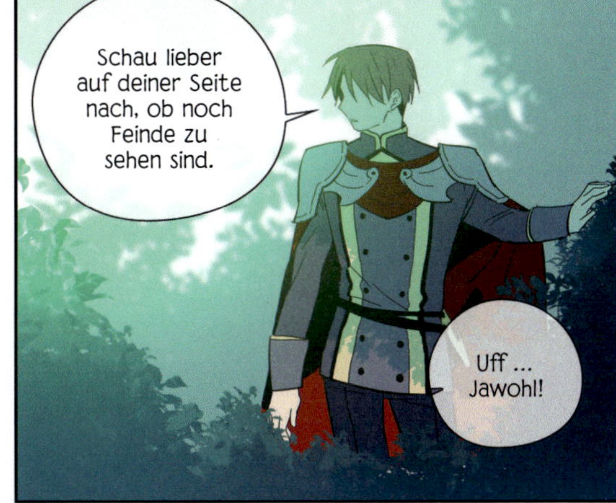
Schau lieber auf deiner Seite nach, ob noch Feinde zu sehen sind.
Uff ... Jawohl!

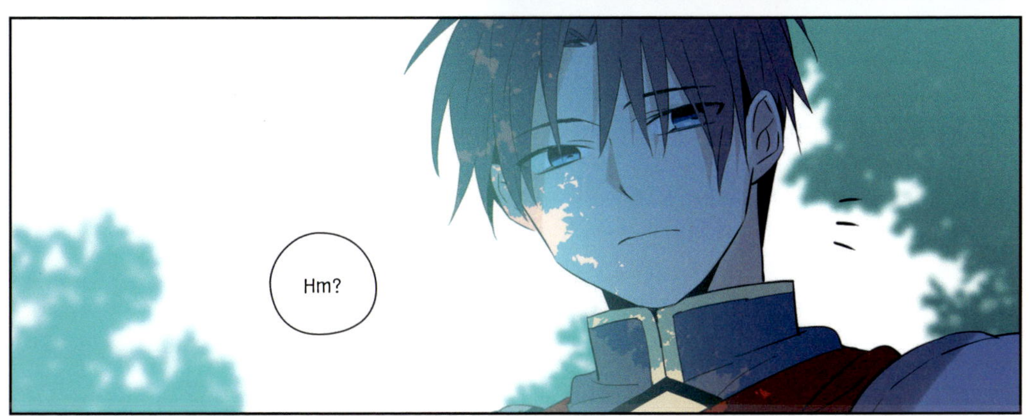
Hm?

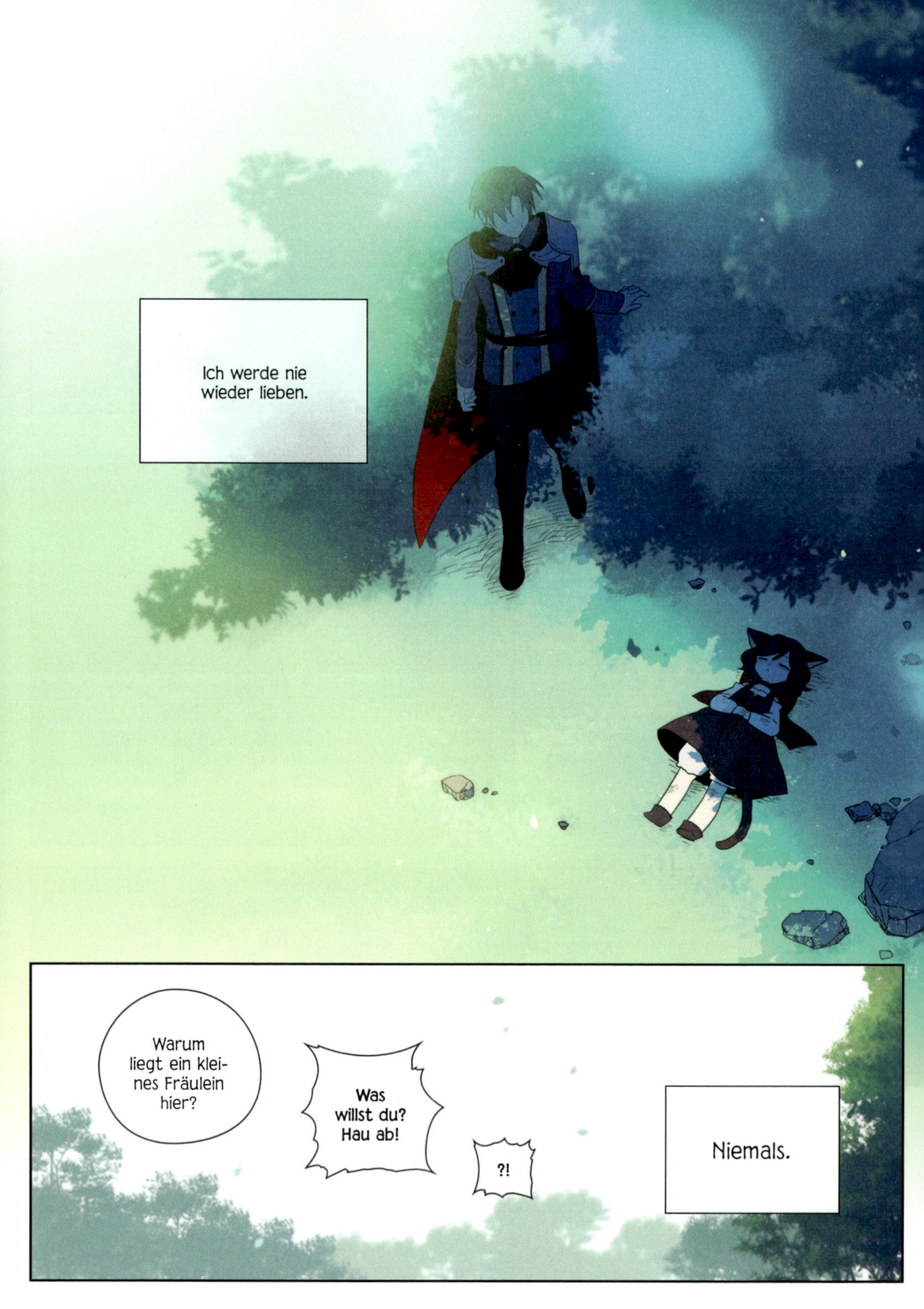
Ich werde nie wieder lieben.
Warum liegt ein kleines Fräulein hier?
Was willst du? Hau ab!
?!
Niemals.

My Witch

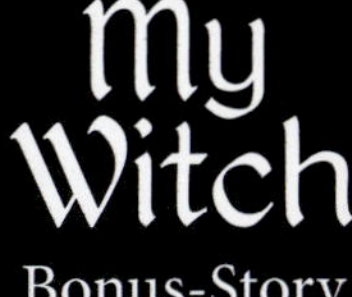

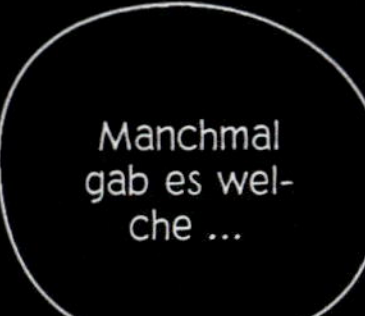

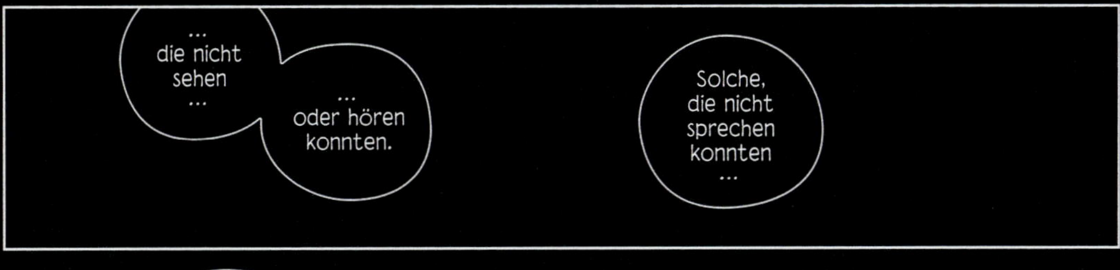

... oder denen ein Arm oder ein Bein fehlte.

Die Farbe ihres Felles oder ihrer Augen ...

... irgendetwas an ihnen sah anders aus.

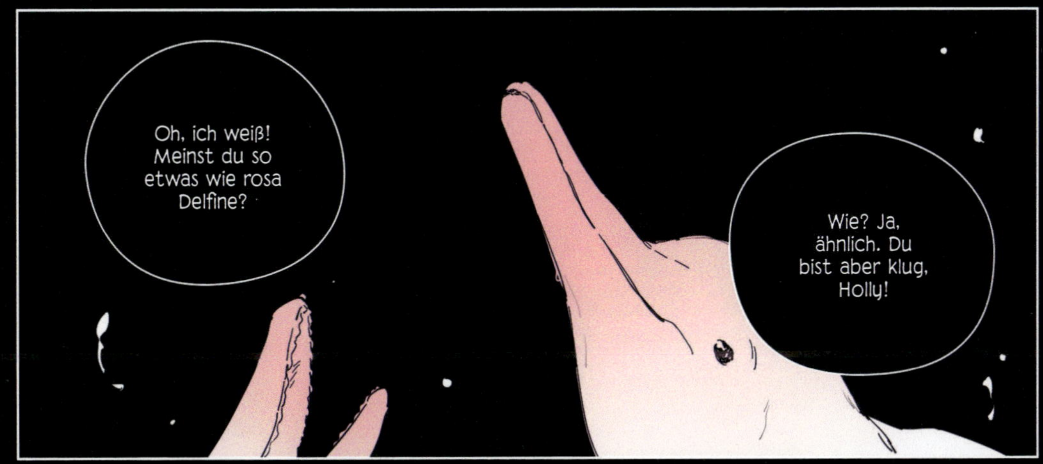

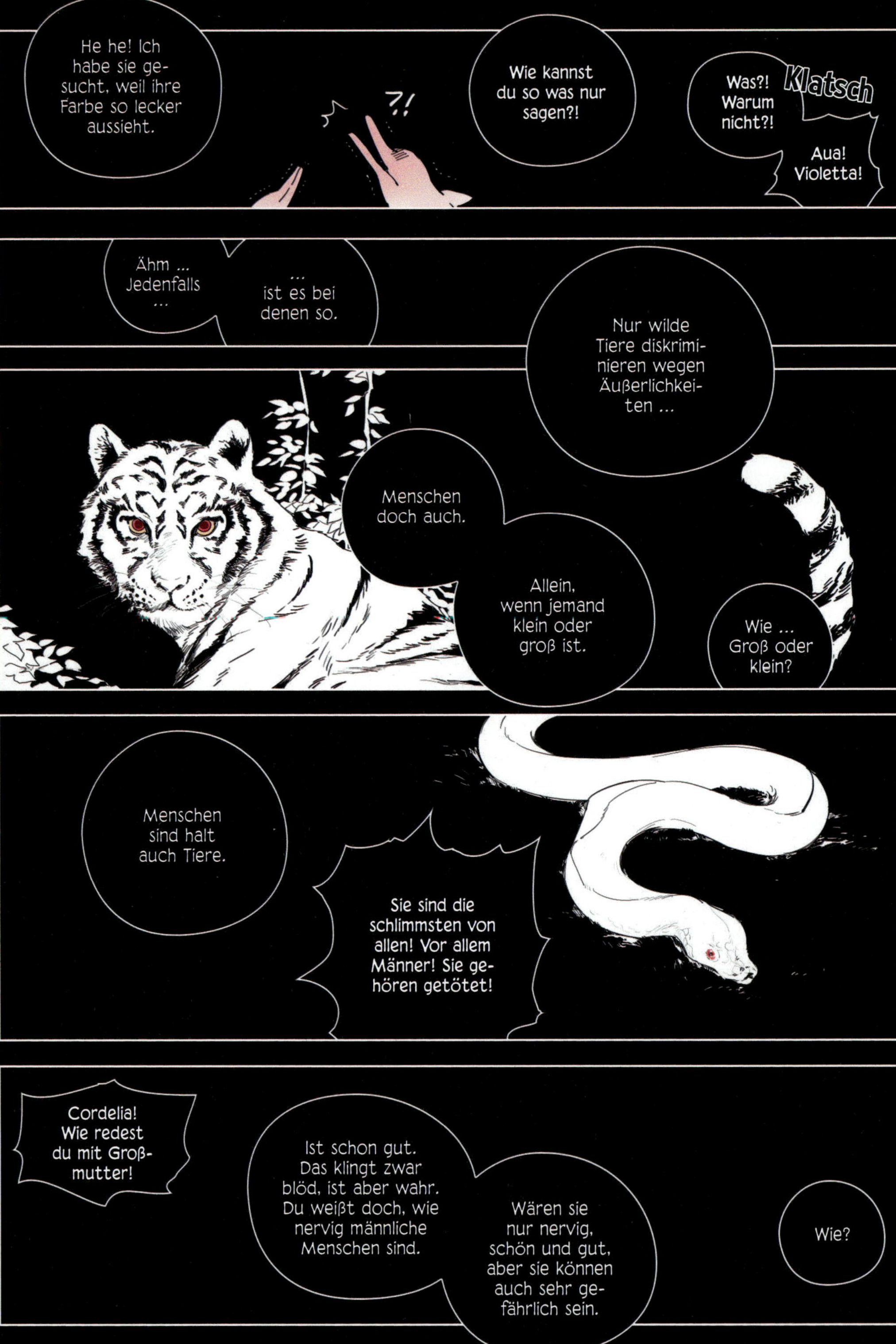
He he! Ich habe sie ge-sucht, weil ihre Farbe so lecker aussieht.
?!
Wie kannst du so was nur sagen?!
Was?! Warum nicht?!
Klatsch
Aua! Violetta!
Ähm ... Jedenfalls ...
... ist es bei denen so.
Nur wilde Tiere diskrimi-nieren wegen Äußerlichkei-ten ...
Menschen doch auch.
Allein, wenn jemand klein oder groß ist.
Wie ... Groß oder klein?
Menschen sind halt auch Tiere.
Sie sind die schlimmsten von allen! Vor allem Männer! Sie ge-hören getötet!
Cordelia! Wie redest du mit Groß-mutter!
Ist schon gut. Das klingt zwar blöd, ist aber wahr. Du weißt doch, wie nervig männliche Menschen sind.
Wären sie nur nervig, schön und gut, aber sie können auch sehr ge-fährlich sein.
Wie?

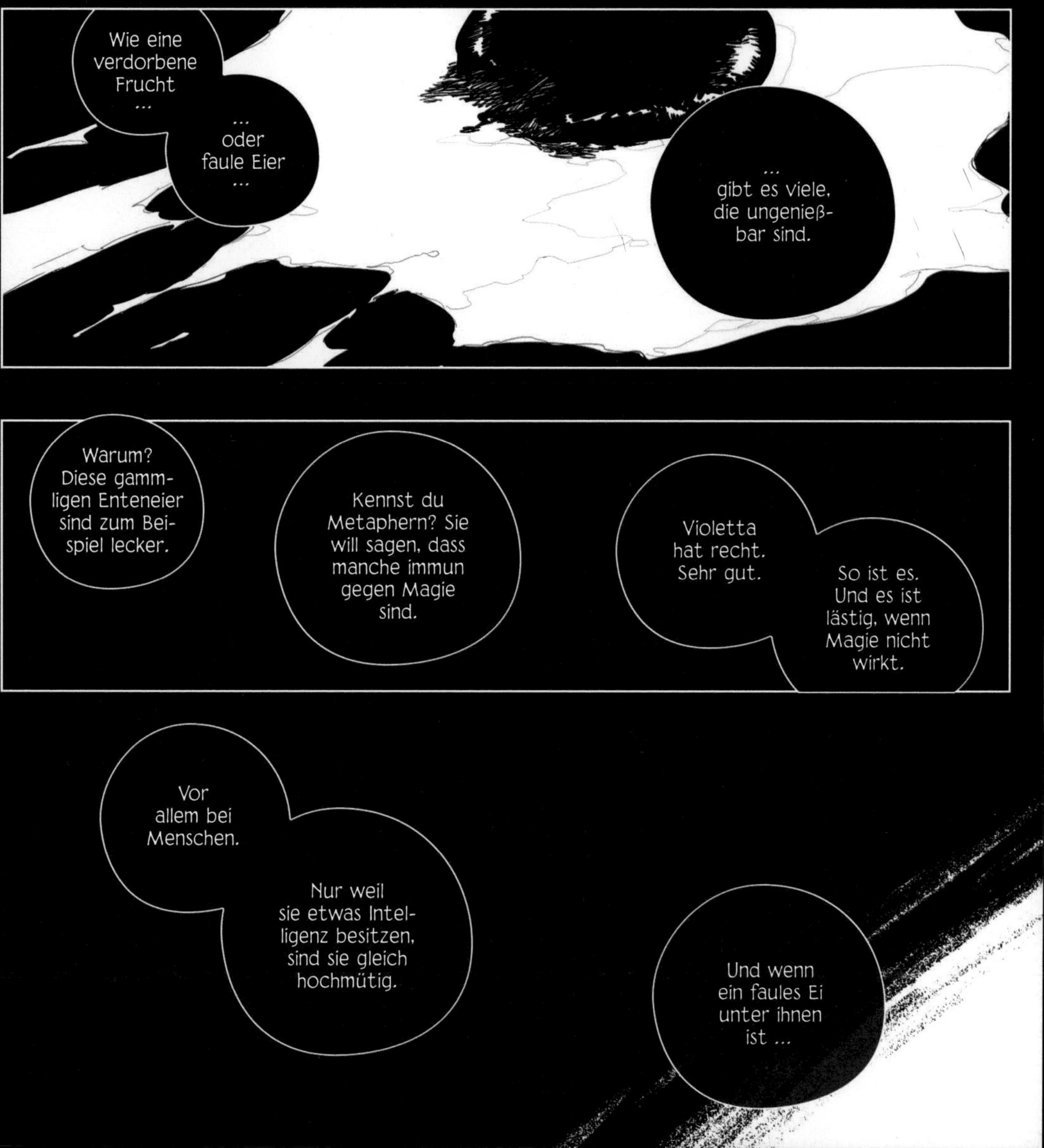

Wie eine verdorbene Frucht …

… oder faule Eier …

… gibt es viele, die ungenieß-bar sind.

Warum? Diese gamm-ligen Enteneier sind zum Bei-spiel lecker.

Kennst du Metaphern? Sie will sagen, dass manche immun gegen Magie sind.

Violetta hat recht. Sehr gut.

So ist es. Und es ist lästig, wenn Magie nicht wirkt.

Vor allem bei Menschen.

Nur weil sie etwas Intel-ligenz besitzen, sind sie gleich hochmütig.

Und wenn ein faules Ei unter ihnen ist …

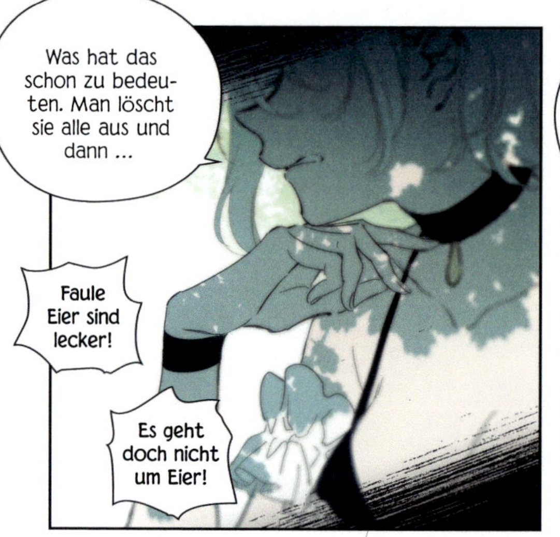
Was hat das schon zu bedeuten. Man löscht sie alle aus und dann ...
Faule Eier sind lecker!
Es geht doch nicht um Eier!

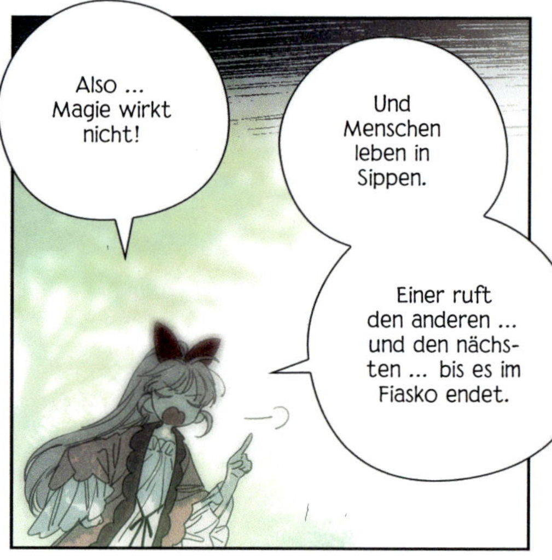
Also ... Magie wirkt nicht!
Und Menschen leben in Sippen.
Einer ruft den anderen ... und den nächsten ... bis es im Fiasko endet.

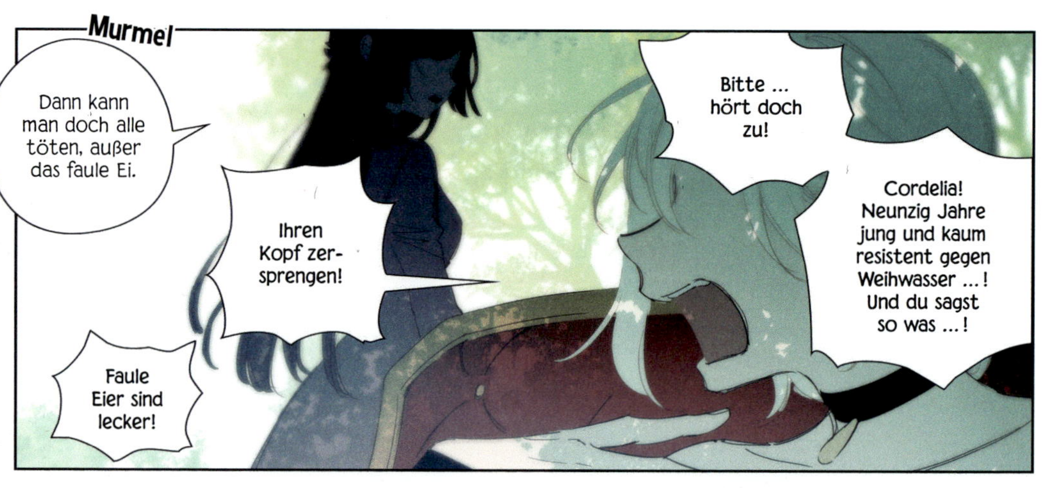
Murmel
Dann kann man doch alle töten, außer das faule Ei.
Ihren Kopf zersprengen!
Faule Eier sind lecker!
Bitte ... hört doch zu!
Cordelia! Neunzig Jahre jung und kaum resistent gegen Weihwasser ...! Und du sagst so was ...!

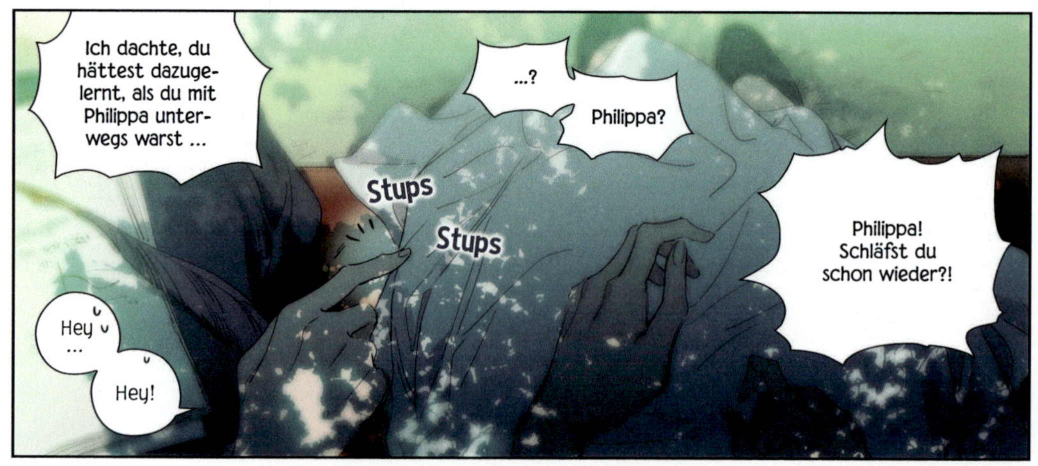
Ich dachte, du hättest dazugelernt, als du mit Philippa unterwegs warst ...
...?
Philippa?
Stups
Stups
Philippa! Schläfst du schon wieder?!
Hey ...
Hey!

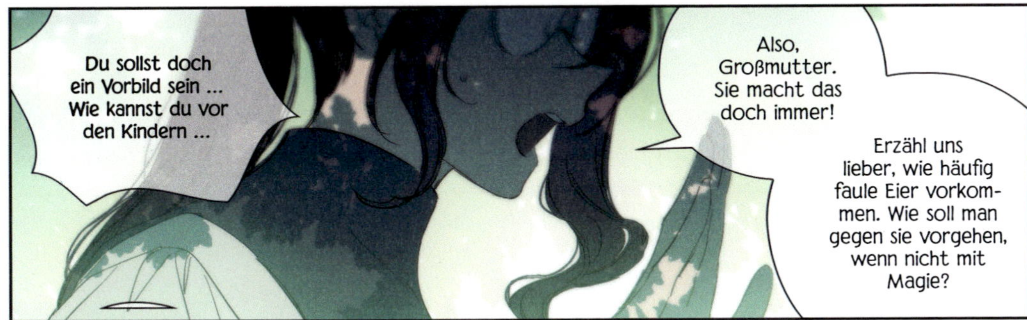
Du sollst doch ein Vorbild sein ... Wie kannst du vor den Kindern ...
Also, Großmutter. Sie macht das doch immer!
Erzähl uns lieber, wie häufig faule Eier vorkommen. Wie soll man gegen sie vorgehen, wenn nicht mit Magie?

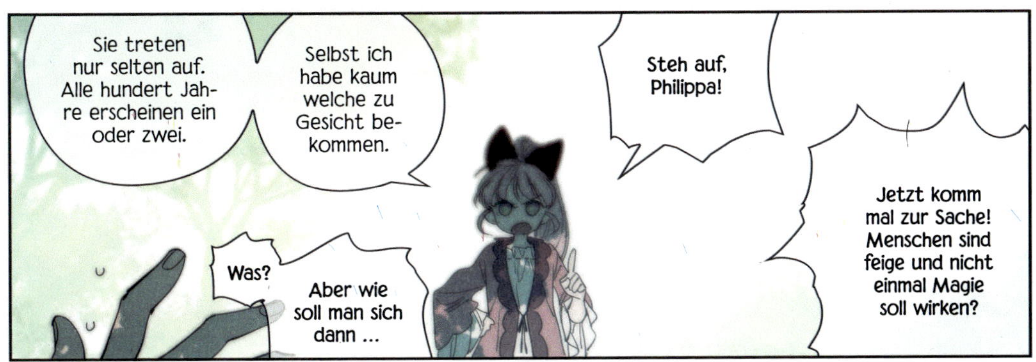
Sie treten nur selten auf. Alle hundert Jahre erscheinen ein oder zwei.
Selbst ich habe kaum welche zu Gesicht bekommen.
Steh auf, Philippa!
Was?
Aber wie soll man sich dann ...
Jetzt komm mal zur Sache! Menschen sind feige und nicht einmal Magie soll wirken?

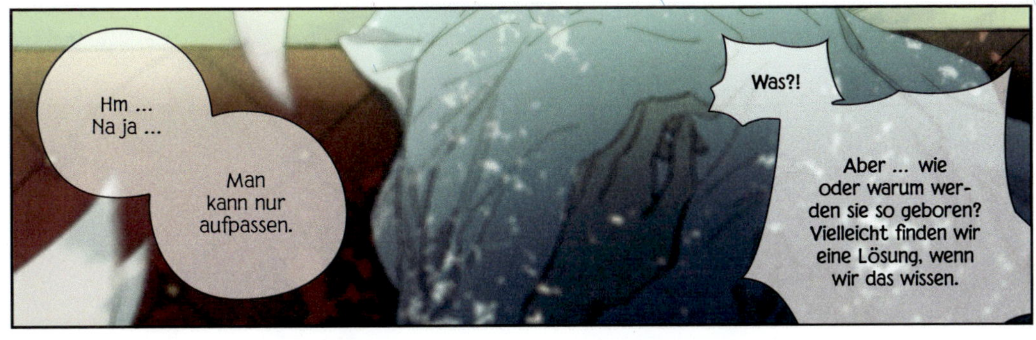
Hm ... Na ja ...
Man kann nur aufpassen.
Was?!
Aber ... wie oder warum werden sie so geboren? Vielleicht finden wir eine Lösung, wenn wir das wissen.

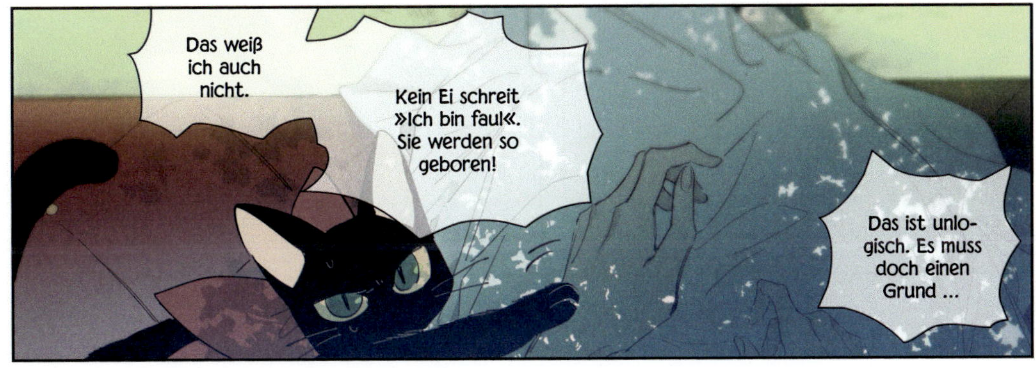
Das weiß ich auch nicht.
Kein Ei schreit »Ich bin faul«. Sie werden so geboren!
Das ist unlogisch. Es muss doch einen Grund ...

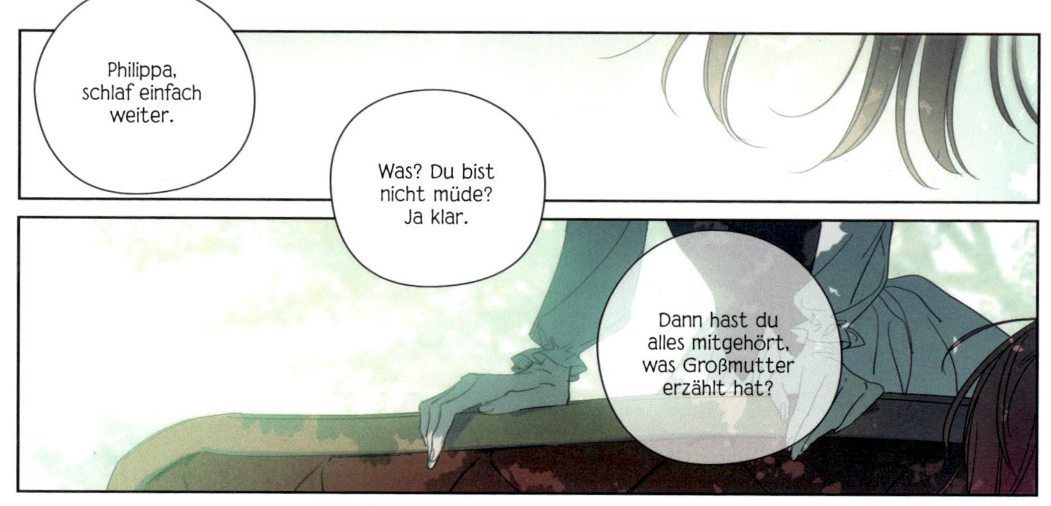
Philippa, schlaf einfach weiter.
Was? Du bist nicht müde? Ja klar.
Dann hast du alles mitgehört, was Großmutter erzählt hat?

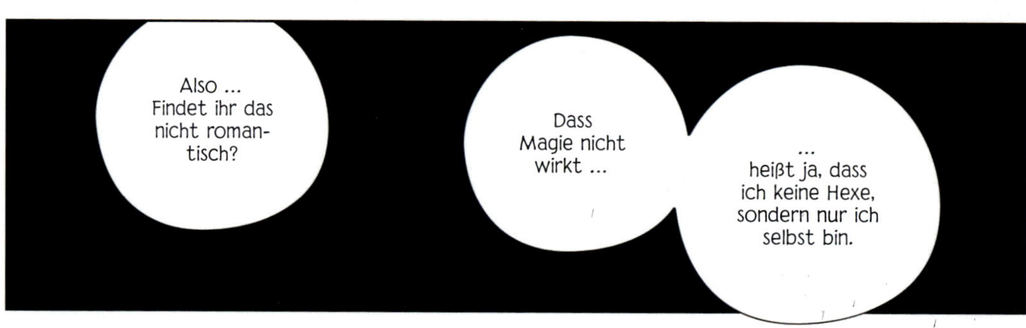
Also ... Findet ihr das nicht roman- tisch?
Dass Magie nicht wirkt ...
... heißt ja, dass ich keine Hexe, sondern nur ich selbst bin.

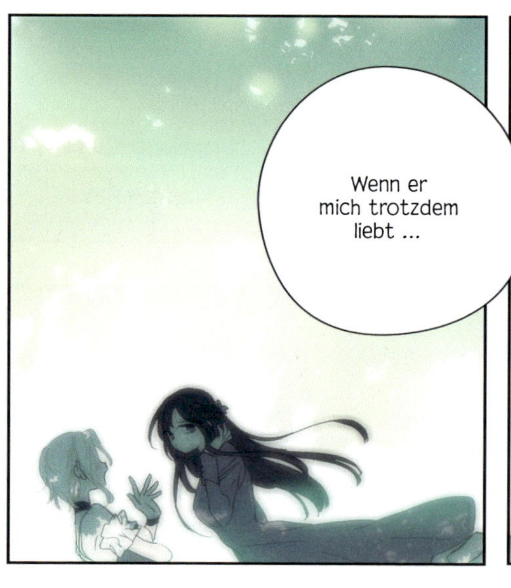
Wenn er mich trotzdem liebt ...

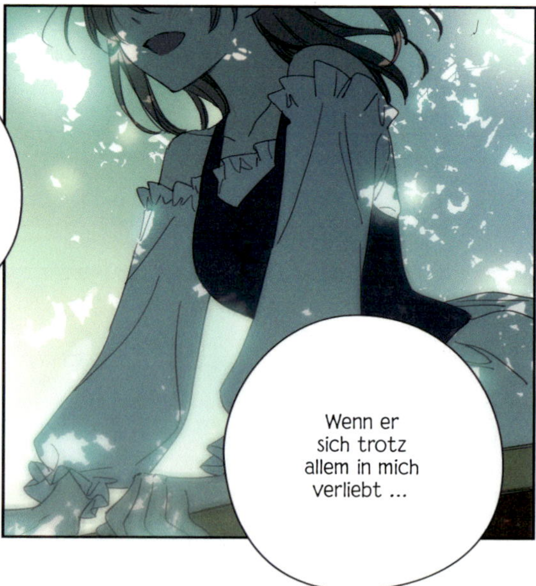
Wenn er sich trotz allem in mich verliebt ...

...
dann wäre
es, als würde man
einem Licht in der
finstersten Dunkel-
heit begegnen.

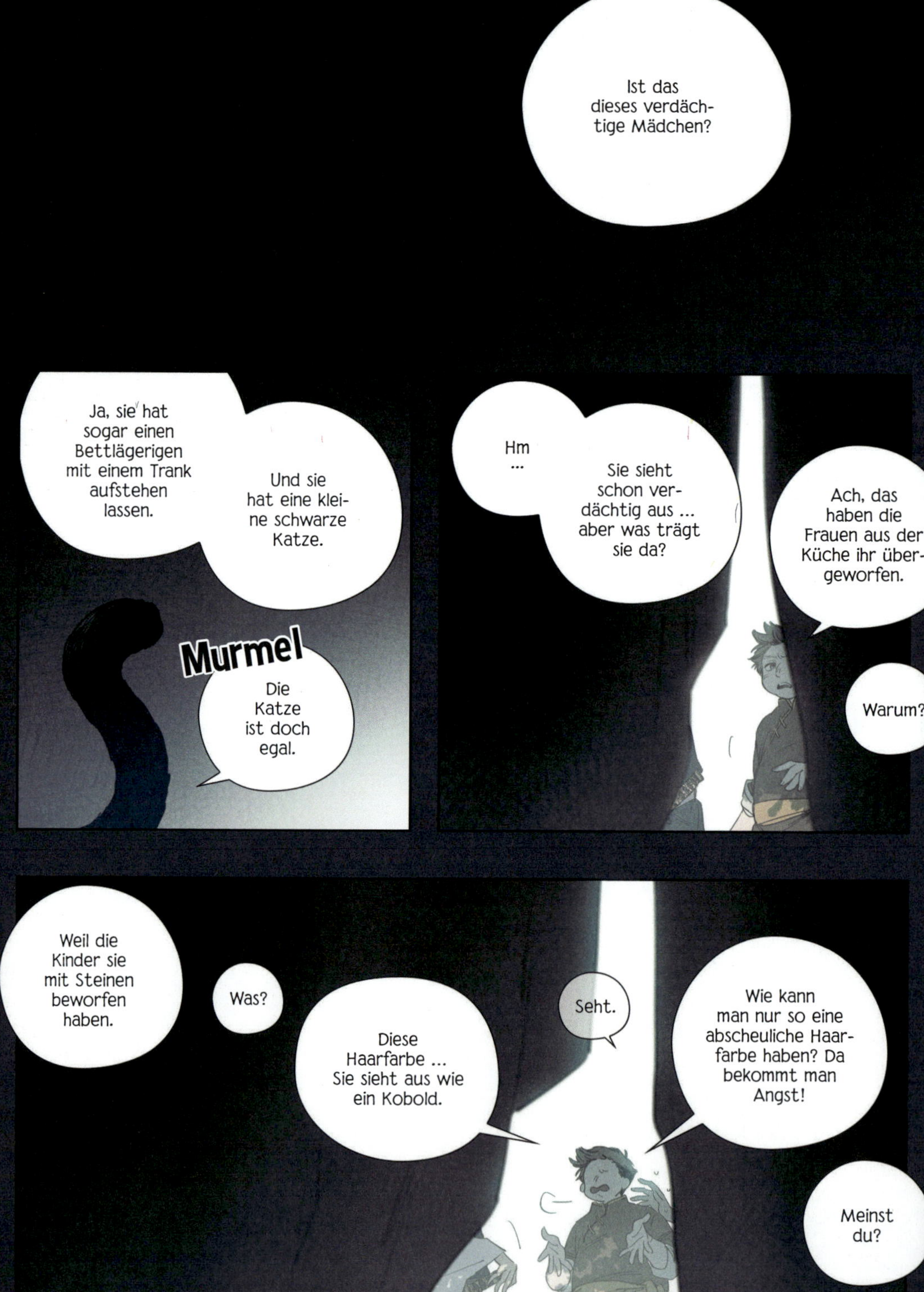
Ist das dieses verdächtige Mädchen?
Ja, sie hat sogar einen Bettlägerigen mit einem Trank aufstehen lassen.
Und sie hat eine kleine schwarze Katze.
Murmel
Die Katze ist doch egal.
Hm ...
Sie sieht schon verdächtig aus ... aber was trägt sie da?
Ach, das haben die Frauen aus der Küche ihr übergeworfen.
Warum?
Weil die Kinder sie mit Steinen beworfen haben.
Was?
Diese Haarfarbe ... Sie sieht aus wie ein Kobold.
Seht.
Wie kann man nur so eine abscheuliche Haarfarbe haben? Da bekommt man Angst!
Meinst du?

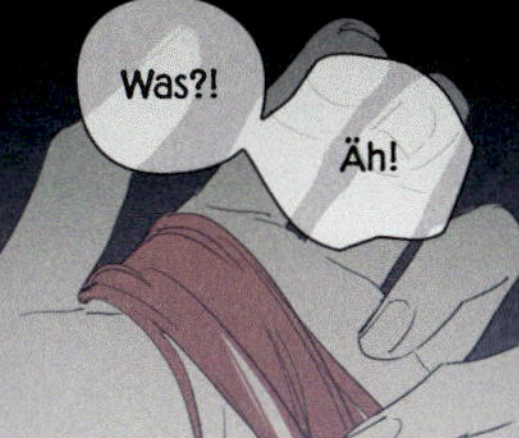
Dann müsste ich auch gesteinigt werden?
Was?!
Äh!
Ach was, nein! Ich spreche von diesem Kobold ... Nicht von Euch ...
Kobold ...
Oh!
Herr, dieser Idiot weiß einfach nicht, was er sagt!
Wir werden ihn bestrafen. Seid bitte ...
Nein. Er ist mein Untertan. Ich werde ihm selber eine Lektion erteilen.
Tschack
!
Zack
Klirr
Bringt mir meine Pfeife. Und noch dazu Feuer und ein Plätteisen.
Heizt es auf, solange ich mich mit ihr befasse.
Uh ... Urgh ...!

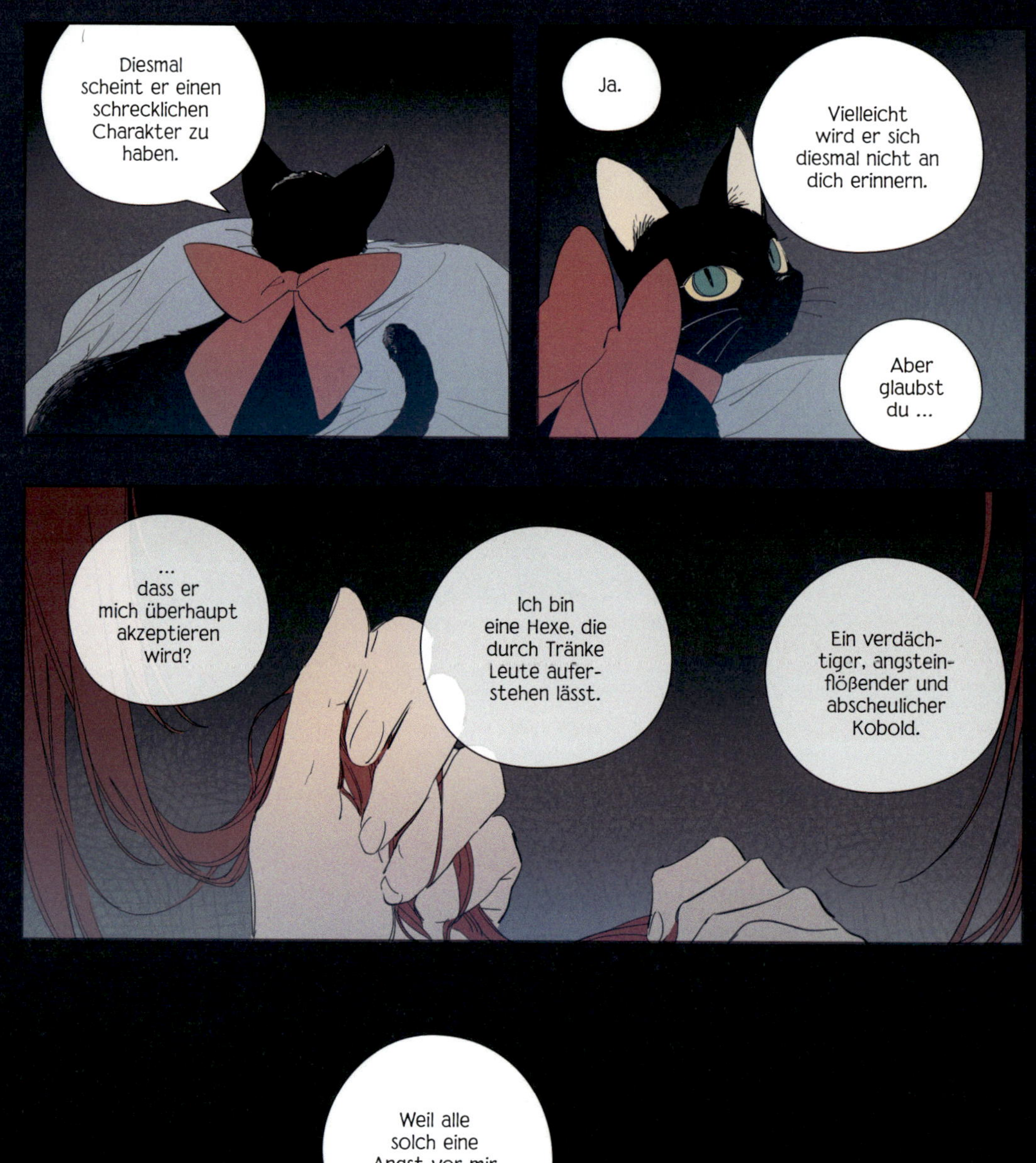

Weil alle solch eine Angst vor mir haben ...

... verstecke ich mich in dieser pechschwarzen Dunkelheit.

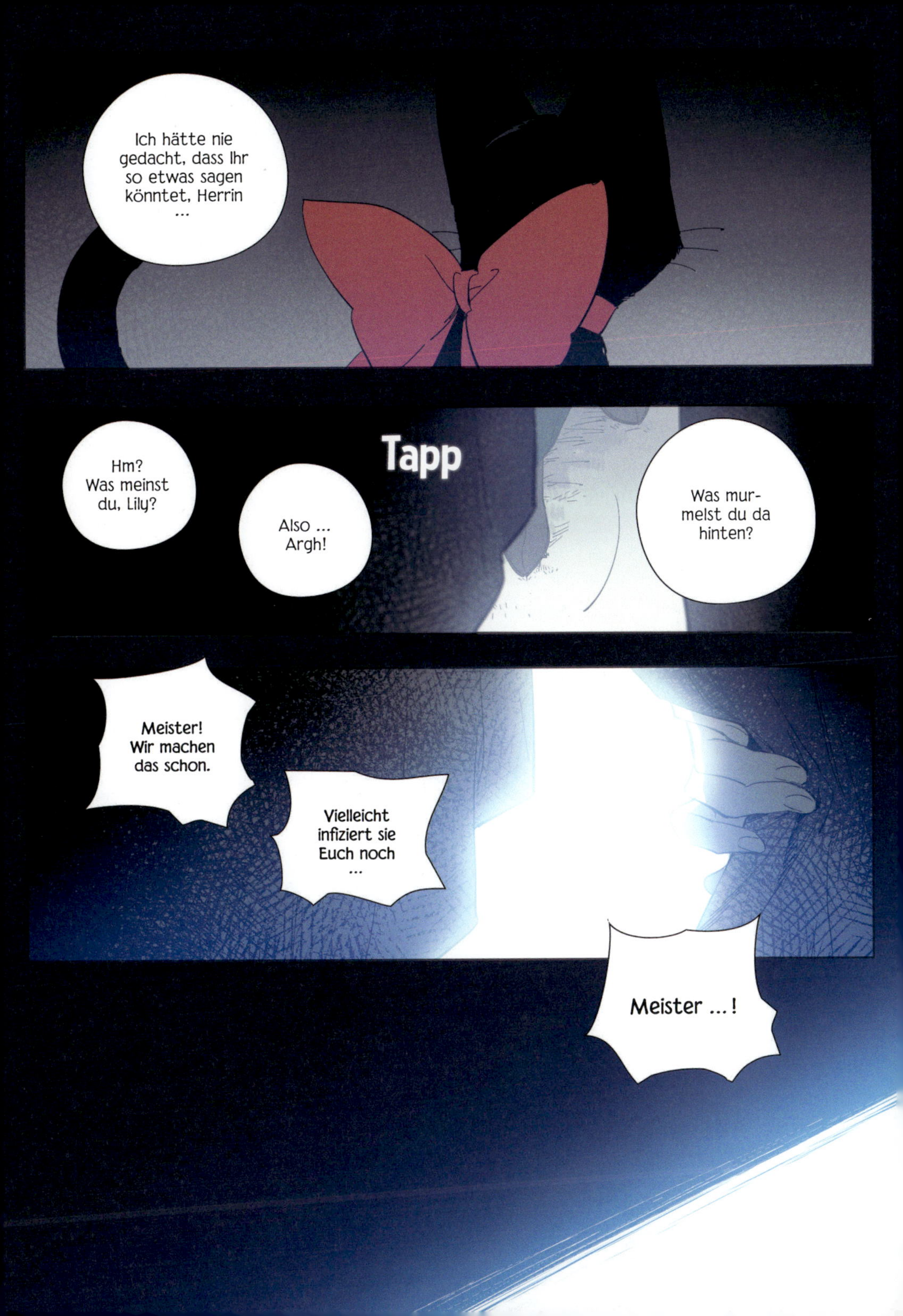

Ich hätte nie gedacht, dass Ihr so etwas sagen könntet, Herrin …
Hm? Was meinst du, Lily?
Tapp
Also … Argh!
Was murmelst du da hinten?
Meister! Wir machen das schon.
Vielleicht infiziert sie Euch noch …
Meister …!

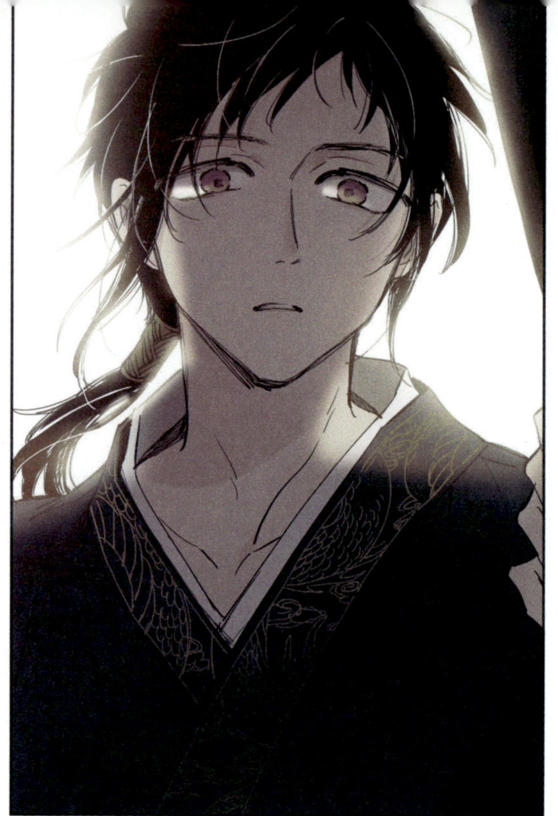

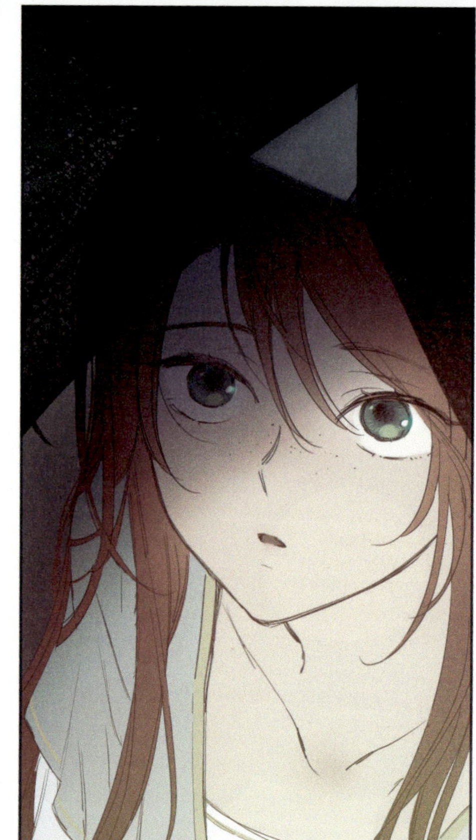

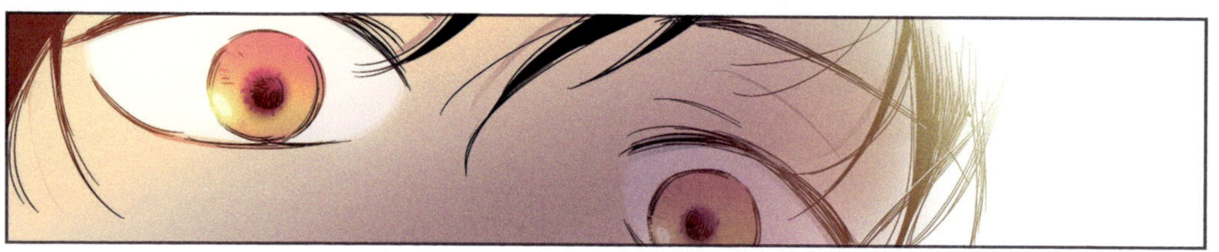

Jedes Mal
war es wieder
ein magischer
Moment.

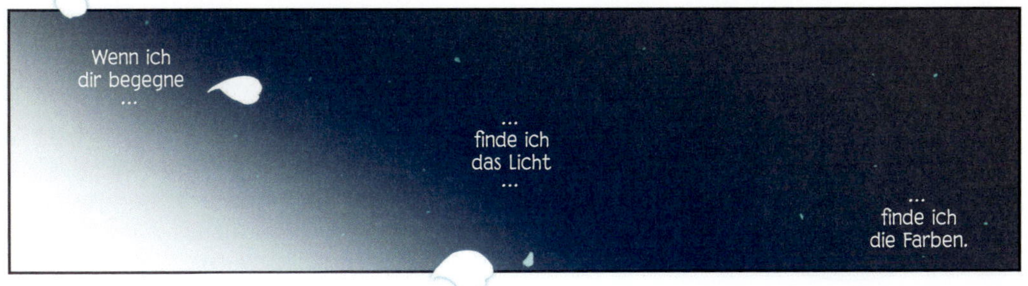

Die Welt wird bunt
um dich herum.

Denn du allein
bist mein Licht.

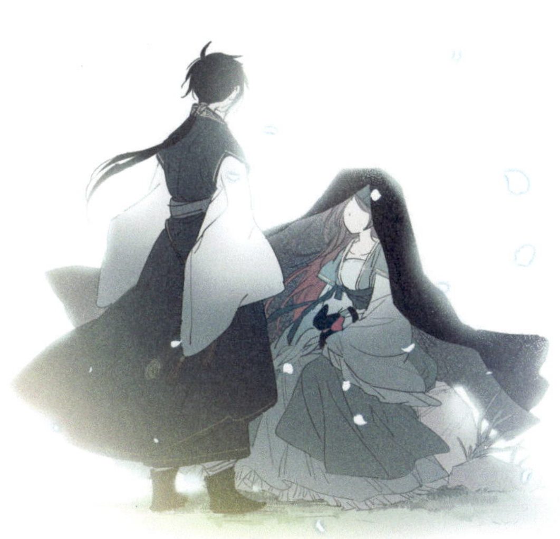

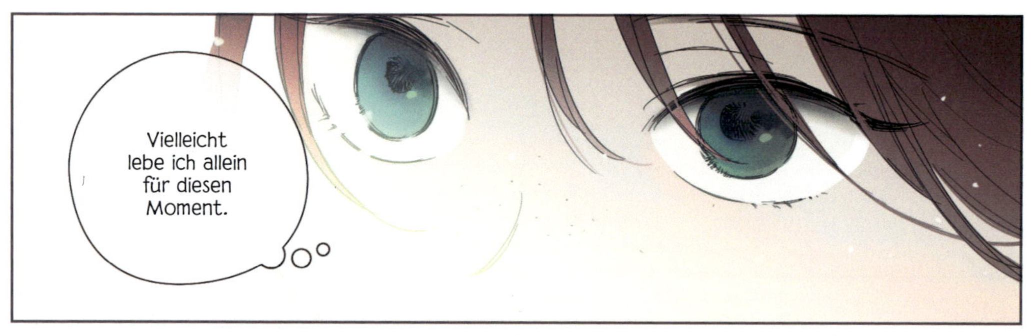

Es ist schon komisch.

In der Welt ohne dich gab es keine Farben.

Ich hatte Angst ...

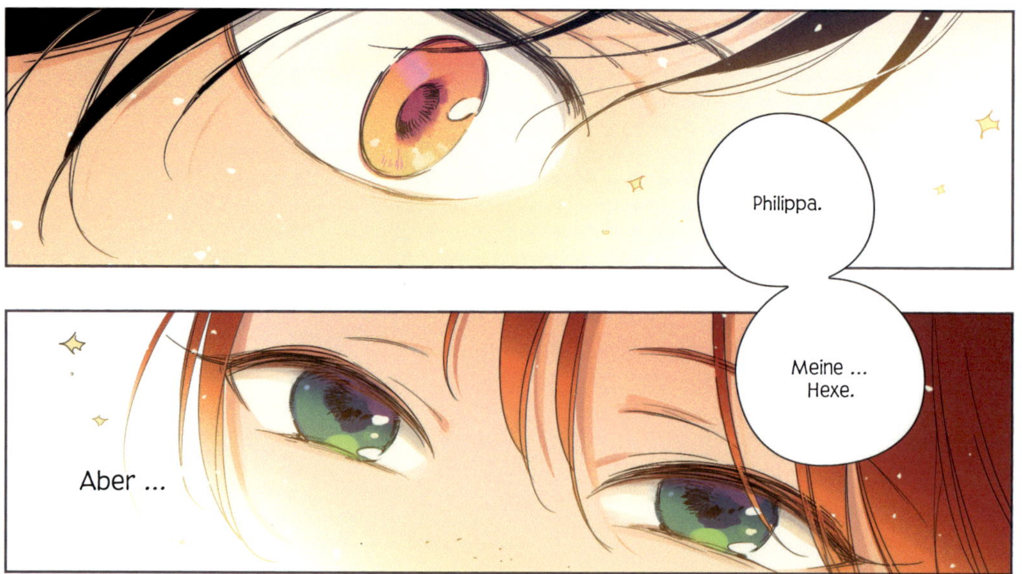

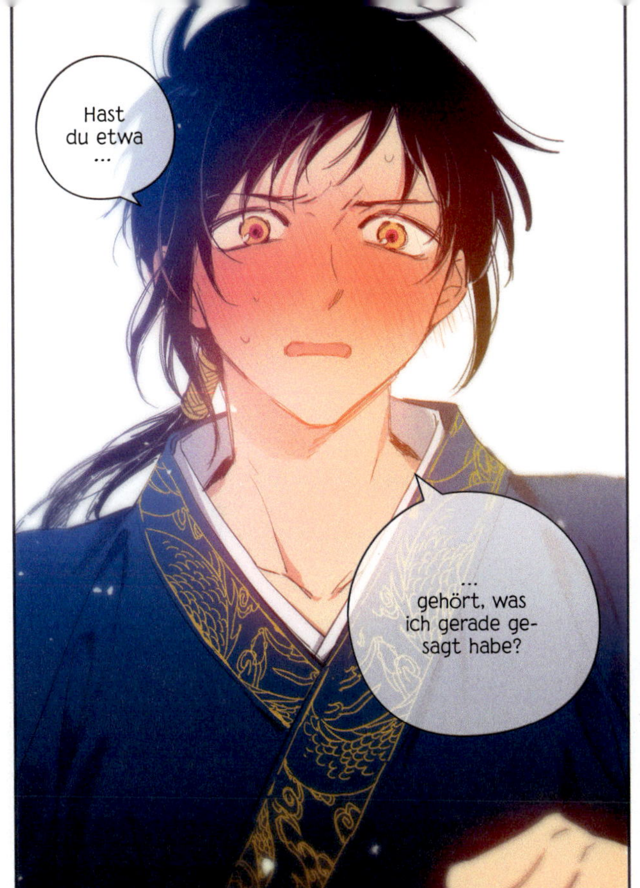

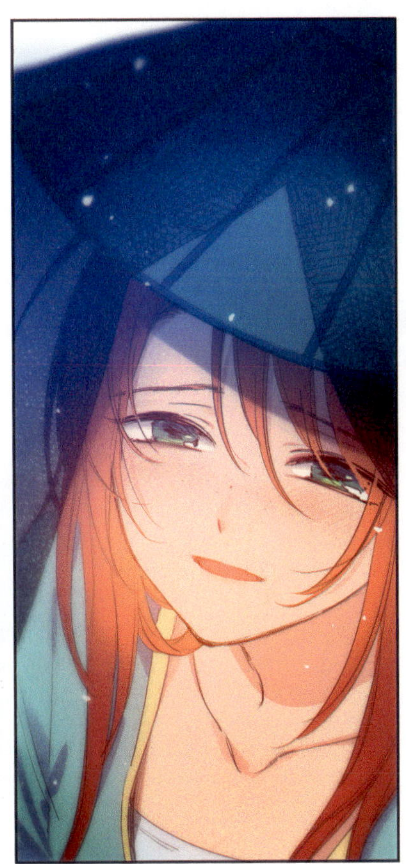

Trotzdem war es
Liebe. Sogar das.

Liebe.
Liebe.
Liebe.

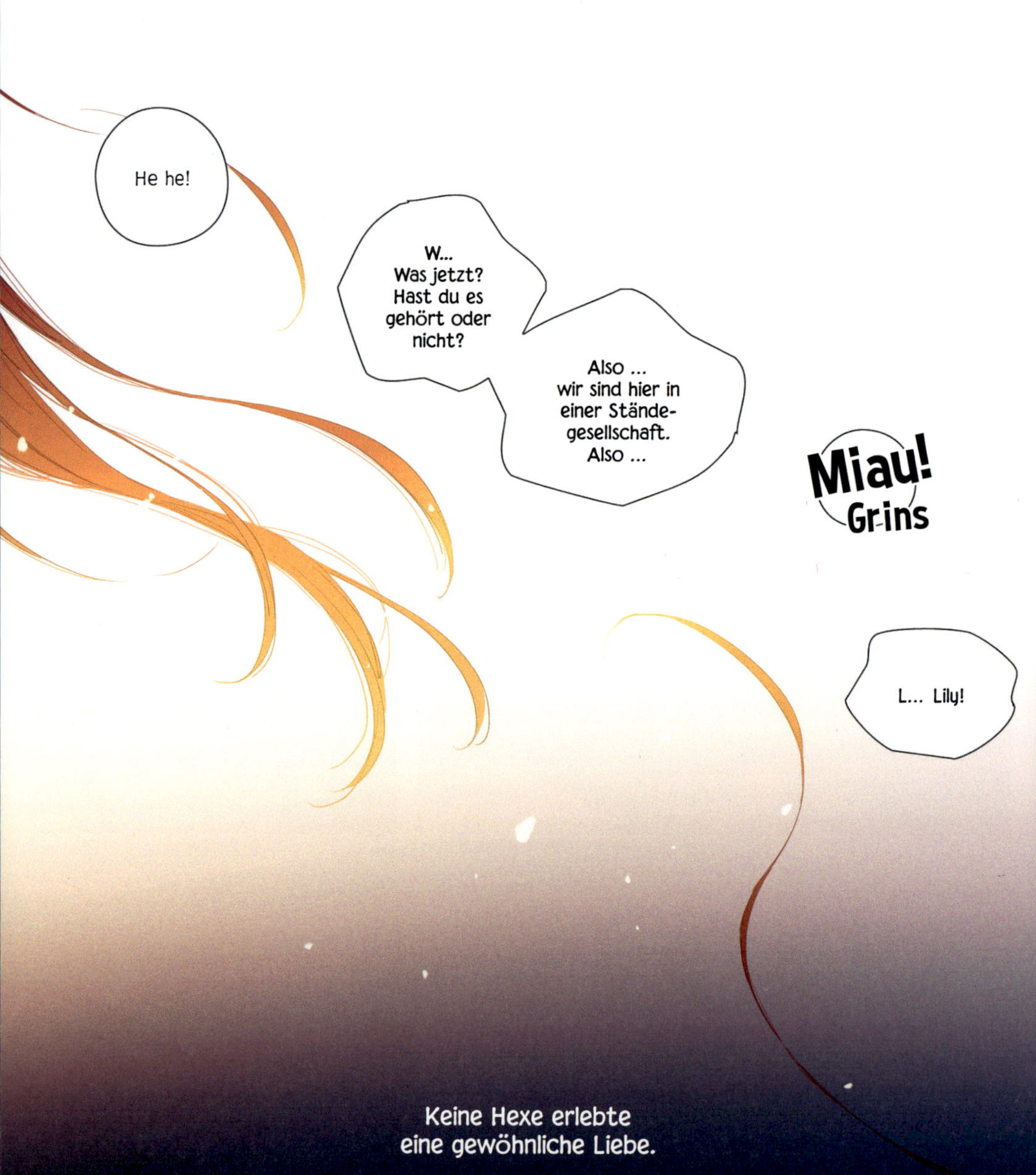
He he!
W... Was jetzt? Hast du es gehört oder nicht?
Also ... wir sind hier in einer Ständegesellschaft. Also ...
Miau!
Grins
L... Lily!
Keine Hexe erlebte eine gewöhnliche Liebe.

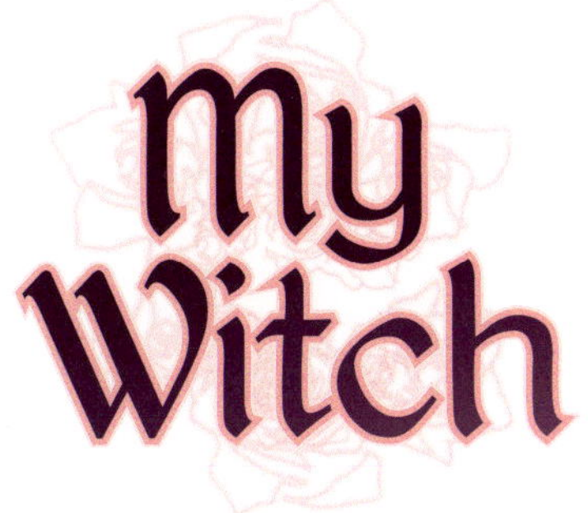

Lied des Herbstes – Ende

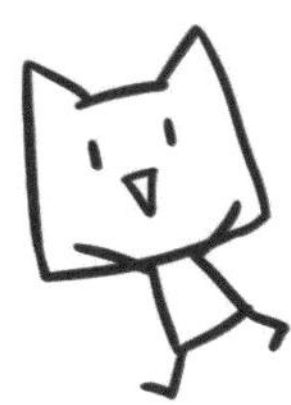

Haeyoon

Ich mag Kaffee und schwarzen Tee.

Dies ist mein erstes Buch. Vielen Dank!!

Neben *My Witch* habe ich auch an *Crossing Code* und *A Butterfly's Fingerprint* gearbeitet.

Twitter: _ @heyoon09

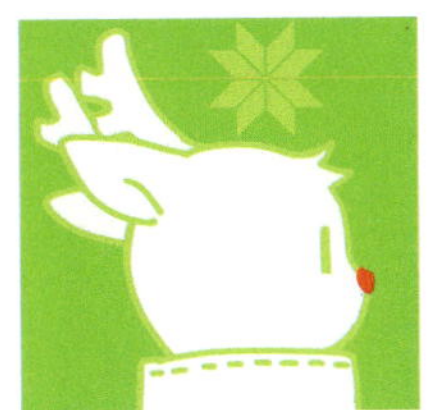

MAS

Als ich noch zur Schule ging, war es mein Traum, einmal Mangazeichnerin zu werden. Dass jetzt tatsächlich ein Buch mit meinen Zeichnungen veröffentlicht wird, ist einfach unglaublich.

Ich bin schon so weit gekommen, die erste Hälfte meines Lebens ist bereits ein purer Erfolg!

Vielen Dank an alle!

Twitter _ @wt_MAS

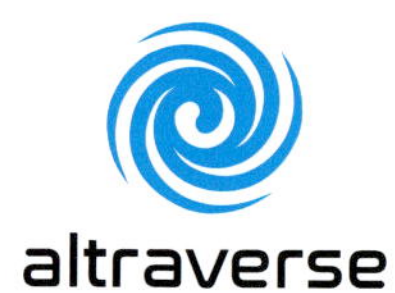

Deutsche Ausgabe / German Edition
Altraverse GmbH – Hamburg 2022
Aus dem Koreanischen von Jiye Josephine Lee

Redaktion: Joachim Kaps, Esther Hornbrook
Herstellung: Michaela Müller
Lettering: Vibrant Publishing Studio

Druck: Silber Druck oHG
Printed in Germany

ISBN 978-3-7539-0570-9
1. Auflage 2022

www.altraverse.de